CLIP STUDIO PAINT 가이드북

CLIP STUDIO PAINT 가이드북

김남도 지음

실전 예제를 통한
기본 기능 학습으로
웹툰 작가 필수
스킬 마스터

BJPUBLIC

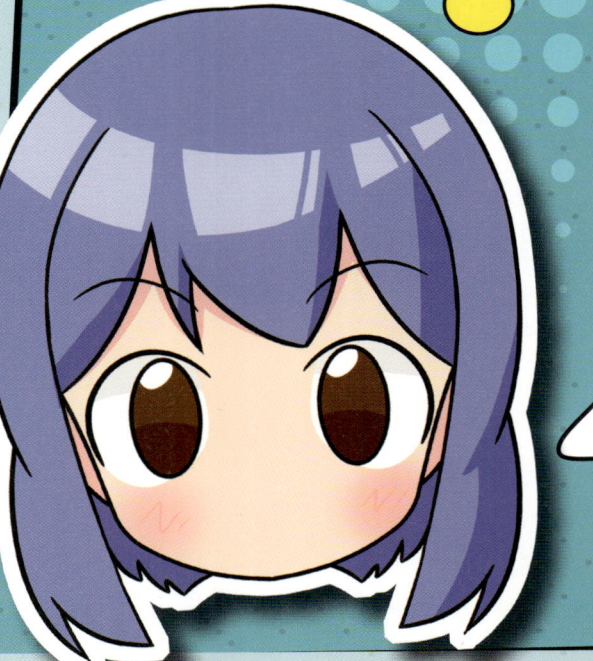

● 서문 ●

컴퓨터로 그림을 그리는 일은 사용하는 소프트웨어를 얼마나 이해하고 있는지에 따라 작업 속도와 작품의 질이 달라지기 마련입니다. 특히나 웹툰의 경우 같은 작업을 반복할 때가 많은데 이럴 때 소프트웨어를 얼마나 활용할 수 있는지에 따라 작업 속도가 차이나는 것은 당연합니다.

이 책은 CLIP STUDIO PAINT의 여러 기능들을 어떻게 활용할지 설명한 책으로 초급자부터 상급자까지 모두 참고할 수 있도록 구성되어 있습니다.

Chapter 1~5까지는 CLIP STUDIO PAINT를 처음 다루는 사람들도 예제를 통해서 하나하나 따라 하면서 복잡한 기능들을 차근차근 익혀나갈 수 있도록 구성했고, Chapter 6~12는 클립의 모든 기능을 담고 있어서 시간이 날 때마다 틈틈이 읽거나 작업할 때 옆에 두고 사전처럼 활용할 수 있도록 했습니다. 쉽게 이해되는 부분도 있겠지만 책만으로는 이해하기 어려운 부분들도 있을 텐데, 클립을 열고 해당 기능들을 시연해보면 이해하는 데 도움이 되리라 생각합니다.

마지막으로 이 책을 구입해주신 모든 독자 여러분께 감사드리며 앞으로도 좋은 작품을 많이 만드시는 데 이 책이 도움이 되기를 바랍니다.

● 저자 소개 ●

김남도

어릴 때부터 만화가를 꿈꾸다가 다른 길을 선택한 후 우연히 컴퓨터로 그림 그리는 영상을 보고 디지털 그림에 관심을 갖기 시작했다.
CLIP STUDIO PAINT를 공부하면서 Youtube 강좌를 운영하고 있으며, 현재는 일본 업체와 계약 후 프리랜서로 활동 중이다.

● 차 례 ●

서문 _ 004   저자 소개 _ 005

Chapter 01 준비하기

1. PRO와 EX 무엇을 구매해야 할까? _ 10
2. CLIP STUDIO PAINT 설치 _ 15
3. 화면 구성 _ 17
4. CLIP STUDIO PAINT 환경 설정하기 _ 19
5. 캔버스 크기는 어떻게? _ 20
6. 캔버스 만드는 방법 _ 21
7. 픽셀 크기로 캔버스를 만들어 보자! _ 22
8. 용지 규격으로 캔버스 만들기 _ 23
9. 캔버스 조작법 _ 25
10. 단축키를 설정해 보자 _ 26

Chapter 02 일러스트를 그려 보자

1. 밑그림을 그려 보자 _ 28
2. 밑그림 수정하기 _ 29
3. 펜 선 넣기(선 따기/펜 터치하기) _ 32
4. 채색하기 _ 43
5. 눈 채색하기 _ 59
6. 머리카락 채색하기 _ 68
7. 옷 채색하기 _ 72

Chapter 03 퍼스자로 배경 그리기

1. 1, 2, 3점 투시 _ 80
2. 벡터 레이어에 대해서 알아보자! _ 82
3. 배경 그리기 _ 85

Chapter 04 웹툰 그리기

1. 캔버스 만들기 _ 94
2. 콘티(스토리보드) 작성하기 _ 97
3. 컷 나누기 _ 99
4. 첫 번째 컷 _ 102
5. 두 번째 컷 _ 104
6. 세 번째 컷 _ 109
7. 네 번째 컷 _ 113
8. 필터를 사용해서 배경을 화사하게 _ 116
9. 집중선 넣기 _ 122
10. 말풍선 넣기 _ 123
11. 말풍선 수정하기 _ 125
12. 대사 넣기 _ 127
13. 효과음 넣기 _ 128

Chapter 05 출판(흑백) 만화를 그려 보자!

1. 원고 만들기(EX) _ 135
2. 콘티(스토리보드) 그리기 _ 144
3. 기본 컷 테두리 작성하기 _ 145
4. 컷 나누기 _ 146
5. 첫 번째 컷 _ 148
6. 두 번째 컷 _ 151
7. 세 번째 컷 _ 156
8. 네 번째 컷 _ 157
9. 다섯 번째 컷 _ 158
10. 톤 칠하기(붙이기) _ 159
11. 집중선 직접 그리기 _ 162
12. 효과음 넣기 _ 163

Chapter 06 브러시 도구 상세

1. 브러시 크기 _ 165
2. 잉크 _ 167
3. 안티에일리어싱 _ 169
4. 브러시 모양 _ 170
5. 브러시 끝 _ 170
6. 살포 효과 _ 172
7. 스트로크 _ 174
8. 종이 재질 _ 176
9. 수채 경계 _ 179
10. 삭제(지우개) _ 180
11. 보정 _ 181
12. 시작점과 끝점 _ 184
13. 넘어가기 방지 _ 186

Chapter 07 소재 만들기

1. 이미지 소재를 만들어 보자! _ 188
2. 소재 속성 상세 _ 190
3. 소재(데커레이션) 브러시 만들기 _ 196
4. 컬러 적용이 가능한 장식 브러시 만들기 _ 197
5. 선으로 된 소재 브러시 만들기 _ 203

Chapter 08 3D 인체 모형

1. 보조 도구 상세 _ 206
2. 보충 수업 _ 234

Chapter 09 환경 설정

1. 도구 _ 244
2. 태블릿 _ 248
3. 터치 제스처 _ 249
4. 커맨드 _ 250
5. 인터페이스 _ 251
6. 퍼포먼스 _ 254
7. 커서 _ 255
8. 레이어/컷 _ 257
9. 자/단위 _ 260
10. 캔버스 _ 264
11. 파일 _ 267
12. 컬러 변환 _ 269
13. 텍스트 편집 _ 270
14. 3D _ 272

Chapter 10 메인 도구 팔레트

1. 돋보기 _ 274
2. 이동 _ 275
3. 조작 _ 276
4. 레이어 이동 _ 307
5. 선택 범위 _ 310
6. 스포이트 _ 319
7. 채우기 _ 321
8. 그라데이션 _ 330
9. 도형 _ 350
10. 집중선 _ 371
11. 컷 테두리 _ 378
12. 자 _ 382
13. 텍스트 _ 388
14. 말풍선 _ 404
15. 선 수정 _ 405

 **도구 팔레트와 메뉴 살펴보기**

1. 도구 팔레트 메뉴 _ 418
2. 보조 도구 팔레트 메뉴 _ 422
3. 도구 속성 팔레트 메뉴 _ 433
4. 브러시 크기 팔레트 메뉴 _ 434
5. 컬러 서클 팔레트 메뉴 _ 435
6. 컬러 슬라이더 팔레트 메뉴 _ 436
7. 컬러 세트 팔레트 _ 437
8. 컬러 세트 팔레트 메뉴 _ 440
9. 중간색 팔레트 _ 442
10. 중간색 팔레트 메뉴 _ 443
11. 유사색 팔레트 _ 445
12. 컬러 히스토리 팔레트와 메뉴 _ 445
13. 퀵 액세스 _ 448
14. 퀵 액세스 팔레트 메뉴 _ 451
15. 소재 팔레트 _ 455
16. 소재 팔레트 메뉴 _ 459
17. 내비게이션 팔레트 _ 462
18. 내비게이션 팔레트 메뉴 _ 463
19. 서브 뷰 팔레트 _ 465
20. 서브 뷰 팔레트 메뉴 _ 466
21. 아이템 뱅크 _ 467
22. 정보 팔레트 _ 469
23. 정보 팔레트 메뉴 _ 470
24. 레이어 속성 팔레트 _ 470
25. 레이어 속성 팔레트 메뉴 _ 483
26. 레이어 검색 _ 484
27. 레이어 검색 팔레트 메뉴 _ 486
28. 레이어 팔레트 _ 488
29. 레이어 팔레트 메뉴 _ 493

 **전체 메뉴 살펴보기**

1. 파일 _ 494
2. 편집 _ 508
3. 페이지 관리 [EX] _ 534
4. 레이어 _ 557
5. 선택 범위 _ 588
6. 표시 _ 596
7. 필터 _ 606
8. 창 _ 624

찾아보기 _ 632

Chapter 01 준비하기

1. PRO와 EX 무엇을 구매해야 할까?

CLIP STUDIO PAINT는 PRO와 EX 두 가지 버전이 있습니다. 처음 구매하는 경우 무엇으로 구매해야 할지 고민스럽기 마련입니다.

그림 1-1-1

PRO는 콘셉트 아트, 일러스트, 디자인에 최적화되고, EX는 만화, 웹툰, 애니메이션 제작에 최적화되었습니다. 제품 홈페이지 설명에도 나와 있듯이 일러스트만 그린다면 PRO를, 만화나 웹툰, 애니메이션을 그린다면 EX를 구매하면 됩니다. 간혹 EX에서도 PRO의 기능을 사용할 수 있느냐는 질문을 많이 받습니다. EX는 Full 버전, PRO는 기능 제한 버전이라고 생각하면 됩니다. 유튜브에서 EX로 일러스트 작업을 하는 영상들을 간혹 보는데, EX 기능을 전혀 사용하고 있지 않았습니다.

EX에는 만화를 제작하는 데 최적화된 기능들이 지원됩니다. 페이지를 기능, 스토리 에디터 기능 등을 사용할 수 있고, 사진이나 3D 소재를 선화로 바꿀 수 있습니다. 다만 사진이나 3D 소재를 선화로 바꾸는 것은 흑백 만화에서만 유용할 뿐, 컬러로 제작하는 웹툰에서는 그렇게 유용한 기능은 아닙니다. 웹툰에서는 컬러 사진을 보정하거나 3D 소재를 그대로 사용하거나 스케치업에서 가져오기 때문입니다.

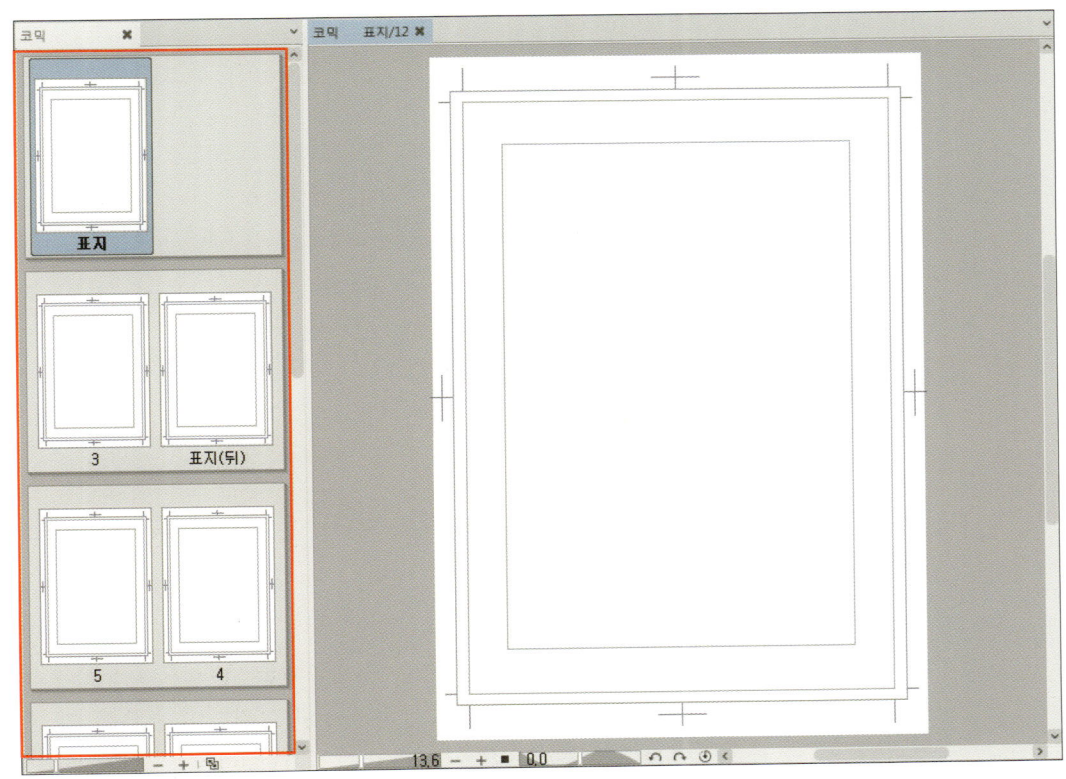

그림 1-1-2

따라서 웹툰 제작 시 EX에서 필요한 기능은 페이지 기능과 스토리 에디터 기능 정도라고 할 수 있겠습니다. 그 외에 애니메이션 기능을 사용할 수 있다는 점입니다. 그러면 Pro에는 없고 EX에만 있는 기능들을 소개하겠습니다. 다음의 기능들이 필요하다면 EX를 구매하고, 필요 없다면 Pro를 구매하면 됩니다. 그럼 EX 기능에 대해서 자세히 살펴보겠습니다.

1) 페이지 기능

출판 만화를 제작할 때 유용하게 사용할 수 있는 페이지 기능입니다. 물론 웹툰 그릴 때도 유용한 기능입니다.

2) 스토리 에디터 기능

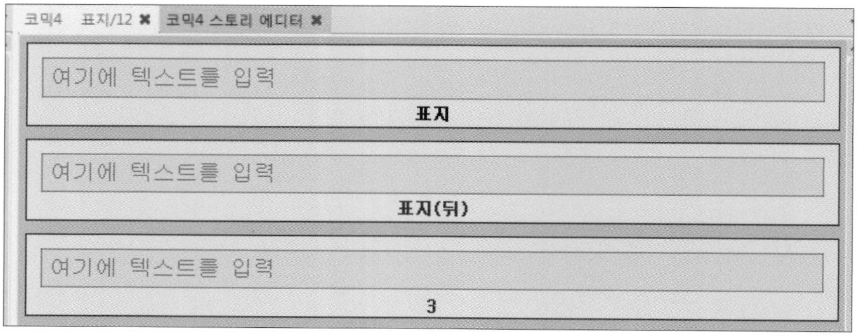

그림 1-1-3

대사를 입력하고 편집할 수 있습니다.

3) 2D LT화

사진을 만화 배경으로 사용할 수 있게 라인을 추출하는 기능입니다. 그림 1-1-4와 1-1-5는 각각 원본 사진과 사진에서 라인을 추출한 모습을 보여 줍니다.

그림 1-1-4

그림 1-1-5

다만 웹툰의 경우 라인만 추출할 경우 채색을 해야 하므로 보통은 컬러 사진을 보정해서 사용하는 편이 더 많습니다. 라인 추출 기능도 흑백 만화에 유용한 기능이라고 할 수 있습니다.

4) 3D LT화

그림 1-1-6

그림 1-1-7

3D 모델을 불러와서 선을 추출하는 기능입니다.

기본 기능		DEBUT	PRO	EX
단일 페이지의 일러스트나 만화 그리기	컬러나 흑백으로 일러스트나 만화를 그릴 수 있습니다. *DEBUT에서는 일부 기능을 사용할 수 없습니다.	O*	O	O
여러 페이지를 하나의 파일로 관리	여러 페이지를 하나의 작품 기준으로 관리할 수 있습니다.			O
벡터 형식으로 그리기	확대/축소하더라도 선의 아름다움이 유지되는 벡터 형식으로 그릴 수 있습니다.		O	O
도구를 사용자 지정	펜, 브러쉬와 같은 모든 도구를 자유롭게 사용자 지정할 수 있습니다.		O	O
움직이는 일러스트와 애니메이션 기능	움직이는 일러스트와 애니메이션 만들기. *PRO 및 DEBUT에서는 최대 24프레임 길이의 애니메이션을 만드실 수 있습니다(초당 8프레임으로 재생하는 경우 3초).	O*	O*	O
LT 3D 모델 및 2D 데이터 변환	색조의 윤곽선과 포스터리제이션(posterization)을 통해, 3D 모델과 2D 이미지 데이터를 만화 같은 표현으로 변환할 수 있습니다.			O
여러 페이지가 있는 작품의 인쇄 및 내보내기	여러 페이지가 있는 파일을 일괄하여 인쇄하고 지정된 형식으로 내보낼 수 있습니다. * 이 기능은 iPad 버전에서는 사용할 수 없습니다.			O
포함된 톤과 소재 수	PRO 및 EX에서는 동일한 수의 소재를 사용할 수 있습니다. *DEBUT에서는 일부 소재를 사용할 수 없습니다.	O*	O	O

표 1-1-1

홈페이지에 설명되어 있는 버전별 기능 차이 표입니다.

EX에만 있는 대표적인 기능들을 설명해 봤습니다. 위의 기능들이 필요하지 않다면 PRO를 구매하면 됩니다.

2. CLIP STUDIO PAINT 설치

공식 홈페이지에 접속해서 설치 파일을 다운로드 받습니다.

https://www.clipstudio.net/kr

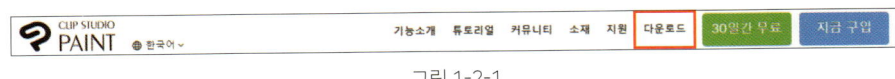

그림 1-2-1

홈페이지 상단 오른쪽에 있는 다운로드를 클릭합니다.

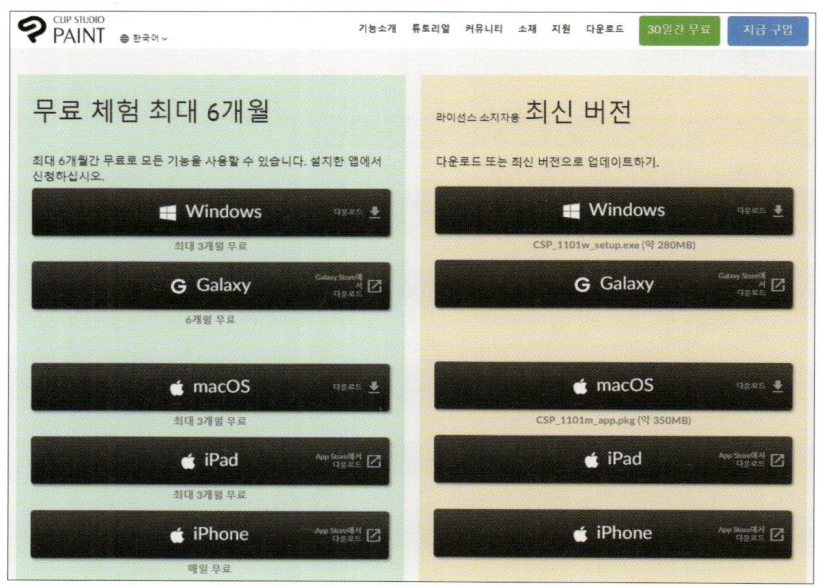

그림 1-2-2

Windows, macOS 중에서 자신이 사용하는 운영체제와 맞는 쪽으로 다운로드 받습니다.

그림 1-2-3

다운로드 받은 파일을 실행시킨 후 한글을 선택합니다. 기본적으로 한국어로 되어 있지만, 다른 언어로 되어 있다면 한국어로 설정합니다. 일본어판을 구매한 경우 한국어로 설치할 수 없습니다.

3. 화면 구성

CLIP STUDIO PAINT의 화면 구성입니다.

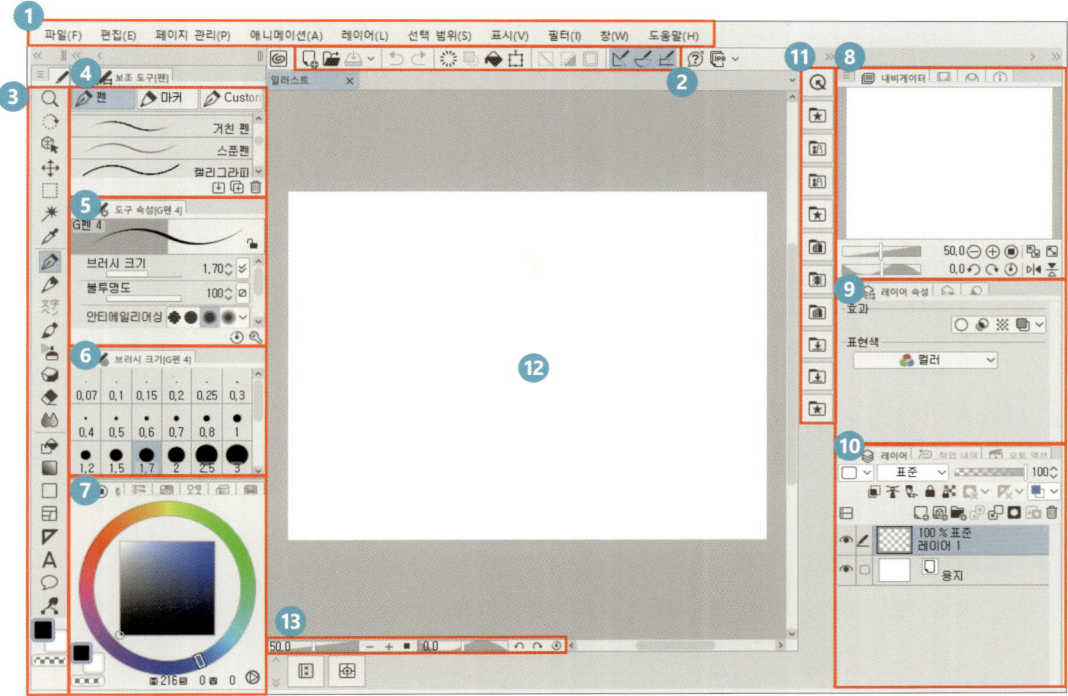

그림 1-3-1

① 메뉴 바
CLIP STUDIO PAINT의 모든 메뉴가 모여 있는 메뉴 바입니다.

② 커맨드 바
CLIP STUDIO PAINT의 모든 메뉴, 도구 등을 바로 사용할 수 있게 아이콘이 표시되어 있습니다.

③ 도구 팔레트
그림을 그릴 때 필요한 모든 도구가 표시됩니다.

Chapter 1. 준비하기

④ 보조 도구 팔레트

도구 창을 선택하면 보조 도구들이 나열됩니다.

⑤ 도구 속성 팔레트

선택된 도구들의 속성을 설정할 수 있는 공간입니다.

⑥ 브러시 크기 팔레트

브러시 크기를 선택할 수 있습니다.

⑦ 컬러 팔레트

색상을 선택할 수 있는 컬러 팔레트입니다.

⑧ 내비게이터

캔버스의 확대, 축소, 회전 등을 확인하고 조작할 수 있습니다.

⑨ 레이어 속성 팔레트

선택한 레이어의 종류에 따라 다양한 옵션이 나타납니다.

⑩ 레이어 팔레트

레이어를 관리할 수 있는 팔레트입니다.

⑪ 소재 팔레트

CLIP STUDIO PAINT만의 장점인 소재들이 모여 있는 곳입니다.

⑫ 캔버스

그림을 그리는 공간입니다.

⑬ 캔버스 조작

캔버스를 조작할 수 있는 곳입니다.

4. CLIP STUDIO PAINT 환경 설정하기

그림을 그리기 전에 간단하게 환경 설정을 해 봅니다. [파일]/[환경 설정]을 실행합니다. 단축키는 Ctrl+K입니다.

1) 태블릿

그림 1-4-1

태블릿 동작이 CLIP STUDIO PAINT에서 제대로 동작하지 않으면 이 설정을 변경합니다. 아무런 문제가 없다면 건드리지 않는 편이 좋습니다.

2) 인터페이스

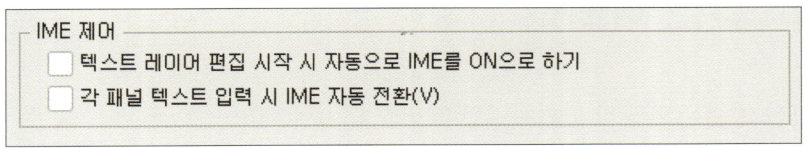

그림 1-4-2

[IME 제어]에서 두 항목을 체크 해제합니다. 간혹 한글 입력 후 영문으로 바꾼 뒤 단축키 입력이 안 되는 경우가 있습니다. 작업 중에 이런 현상이 일어나면 체크 해제 후, CLIP STUDIO PAINT를 재실행해야 합니다.

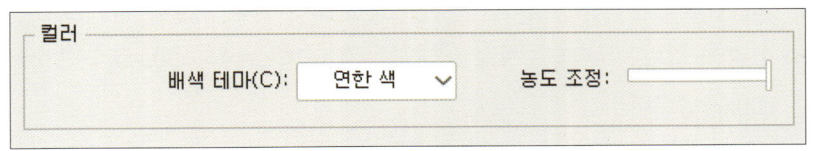

그림 1-4-3

[컬러]에서 CLIP STUDIO PAINT의 색을 변경할 수 있습니다. [진한 색]을 선택하면 눈부심을 줄일 수 있습니다.

3) 커서

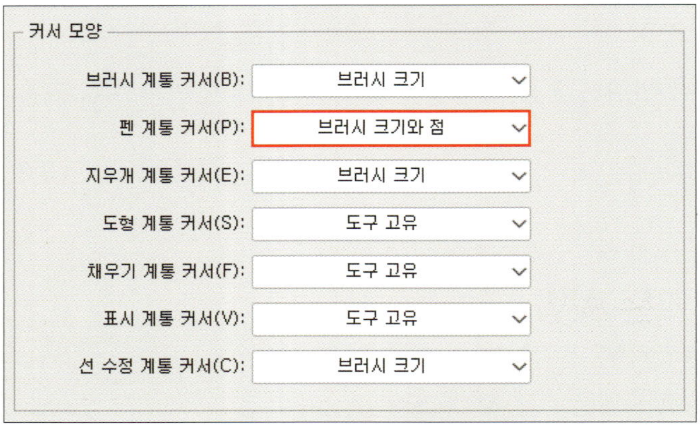

그림 1-4-4

[펜 계통 커서] 옵션에서 [브러시 크기]를 [브러시 크기와 점]으로 변경합니다.

5. 캔버스 크기는 어떻게?

캔버스 만드는 방법은 굉장히 단순하지만 캔버스 크기를 어느 정도 크기로 해야 하는지 처음 컴퓨터로 그림을 그리는 사람들에게는 다소 어려울 수 있습니다. 일러스트를 그리기 위한 캔버스 사이즈는 가장 짧은 쪽이 최소 2000~2500px 이상이면 충분합니다. 물론 이 값은 최소 크기를 말하는 것이고, 용도에 따라 더 크게 만들기도 합니다.

다만 어느 정도 기준을 정한다면 2000~2500px 이상이면 적당하지 않을까 하는 픽셀 수입니다. 픽셀 단위로 캔버스를 만들면 dpi는 어떻게 설정해도 크게 상관없지만 폰트, 브러시 크기 등 여러 가지 설정에 영향을 주므로 항상 통일하는 편이 좋습니다. 300 또는 350dpi를 추천합니다. 흑백은 600dpi입니다.

가장 간단하게 캔버스 사이즈를 정하는 방법은 우리가 실제로 사용하는 용지 크기로 만들면 됩니다. 예를 들어 A4 용지로 만들어서 300dpi 또는 350dpi로 설정하면 됩니다. 또는 A5 용지로 만듭니다.

6. 캔버스 만드는 방법

1) 메뉴에서 만들기

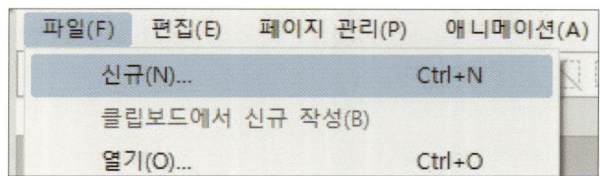

그림 1-6-1

[파일 〉 신규]를 클릭합니다.

2) 커맨드 바에서 만들기

그림 1-6-2

커맨드 바의 아이콘을 클릭합니다.

3) 단축키로 만들기

단축키는 Ctrl+N입니다.

7. 픽셀 크기로 캔버스를 만들어 보자!

위에 설명한 3가지 방법으로 다음과 같은 대화 창을 불러옵니다.

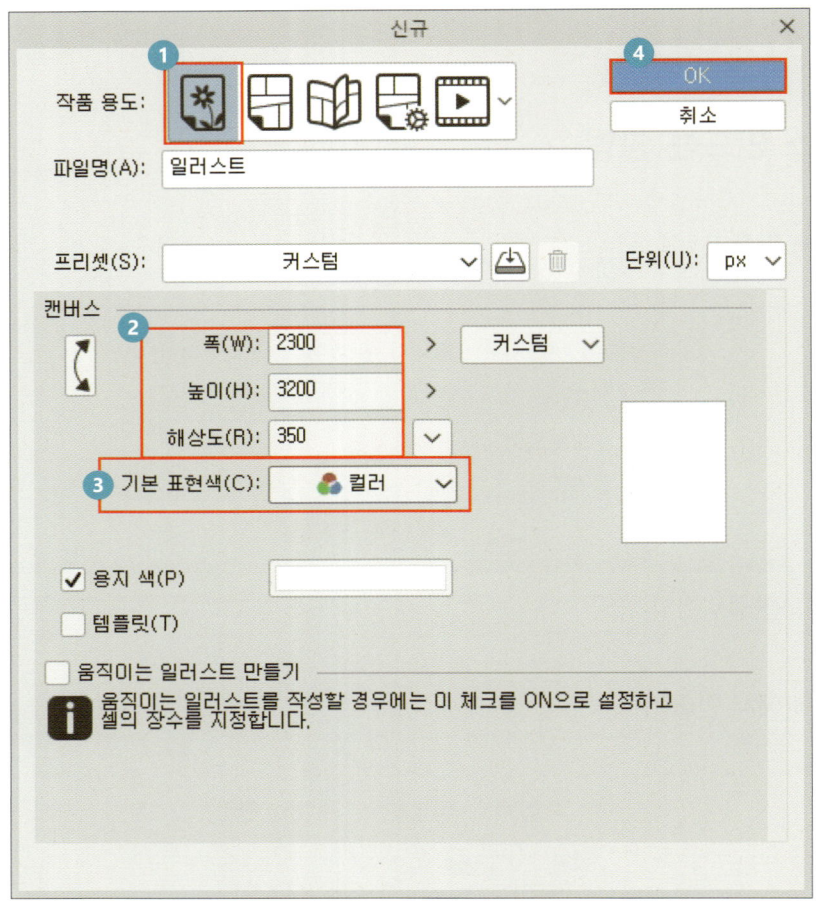

그림 1-7-1

❶ 일러스트를 선택합니다.
❷ [폭]과 [높이]를 입력합니다. 해상도는 텍스트, 브러시 크기 등과 관련 있어 캔버스 작성 시 같은 해상도를 설정하는 것을 추천합니다. (dpi 참조)
❸ [기본 표현색]은 컬러로 설정합니다. 흑백으로 되어 있으면 채색할 수 없습니다.
❹ 설정이 다 되었으면 [OK]를 클릭합니다.

8. 용지 규격으로 캔버스 만들기

[신규 작성 (Ctrl+N)]을 실행해서 신규 창을 불러옵니다.

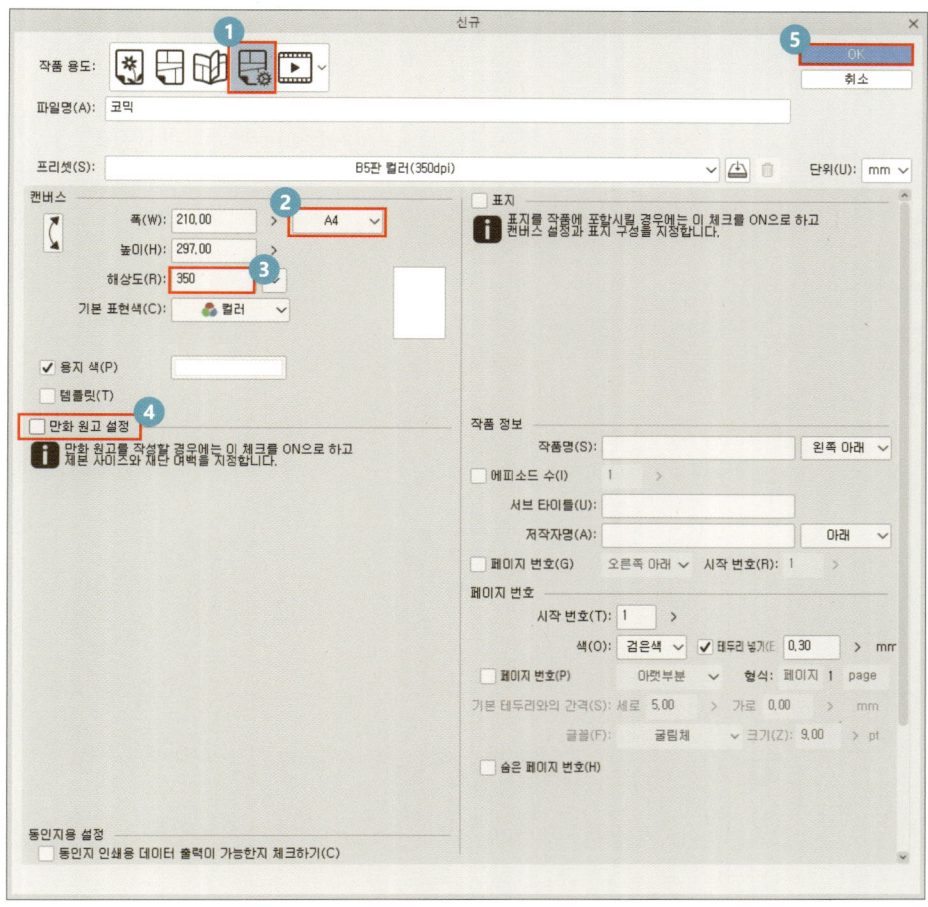

그림 1-8-1

① [작품 용도]에서 [모든 코믹 설정 표시]를 선택합니다.
② 실생활에서 실제로 사용하는 용지 사이즈를 선택합니다. A4, B5 등입니다.
③ 해상도는 300 또는 350dpi 정도로 설정하면 OK입니다.
④ 출판 만화가 아니라 일러스트를 그릴 것이므로 [만화 원고 설정]을 체크 해제합니다.
⑤ [OK]를 클릭합니다.

그림 1-8-2

캔버스가 작성됩니다.

9. 캔버스 조작법

캔버스 조작 방법을 살펴봅니다.

그림 1-9-1

① **캔버스 이동:** Space bar를 누르는 동안 커서가 손 모양으로 변경됩니다. 이 상태에서 드래그하면 캔버스를 이동할 수 있습니다.

② **캔버스 확대 축소:** Ctrl+Space bar+좌우 드래그

③ **확대:** Ctrl+Space bar+클릭

④ **축소:** Ctrl+Alt+Space bar+클릭

⑤ **회전:** Shift+Space bar+드래그

⑥ **회전 초기화:** Shift+Space bar+더블 클릭

10. 단축키를 설정해 보자

그림을 그리기 전에 간단하게 단축키를 설정해 봅니다.

1) 단축키 설정하는 법

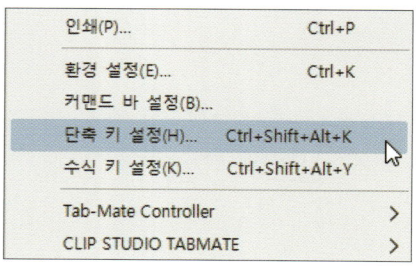

그림 1-10-1

[메뉴/파일/단축키 설정]을 실행합니다. 단축키는 Ctrl+Shift+Alt+K입니다. [편집 > 실행 취소]에 단축키를 추가합니다. > 표시를 클릭해서 [편집] 메뉴를 엽니다.

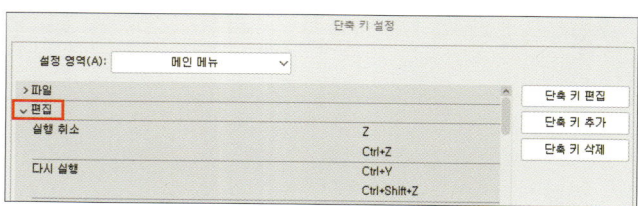

그림 1-10-2

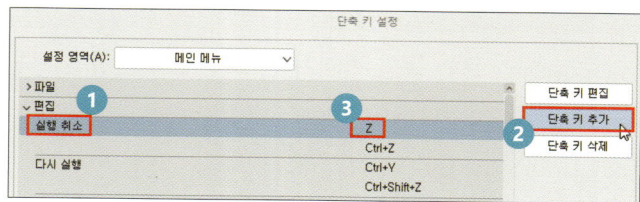

그림 1-10-3

[실행 취소]를 선택하고 [단축키 추가]를 클릭합니다. 알파벳 Z를 입력한 후, 아무 곳(빈 화면)이나 클릭하면 완료됩니다. 이제 Z 또는 Ctrl+Z로 실행 취소를 할 수 있습니다. 같은 방법으로 [표시] 메뉴에서 [좌우 반전]에 F키를 설정합니다.

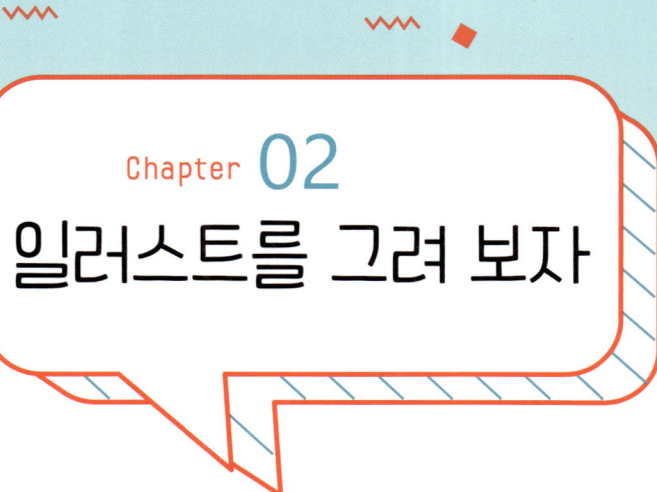

Chapter 02
일러스트를 그려 보자

1. 밑그림을 그려 보자

밑그림은 진한 연필 또는 데생 연필을 사용합니다. 여기서는 진한 연필을 사용합니다. 연필 단축키는 P를 두 번 입력하면 됩니다.

밑그림을 지울 때 사용하는 지우개는 [부드러움]과 [러프]입니다. 지우개 단축키는 E입니다. 지우개를 일시적으로 사용할 때는 E를 길게 누르고 있다가 손을 떼면 다시 [연필]로 돌아옵니다.

그림 2-1-1

진한 연필을 사용해서 밑그림을 그립니다.

2. 밑그림 수정하기

얼굴의 크기와 위치를 수정해 봅니다.

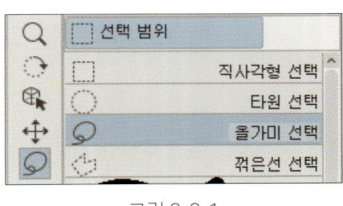

그림 2-2-1

단축키 M을 눌러서 [올가미 선택]을 선택합니다.

그림 2-2-2

Chapter 2. 일러스트를 그려 보자

얼굴과 머리카락의 선택 범위를 작성한 후 Ctrl 키를 누른 채 드래그하면 얼굴의 위치를 수정할 수 있습니다. Ctrl을 누르고 있는 동안 커서는 가위 모양(레이어 이동 툴)으로 변경됩니다.

그림 2-2-3

또 다른 방법으로 단축키 K를 눌러서 [레이어 이동] 툴로 그림을 이동할 수 있습니다. 이번에는 얼굴의 크기와 위치를 같이 수정해 봅니다.

그림 2-2-4

그림 2-2-5

얼굴을 선택 범위로 선택한 상태에서 단축키 Ctrl+T를 누릅니다. [메뉴>편집>변형>확대/축소/회전]입니다. 보조선 바깥쪽에 커서를 위치하면 회전 아이콘이 나타납니다. 이 상태에서 드래그하면 그림을 회전시킬 수 있습니다.

그림 2-2-6

그림 2-2-7

커서를 핸들 위에 위치하면 [확대/축소]를 할 수 있습니다. 보조선 안쪽 영역을 드래그하면 그림의 위치를 이동할 수 있습니다.

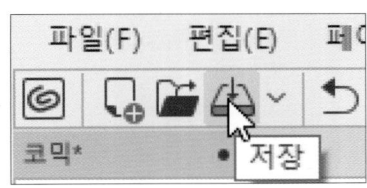
그림 2-2-8

단축키 Ctrl+S를 눌러서 저장하거나 커맨드 바의 저장 아이콘을 클릭해서 저장합니다.

3. 펜 선 넣기(선 따기/펜 터치하기)

펜 선을 넣기 전에 밑그림을 흐리게 하는 방법을 알아봅니다.

그림 2-3-1

Ctrl+B를 누르면 밑그림이 파란색으로 변경됩니다.

그림 2-3-2

그림 2-3-3

[레이어 속성] 창의 [레이어 컬러]를 클릭해도 됩니다. 밑그림을 파란색으로 변경했는데도 그림이 진하게 보이면 투명도를 조절합니다. 이제 선 따기를 위한 준비가 끝납니다.

선 따기는 G펜으로
선 따기를 할 때 사용하는 도구는 [G펜]입니다. [진한 연필]을 사용하는 경우도 있습니다. 선 따기를 할 때 G펜을 사용하는 이유는 수작업을 할 때 사용하는 펜이 G펜이기 때문입니다. [G펜]이 너무 깔끔해서 부담스럽다면 [진한 연필]을 사용해 봅니다.

1) 얼굴 그리기

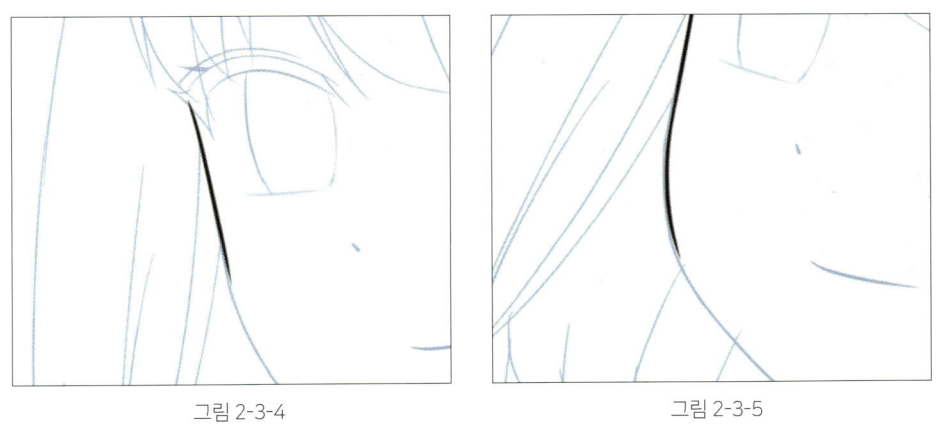

그림 2-3-4 　　　　　　　　　　　　　　　　　　그림 2-3-5

선 따기를 할 때는 캔버스를 확대합니다. 선을 그릴 때는 한 번에 그립니다. 천천히 그리면 선이 흔들리므로 빠르고 길게 한 번에 그립니다. 취소(Ctrl+Z 단축키 설정을 했다면 Z)를 사용해서 마음에 드는 선이 나올 때까지 무한 반복한다는 기분으로 선을 땁니다. 곡선 부분은 선을 그리기 쉽게 캔버스를 회전해 가며 그립니다. 단축키는 Shit+Space bar 또는 R입니다.

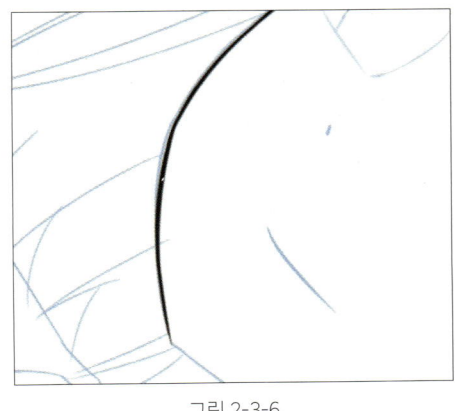

그림 2-3-6

선이 이어지는 부분이 자연스럽게 이어지도록 하고 자연스러운 선이 나올 때까지 [취소]와 그리기를 반복해 가며 그립니다.

2) 눈 그리기

얼굴 그릴 때처럼 선을 빠르게 그립니다. 그리기 쉬운 각도로 캔버스를 확대, 회전시켜서 그립니다. 한 번에 선 긋기가 어려울 때는 두 번으로 나눠서 그리면 좋습니다.

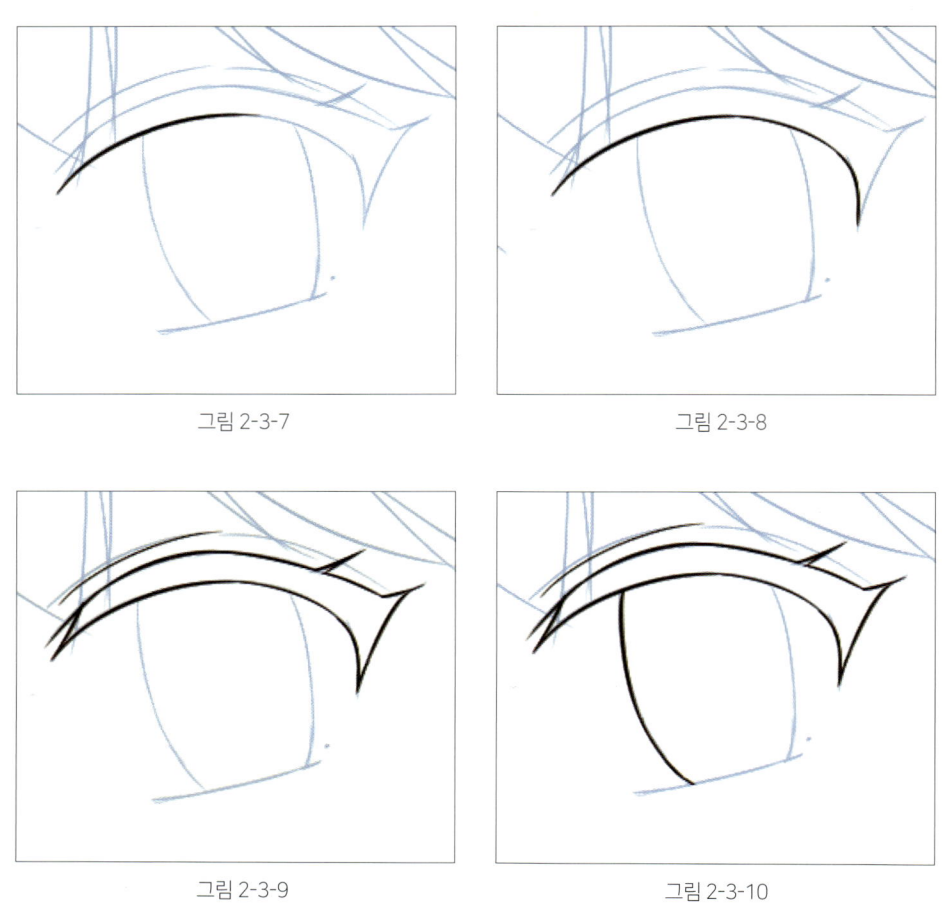

그림 2-3-7   그림 2-3-8

그림 2-3-9   그림 2-3-10

나머지 부분도 같은 방식으로 그립니다. 눈동자는 동그랗게 그려야 하므로 그리기 까다롭습니다. 2~3번으로 나눠서 그리면 좀 쉽습니다.

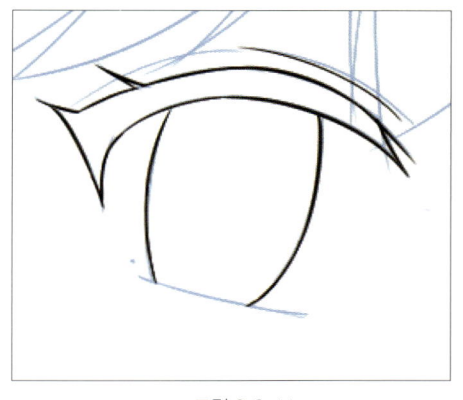 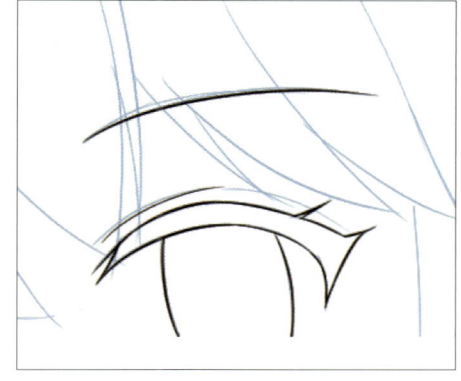

그림 2-3-11   그림 2-3-12

나머지 눈동자는 캔버스 좌우 반전(단축키 설정을 했다면 F)과 회전을 이용해서 그립니다.
눈썹 그리는 게 부담스러울 때는 한 개의 선으로 그려도 됩니다.

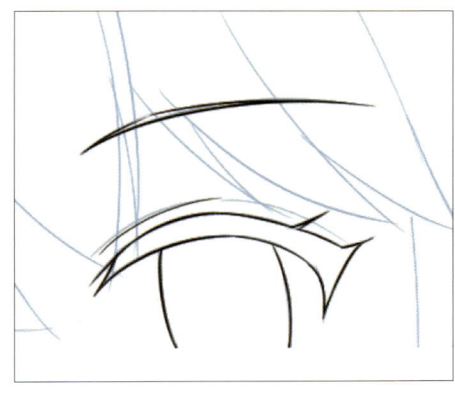

그림 2-3-13

선을 두 번으로 나눠서 그립니다.

3) 머리카락 그리기

머리카락은 긴 곡선이 많이 사용되므로 나름 까다롭습니다. 최대한 한 번에 긴 선을 사용하는 편이 좋습니다.

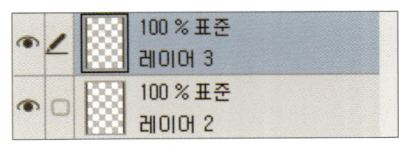

그림 2-3-14

얼굴을 그린 레이어 위에 새로운 레이어를 작성해서 머리카락을 그리면 수정하기가 편합니다.

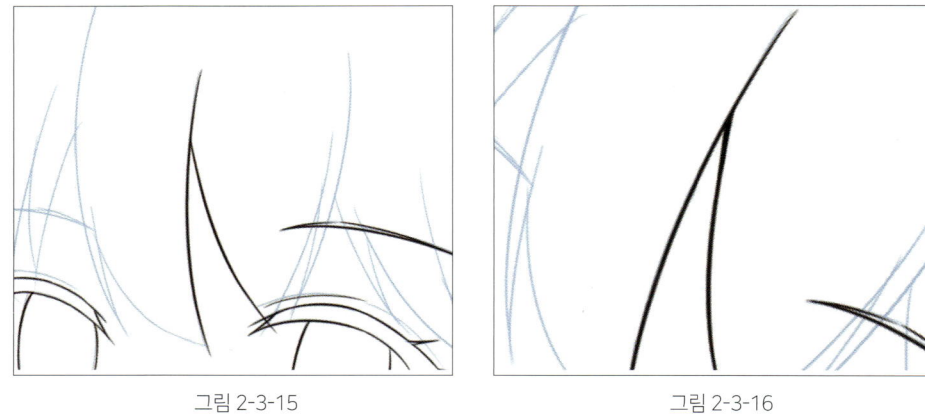

그림 2-3-15   그림 2-3-16

한 번에 선 그리기가 어려울 때는 두 번으로 나눠서 그립니다. 선과 선이 만나는 곳은 그림자 방향을 생각하면서 두껍게 그립니다. 머리카락 끝부분은 잔 선이 나오지 않게 정리합니다.

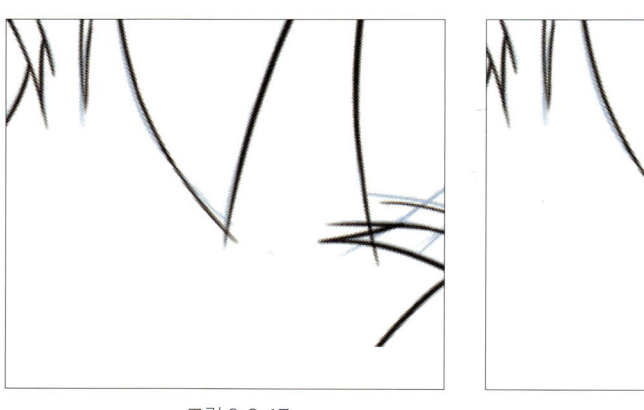
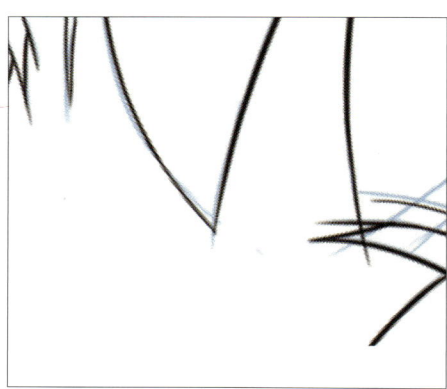

그림 2-3-17   그림 2-3-18

4) 옷 그리기

그림 2-3-19

옷이나 몸을 그릴 때는 긴 선들이 많이 사용됩니다. 한 번에 그리기 어려운 선들은 2~3번으로 나눠서 그립니다. 선과 선이 이어지는 곳이 자연스럽게 이어지도록 집중해서 그립니다.

그림 2-3-20

선 따기가 끝나면 밑그림 레이어를 비표시로 전환합니다. 그리는 중간에 밑그림을 비표시로 전환하면서 펜 선이 어색하지 않나 계속 확인합니다. 이렇게 하면 채색을 위한 준비가 다 끝납니다.

채색하기 전에 레이어에 대해서 알아보자

레이어는 애니메이션에서 사용하는 셀과 같은 역할입니다.

그림 2-3-21

애니메이션 제작 과정을 보면 종이(용지)에 배경을 그리고 그 위에 비닐처럼 투명한 '셀'이라는 곳에 인물이나 움직이는 물체를 그립니다. 이 투명한 셀이 포토샵이나 CLIP STUDIO PAINT에서는 레이어에 해당합니다.

이렇게 여러 레이어를 사용해서 채색하면 채색 과정이 쉬워지고 수정이 쉬워집니다. 단점은 레이어가 많아질수록 관리하기가 힘들어진다는 점입니다. 특정 레이어를 찾기 힘들거나 컴퓨터가 무거워지는 단점들이 존재합니다. 하지만 영역을 나눠서 색을 칠하므로 색을 수정하거나 해당 영역에 그림자를 그리거나 할 때 벗어나지 않게 칠할 수 있어 여러모로 이점도 많습니다.

채색의 기초는 벗어나지 않게 칠하기

클리핑 마스크는 채색할 때 영역을 벗어나지 않게 하는 기능입니다.

그림 2-3-22

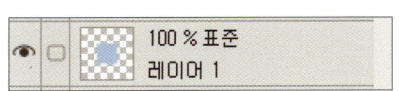

그림 2-3-23

그림 2-3-24

일단 레이어에 색을 칠해 봅니다. 레이어를 하나 더 작성해서 클리핑 기능을 켭니다. 레이어 섬네일 앞쪽에 분홍 막대가 표시되면 클리핑 기능이 적용되었다는 뜻입니다.

그림 2-3-25

클리핑을 적용한 레이어 2에 색을 칠하면 색이 벗어나지 않게 채색할 수 있습니다.

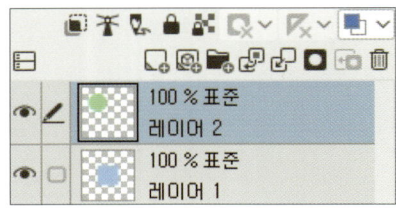

그림 2-3-26

클리핑 기능을 해제하면 원래 칠한 영역이 전부 표시됩니다.

그림 2-3-27

클리핑이랑 색이 안 칠해지는 게 아니라 영역 바깥에 있는 색을 표시하지 않는 것입니다.

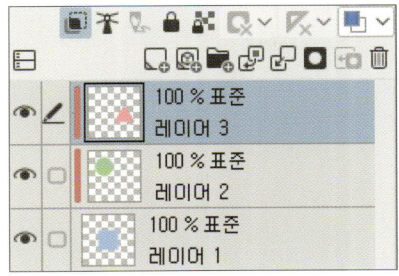

그림 2-3-28

레이어를 더 쌓아서 각각의 레이어에 색을 칠해 봅니다.

그림 2-3-29

레이어를 여러 개 사용해서 클리핑을 걸어도 레이어 1의 영향을 받아서 색이 벗어나지 않게 됩니다. 레이어 1이 메인입니다.

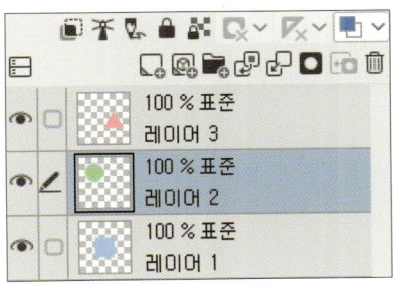

그림 2-3-30

다시 전체적으로 클리핑을 풀면 실제로 채색된 영역이 전부 표시됩니다.

그림 2-3-31

4. 채색하기

채색의 시작은 밑색을 넣는 것입니다. 밑색을 바탕으로 그 위에 레이어를 얹어서 그림자 등을 표현합니다.

1) 얼굴에 밑색 넣기

새 레이어를 작성합니다. 레이어 4에 얼굴 밑색을 넣습니다.

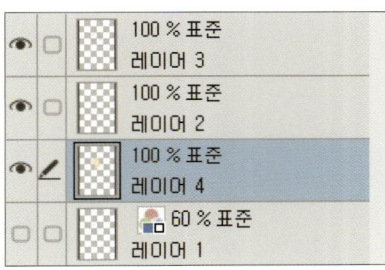

그림 2-4-1

채색 레이어는 선화 레이어보다 밑에 있어야 선이 가려지지 않습니다. [G펜]으로 얼굴을 채색합니다. 밑색은 농도가 일정해야 하므로 펜 계열의 도구로 채색합니다.

그림 2-4-2

머리카락 영역까지 채색해도 괜찮습니다. 왜냐하면 머리카락 채색 레이어를 얼굴보다 위에 배치하므로 어차피 가려지게 됩니다.

레이어의 순서가 바뀌면 안 된다!

그림 2-4-3

레이어를 순서대로 작성하다 보면 선화 위에 작성한 레이어에 바로 채색하는 경우가 있습니다. 그럼 이렇게 선화가 가려집니다. 채색 레이어는 선화 밑에 작성합니다. 선화 위에 작성되었다면 드래그해서 선화 밑으로 내립니다. 초보자들이 많이 하는 실수 중의 하나입니다.

2) 머리카락 밑색 넣기

채색의 속도를 높여 주는 채우기 툴을 익혀 보자!

얼굴 채색은 브러시로 했지만 머리카락은 속도를 높이기 위해 [채우기] 툴을 사용해 봅니다. 새 레이어인 레이어 5를 작성하고, 머리카락 채색은 [채우기] 툴을 이용해 봅니다.

 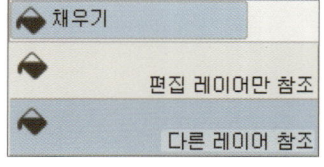 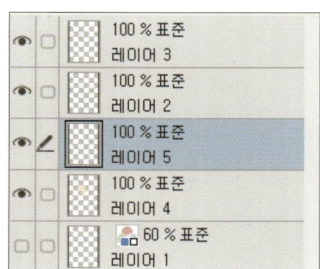

그림 2-4-4 그림 2-4-5 그림 2-4-6

먼저 채우기 툴(G를 2번 입력)을 선택합니다. 그다음에 다른 레이어 참조를 선택합니다. 이 부분도 실수가 자주 일어나는 부분 중의 하나입니다. 선화 레이어에 채색하는 게 아니라 채색할 레이어를 따로 작성해서 채색하므로 [편집 레이어만 참조]가 아니라 [다른 레이어를 참조]를 선택하고 채색해야 합니다. 머리카락 레이어는 얼굴 밑색 레이어보다 위에 있어야 합니다.

그림 2-4-7

얼굴 채색을 먼저 한 상태에서 [채우기] 툴을 사용하면 이미 채색한 얼굴을 인식해서 위와 같이 색이 채워집니다. 머리카락부터 채색하면 이런 상황을 방지할 수 있지만 얼굴부터 채색을 시작했으니 일단 이 문제를 해결해 봅니다.

① **방법 1** 가장 쉬운 방법으로 얼굴 채색 레이어를 비표시로 전환한 다음에 채우기를 진행하는 방법입니다.

그림 2-4-8 그림 2-4-9

그다음 얼굴 채색 레이어를 다시 표시로 전환하면 됩니다.

② **방법** 2 참조 레이어를 사용해 봅니다. 이번에는 좀 더 고급스러운 방법을 사용해 봅니다. 선화가 그려진 레이어 2, 3 두 개를 다중 선택합니다.

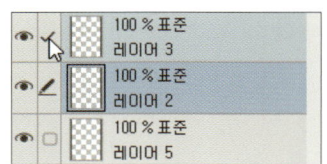

그림 2-4-10

③ **레이어 다중 선택하는 방법 3가지**

ㄱ. 방법 1. 레이어 섬네일 앞에 있는 체크 박스에 체크하면 다중 선택됩니다.

ㄴ. 방법 2. Ctrl 키를 누른 채 레이어를 선택하면 다중 선택됩니다.

ㄷ. 방법 3. Shift 키를 누른 채 레이어를 선택하면 처음 선택한 레이어에서 마지막 선택한 레이어까지 전부 선택됩니다.

 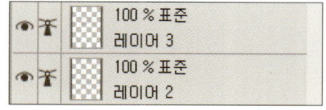

그림 2-4-11   그림 2-4-12

선화 레이어를 선택했다면 [참조 레이어로 설정]을 클릭합니다. 두 개의 선화 레이어에 [참조 레이어] 설정이 완료됩니다.

그림 2-4-13

이번에는 채우기 [다른 레이어 참조] 툴을 선택하고 [채우기>도구 속성 팔레트>복수 참조]에서 [참조 레이어]를 선택합니다.

그림 2-4-14

그다음 [채우기]를 하면 됩니다.

Chapter 2. 일러스트를 그려 보자   *47*

그림 2-4-15

이번에는 [에워싸고 칠하기]를 사용해 봅니다. [에워싸고 칠하기]를 사용하면 나뉜 여러 영역을 한 번에 채울 수 있습니다. 그리고 모서리 부분에 채색이 안 된 부분을 채색할 때도 유용합니다.

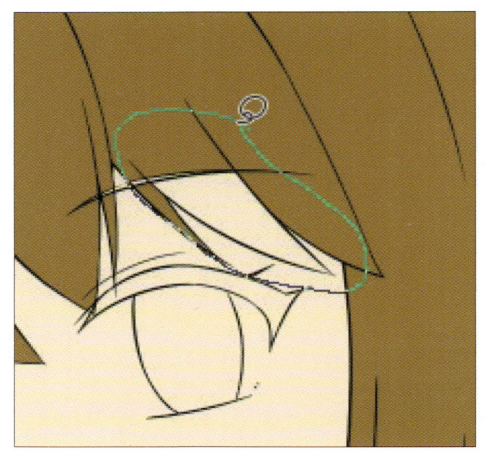 

그림 2-4-16

실수로 놓친 부분도 마저 채색합니다.

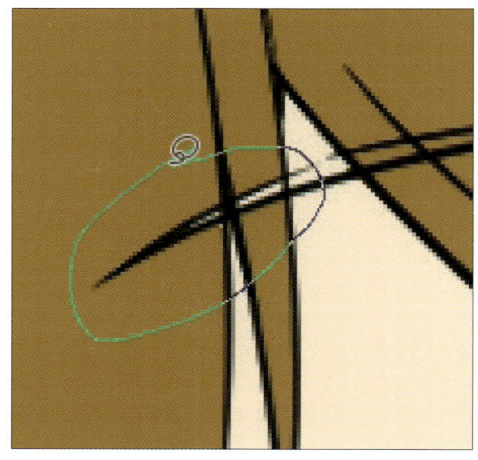 

그림 2-4-17

클릭하기도 어렵고 채워야 할 영역이 많이 나뉘어 있을 때도 유용합니다.

그림 2-4-18

이번에는 [덜 칠한 부분에 칠하기]를 사용해 봅니다.

그림 2-4-19

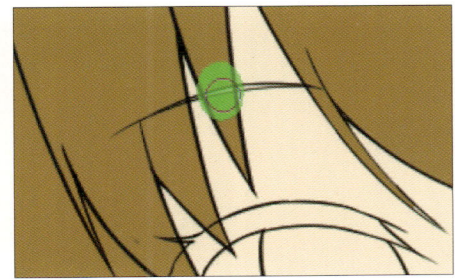

그림 2-4-20

그림 2-4-21

색이 채워지지 않은 영역을 선택하면 채우기가 됩니다. [에워싸고 칠하기]와 마찬가지로 채울 영역을 전부 선택해야 채우기가 진행됩니다. 영역의 일부만 선택할 경우 채우기가 되지 않습니다.

3) 옷 밑색 넣기

옷에 밑색을 넣어 봅니다. 옷의 색상, 입고 있는 옷의 개수 등에 따라 레이어를 나누므로 레이어를 많이 사용합니다.

Chapter 2. 일러스트를 그려 보자 **49**

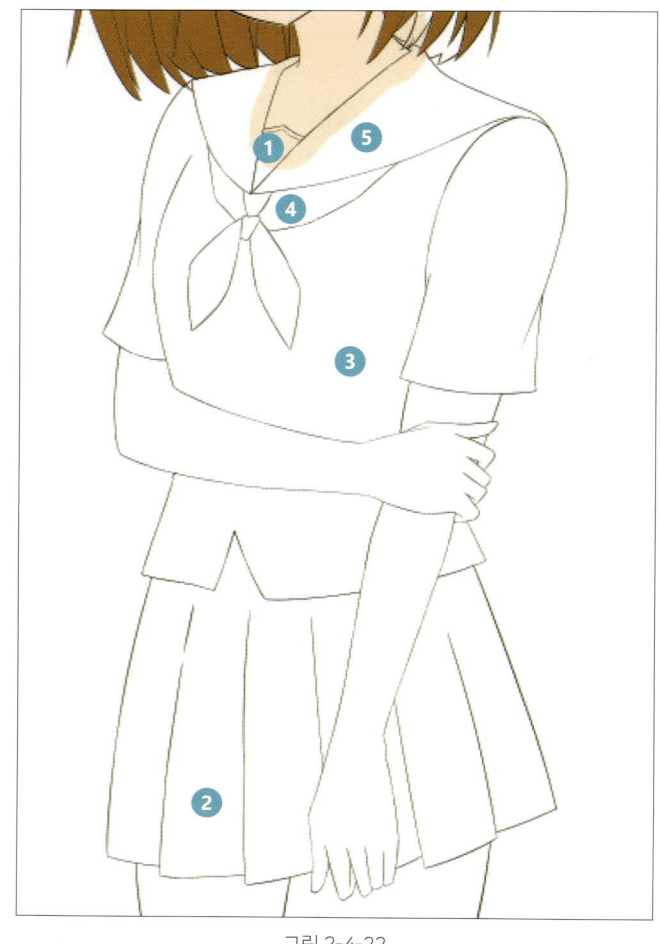

그림 2-4-22

옷에 밑색을 넣을 때는 순서를 잘 계획하는 편이 좋습니다. 채색하는 순서는 안쪽에 있는 옷 (다른 옷에 가려진 옷)을 먼저 채색합니다. 머리카락을 채색했을 때와 마찬가지로 먼저 채색한 부분은 위에서 덮어 주기 때문입니다.

① 옷깃보다 안쪽에 위치하므로 새 레이어에 먼저 채색합니다.
② 치마는 상의에 가려지므로 상의보다 먼저 채색합니다.
③ 상의는 스카프와 옷깃보다 안쪽에 있어 치마 다음으로 채색합니다.
④ 스카프는 상의를 덮고 옷깃에 가려지므로 상의 다음에 채색합니다.
⑤ 마지막으로 제일 위에 있는 옷깃을 채색합니다.

그림 2-4-23

그림 2-4-24

레이어 순서를 지키면 밑색을 직접 칠할 때 경계를 넘어서 칠해도 괜찮습니다. 그 위에 위치한 레이어가 덮어 주어 순서를 잘 계산하는 편이 좋습니다.

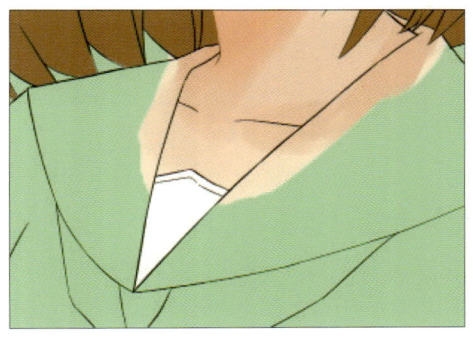
그림 2-4-25

그림 2-4-26

하지만 [채우기] 툴로 채색하게 되면 애초에 영역을 벗어나지 않게 채색되므로 레이어 순서가 크게 중요하지 않습니다. 옷에 장신구 등이 많을수록 이것저것 계산할 게 많아져 순서에 크게 연연하지 않고 채색하면서 레이어 위치를 아래, 위로 옮겨 가며 진행해도 됩니다.

정리

직접 채색할 시(브러시 사용) 레이어 순서를 잘 생각해서 채색 순서(레이어 순서)를 정합니다. [채우기] 툴을 사용할 때는 세세한 레이어 순서는 크게 신경 쓰지 않아도 됩니다. 여기서는 [채우기] 툴을 사용해서 채색을 진행합니다. [채우기] 툴을 사용하므로 채색 순서 즉 레이어 순서는 크게 신경 쓰지 않고 편하게 진행해 봅니다.

교복 상의를 흰색으로 채색합니다

그림 2-4-27

그림 2-4-28

용지 색이 흰색으로 설정되어 있을 시, 흰색을 채색하기가 쉽지 않습니다. 그래서 신규 레이어를 작성해서 흰색과 비교할 수 있는 색으로 채웁니다. 눈부심을 줄일 수 있는 편안한 색상을 사용하면 좋고, 레이어는 당연히 채색을 진행하려는 레이어보다 밑에 있어야 합니다. 흰색 바탕에 흰색을 채색할 때 색 구분이 가능해집니다.

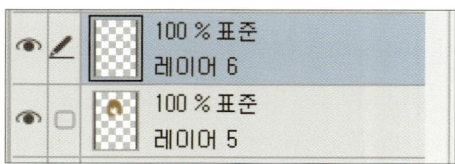

그림 2-4-29

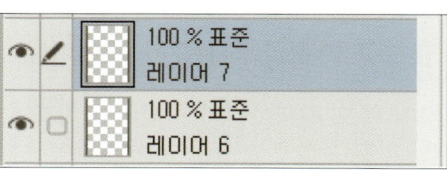

그림 2-4-30

새 레이어를 작성해서 상의를 흰색으로 채색합니다.

그림 2-4-31

상의 레이어 위에 새 레이어를 작성해서 스카프를 채색합니다.

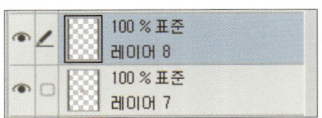
그림 2-4-32

스카프 레이어 위에 새 레이어를 작성해서 옷깃을 채색합니다.

그림 2-4-33

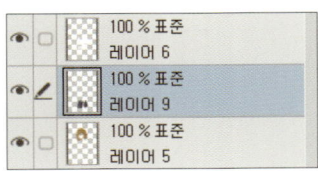
그림 2-4-34

치마는 상의 레이어 아래에 작성해서 채색합니다.

그림 2-4-35

눈을 제외한 모든 밑색 넣기가 마무리됩니다.

찾으려는 레이어 쉽게 찾는 방법

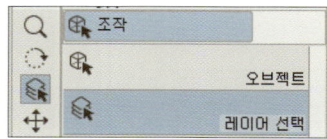

그림 2-4-36

[조작>레이어 선택(D)]을 선택합니다.

그림 2-4-37

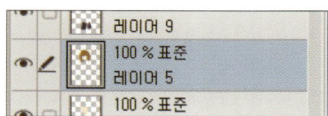
그림 2-4-38

머리카락이 채색된 영역을 클릭합니다. 머리카락이 채색된 레이어가 선택됩니다.

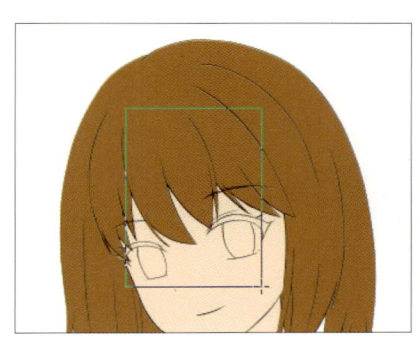
그림 2-4-39

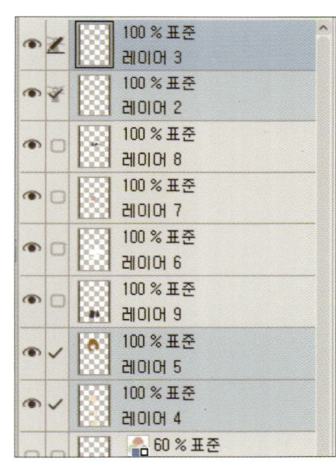
그림 2-4-40

드래그하면 해당 영역에 그림이 그려진 레이어를 전부 선택합니다. 레이어 2, 3은 선화 레이어, 레이어 4, 5는 머리카락과 얼굴이 채색된 레이어입니다. 그림이 그려진 레이어를 찾을 때 빠르게 찾을 수 있습니다.

4) 색 보정하기

완료된 밑색이 마음에 안 들 때 지우고 다시 칠하지 않아도, 색조 보정을 통해서 색을 보정할 수 있습니다.

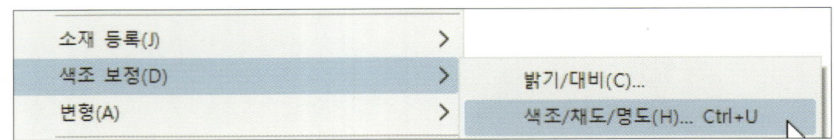

그림 2-4-41

[편집>색조 보정>색조/채도/명도]로 단축키는 Ctrl+U입니다. 머리카락이 채색된 레이어 5를 선택하고 Ctrl+U로 [색조 보정>색조/채도/명도]를 실행합니다.

그림 2-4-42

마음에 드는 색이 나올 때까지 각각의 슬라이더를 조절합니다. 색 보정이 끝나면 [OK]를 클릭합니다. 색조, 채도, 명도 슬라이더를 좌우로 이동하면서 색이 어떻게 변하는지 익혀 봅니다. 머리카락뿐만 아니라 얼굴, 옷 등의 밑색을 보정합니다. 위에서 배운 [레이어 선택(D)]를 사용해서 레이어를 선택해 봅니다.

5) 얼굴과 피부 채색하기

밑색 작업이 끝났다면 이제 본격적으로 채색해 봅니다.

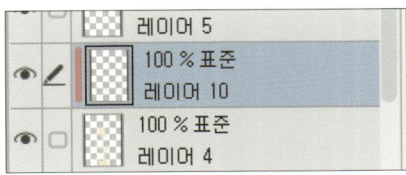

그림 2-4-43

얼굴이 채색된 레이어를 선택합니다. 앞서 배웠던 클리핑 마스크를 이제 사용할 차례입니다. 얼굴 채색 레이어 위에 새 레이어를 작성하고 클리핑 기능을 켭니다.

채색에 사용할 색을 선택해 봅니다.

그림 2-4-44

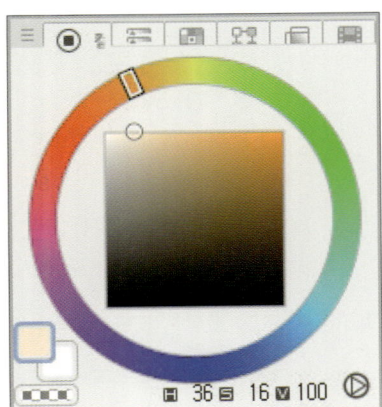
그림 2-4-45

스포이트를 선택합니다. 단축키는 I 또는 Alt입니다. 그리고 얼굴에 칠해진 색을 클릭합니다. 피부색이 선택됩니다.

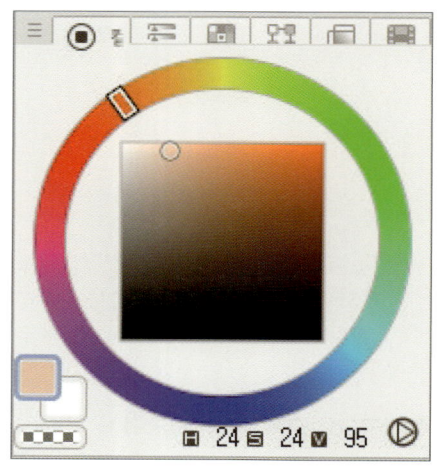

그림 2-4-46

컬러 휠은 반시계 방향으로 살짝 이동하고 컬러 박스 안에서는 오른쪽으로 살짝 이동합니다. 채색에 사용된 브러시는 [불투명 수채]와 [진한 수채]를 사용합니다.

그림 2-4-47

그림 2-4-48

머리카락 그림자, 목 부위 등의 그림자를 표현합니다. 볼에 홍조를 표현합니다. [에어브러시>부드러움]으로 브러시 크기를 크게 잡고 가볍게 채색합니다. 같은 색으로 펜을 선택해서 사선을 그려 줘도 좋습니다. 흰색으로 하이라이트를 표현합니다. [에어브러시>강함 또는 펜]입니다.

6. 눈 채색하기

캐릭터에서 가장 중요한 눈 채색을 해 봅니다.

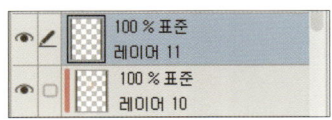

그림 2-4-49

먼저 얼굴 채색 레이어 위에 새로운 레이어를 작성합니다.

그림 2-4-50

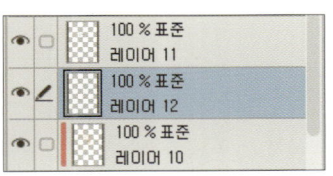
그림 2-4-51

[채우기] 툴을 사용해서 눈동자를 채색합니다. 방금 채색한 눈동자 레이어 밑에 레이어를 작성합니다.

그림 2-4-52

회색을 선택하고 브러시는 불투명 수채로 흰자를 채색합니다. 이제 회색을 흰색으로 바꿔 봅니다.

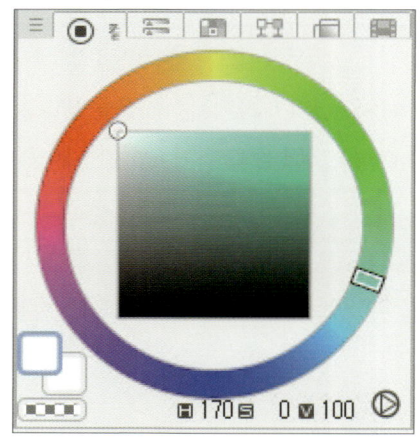
그림 2-4-53

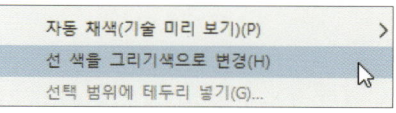
그림 2-4-54

컬러 서클에서 흰색을 선택합니다. [편집>선 색을 그리기색으로 변경]을 실행합니다.

그림 2-4-55

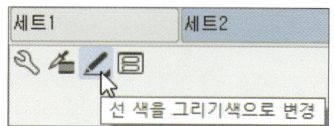
그림 2-4-56

그러면 회색이었던 흰자가 흰색으로 변경됩니다. 단축키를 지정하거나 [퀵 액세스]에 등록하면 쉽게 색을 변경할 수 있습니다. 흰색처럼 눈으로 확인하기 어려운 색들은 확인하기 쉬운 색으로 채색한 후 Ctrl+U로 보정, 그리기색으로 변경 등을 통해 수정하면 좋습니다. 계속해서 눈동자 채색을 해 봅니다.

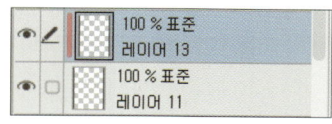
그림 2-4-57

눈동자 레이어 위에 레이어를 작성하고 클리핑을 켭니다.

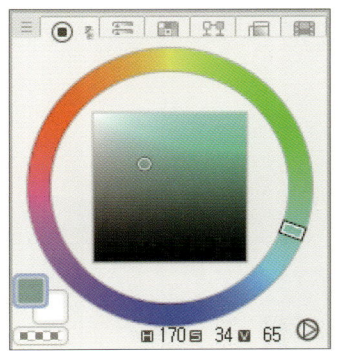
그림 2-4-58

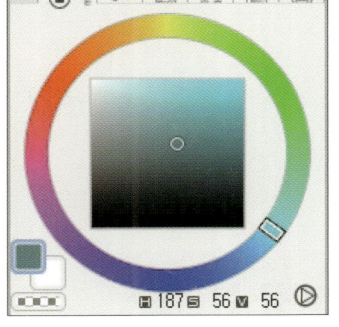
그림 2-4-59

스포이트로 눈동자 색을 추출합니다. 휠을 시계 방향으로 살짝 이동시키고 컬러 박스에서 좀 더 어두운색을 선택합니다.

그림 2-4-60

그림 2-4-61

[불투명 수채]로 가운데 동공을 그릴 부분을 생각하면서 음영을 표현합니다. [진한 수채]로 경계를 강조합니다.

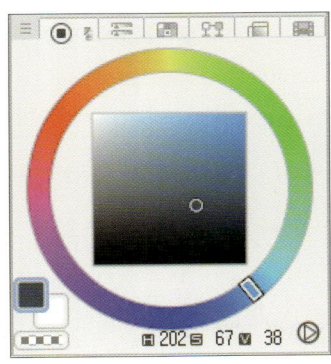
그림 2-4-62

그림 2-4-63

Chapter 2. 일러스트를 그려 보자 **61**

한 번 더 어두운색을 선택합니다. [에어브러시>부드러움]으로 눈동자 위쪽에 어둠을 더 깊게 표현합니다.

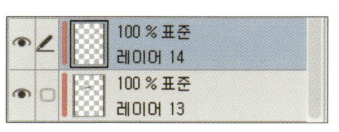
그림 2-4-64

그림 2-4-65

나중에 수정하기 편하게 레이어를 작성해서 눈동자를 그려 줍니다.

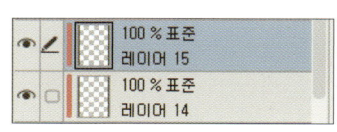
그림 2-4-66

그림 2-4-67

레이어를 작성해서 눈동자 아래쪽에 반사광을 표현합니다.

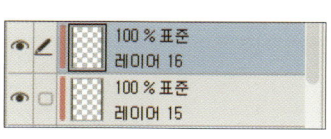
그림 2-4-68

그림 2-4-69

새 레이어를 작성 후 오버레이로 변경합니다. [에어브러시>부드러움]으로 눈동자 아래쪽에 색 [살짝 밝은색]을 칠하면 눈동자가 빛나는 효과를 낼 수 있습니다.

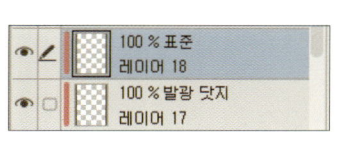

그림 2-4-70

그림 2-4-71

새 레이어에 [발광 닷지]를 적용 후 [진한 수채]로 하이라이트를 좀 더 표현해 봅니다.

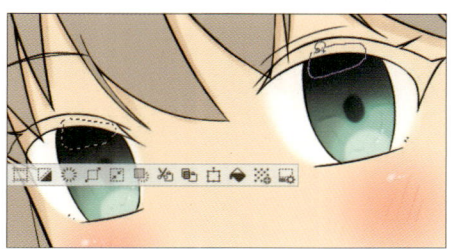

그림 2-4-72 　　　　　　　　　　　　　　그림 2-4-73

새 레이어 작성 후 [스크린]으로 설정합니다. [선택 범위(단축키 M)〉올가미 선택]으로 하이라이트 영역을 선택합니다. Shift 키를 누른 채 작성하면 + 표시가 나타나고 다중 선택 범위를 작성할 수 있습니다.

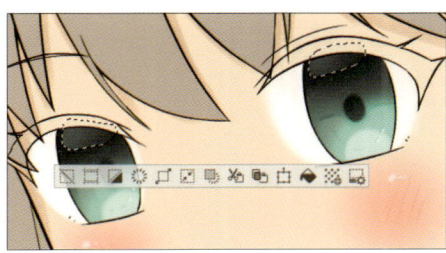

그림 2-4-74

[에어브러시〉부드러움]으로 하이라이트를 표현합니다.

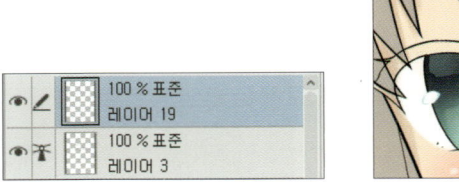
그림 2-4-75

그림 2-4-76

마지막으로 하이라이트 표현을 위해 선화 레이어 위에 새 레이어를 작성합니다. [G펜]으로 흰색을 사용해서 하이라이트를 그립니다. [투명 픽셀 잠금]을 사용해 봅니다.

그림 2-4-77

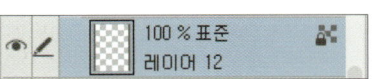
그림 2-4-78

흰자를 채색한 레이어를 선택하고 [투명 픽셀 잠금]을 켭니다.

그림 2-4-79

[투명 픽셀 잠금]을 켜면 색이 칠해지지 않은 부분에는 그림이 그려지지 않습니다. 레이어 클리핑과 다른 점은 새 레이어를 만들지 않고 해당 레이어에 바로 적용된다는 점입니다. 그래서 클리핑보다 수정이 불편하지만, 한 개의 레이어만 사용하므로 레이어 관리는 편합니다.

다음으로 수채 브러시를 사용해서 회색으로 그림자를 표현합니다.

그림 2-4-80   그림 2-4-81

노랑 계열의 색을 선택해서 그림자 경계를 표현합니다.

그림 2-4-82   그림 2-4-83

마지막으로 경계 밑부분을 흰색으로 덧칠해서 경계의 두께를 조절합니다. 새 레이어를 작성해서 눈꺼풀을 채색합니다.

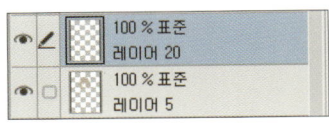 

그림 2-4-84   그림 2-4-85

[투명 픽셀 잠금]을 켜고 세부 묘사를 합니다.

Chapter 2. 일러스트를 그려 보자   **65**

레이어 폴더로 레이어를 정리해 보자!

채색을 진행하다 보면 부위별로 밑색을 넣고 그 위에 클리핑 레이어를 쌓다 보면 레이어 개수가 많아져서 관리가 힘들어집니다. 레이어 폴더를 만들어서 정리해 봅니다.

1) 방법 1

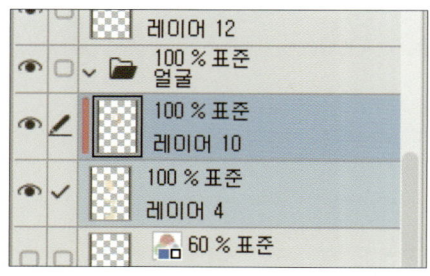
그림 2-4-86

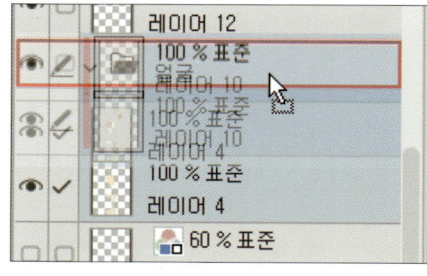
그림 2-4-87

레이어 폴더를 작성하고 이름을 입력합니다. 폴더에 넣을 레이어를 다중 선택해서 드래그로 폴더 안에 넣습니다.

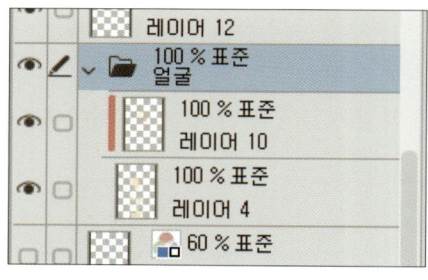
그림 2-4-88

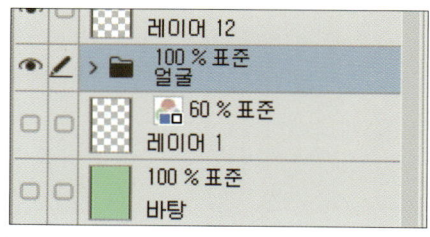
그림 2-4-89

폴더 안에 레이어가 들어갑니다. 폴더를 접으면 레이어 팔레트가 깔끔하게 정리됩니다.

2) 방법 2

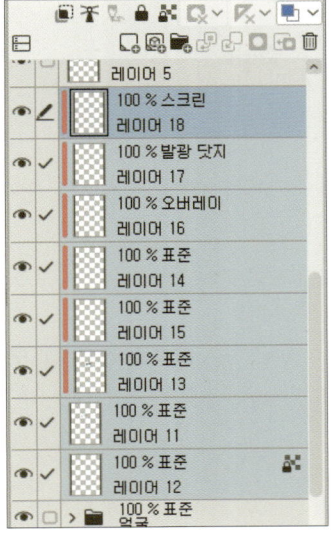

그림 2-4-90

눈 채색에 많은 레이어가 사용됩니다. 눈 채색 레이어를 전부 선택합니다.

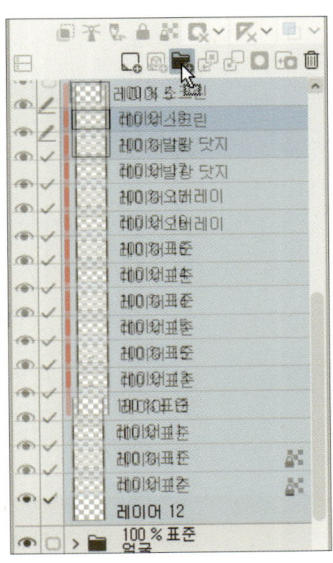

그림 2-4-91

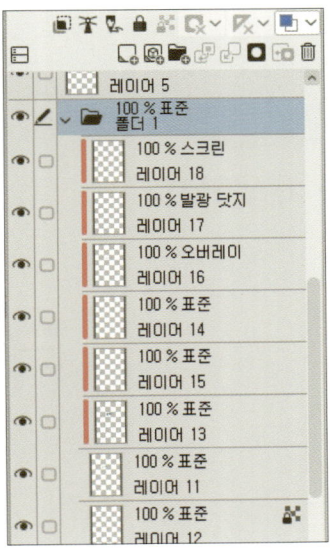

그림 2-4-92

선택한 레이어를 폴더 아이콘으로 드래그합니다. 드래그한 레이어가 폴더 안으로 들어갑니다. 폴더를 더블 클릭하면 폴더의 이름을 변경할 수 있습니다.

3) 방법 3

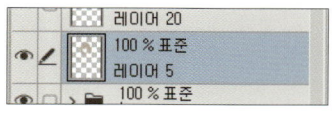

그림 4-93

머리카락 레이어도 계속 늘어날 예정이라 폴더에 넣어 봅니다. 먼저 머리카락 레이어를 선택합니다.

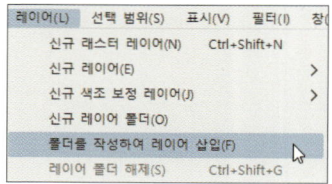

그림 2-4-94

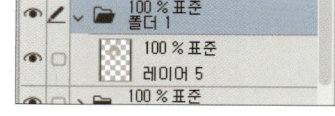

그림 2-4-95

레이어 팔레트의 메뉴를 열어서 [폴더를 작성하여 레이어 삽입]을 실행합니다. 폴더 안으로 레이어가 들어갑니다.

6. 머리카락 채색하기

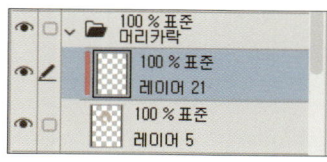

그림 2-4-96

머리카락 밑색 레이어 위에 새 레이어를 작성한 후 클리핑을 켭니다.

그림 2-4-97

G펜을 사용하여 명암을 넣습니다.

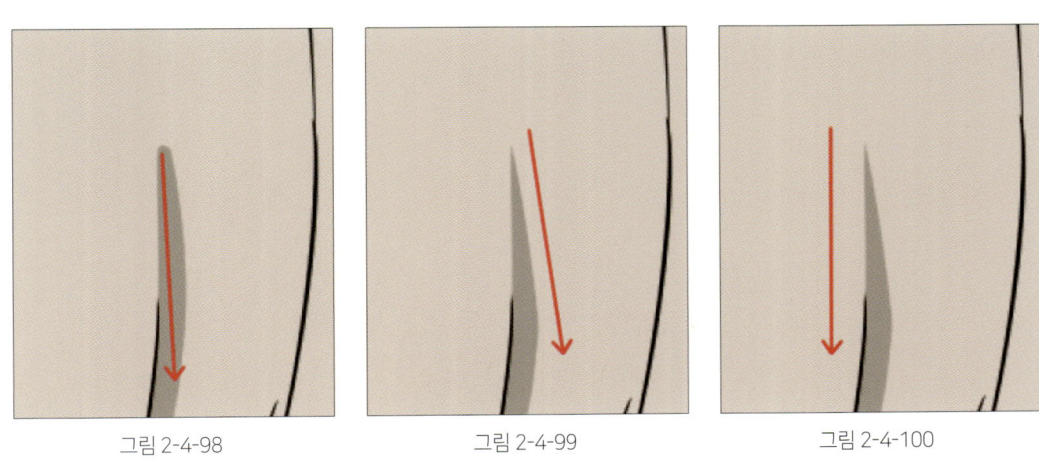

그림 2-4-98 　　　　　　　그림 2-4-99 　　　　　　　그림 2-4-100

그림자를 그린 후 지우면 뾰족하게 그릴 수 있습니다. 지울 때는 지우개(E)나 브러시의 투명 색(C)을 사용합니다.

그림 2-4-101

새 레이어를 작성합니다.

그림 2-4-102

그림 2-4-103

G펜을 사용해서 하이라이트를 그립니다. 하이라이트는 전체적으로 칠한 다음 좀 더 세밀하게 표현합니다.

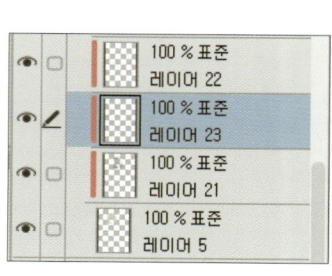

그림 2-4-104

그림 2-4-105

하이라이트 레이어 밑에 새 레이어를 작성합니다. 하이라이트 밑에 그림자를 표현해서 하이라이트를 더 돋보이게 합니다.

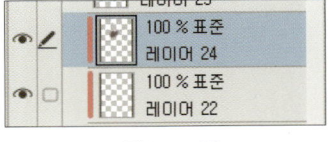
그림 2-4-106

그림 2-4-107

새 레이어를 작성하고 에어브러시로 어두운 부분을 표현합니다.

그림 2-4-108

그림 2-4-109

마지막으로 새 레이어를 작성합니다. 머리카락을 좀 더 표현하거나 꾸며주고 싶은 곳이 있으면 추가해줍니다.

7. 옷 채색하기

옷을 채색하기 전에 레이어를 정리합니다.

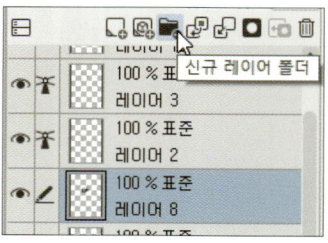

그림 2-4-110

레이어를 선택하고 [신규 레이어 폴더]를 클릭합니다.

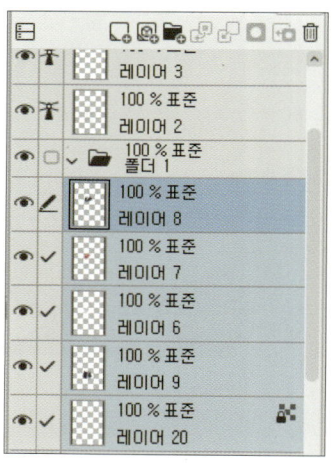
그림 2-4-111

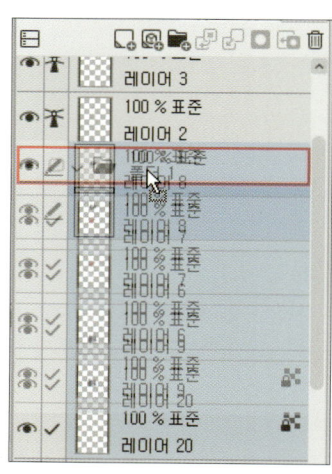
그림 2-4-112

폴더가 작성되면 옷 채색 레이어를 선택합니다. 다중 선택(Shift+클릭)입니다. 선택된 레이어를 폴더로 드래그합니다.

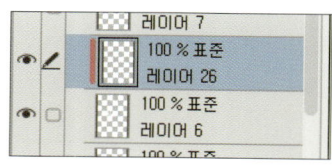

그림 2-4-113

상의 밑색 레이어 위에 새 레이어를 작성해서 클리핑을 걸어 줍니다.

그림 2-4-114

그림 2-4-115

[에어브러시(B)〉부드러움]으로 그림자 영역을 가볍게 채색합니다. 파란색이 섞인 회색을 사용하면 좋습니다.

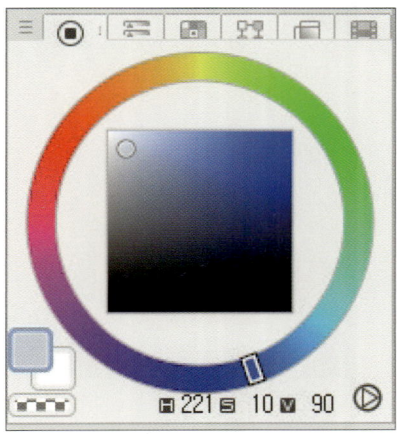

그림 2-4-116

그림 2-4-117 　　　　　　　　　　　그림 2-4-118

수정할 때는 스포이트(I 또는 Alt)로 주변에 있는 색을 추출해서 채색합니다. 밝은색을 선택하면 지우개를 사용하지 않아도 지우는 효과를 낼 수 있습니다. 채색할 때는 주변의 어두운색을 선택해서 채색합니다.

그림 2-4-119 　　　　　　　　　　　그림 2-4-120

보라색을 사용해서 좀 더 표현합니다. 진한 수채 브러시를 사용해서 제일 어두운 영역을 표현합니다.

그림 2-4-121

그림 2-4-122

색 혼합(J) 툴에서 [색 혼합] 또는 [흐리기]를 사용하여 경계를 흐리게 합니다. 같은 방식으로 옷깃, 스카프, 치마를 채색하면 완성입니다.

옷깃의 흰 줄무늬 그리는 방법

그림 2-4-123

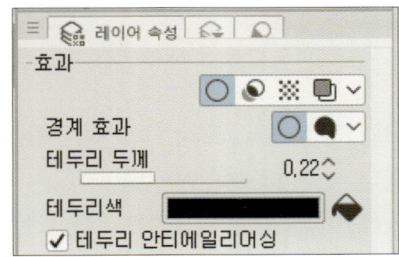

그림 2-4-124

옷깃의 흰 줄무늬는 경계 효과를 사용하면 쉽게 그릴 수 있습니다.

자를 사용해서 줄무늬 그리는 방법

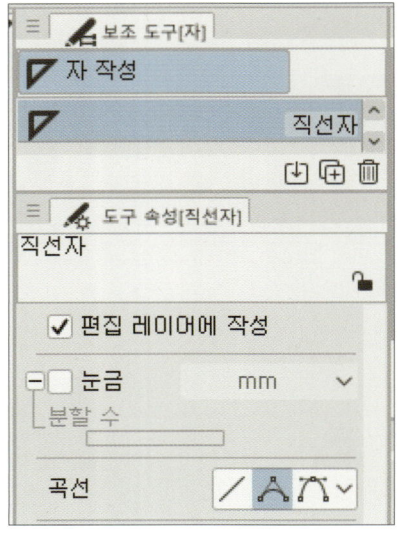

그림 2-4-125

2차 베지에를 선택합니다.

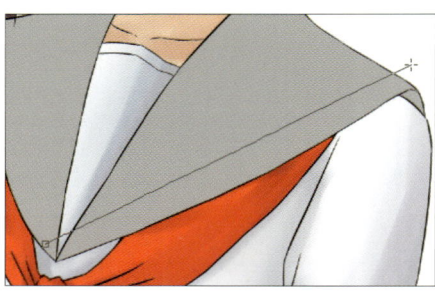

그림 2-4-126

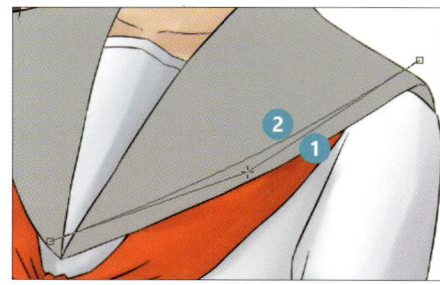

그림 2-4-127

줄무늬를 그릴 자리에 맞게 드래그합니다. 펜을 떼면 곡선을 조절할 수 있습니다. ①은 곡선의 양을 조절하는 선입니다. 펜이 태블릿에서 떨어져 있는 상태입니다. ②는 실제로 자로 작성되는 선입니다. 자 작성을 취소하고 싶을 때는 ESC 키를 누릅니다.

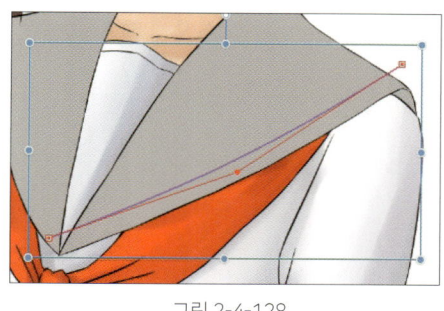 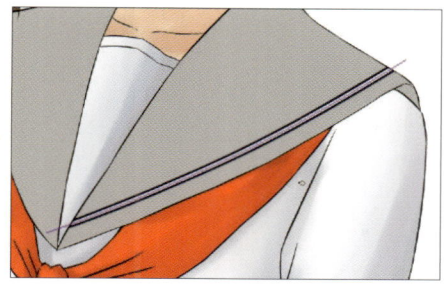

그림 2-4-128 　　　　　　　　　　　그림 2-4-129

[오브젝트 O] 툴로 수정이 가능합니다. [G펜]으로 흰색을 선택하고, 경계 효과를 켠 후 선을 그립니다.

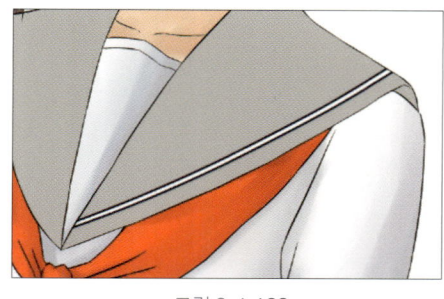 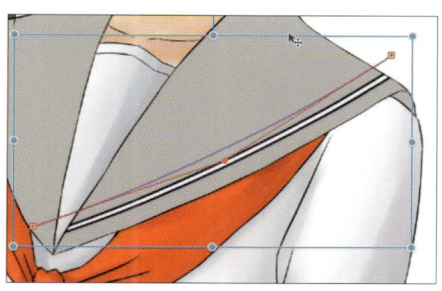

그림 2-4-130 　　　　　　　　　　　그림 2-4-131

깔끔하게 선을 그릴 수 있습니다. [오브젝트 O] 툴로 자를 이동합니다. 완성입니다.

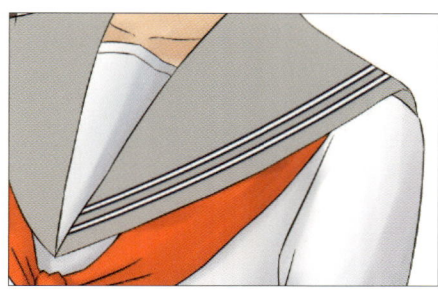

그림 2-4-132

이번에는 특수 자를 사용해서 그려 봅니다.

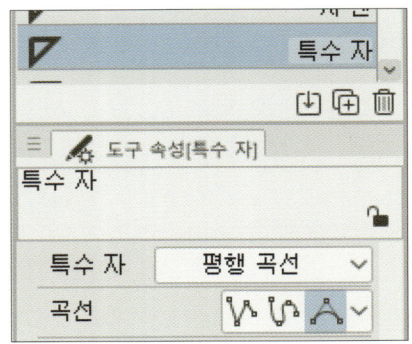

그림 2-4-133

2차 베지에를 선택합니다.

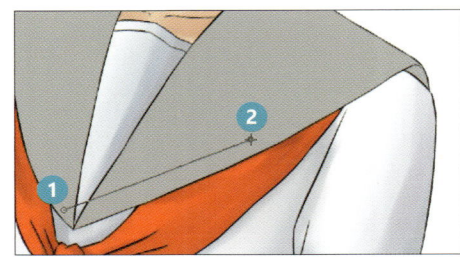 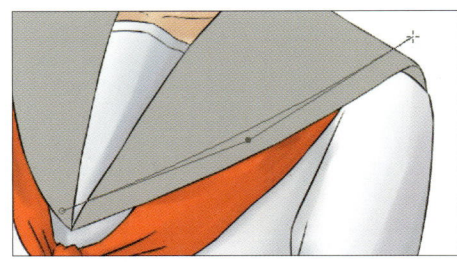

그림 2-4-134　　　　　　　　　　　　　그림 2-4-135

드래그로도 되지만 클릭만 해도 됩니다. ❶ 클릭합니다. ❷ 펜을 이 지점까지 이동한 후 다시 클릭합니다.

마지막 지점까지 오면 더블 클릭 또는 Enter 키를 누릅니다. 중간에 실수하면 ESC 키를 누릅니다. Back Space 또는 Delete 키를 누르면 이전 제어점을 취소할 수 있습니다. 도구 속성 설정에 따라 적용이 안 될 수도 있습니다.

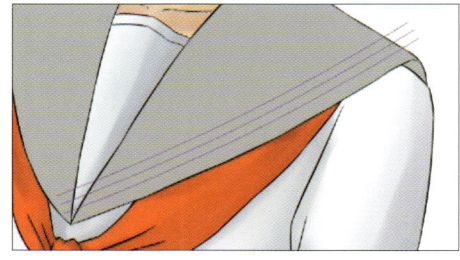 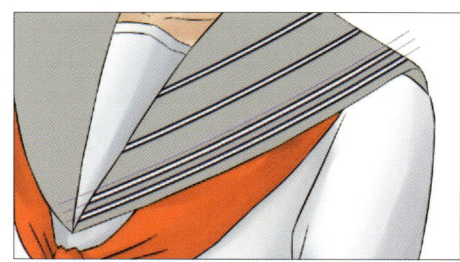

그림 2-4-136　　　　　　　　　　　　　그림 2-4-137

특수 자가 작성됩니다. 특수 자를 사용하면 자를 이동하지 않아도 같은 선을 계속 그릴 수 있습니다.

선 색 바꾸기

마지막으로 선 색을 바꿔서 그림을 좀 더 부드럽게 하는 방법입니다.

그림 2-4-138

얼굴을 그린 선 레이어를 선택하고 [투명 픽셀 잠금]을 켭니다. 수채 브러시 또는 에어브러시로 색을 넣습니다.

그림 2-4-139

그림 2-4-140

선 색을 바꿔 주면 좀 더 부드러운 느낌이 됩니다. 머리카락 선화에도 적용한 모습입니다.

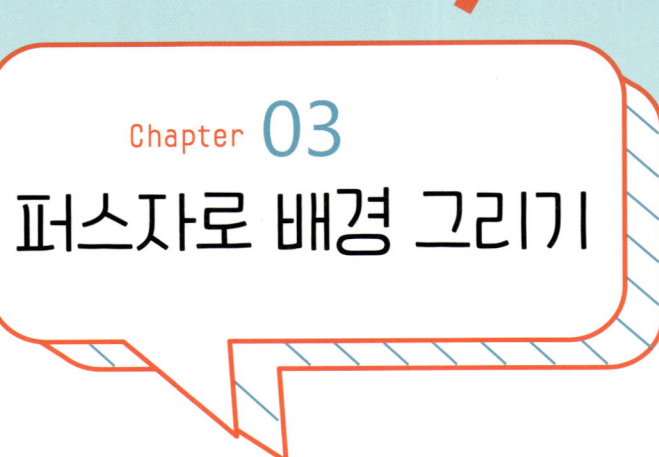

Chapter 03
퍼스자로 배경 그리기

1. 1, 2, 3점 투시

소실점의 개수에 따라 1점, 2점, 3점 투시로 구분됩니다.

1) 1점 투시
복도, 방, 도로 등을 그릴 때 사용됩니다.

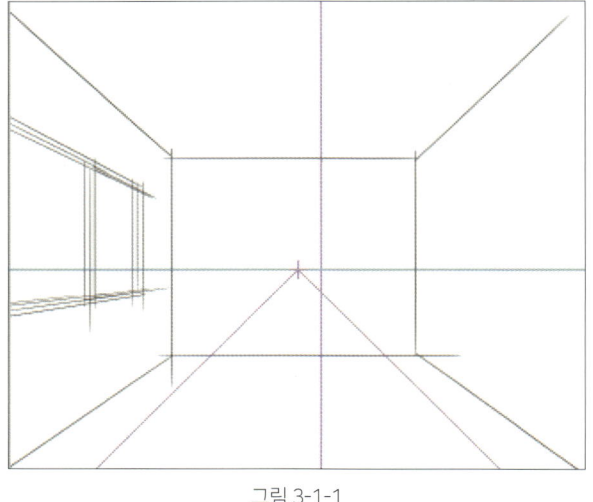

그림 3-1-1

2) 2점 투시

건물 등을 그릴 때 사용합니다.

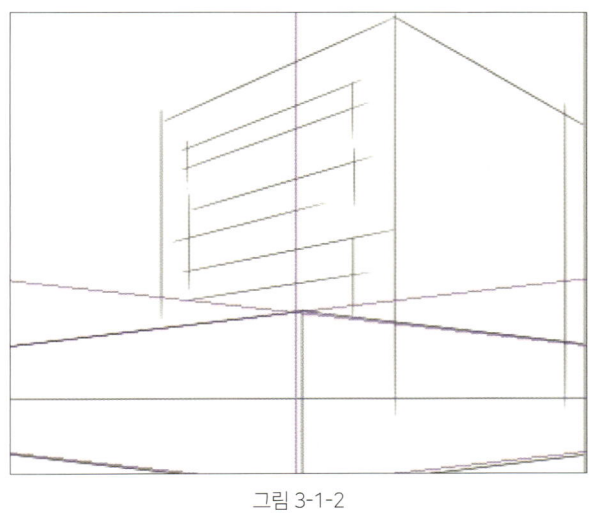

그림 3-1-2

3) 3점 투시

대상을 올려다보거나 내려다볼 때 사용합니다.

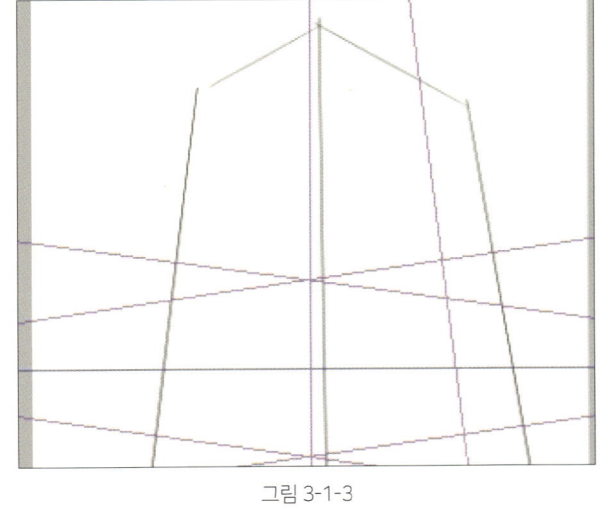

그림 3-1-3

2. 벡터 레이어에 대해서 알아보자!

배경 그리기에 앞서 벡터 레이어에 대해서 알아봅니다.

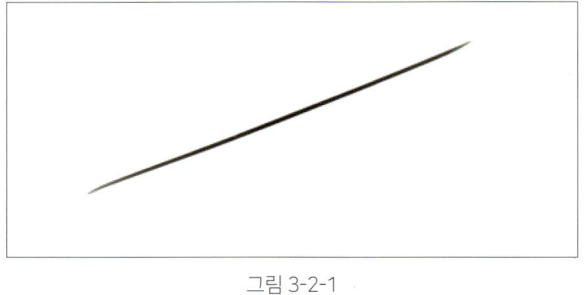

그림 3-2-1

벡터 레이어는 표면적으로 보면 래스터 레이어와 차이점이 없습니다.

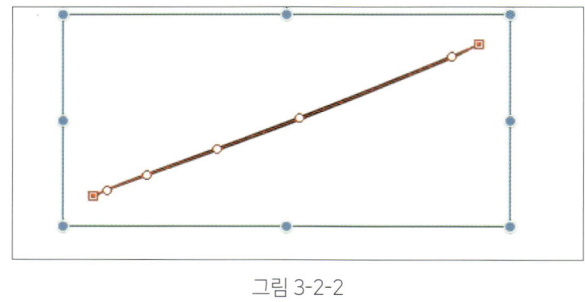

그림 3-2-2

하지만 [오브젝트] 툴로 선을 클릭하면 다음과 같이 제어점이 표시됩니다.

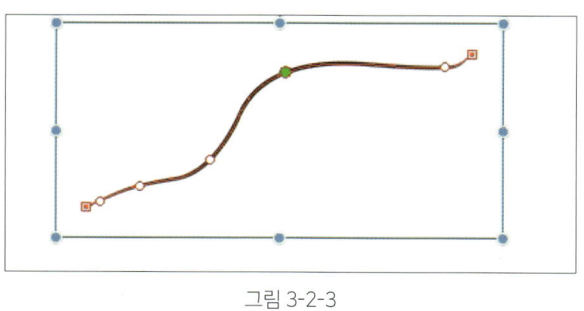

그림 3-2-3

제어점을 드래그하면 선을 수정할 수 있습니다.

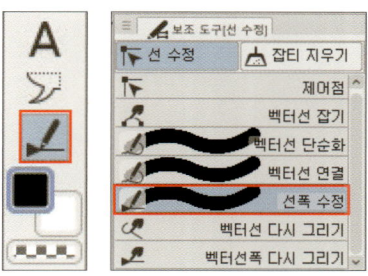

그림 3-2-4

[선 수정] 도구들을 사용해서 더 세밀한 조작이 가능합니다. 단축키는 Y입니다. 그렇기 때문에 선을 그렸다 지웠다 하는 래스터 레이어보다 벡터 레이어를 사용하면 시간을 단축할 수 있습니다. 벡터 레이어의 또 다른 장점은 벡터 지우개를 활용하는 겁니다.

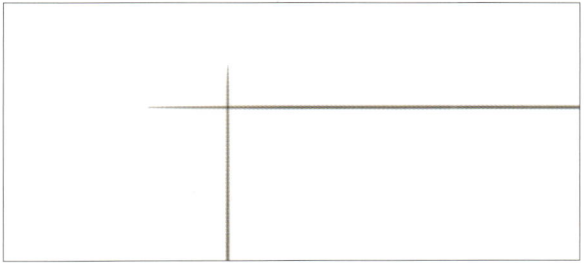

그림 3-2-5

선의 삐져나온 부분을 벡터 지우개로 지울 수 있습니다.

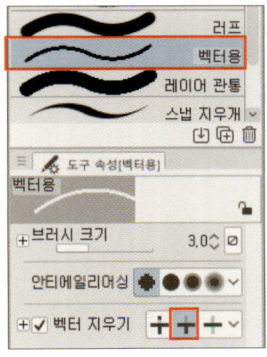

그림 3-2-6

[지우개]에서 [벡터용] 지우개를 선택하고 [벡터 지우기>교점까지]를 선택합니다.

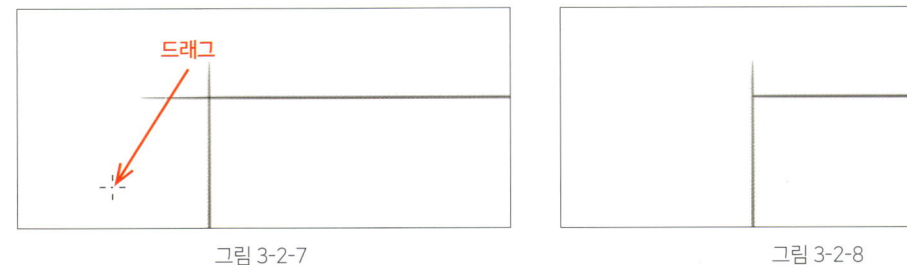

그림 3-2-7   그림 3-2-8

지우려는 부분을 드래그합니다. 그러면 선이 깔끔하게 지워집니다.

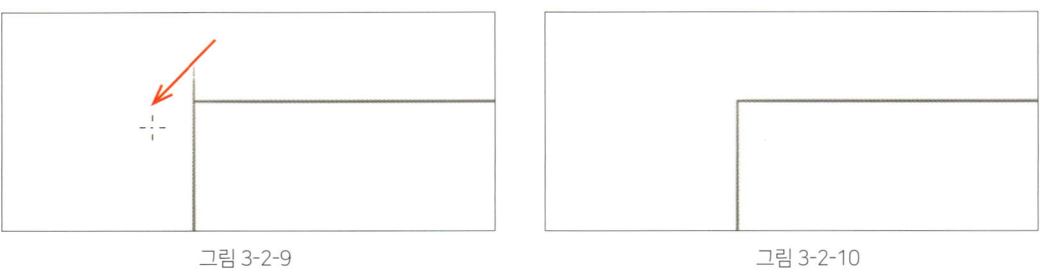

그림 3-2-9   그림 3-2-10

나머지 선도 벡터 지우개로 지웁니다. 그러면 완성입니다. 벡터 레이어는 건물 같은 배경을 그릴 때 또는 머리카락을 그릴 때 사용하면 좋습니다.

벡터 레이어는 레스터 레이어와 달리 확대해도 깨지지 않는다는 특징이 있습니다.

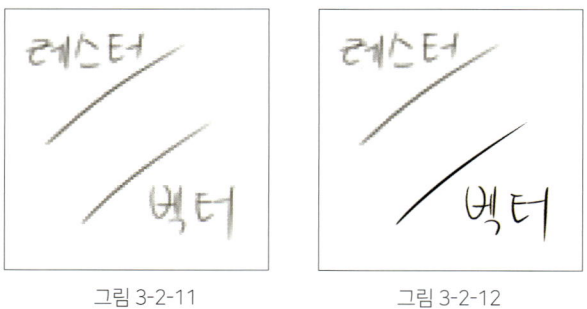

그림 3-2-11   그림 3-2-12

래스터 레이어와 벡터 레이어에 각각 선을 그려 봅니다. 캔버스 크기는 100×100px입니다. 캔버스 크기를 1000×1000px로 확대하면 그림 3-2-12와 같이 벡터 레이어의 선은 선명하게 살아납니다.

3. 배경 그리기

1) 캔버스 만들기

가로 2700px, 세로 2000px의 캔버스를 만듭니다. 캔버스 크기는 자유롭게 설정해도 됩니다.

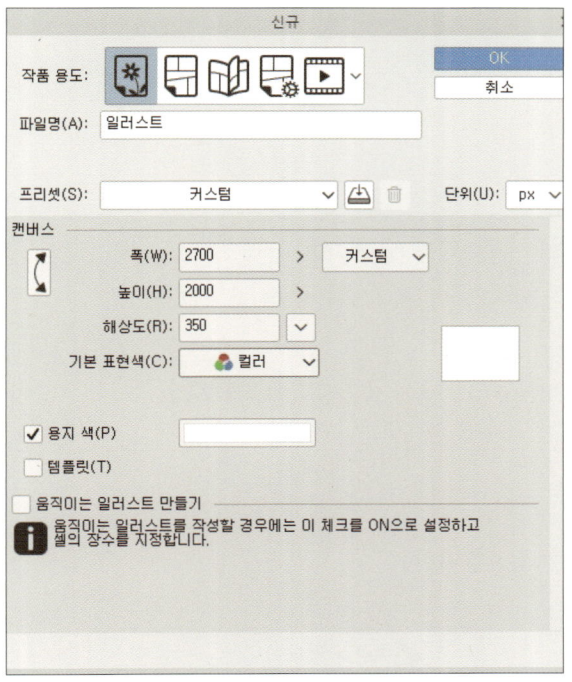

그림 3-3-1

2) 안내선 만들기

안내선을 긋기 위해서 대칭자를 사용해 봅니다. 안내선은 굳이 안 그려도 되지만 대칭자 사용법도 익힐 겸 따라 해 봅니다.

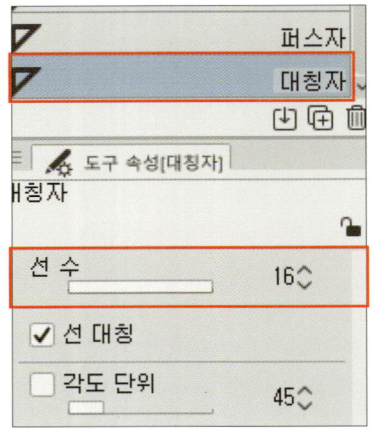

그림 3-3-2

[자(U를 3번 입력)>대칭자]를 선택하고 [선 수]를 최댓값인 16으로 설정합니다.

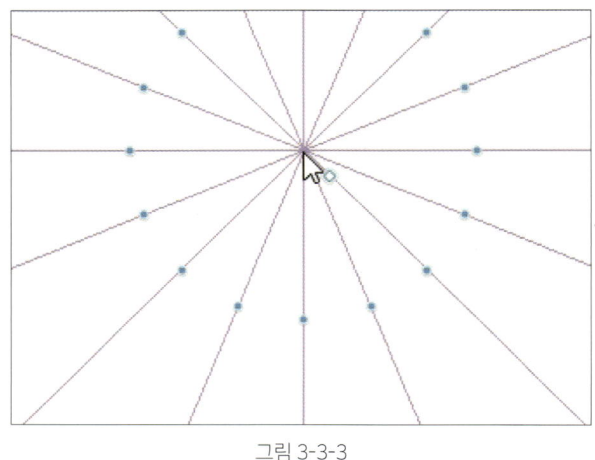

그림 3-3-3

[오브젝트] 툴로 위치를 조정합니다.

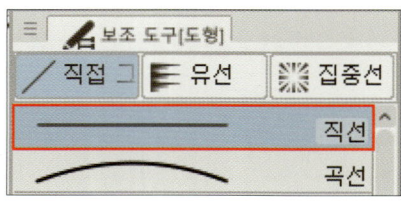

그림 3-3-4

[도형(U)〉직선]을 선택합니다.

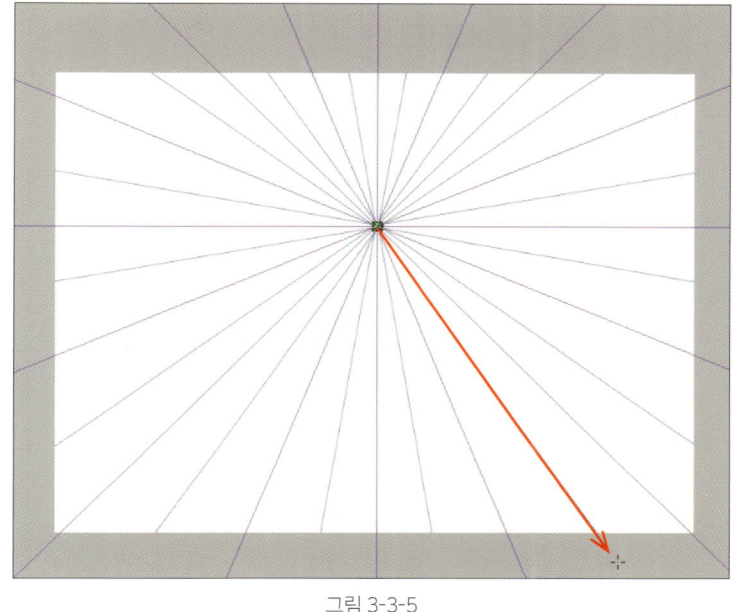

그림 3-3-5

안쪽에서 바깥쪽으로 선을 긋습니다. 대칭자를 사용하므로 한 개의 선만 그어도 한 번에 여러 개의 선을 그을 수 있습니다. 선을 두세 개 더 그려서 좀 더 촘촘하게 합니다.

그림 3-3-6

투명도를 낮춰서 선을 흐리게 합니다.

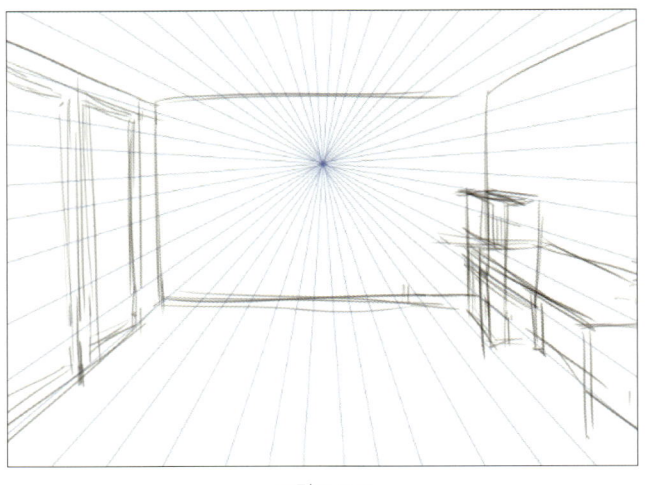

그림 3-3-7

안내선이 그려진 레이어 위에 새 레이어를 작성한 후 [진한 연필]로 밑그림을 그립니다. 안내선 때문에 투시에 벗어나지 않게 밑그림을 그릴 수 있습니다.

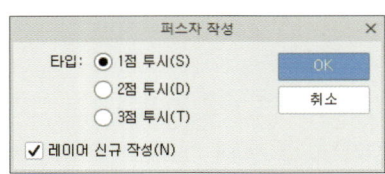

그림 3-3-8

[메뉴>레이어>자/컷 테두리>퍼스자 작성>1점 투시]를 선택하고 [OK]를 클릭합니다.

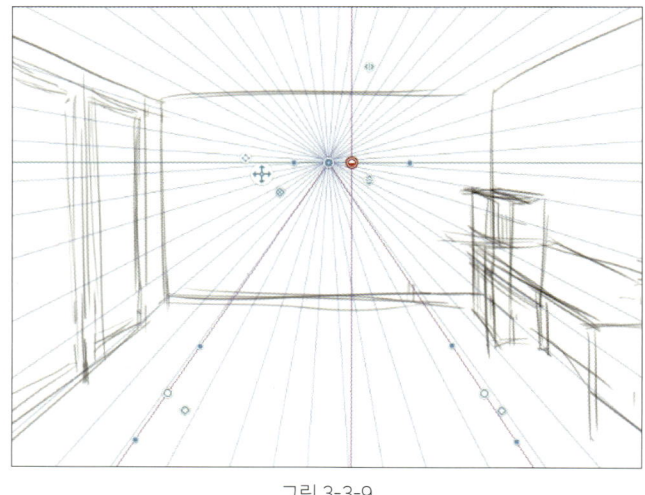

그림 3-3-9

퍼스자의 소실점과 밑그림의 소실점을 일치하게 조절합니다.

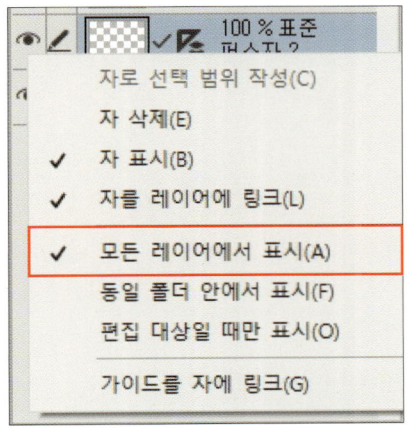

그림 3-3-10

다른 레이어를 선택했을 때 퍼스자가 표시되지 않는다면 [레이어 팔레트]의 [자] 아이콘을 우 클릭해서 [모든 레이어에서 표시]에 체크되어 있는지 확인합니다.

커스텀 브러시를 제작해 보자!

배경에 사용할 펜을 만들어 봅니다.

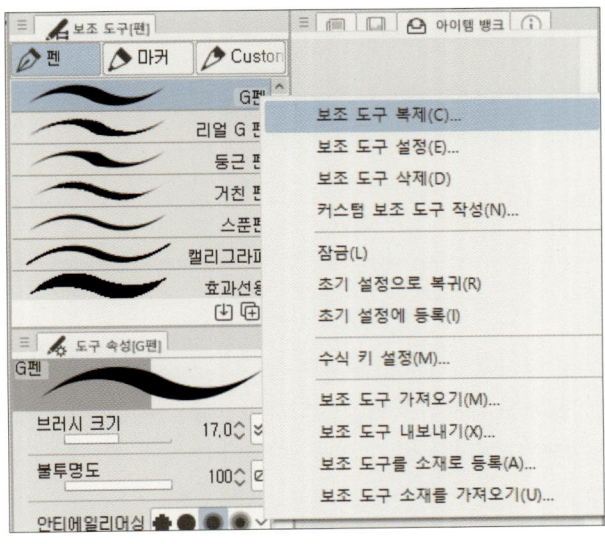

그림 3-3-11

도구 팔레트에서 [펜]을 선택하고 [G펜]을 우클릭한 후 [보조 도구 복제]를 실행합니다.

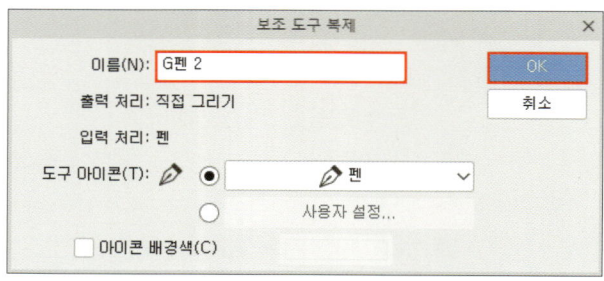

그림 3-3-12

자동으로 [G펜 2]라는 이름이 생성됩니다. [OK]를 클릭합니다.

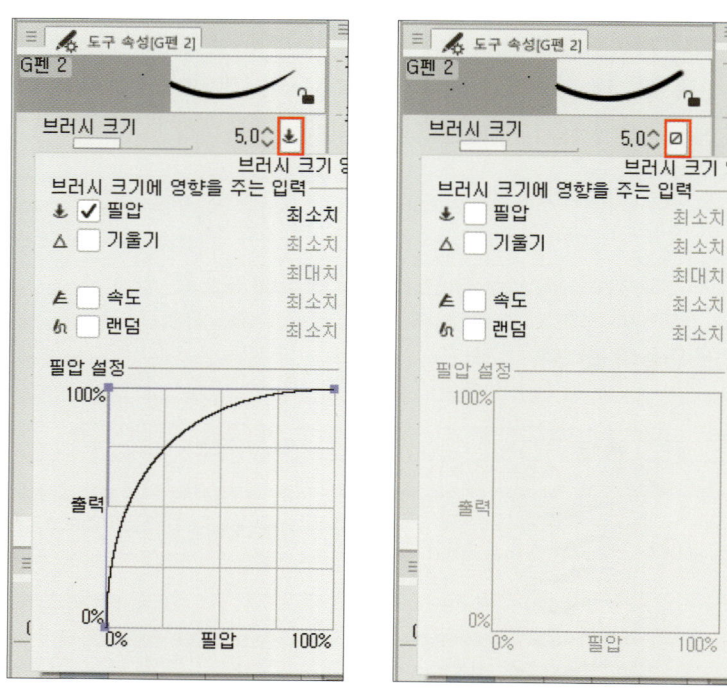

그림 3-3-13

필압 아이콘인 다이내믹을 클릭해서 출력값을 높여 줍니다. 그러면 필압 영향을 덜 받아서 선의 두께가 고르게 됩니다. [필압]을 체크 해제하면 일정한 두께의 선을 그릴 수 있습니다. 둘 중에서 마음에 드는 설정을 선택합니다. 원본 G펜을 복사해 마음껏 설정을 변경해도 괜찮습니다. 마음에 안 들면 지우고 또 복사할 수 있습니다.

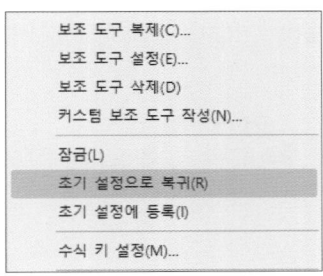

그림 3-3-14

또는 도구를 우클릭하고 [초기 설정으로 복귀]를 실행하면 초기 설정으로 되돌아갑니다.

3) 선 넣기

선을 넣기 위해 벡터 레이어를 작성합니다. 인물을 그렸을 때와 마찬가지로 밑그림은 파란색으로 변경하고, 밑그림이 너무 진하면 투명도를 낮춥니다.

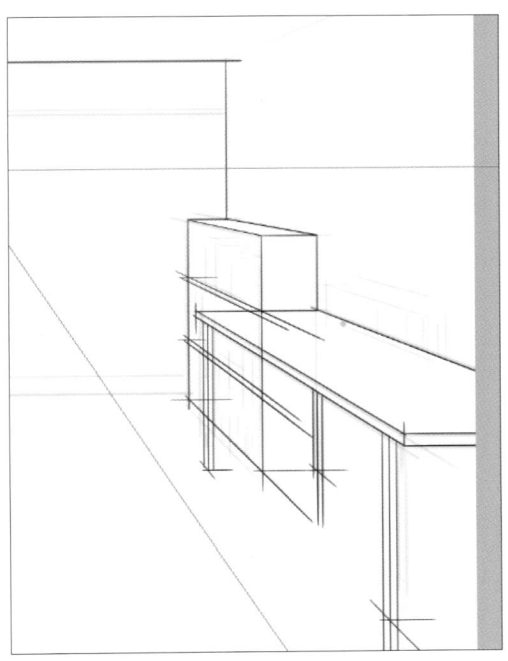

그림 3-3-15

커스텀으로 제작한 펜을 사용해서 펜 선을 넣습니다. 선이 교차하는 지점을 여유 있게 그리고 벡터 지우개로 삐져나온 부분을 삭제합니다.

지우개에 스냅 적용하기

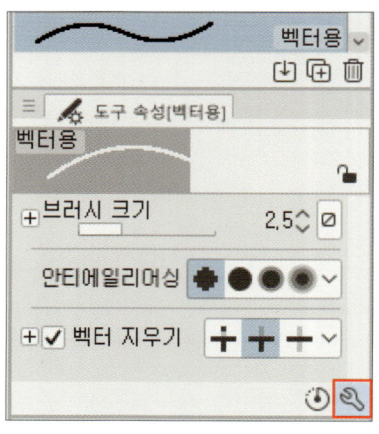

그림 3-3-16

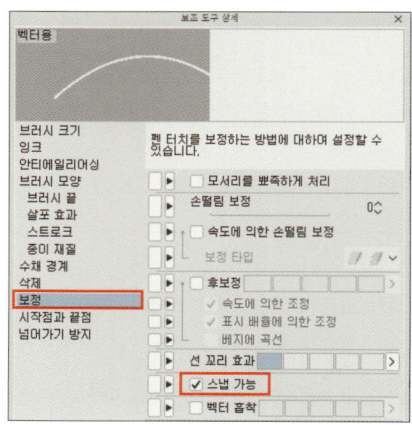

그림 3-3-17

벡터용 지우개를 선택하고 도구 속성 팔레트의 [스패너]를 클릭합니다. [보정>스냅 가능]을 켜면 지우개도 퍼스자에 스냅이 적용됩니다.

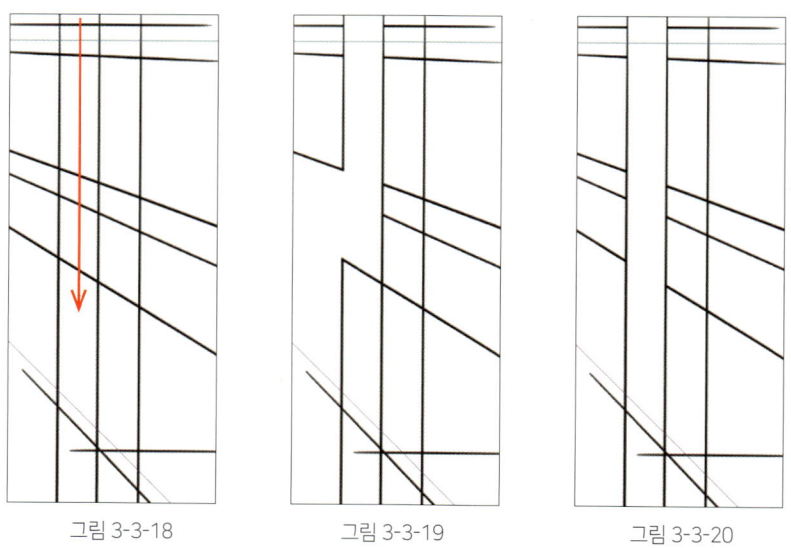

그림 3-3-18   그림 3-3-19   그림 3-3-20

벡터 지우개에 스냅을 걸면 실수 없이 한 번에 불필요한 선을 지울 수 있습니다.
스냅이 꺼져 있을 때, 실수로 다른 선이 지워지는 경우가 생깁니다.

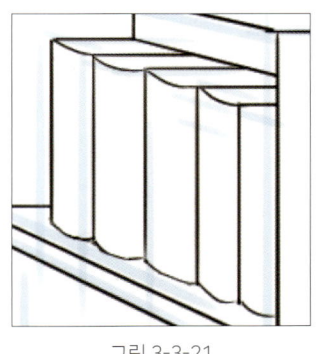
그림 3-3-21

그림 3-3-22

스냅이 켜져 있으면 실수로 옆에 있는 선이 지워지는 일이 없습니다. 선의 간격이 좁고 지워야 할 불필요한 선이 많을 경우 유용한 기능입니다. 책을 그릴 때는 퍼스자 스냅을 끄고 그리면 됩니다.

단축키는 Ctrl+2입니다. 단축키를 사용해서 스냅을 켜고 끌 수 있습니다. 중간중간 퍼스자와 상관없는 물체를 그려야 할 때 사용합니다.

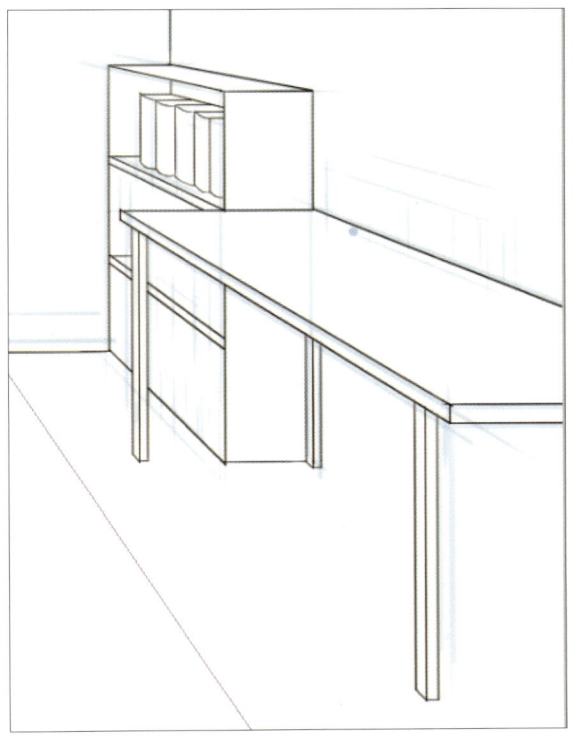
그림 3-3-23

완성된 그림입니다.

Chapter 3. 퍼스자로 배경 그리기

Chapter 04
웹툰 그리기

간단하게 웹툰을 만들어 봅니다. 되도록 CLIP STUDIO PAINT의 기능들을 사용해서 간단하게 만들어 봅니다. 웹툰을 그릴 때 생길 수 있는 여러 상황을 어떻게 해결할 수 있는지에 중점을 둡니다.

1. 캔버스 만들기

웹툰 원고 크기를 정하는 것도 간단하지 않습니다. 플랫폼마다 원고 크기가 다르기도 하고, 원고의 목적이나 활용성을 어느 정도까지 생각하는지, 나중에 출판까지 고려하고 있는지 등에 따라 원고 크기를 다르게 해야 합니다.

보통 네이버는 가로 690px, 다음은 720px로 알려져 있습니다. 하지만 이 사이즈로 작업하기에는 무리가 있어 크게 작업해서 최종적으로 업로드 시 축소해서 올립니다. 이 축소 과정에서 그림이 깨지는 현상이 발생하므로 보통은 두 배 크기로 작업해서 50%로 줄이는 방식을 많이 사용합니다.

그래서 네이버는 1380px, 다음은 1440px로 작업해서 50%로 축소합니다. 세로는 마음대로 해도 괜찮습니다. 웹툰용으로만 원고를 만든다면 이 정도면 충분합니다. 출판까지 고려한다면 더 크게 작업해야 합니다.

여기서 사용되는 크기로는 가로 1500px, 1600px, 2000px, 3000px 등이 있습니다. 이 크기들은 실제로 웹툰 작가들이 사용하는 크기입니다. 여러분들이 어떤 웹툰 플랫폼에 올릴지 어떤 용도까지 생각하고 있는지에 달려 있습니다.

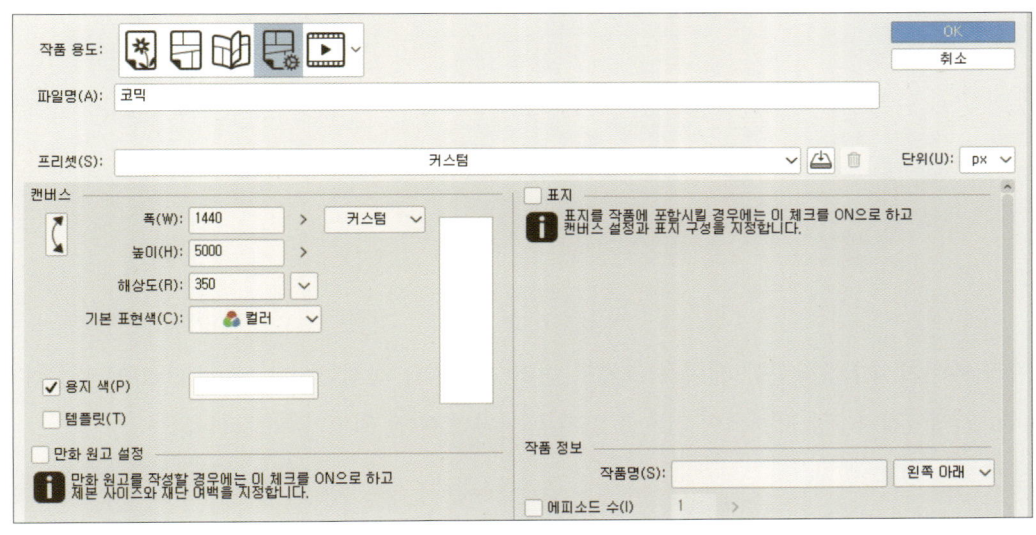

그림 4-1-1

여기서는 웹툰 프리셋 중에서 웹툰2 (1380×4000px)을 선택해고 세로 크기만 5000으로 설정합니다. 해상도는 350dpi입니다. 해상도는 폰트 크기와도 연관이 있으므로 나중에 변경하는 일 없이 동일한 dpi를 유지하는 편이 좋습니다. 플랫폼에서 해상도와 폰트 크기 등을 제시할 경우도 있습니다.

그림 4-1-2　　　　　　　　　　그림 4-1-3

같은 픽셀 크기로 폰트 크기가 각각 11pt, dpi 350일 때와 11pt, dpi 72일 때 이와 같은 형태가 됩니다.

웹툰 페이지 설정에는 두 가지 방식이 있습니다. [페이지 분할 수]는 작성한 캔버스에서 페이지를 분할합니다. 높이 5000일 때, 페이지 수를 5로 설정하면 높이 1000인 페이지가 5장 작성됩니다.

그림 4-1-4

그림 4-1-5

[여러 페이지 수]는 작성한 캔버스 크기로 여러 페이지를 작성합니다. 높이 5000일 때, 높이 5000인 페이지가 5장 작성되어 전체를 합친 높이가 2500인 원고가 작성됩니다.

그림 4-1-6

그림 4-1-7

2. 콘티(스토리보드) 작성하기

그림 4-2-1

[진한 연필] 등을 사용해서 장면, 구도, 대사, 시선의 흐름 등을 생각하면서 콘티를 그립니다.

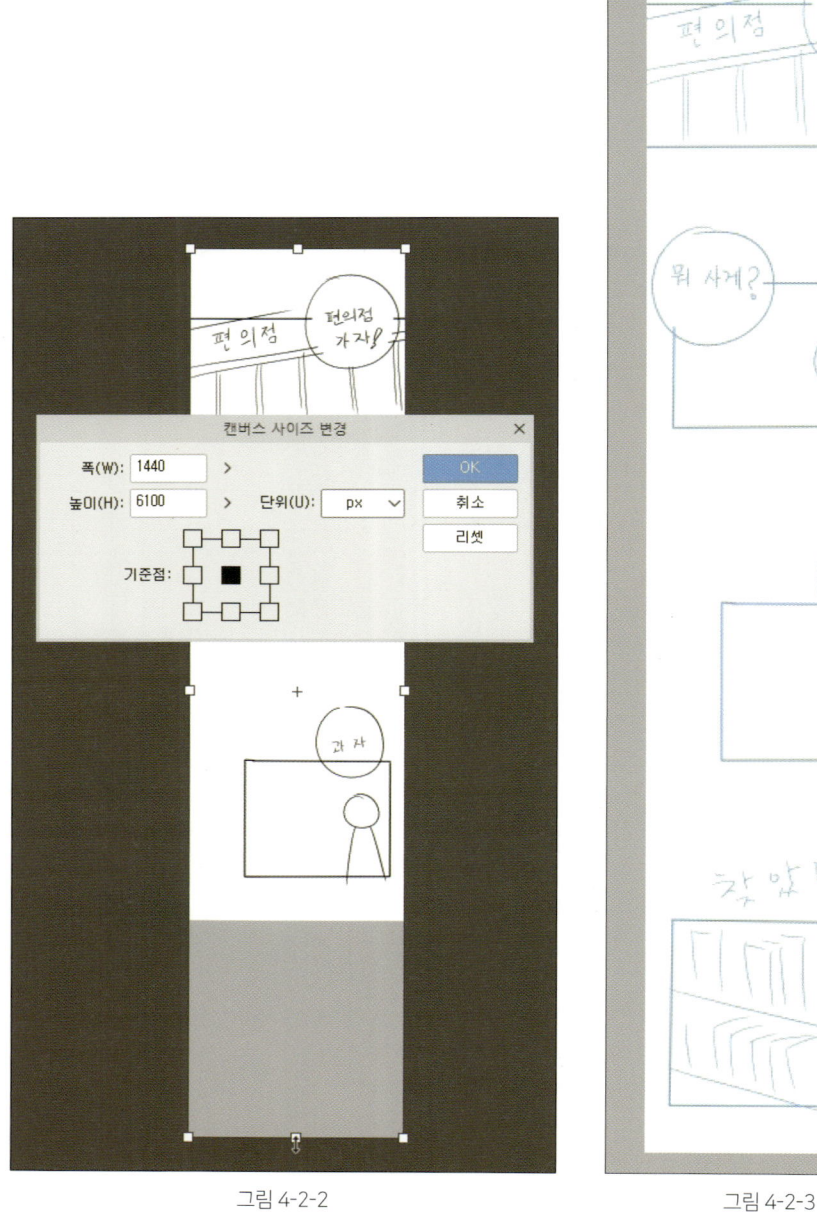

그림 4-2-2   그림 4-2-3

캔버스가 모자라면 [메뉴>편집>캔버스 사이즈 변경]을 실행해서 캔버스를 확대합니다. 레이어 색을 파란색(Ctrl+B)으로 변경하고, 진하면 투명도를 낮춥니다.

3. 컷 나누기

콘티 작업이 끝나면 콘티에 그려진 컷 선에 맞게 컷 선을 작성합니다.

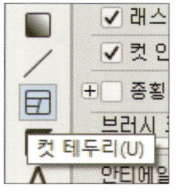

그림 4-3-1

[컷 테두리(U를 2번 입력)〉직사각형 컷]을 선택합니다.

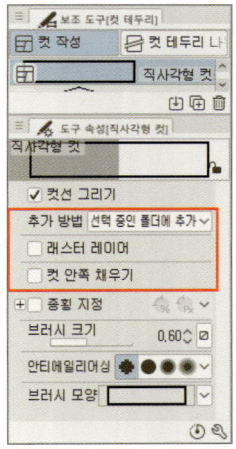

그림 4-3-2

[직사각형 컷]을 다음과 같이 설정합니다.

1) 추가 방법

기본 설정은 [폴더 신규 작성]인데 컷을 만들 때마다 폴더가 생기므로 폴더 관리하기가 까다롭습니다. [선택 중인 폴더에 추가]로 컷 선을 작성하면 처음에 한 번만 컷 폴더를 작성합니다.

2) 래스터 레이어

체크하면 래스터 레이어 한 개를 작성합니다. 필요한 경우 체크 여부를 결정합니다.

3) 컷 안쪽 채우기

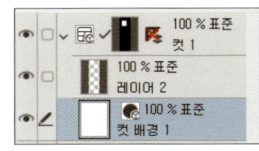

그림 4-3-3

[컷 안쪽 채우기]에 체크하면 컷 선 작성 시 [컷 배경] 레이어가 생성됩니다.

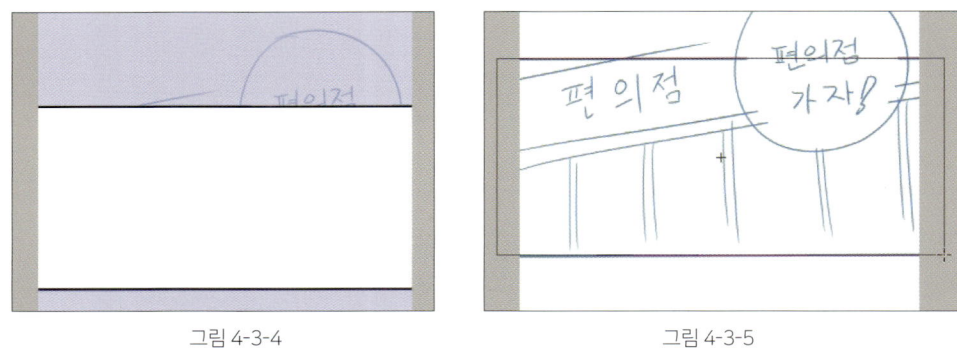

그림 4-3-4   그림 4-3-5

[컷 배경] 레이어가 밑그림을 가리게 됩니다. 그러므로 [컷 안쪽 채우기]를 끄고 컷 선을 작성합니다. 설정이 끝났으면 밑그림에 그려 놓은 컷 선에 맞게 컷 선을 작성합니다. 드래그하면 컷 선을 작성할 수 있습니다.

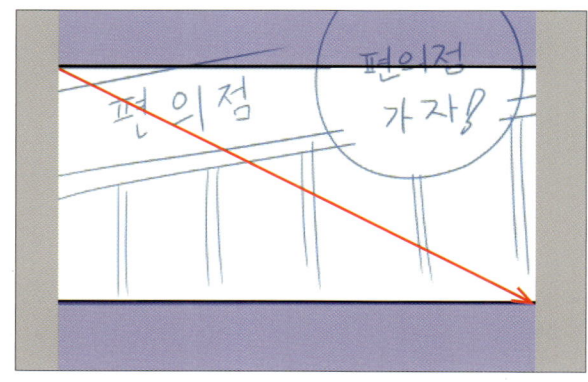

그림 4-3-6

컷 선이 작성됩니다.

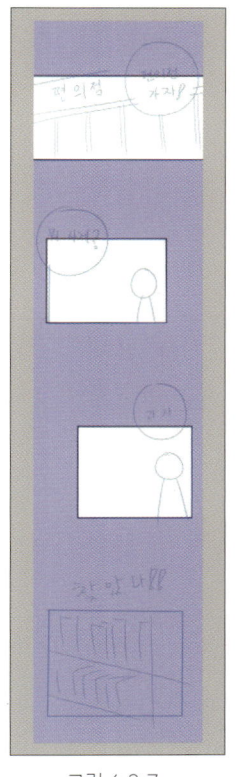
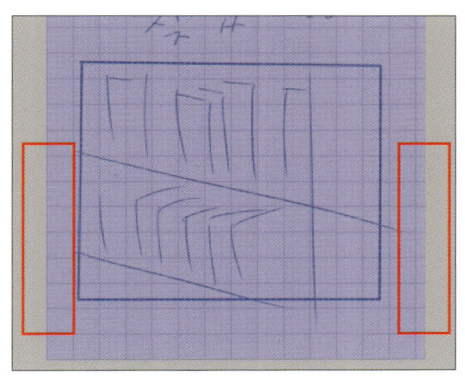

그림 4-3-7   그림 4-3-8

계속해서 컷 선을 작성합니다. 마지막 컷은 정가운데에 그려 봅니다. [메뉴>표시>그리드]를 켭니다. [그리드]가 켜집니다. 캔버스의 좌우를 보면 그리드의 위치가 어긋나 있는 걸 확인할 수 있습니다. [메뉴>표시>그리드/눈금자 설정]을 실행합니다.

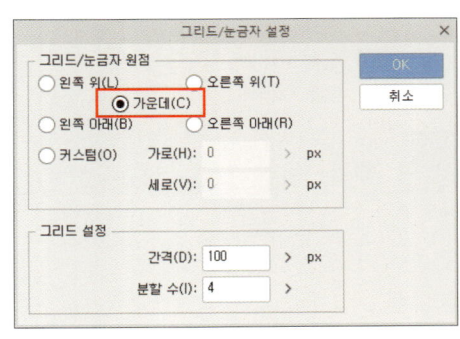
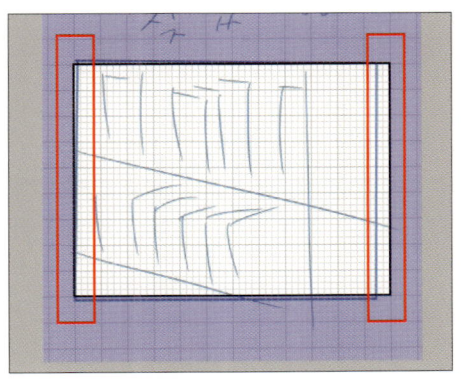

그림 4-3-9   그림 4-3-10

그리드 원점을 [가운데]로 설정합니다. [그리드]의 좌우 간격이 일정하게 됩니다.

그림 4-3-11

[그리드에 스냅]이 켜져 있어 그리드에 스냅이 되어 정확한 위치에 컷 선을 작성할 수 있습니다. 컷 선 작성이 완료되었다면 [메뉴>표시>그리드]를 체크 해제해서 그리드를 끕니다.

4. 첫 번째 컷

첫 번째 컷은 배경만 나오는데 3D 모델을 불러와서 적용합니다.

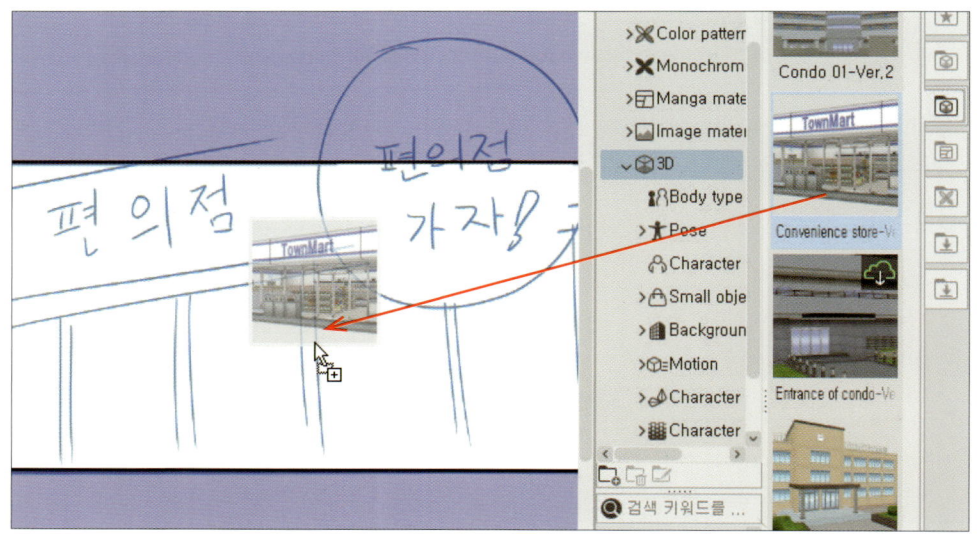

그림 4-4-1

3D 소재 팔레트에서 편의점을 드래그합니다.

그림 4-4-2

카메라 앵글과 위치를 조절합니다.

그림 4-4-3

[컷 폴더] 안에 [배경 폴더]를 만들고 [배경 폴더] 안에 3D 레이어를 넣습니다. [컷 폴더>배경 폴더>3D 모델 라이어]입니다.

그림 4-4-4

컷에 배경이 적용됩니다.

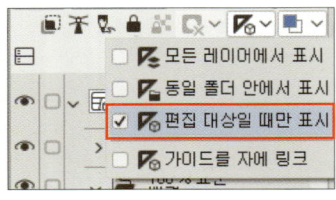

그림 4-4-5

다른 레이어에서 작업 시 자가 보이지 않게 [편집 대상일 때만 표시]로 전환합니다. 배경에 다른 컷이 보이면 잠시 비표시로 해둡니다.

5. 두 번째 컷

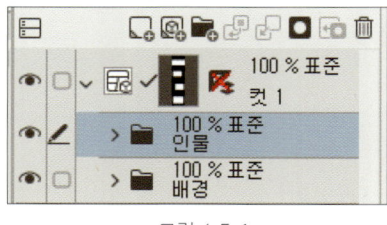

그림 4-5-1

그림 4-5-2

인물 폴더를 작성하고 폴더 안에 레이어를 작성하고 인물을 그리고 채색을 완료합니다.

그림 4-5-3

소재 팔레트에서 배경으로 사용할 컬러 패턴을 불러옵니다. [레이어 위치] 배경 폴더 안에 넣습니다.

그림 4-5-4

크기를 조절합니다.

그림 4-5-5

그림 4-5-6

투명도를 낮춰서 배경을 흐리게 합니다.

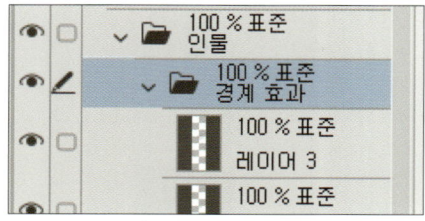

그림 4-5-7

그림 4-5-8

인물에 경계 효과를 주기 위해 [경계 효과]라는 폴더를 작성하고 안에 넣습니다. 경계 효과 폴더를 선택합니다.

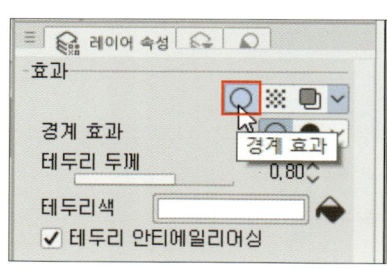

그림 4-5-9

그림 4-5-10

[경계 효과]를 켭니다. [경계 효과]가 적용됩니다.

> **Tip**
> 컷 바깥쪽의 컬러 패턴을 지워도 되지만 지우려면 래스터 레이어로 변경한 다음에 지워야 하는데 래스터화하면 패턴 수정을 할 수 없습니다. 하지만 마스크 기능을 사용하면 지워지는 게 아니라 가려지는 것이므로 언제든지 [오브젝트 이] 툴로 패턴의 크기, 위치, 각도 등을 수정할 수 있습니다.

그림 4-5-11

컬러 패턴 배경이 전체에 표시되므로 레이어 마스크를 사용해 봅니다.

그림 4-5-12

그림 4-5-13

컬러 패턴 레이어를 선택합니다. 컷 바깥쪽에 선택 범위를 작성합니다.

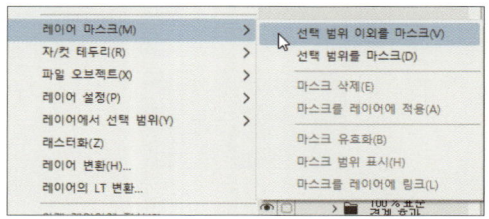

그림 4-5-14

컬러 팔레트 메뉴 또는 메인 메뉴에서 [레이어>레이어 마스크>선택 범위 이외를 마스크]를 실행합니다.

그림 4-5-15

다른 컷에서 보이던 컬러 패턴이 레이어 마스크로 인해 안 보이게 됩니다.

6. 세 번째 컷

그림 4-6-1

인물을 완성합니다. 레이어 위치는 인물 폴더입니다.

그림 4-6-2

편의점 3D 모델을 불러옵니다.

그림 4-6-3

카메라 앵글을 조작합니다.

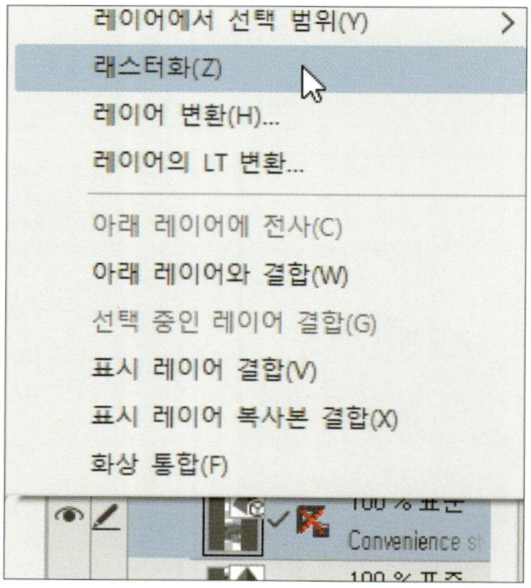

그림 4-6-4

레이어를 우클릭해서 [래스터화]를 실행합니다. 레이어 메뉴에도 있습니다.

그림 4-6-5

다른 컷에 보이는 배경을 지워 봅니다. 선택 범위를 작성하고 [선택 범위 반전(Ctrl+Shift+I)]을 실행합니다.

그림 4-6-6

 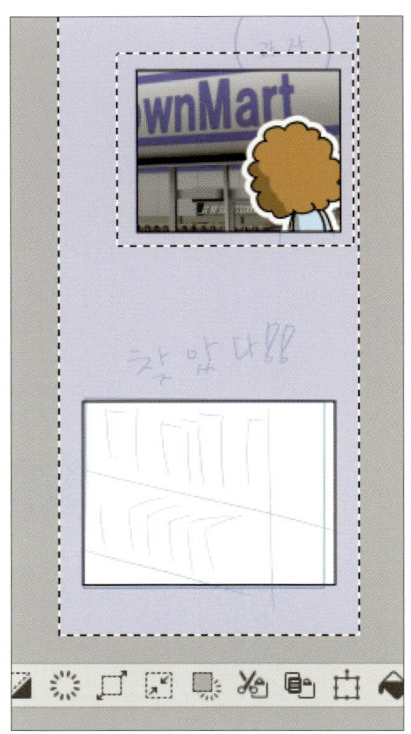

그림 4-6-7   그림 4-6-8

컷 이외의 영역이 선택 범위로 지정됩니다. Delete 키를 눌러서 삭제합니다.
배경이 멀리 보이는 효과를 내기 위해 [가우시안 흐리기]로 배경을 흐리게 합니다. [메뉴>필터>흐리기>가우시안 흐리기]입니다.

그림 4-6-9

7. 네 번째 컷

그림 4-7-1

이번에도 편의점 3D 모델을 불러옵니다. 진열대가 보이도록 조작합니다. 흐리기 효과를 주기 위해 [래스터화]하고, 필요 없는 부분은 [선택 범위 반전]으로 삭제합니다. 사용하지 않는 배경을 지워서 메모리 사용률도 줄이고, 흐리기 효과를 줄 때 보이지 않는 영역을 계산할 필요가 없어 처리 속도가 빨라집니다.

그림 4-7-2

액션 장면에 자주 사용되는 [방사형 흐리기]를 사용했습니다. 빨간색 x 표시를 시선이 집중되는 곳으로 이동합니다.

그림 4-7-3

지금까지 작업한 결과를 확인하면서 수정할 곳이 있는지 살펴봅니다.

그림 4-7-4

그림 4-7-5

그림 4-7-6

인물이 오른쪽에만 배치되어 있어서 컷 구성이 단조롭고 대화하는 느낌이 덜해서 왼쪽으로 이동합니다. 인물 레이어가 있는 폴더를 선택하고 [선택 범위]로 영역을 지정한 후 [변형(Ctrl+T)]으로 각도와 위치를 조절합니다. 이쪽이 말풍선 넣었을 때 좀 더 자연스러울 것 같습니다.

8. 필터를 사용해서 배경을 화사하게

배경을 흐리기와 필터를 사용해서 꾸며 봅니다.

그림 4-8-1

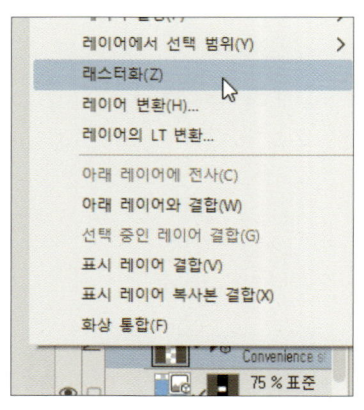

그림 4-8-2

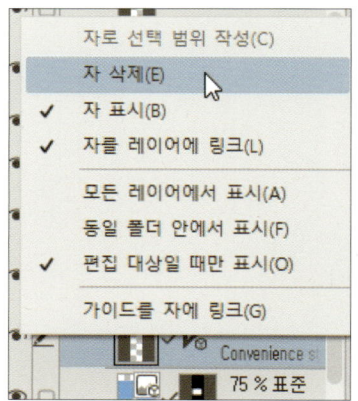

그림 4-8-3

첫 번째 컷 배경에 흐리기 효과를 주기 위해 래스터 레이어로 변경합니다. 래스터화해도 자는 그대로 유지되는데 자를 우클릭해서 삭제합니다. (메모-글 위치 이동)

그림 4-8-4

비교적 멀리 있는 왼쪽 영역에 [가우시안 흐리기]로 흐리기 효과를 줍니다.

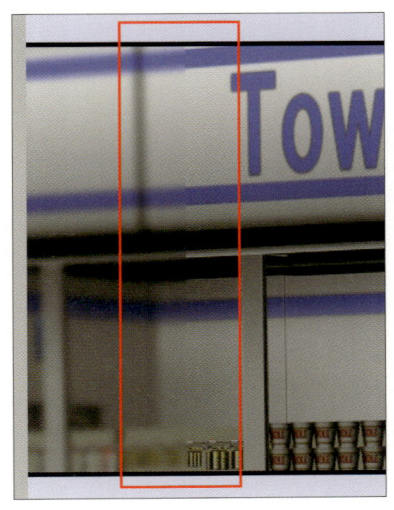   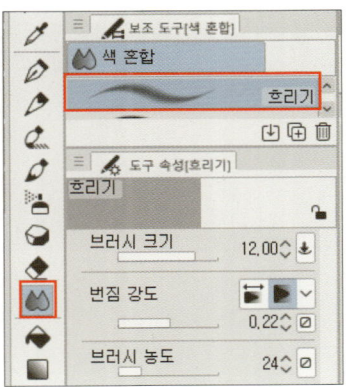

그림 4-8-5   그림 4-8-6

흐린 영역과 선명한 영역의 경계가 보입니다. [색 혼합(J)》흐리기]로 경계를 흐리게 합니다.

그림 4-8-7

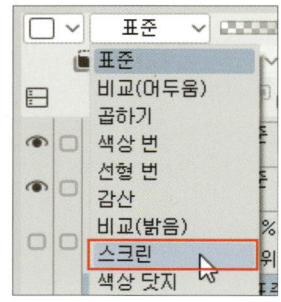
그림 4-8-8

신규 레이어를 작성하고 [스크린]으로 변경합니다. 사진 추가와 합성 모드 변경 방법입니다.

그림 4-8-9

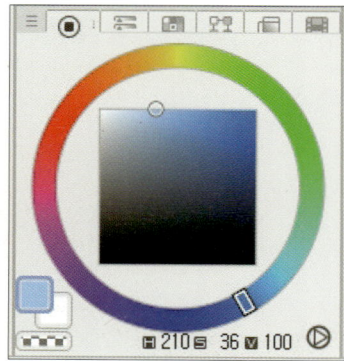
그림 4-8-10

선택 범위를 지정하고 [그라데이션] 툴을 사용합니다. 사용 색입니다. 예시이므로 다른 색을 사용해도 됩니다.

그림 4-8-11

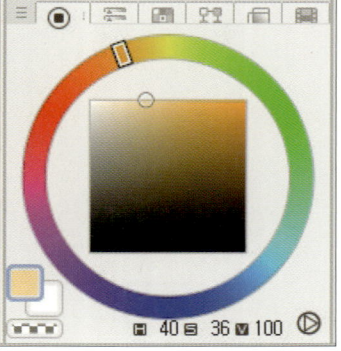
그림 4-8-12

빛 효과를 내서 배경이 좀 더 부드러워집니다.

그림 4-8-13

노란색 계열로 한 번 더 그라데이션을 줍니다.

그림 4-8-14

그림 4-8-15

파란색으로 아래쪽에도 너무 강하지 않게 추가합니다.

그림 4-8-16

완성입니다.

그림 4-8-17

나머지 배경에도 선택 범위를 지정해서 그라데이션을 넣습니다. 레이어는 똑같은 스크린 레이어를 사용합니다.

9. 집중선 넣기

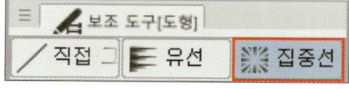
그림 4-9-1

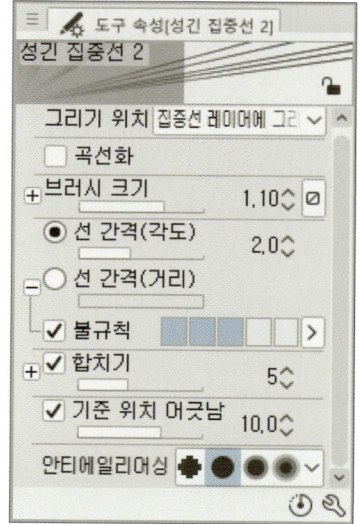
그림 4-9-2

[도형(U)〉집중선]을 선택합니다. 성긴 집중선을 선택합니다.

그림 4-9-3

집중선이 컷 안쪽에만 그려지게 선택 범위를 지정한 다음에 집중선을 넣습니다.

그림 4-9-4

스크린 레이어의 영향을 받을 수 있게 스크린 레이어 밑에 위치하게 합니다.

10. 말풍선 넣기

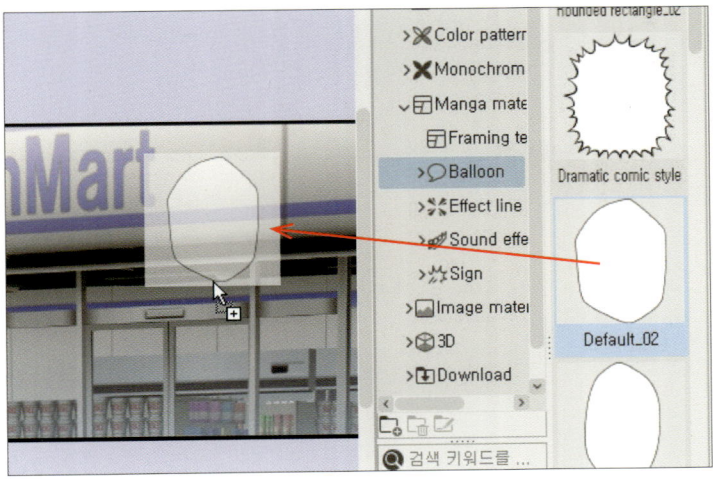

그림 4-10-1

소재 팔레트에서 말풍선을 드래그해서 캔버스로 끌어옵니다.

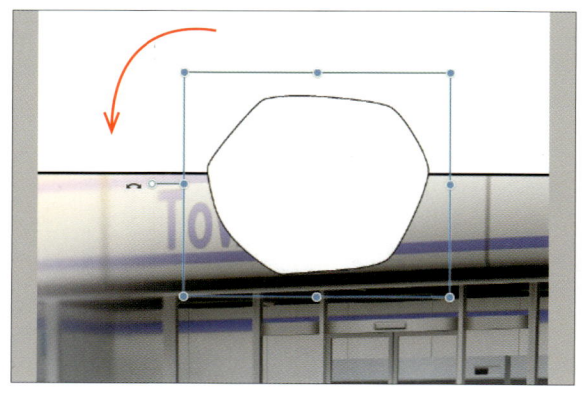
그림 4-10-2

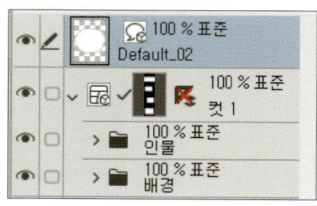
그림 4-10-3

소재로 등록된 말풍선이 세로형이라 Shift 키를 누르고 드래그해서 90도로 회전합니다. 말풍선이 컷 폴더에 가려지지 않게 맨 위쪽으로 이동합니다. 이번에는 말풍선 도구를 사용합니다.

그림 4-10-4   그림 4-10-5

[말풍선(T를 2번 입력)〉타원 말풍선]을 선택합니다. 드래그하면 말풍선을 작성할 수 있습니다.

그림 4-10-6

[말풍선 꼬리]를 선택합니다.

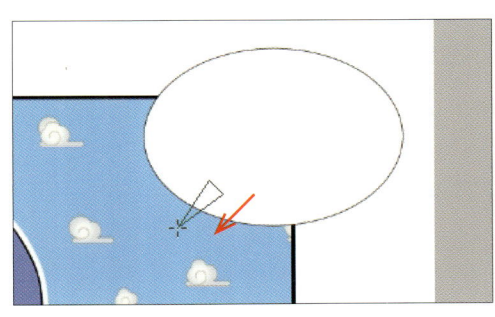
그림 4-10-7

그림 4-10-8

드래그해서 말풍선 꼬리를 작성합니다. 말풍선이 완성됩니다. 나머지 말풍선도 같은 방식으로 작성합니다.

11. 말풍선 수정하기

1) 말풍선 선폭 수정하기

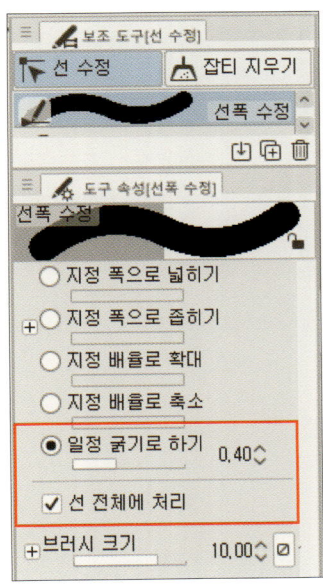
그림 4-11-1

Chapter 4. 웹툰 그리기　125

[선 수정(Y)〉선폭 수정]을 다음과 같이 설정합니다.

그림 4-11-2   그림 4-11-3

말풍선을 드래그합니다. 선폭이 지정한 폭으로 변경됩니다.

2) 크기 및 위치 수정하기

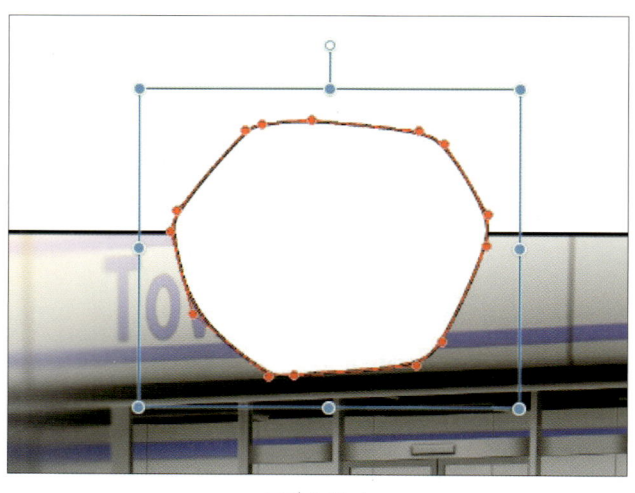

그림 4-11-4

[오브젝트(O)] 툴을 선택하면 말풍선을 수정할 수 있습니다.

그림 4-11-5

도구 속성 팔레트에서 여러 가지 설정을 할 수 있습니다.

12. 대사 넣기

그림 4-12-1

[텍스트(T)]를 선택하고 클릭하면 텍스트를 입력할 수 있습니다. 말풍선 위를 클릭하면 말풍선 안에 대사를 입력할 수 있습니다. 혹시라도 텍스트 레이어가 따로 작성되어 분리되었다면 말풍선 레이어 위로 이동합니다.

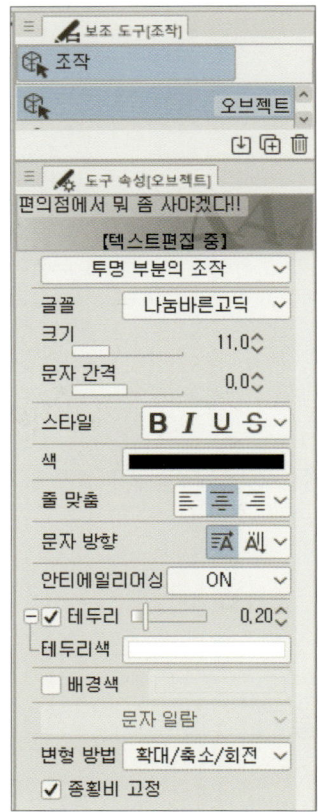

그림 4-12-2　　　　　　　　그림 4-12-3

[아래 레이어와 결합]을 실행하면 말풍선 레이어와 결합합니다. 나머지 컷에도 같은 방식으로 대사를 입력합니다. [오브젝트(O)] 툴을 사용하면 여러 가지 설정을 수정할 수 있습니다. 대사 입력이 끝나면 말풍선 크기와 위치를 대사에 맞게 조절합니다.

13. 효과음 넣기

여기서는 ASSETS에서 효과음에 어울리는 브러시를 찾아서 손 글씨를 쓰거나 손 글씨에 자신이 없으면 펜, 붓글씨 폰트를 사용하면 좋습니다. 손 글씨로 효과음을 표현합니다.

1) 효과음 입력과 색 변경하기

그림 4-13-1

그림 4-13-2

브러시로 효과음을 그립니다. 그런 다음 효과음 색상을 수정하고, 선택 범위를 지정합니다.

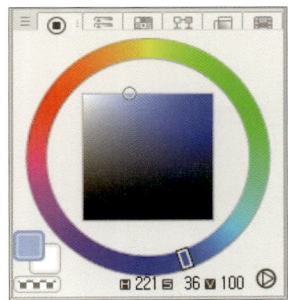
그림 4-13-3

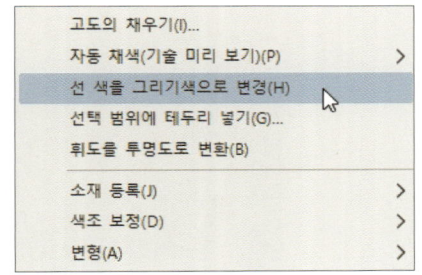
그림 4-13-4

변경하려는 색을 선택합니다. [메뉴>편집>선 색을 그리기색으로 변경]을 실행합니다.

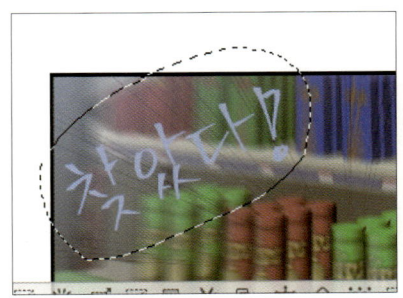
그림 4-13-5

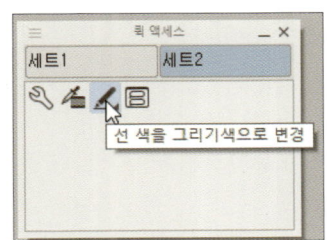
그림 4-13-6

위와 같이 색이 적용됩니다. 단축키를 설정하거나 퀵 액세스에 등록해서 사용하면 편합니다.

2) 효과음에 경계 효과 주기

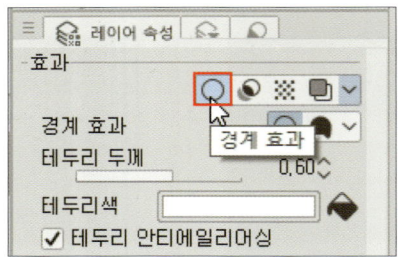

그림 4-13-7

경계 효과를 켭니다. 테두리 두께, 테두리색 등을 설정합니다.

그림 4-13-8

효과음에 [경계 효과]가 적용되면 완성입니다.

그림 4-13-9

Chapter 05
출판(흑백) 만화를 그려 보자!

선들의 정체에 대해서 알아보자

원고를 만들기 전에 만화 원고에 있는 선들의 정체를 알아봅니다.

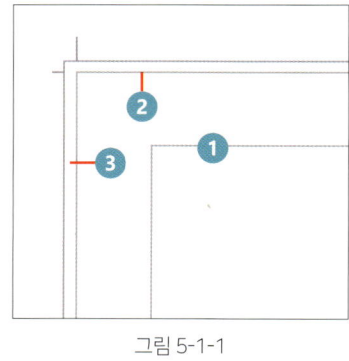

그림 5-1-1

① 기본 테두리

만화에서 컷이 작성되는 곳입니다.

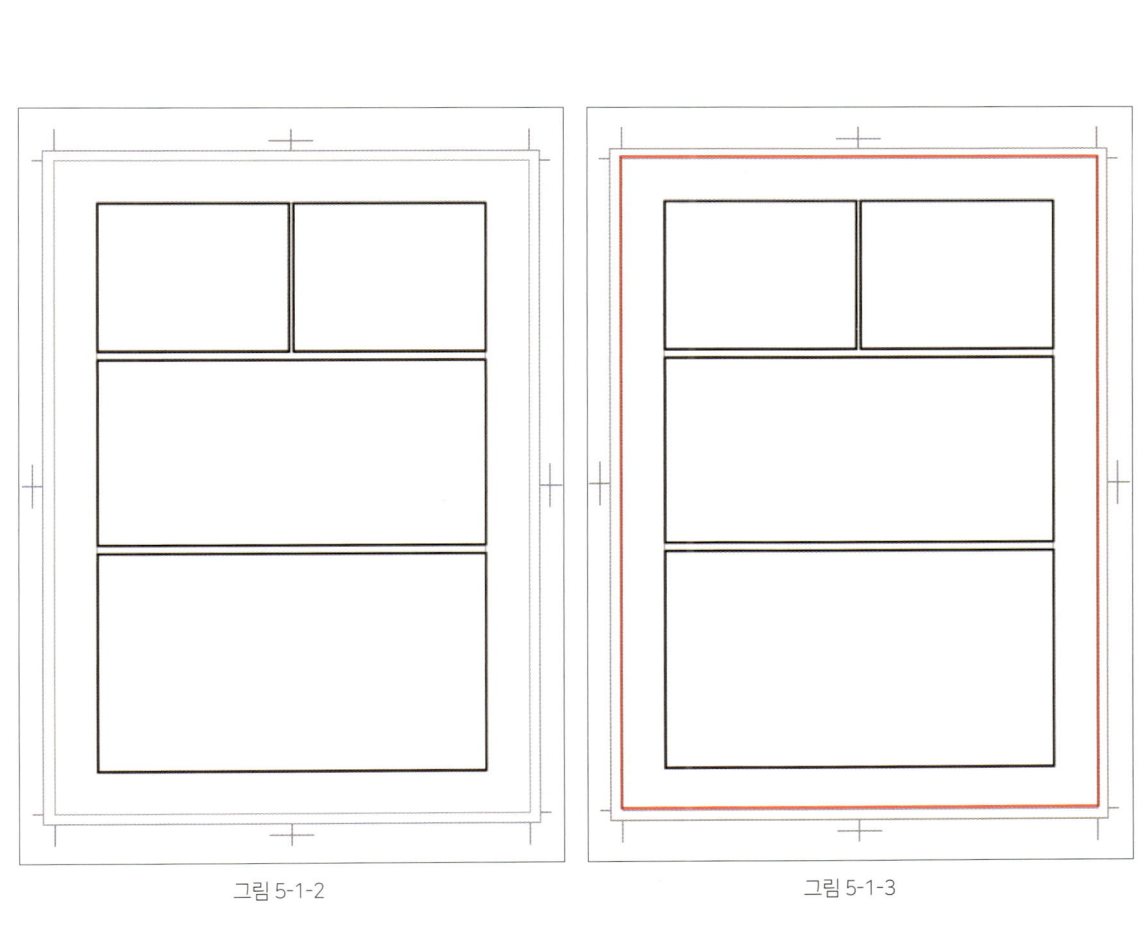

그림 5-1-2 　　　　　　　　　그림 5-1-3

② 재단선
제본 시 재단이 되는 곳입니다.

③ 재단 여백
재단이 정확하게 되지 않는 경우를 대비하기 위한 여백입니다. 이론적으로는 그림 5-1-3처럼 정확히 재단된다면 여백이 없어도 됩니다.

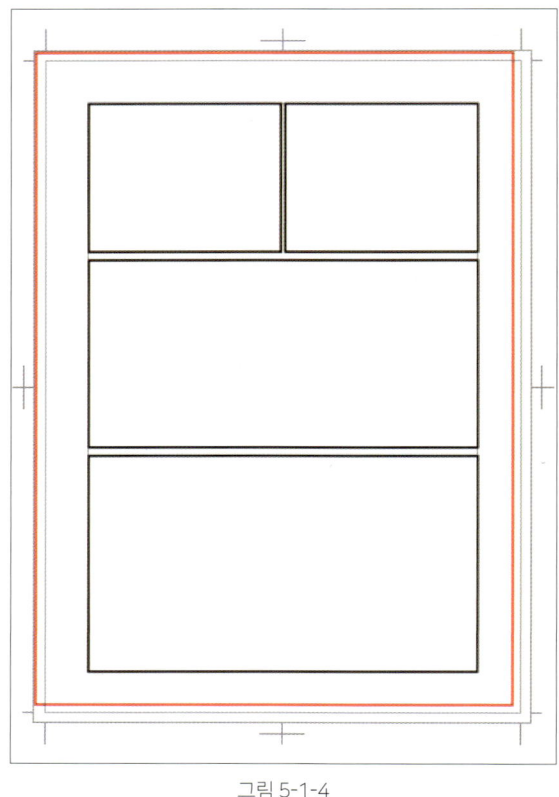

그림 5-1-4

하지만 실제로는 그림 5-1-4처럼 재단이 밀려서 될 수도 있어서 여백이 필요합니다.

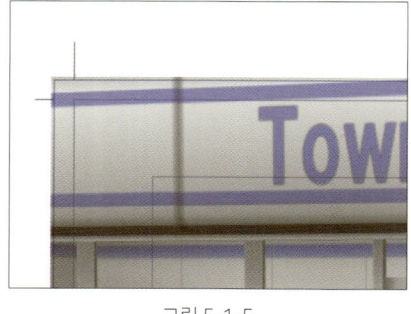

그림 5-1-5

따라서 컷 선을 벗어나서 페이지를 채우는 컷을 그릴 때는 재단 여백까지 그림을 그려야 출판 시 화면에 빈 공간이 생기지 않습니다.

1. 원고 만들기(EX)

우리나라는 웹툰 시장이 크고 일본은 출판 만화 시장이 더 큽니다. 요즘은 일본도 웹툰 시장이 성장하고 있기는 합니다. 일본의 출판(흑백) 만화에 관심을 갖는 사람도 있고 CLIP STUDIO PAINT가 웹툰보다는 출판 만화에 중점을 둔 프로그램이어서 출판 만화에 대해서 다뤄 보려고 합니다. 출판 만화는 크게 출판용과 동인지용으로 나뉩니다.

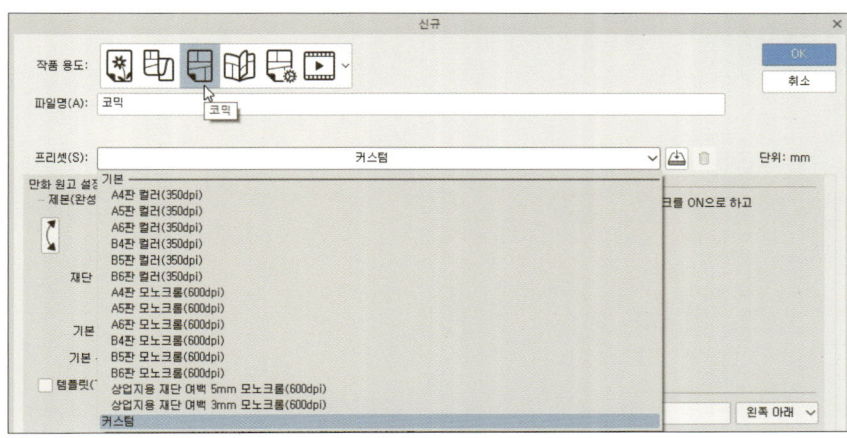

그림 5-1-6

출판용 원고는 [코믹]에서 만들면 됩니다.

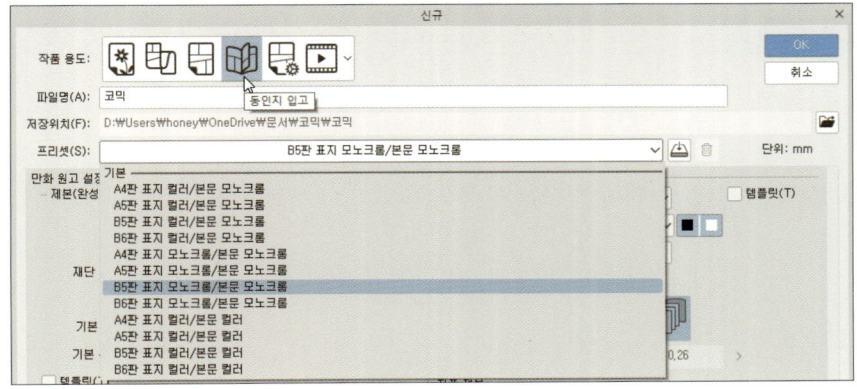

그림 5-1-7

동인지는 [동인지 입고]에서 만들 수 있습니다.

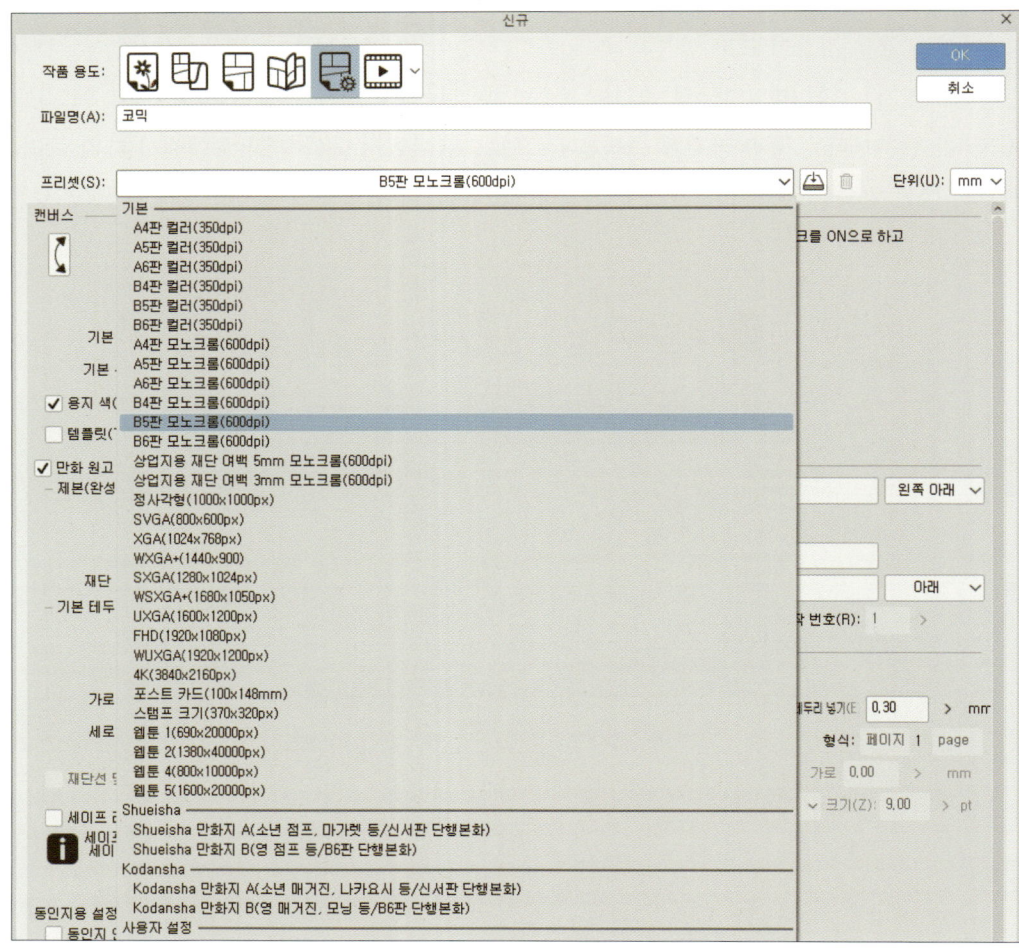

그림 5-1-8

[모든 코믹 설정 표시]를 선택하면 모든 종류의 원고가 표시됩니다.

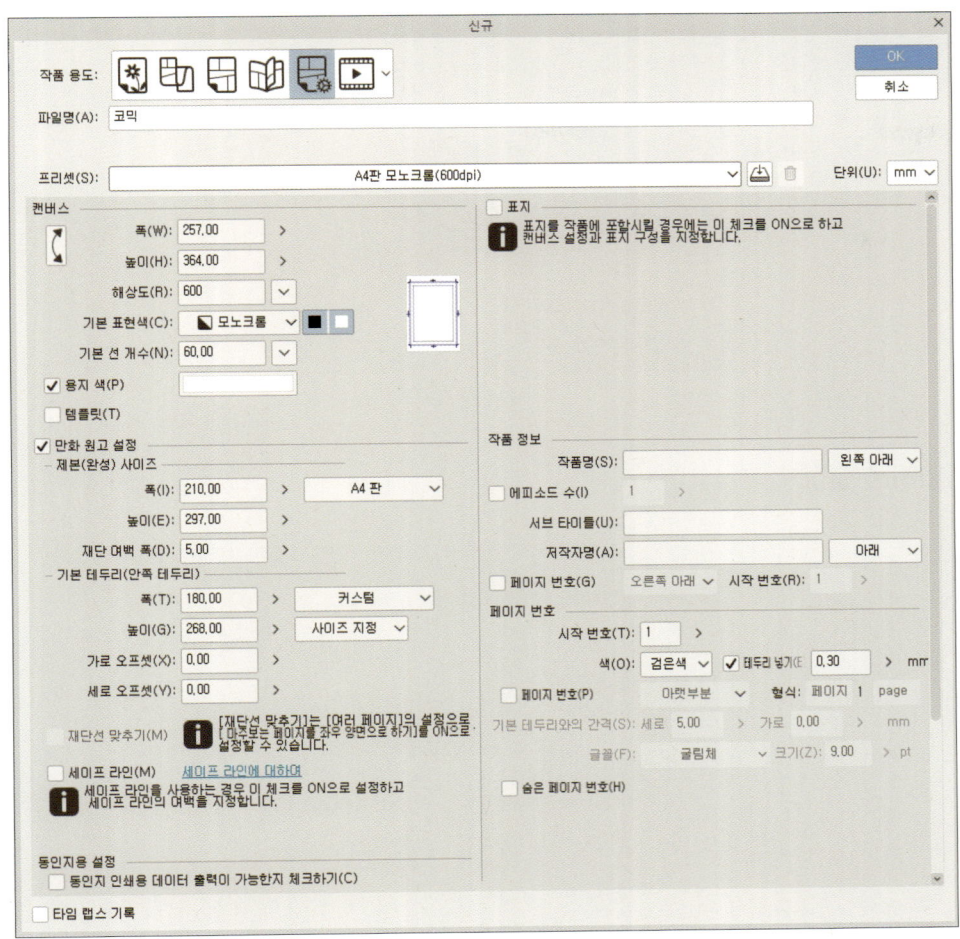

그림 5-1-9

[만화 원고 설정]을 확인할 수 있습니다. 원고를 만들기 전에 용도를 정하고 출판사의 원고 정보를 한 번 더 확인하도록 합니다.

1) 만화 원고 설정

출판용은 상업지용 재단 여백 5mm(또는 3mm) 모노크롬(600dpi)], 동인지용은 [B5판 모노크롬(600dpi)을 기준으로 삼고 접근하면 크게 문제없습니다. 동인지의 경우 기본 테두리가 149×219로 설정되어 있는데, 실제로는 150×220이 더 많이 사용되는 것 같습니다. [재단 여백 폭]의 경우 2mm, 3mm, 5mm 등이 사용됩니다. 여기서는 프리셋 설정에서 기본 테두리만 1mm씩 늘인 150×220으로 원고를 만듭니다.

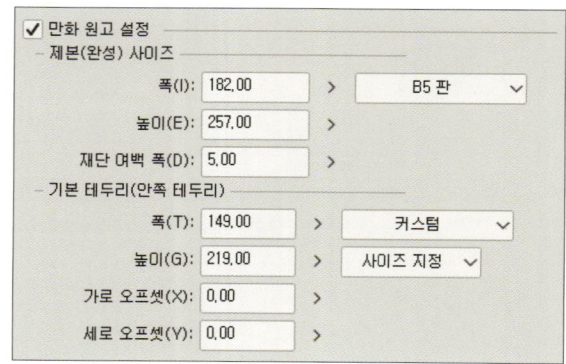

그림 5-1-10

2) 동인지용 설정

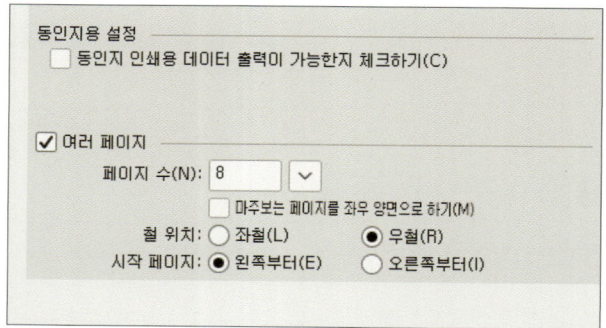

그림 5-1-11

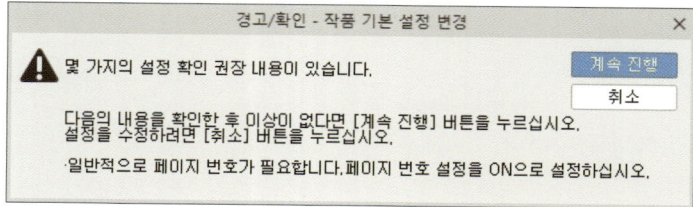

그림 5-1-12

[동인지용 설정]을 켜면 동인지 인쇄 데이터로 내보낼 수 없는 경우 [경고] 창이 뜹니다.

3) 여러 페이지

① **페이지 수** 페이지 수를 설정합니다.
② **마주 보는 페이지를 좌우 양면으로 하기** 체크하면 마주 보는 두 페이지가 합쳐집니다.

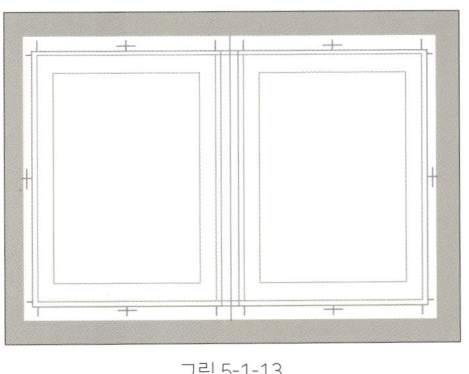
그림 5-1-13

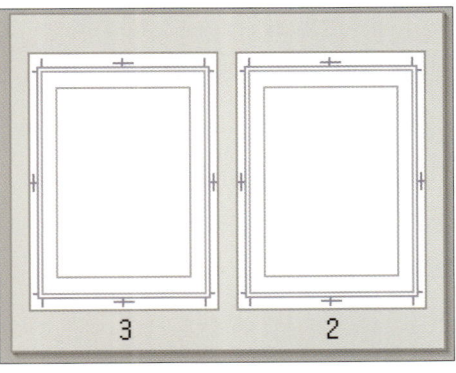
그림 5-1-14

체크 해제 시 그림 5-1-14와 같이 페이지가 나뉘집니다.

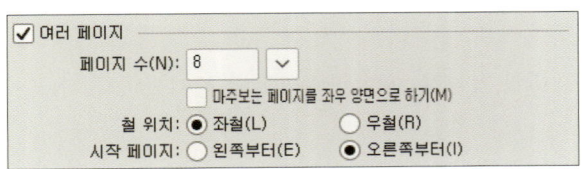
그림 5-1-15

❸ **철 위치** 우리나라는 [좌철], 일본은 [우철]로 설정합니다.
❹ **시작 페이지** 첫 페이지를 왼쪽에서 시작할지, 오른쪽에서 시작할지 설정합니다. 다음에 나오는 표지 설정을 사용하면 비활성화됩니다.

4) 표지 설정

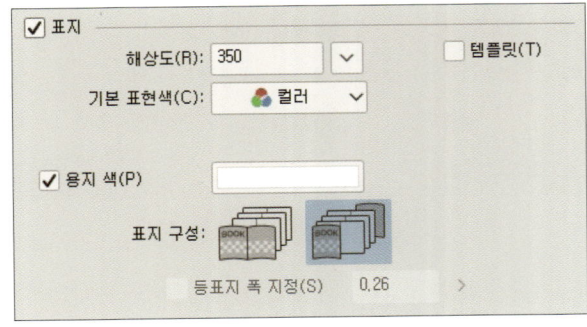
그림 5-1-16

❶ **표지** 체크하면 표지를 추가합니다.
❷ **해상도** 해상도를 설정할 수 있습니다. (지금은 350dpi로 설정합니다.)
❸ **기본 표현색** 컬러, 그레이, 모노크롬 중에서 선택할 수 있습니다. (지금은 컬러로 설정합니다.)
❹ **용지 색** 용지 색을 설정합니다.
❺ **표지 구성** 앞표지와 뒤표지를 어떻게 구성할지 설정합니다. 표지의 앞뒤를 합쳐서 구성할지 분리할지 선택합니다. 표지 앞과 뒤가 이어진 표지로 구성하고 싶다면 왼쪽에 있는 옵션을 설정합니다.
❻ **등표지 폭 지정** 표지를 합칠 경우 책 두께에 맞게 [책등] 폭을 지정할 수 있습니다. 폭 지정 시 [등표지 폭 지정]을 켜고 값을 입력합니다.

5) 작품 정보

작품명, 저작자명 등 작품의 정보를 재단선 바깥쪽에 표시합니다. 인쇄 영역 바깥쪽입니다.

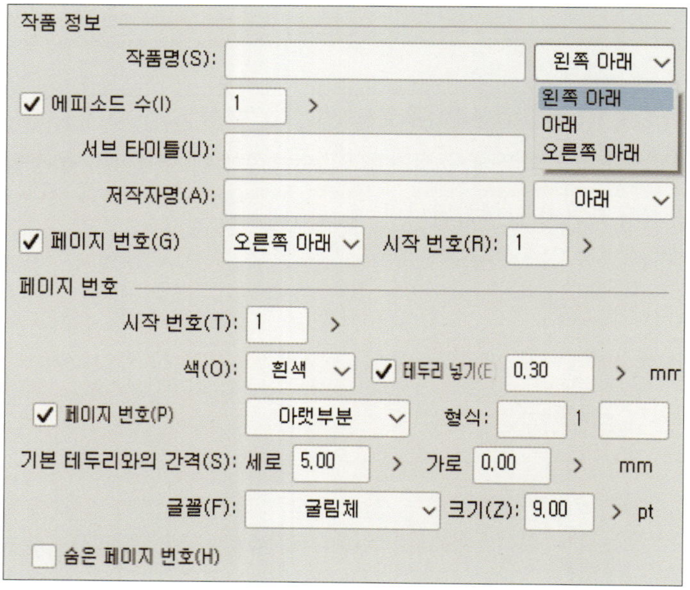

그림 5-1-17

❶ **작품명** 작품명과 작품명이 표시될 위치를 설정합니다.
❷ **에피소드 수** 몇 화인지 입력할 수 있습니다.

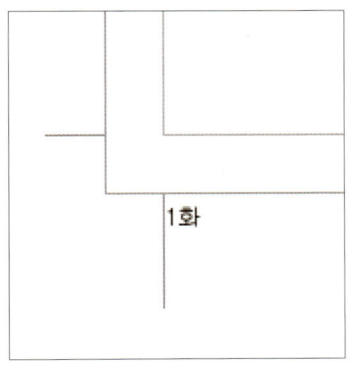

그림 5-1-18

화수는 제본 여백 바깥쪽에 표시되어 인쇄되지 않습니다.
❸ **서브 타이틀** 부제를 입력합니다.
❹ **저작자명** 저작자명을 입력하고 위치를 설정합니다.
❺ **페이지 번호** 원고에 페이지 번호를 표시할 수 있습니다. 페이지 번호를 표시하고 싶다면 체크하고 위치와 시작 번호를 설정합니다.

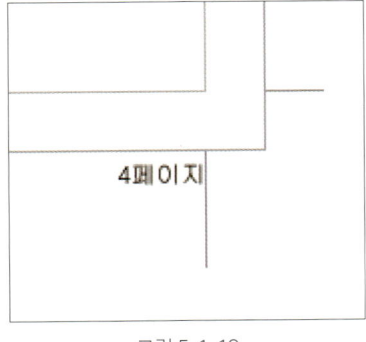

그림 5-1-19

[에피소드 수]와 마찬가지로 제본 여백 바깥쪽에 표시되어 인쇄되지 않습니다.

6) 페이지 번호

제본할 때 표시되는 페이지 번호를 설정합니다.

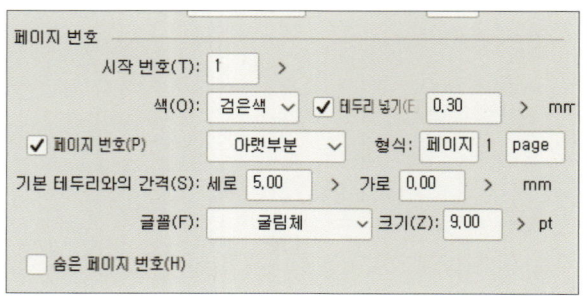

그림 5-1-20

① **시작 번호** 시작 페이지 번호, 색(검은색, 흰색 중에서 선택), 테두리 등을 설정합니다.
② **페이지 번호** 인쇄된 페이지에 번호를 표시하려면 체크하고 위치를 설정합니다.

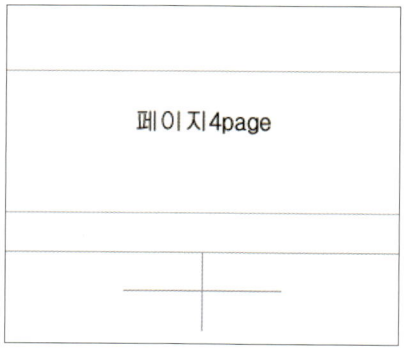

그림 5-1-21

③ **형식** 페이지 번호의 앞이나 뒤에 표시할 텍스트를 입력합니다.

그림 5-1-22

④ **기본 테두리와의 간격** 페이지 번호와 기본 테두리와의 간격을 설정합니다.
⑤ **글꼴** 폰트를 설정합니다.
⑥ **숨은 페이지 번호** 체크하면 숨겨진 페이지 번호가 표시됩니다. 폰트, 크기 설정이 불가합니다. 숨은 페이지 번호란 번호를 표시할 수 없는 페이지의 경우 인쇄소에서 확인하기 위한 페이지 번호를 말합니다.

⑦ 그 외 설정

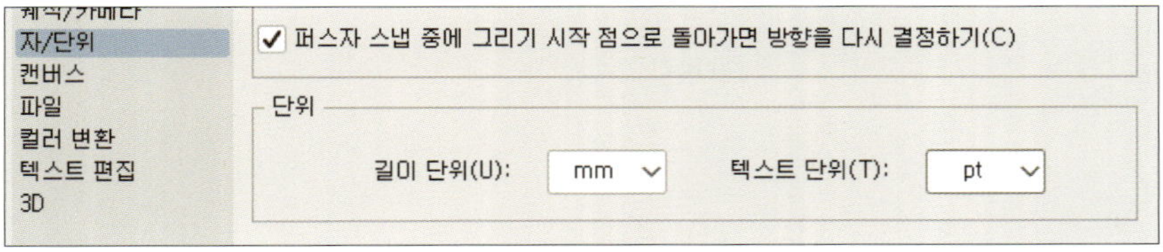

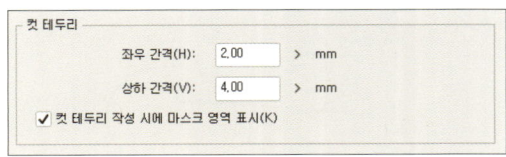

그림 5-1-23

환경 설정은 단축키 Ctrl+K입니다. [자>단위>단위 길이]를 mm로 설정합니다.

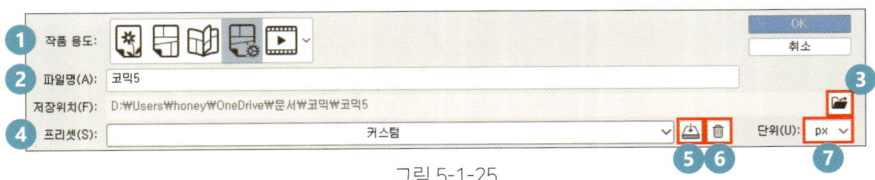

그림 5-1-24

[레이어>컷>컷 테두리]는 좌우 간격, 상하 간격을 각각 2, 4mm로 설정합니다. 절대적인 값은 아니니 자유롭게 설정해도 됩니다.

7) 캔버스 신규 창

그림 5-1-25

❶ 작품 용도
❷ 파일명 파일명을 입력합니다.
❸ 저장 위치 저장 위치를 설정합니다. 여러 페이지를 만들기는 저장 위치를 설정해야 합니다.
❹ 프리셋 프리셋 목록을 표시합니다.
❺ 현재 원고 설정을 프리셋으로 저장합니다.
❻ 선택한 프리셋을 삭제합니다.
❼ 원고의 단위를 mm, px 중에서 선택합니다. 출판 만화는 mm로 설정합니다.

출판용 원고 만드는 데 필요한 정보들을 알아봤습니다. 용도에 맞게 설정하고 원고를 작성합니다.

2. 콘티(스토리보드) 그리기

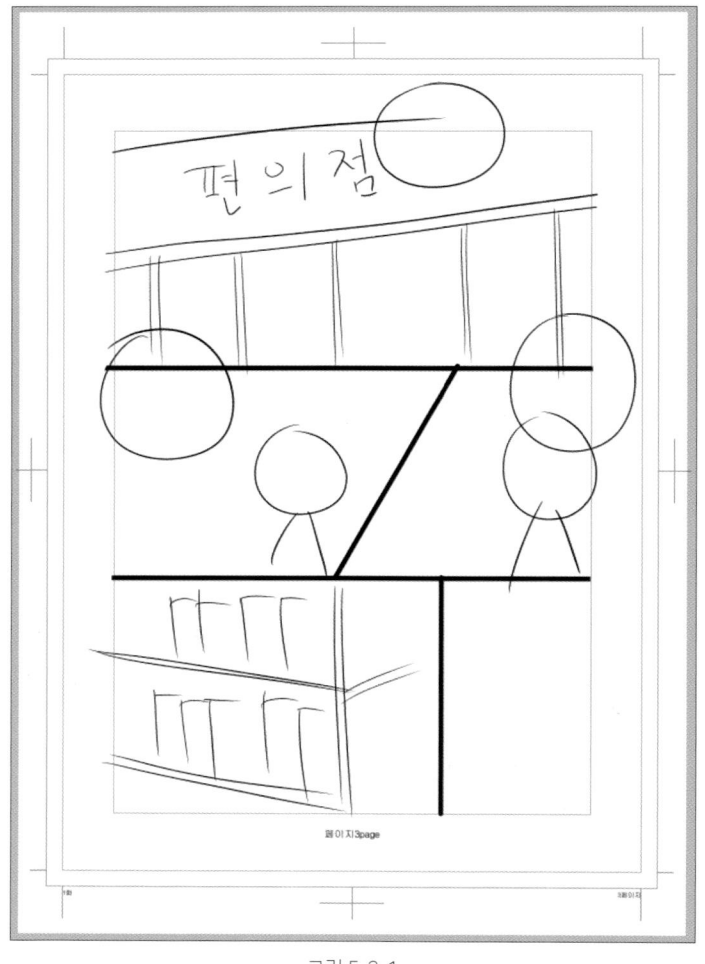

그림 5-2-1

캔버스에 콘티를 그립니다. 굵은 선은 [도형>직선]을 사용했습니다.

3. 기본 컷 테두리 작성하기

칸을 나누기 전에 컷 테두리를 작성해야 합니다.

1) 방법 1

[메뉴>레이어>신규 레이어>컷 테두리 폴더]를 실행합니다.

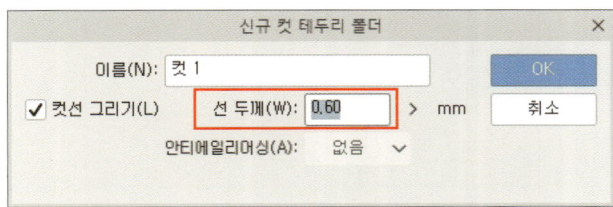

그림 5-3-1

레이어 메뉴를 사용하면 선 두께 등을 설정할 수 있습니다.

2) 방법 2

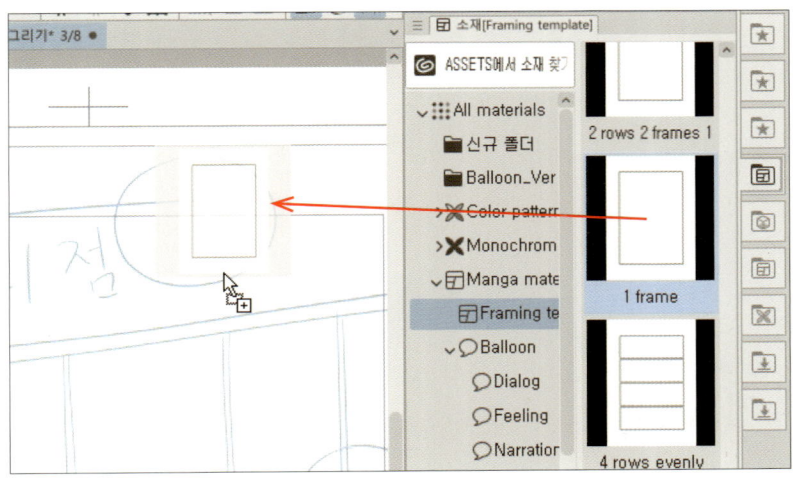

그림 5-3-2

[소재 팔레트>Manga material>Framing template>1 frame] 컷 테두리를 캔버스로 드래그합니다.

그림 5-3-3

컷 테두리가 작성됩니다.

4. 컷 나누기

컷 테두리를 작성하고 나면 컷을 나눕니다. 컷 테두리 툴을 선택합니다. 단축키는 U를 두 번 누릅니다.

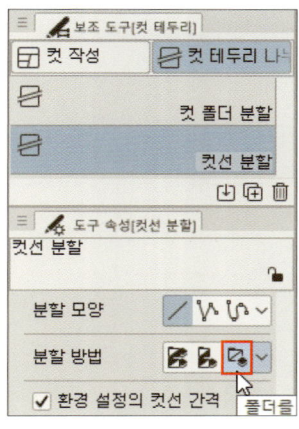

그림 5-4-1

컷 테두리에서 [컷선 분할]을 선택합니다. [폴더를 나누지 않고 컷 테두리만 분할]을 선택합니다.

그림 5-4-2　　　　　　　　　　　　　　그림 5-4-3

Shift 키를 누른 채 컷을 나누면 정확하게 수평, 수직으로 나눌 수 있습니다.

5. 첫 번째 컷

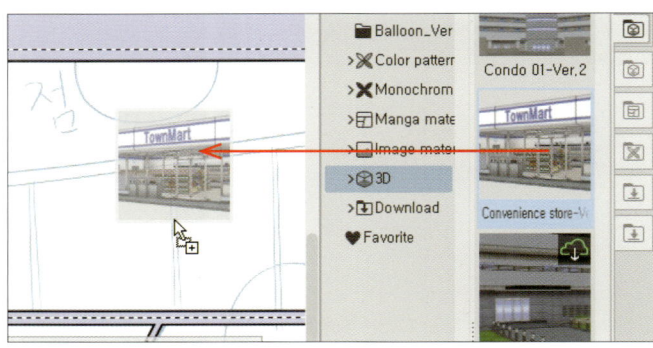

그림 5-5-1

선택 범위를 지정한 후에 3D 모델을 불러옵니다.

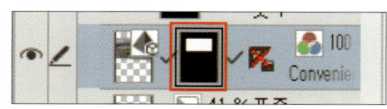

그림 5-5-2   그림 5-5-3

선택 범위를 작성한 다음에 3D 모델을 불러오면 자동으로 레이어 마스크가 작성됩니다.
레이어 마스크가 적용되어 다른 컷에 배경이 표시되지 않습니다. 메뉴에서 [레이어>레이어의 LT 변환]을 실행합니다.

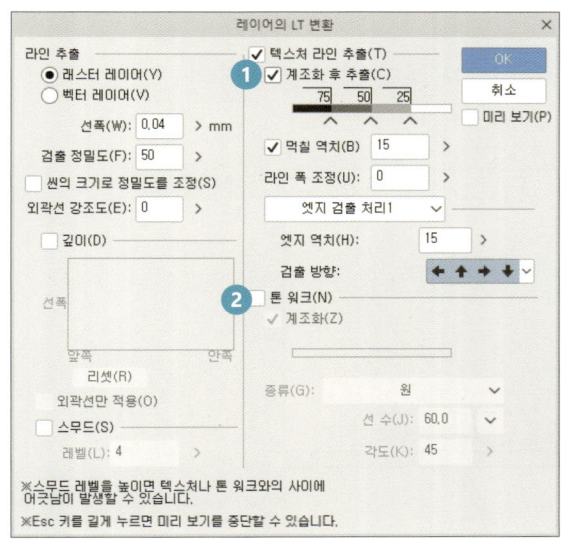
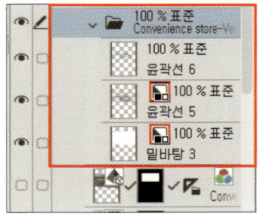

그림 5-5-4   그림 5-5-5

[계조화 후 추출]에 체크, [톤 워크]는 체크 해제하고 [OK]를 클릭합니다. [계조화 후 추출]을 켜면 얇은 선도 추출이 잘 됩니다. [미리 보기]를 켜면 결과물을 미리 확인할 수 있지만 처리 속도가 느려져 저사양 컴퓨터에서는 켜지 않는 편이 좋습니다. LT 변환을 실행하면 원본 3D 레이어 위에 LT화된 폴더가 생성됩니다.

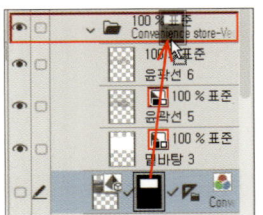

그림 5-5-6   그림 5-5-7

Chapter 5. 출판(흑백) 만화를 그려 보자!   **149**

3D 모델의 라인이 추출되면서 다른 컷까지 배경이 보이게 됩니다. 기존 3D 레이어에 있던 레이어 마스크를 드래그해서 LT화된 폴더로 이동하면 레이어 마스크가 적용됩니다.

그림 5-5-8

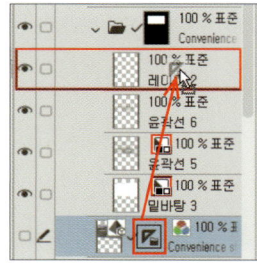

그림 5-5-9

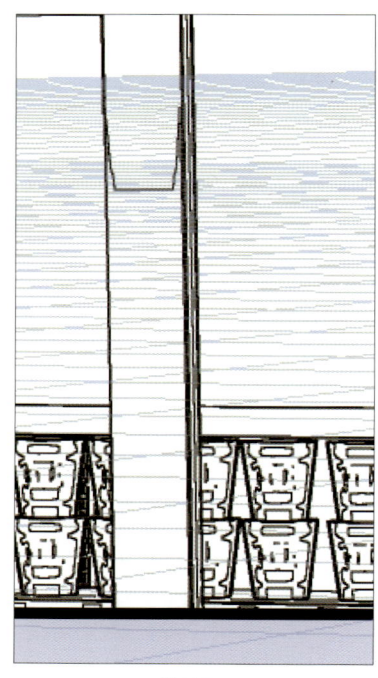

그림 5-5-10

사선을 추가한 뒤, LT화된 레이어 폴더 상단에 새 레이어를 작성하고 3D 레이어에 있는 자를 드래그해서 가져옵니다. 흑백 배경은 채색을 안 해서 빈 공간이 많습니다. 패턴 브러시를 사용해서 사선을 그려 봅니다.

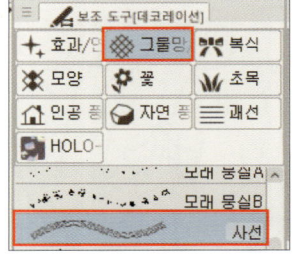
그림 5-5-11

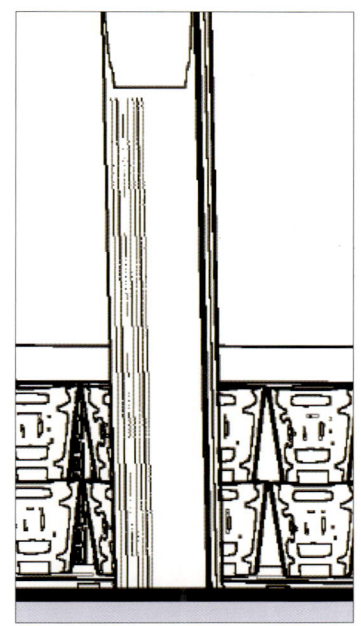
그림 5-5-12

[데커레이션(B를 3번 입력)〉사선]을 선택합니다. [사선] 브러시를 사용하면 한 번에 여러 개의 사선을 그릴 수 있습니다.

6. 두 번째 컷

그림 5-6-1

인물을 그립니다.

1) 인물에 밑색 넣기

그림 5-6-2

흑백 만화는 채색을 하지 않아 배경을 적용하면 인물과 배경이 겹쳐 인물에 밑색을 넣어야 합니다.

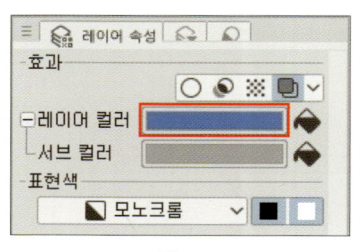 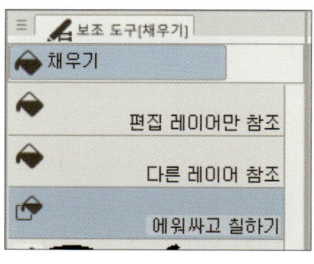

그림 5-6-3 그림 5-6-4

레이어 컬러를 변경합니다. 단축키는 Ctrl+B입니다. 서브 컬러를 흰색 이외의 색으로 변경합니다. [채우기(G를 2번 입력)>에워싸고 칠하기]를 선택합니다.

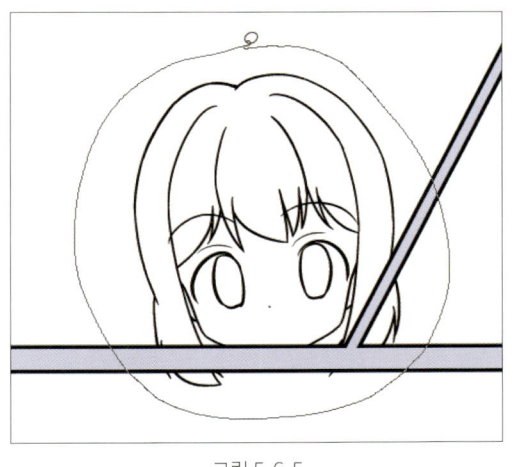
그림 5-6-5

그림 5-6-6

선화 레이어 아래에 새 레이어를 작성하고 흰색으로 밑색을 넣습니다. 채우기가 제대로 안 되면 도구 속성 팔레트에서 [복수 참조]를 확인합니다. 밑색이 칠해집니다.

그림 5-6-7

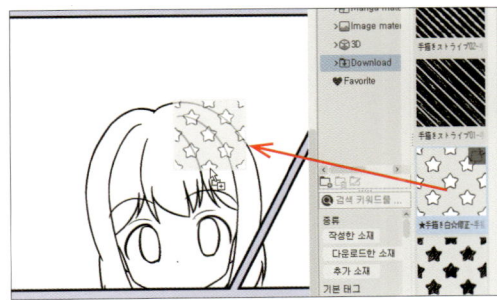
그림 5-6-8

[레이어 컬러 Ctrl+B]를 끄고 배경을 적용하면 인물이 배경과 섞이지 않습니다. 배경은 AS-SETS에서 다운받은 흑백 패턴을 사용합니다.

그림 5-6-9   그림 5-6-10

인물과 배경이 섞이지 않게 밑색에 경계 효과를 넣습니다. 밑색 레이어에 [경계 효과]를 적용합니다. 배경이 다른 컷에 보이지 않게 레이어 마스크를 작성합니다.

그림 5-6-11   그림 5-6-12

컷 선이 직사각형이 아니어서 [꺾은선 선택]으로 선택 범위를 작성합니다. [꺾은선 선택]으로 위와 같이 영역을 클릭합니다.

그림 5-6-13

그림 5-6-14

사다리꼴 모양으로 선택 범위를 작성할 수 있습니다. [선택 범위 이외를 마스크]를 실행해서 레이어 마스크를 작성합니다. 다른 컷에 침범한 배경이 가려집니다. 다른 컷에도 보이는 인물을 레이어 마스크를 복사해서 인물 레이어에도 적용해 봅니다. 지워도 되지만 레이어 마스크 복사하는 방법을 익혀 봅니다.

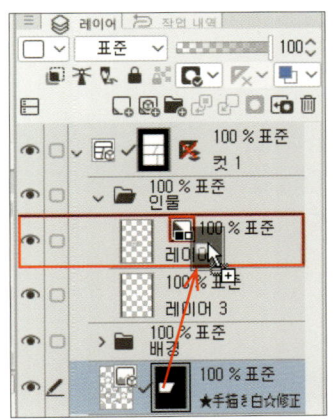 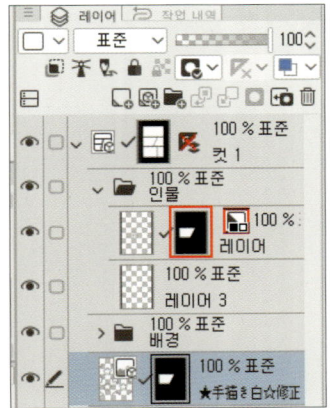

그림 5-6-15

배경에 적용한 레이어 마스크를 Alt+드래그로 선 레이어에 복사합니다. 밑색 레이어에도 동일하게 적용합니다. 레이어 마스크가 복사됩니다.

그림 5-6-16

인물에도 레이어 마스크가 적용됩니다.

7. 세 번째 컷

그림 5-7-1

3D 모델을 불러와서 첫 번째 컷과 동일하게 작업합니다.

그림 5-7-2   그림 5-7-3

선택 범위 작성 후 [선택 범위 반전]으로 나머지 배경을 삭제합니다.

8. 네 번째 컷

그림 5-8-1

네 번째 컷도 앞의 컷들과 마찬가지로 3D 모델을 불러와서 배경으로 적용합니다. 3D LT 변환은 결과물이 만족스럽지 못할 수 있습니다. 여기서는 클립의 기능을 최대한 활용하기 위해 사용합니다.

9. 다섯 번째 컷

그림 5-9-1

그림 5-9-2

마지막 컷은 소재 팔레트의 모노크롬 패턴을 사용합니다. 적용 방법은 웹툰 그리기를 참조합니다.

10. 톤 칠하기(붙이기)

1) 방법 1

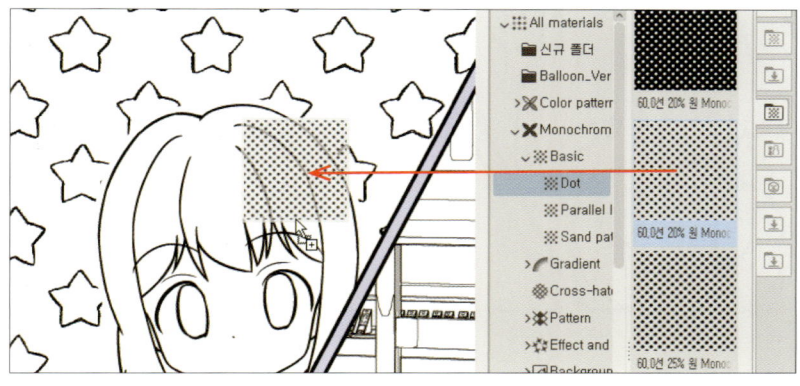

그림 5-10-1

소재 팔레트 [Monochrom〉Basic〉Dot〉60.0선 20% 원 Monochrom]을 캔버스로 드래그합니다.

그림 5-10-2   그림 5-10-3

톤 레이어가 작성되면서 캔버스 전체에 톤이 적용됩니다. Delete 키를 눌러서 톤을 전부 삭제합니다.

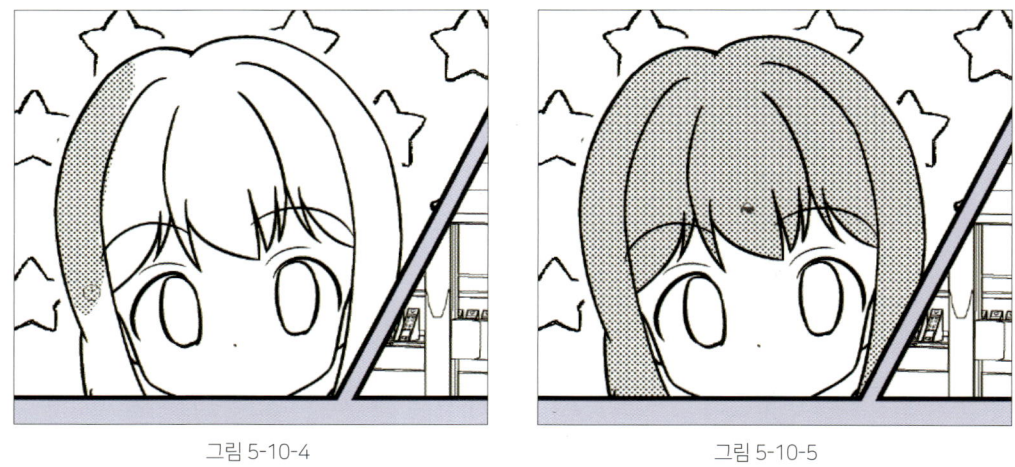

그림 5-10-4   그림 5-10-5

채색하듯이 펜으로 톤을 칠합니다. 또는 채우기 툴을 사용해서 톤을 입힐 수도 있습니다.

2) 방법 2

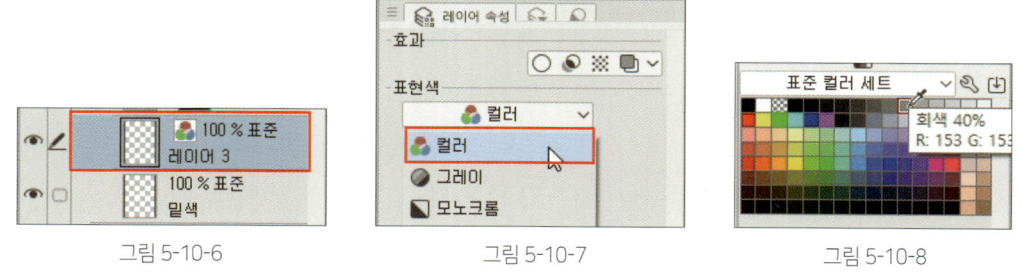

그림 5-10-6   그림 5-10-7   그림 5-10-8

컬러 레이어를 작성합니다. 현재 기본 원고 설정이 흑백이라 새 레이어를 작성합니다.
레이어 속성에서 [컬러] 또는 [그레이]로 변환합니다. [색상 팔레트〉표준 컬러 세트]에서 회색 컬러 위에 커서를 올려놓으면 농도가 표시됩니다. 40%를 선택합니다.

그림 5-10-9

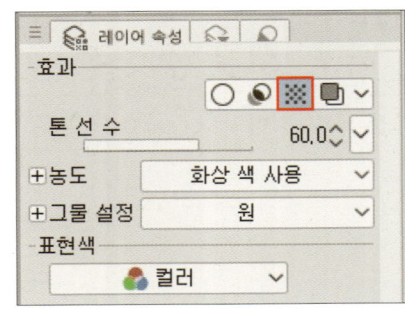
그림 5-10-10

눈을 채색하고 톤을 컵니다.

그림 5-10-11

그림 5-10-12

회색으로 채색했던 눈동자가 톤으로 변경됩니다.
지우개로 하이라이트를 표현합니다. 나머지 인물과 배경에도 톤을 적용하면서 연습해 봅니다.

11. 집중선 직접 그리기

웹툰에서 집중선을 작성했던 것과 다르게 직접 그려 봅니다.

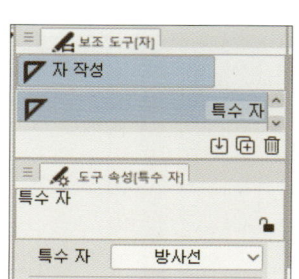
그림 5-11-1

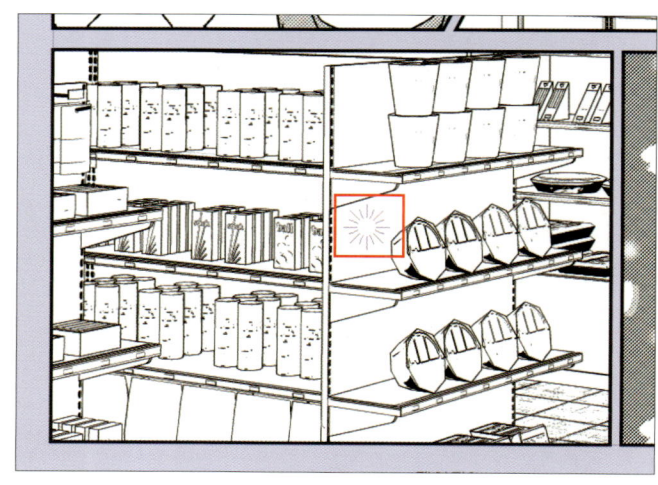
그림 5-11-2

[자(U를 3번 입력)>자 작성>특수 자>방사선]을 선택합니다. 캔버스를 클릭하면 방사선 자가 생성됩니다.

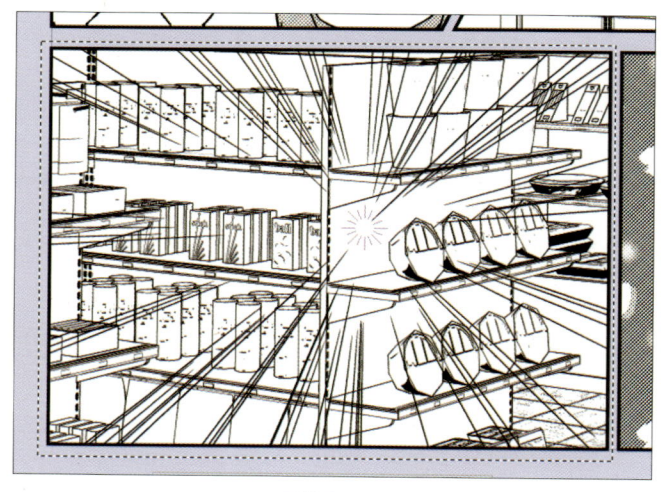
그림 5-11-3

선택 범위를 지정하고 펜으로 집중선을 긋습니다.

12. 효과음 넣기

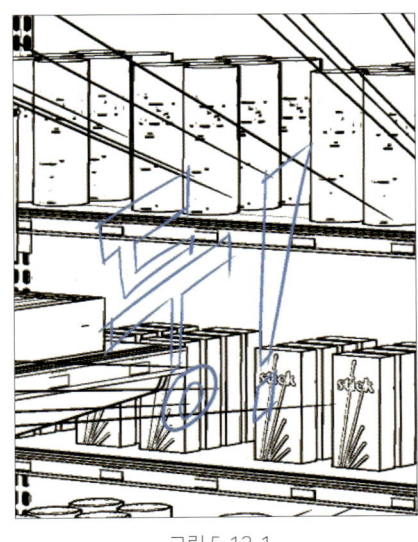
그림 5-12-1

그림 5-12-2

효과음을 그릴 때는 레이어 컬러를 변경하거나 배경을 비표시로 하고 그립니다. 효과음 레이어 밑에 새 레이어를 작성하고 흰색으로 채웁니다.

그림 5-12-3

그림 5-12-4

효과음이 좀 더 잘 보이게 경계 효과를 주면 좋습니다. 말풍선과 대사를 넣어서 완성합니다.

Chapter 06
브러시 도구 상세

CLIP STUDIO PAINT의 브러시 도구 상세에 대해서 알아봅니다. CLIP STUDIO PAINT에는 여러 종류의 브러시가 존재합니다. 펜, 연필, 붓, 에어브러시 등이 있습니다. 이 브러시들은 모두 같은 옵션으로 구성되어 있습니다.

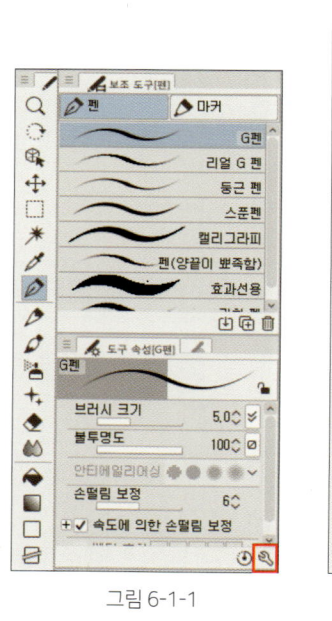

그림 6-1-1

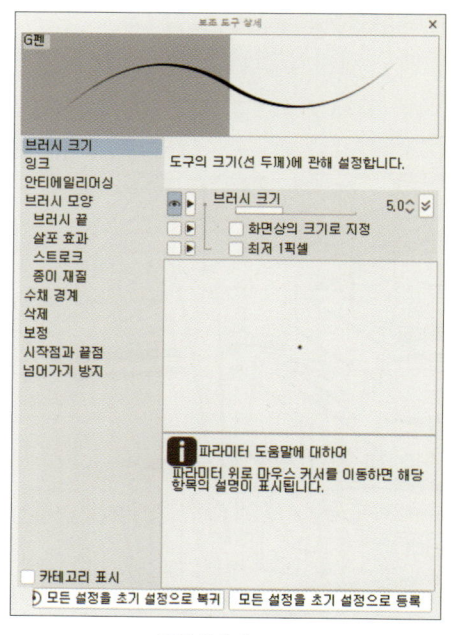

그림 6-1-2

브러시 계열 도구를 선택해서 도구 속성 팔레트의 스패너 아이콘을 클릭합니다.

그림 6-1-2와 같은 [보조 도구 상세] 창이 열립니다. 왼쪽에 항목이 나열되어 있고, 오른쪽에는 세부 옵션들이 표시됩니다. 세부 항목에 있는 눈 표시를 켜면 [도구 속성] 팔레트에 표시할 수 있습니다.

1. 브러시 크기

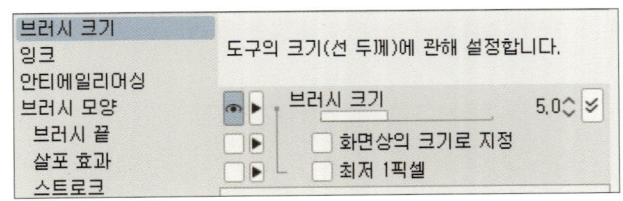

그림 6-1-3

1) 브러시 크기
브러시 크기를 조절합니다.

2) 화면상의 크기로 지정
체크하면 캔버스를 확대나 축소를 해도 브러시 크기는 고정됩니다. 이 기능을 사용하면 캔버스 확대 시 얇은 선을 그릴 수 있고, 축소 시 굵은 선을 그릴 수 있습니다. 브러시 크기가 고정되어 있어 캔버스 확대 배율에 따라 선 두께가 변경됩니다.

그림 6-1-4

그림 6-1-5

브러시 크기가 고정되어 캔버스 크기에 따라 선의 두께가 변경됩니다.

3) 최저 1픽셀
필압이 약해도 1픽셀의 선이 그려집니다. 다이내믹을 클릭하면 필압을 설정할 수 있습니다.

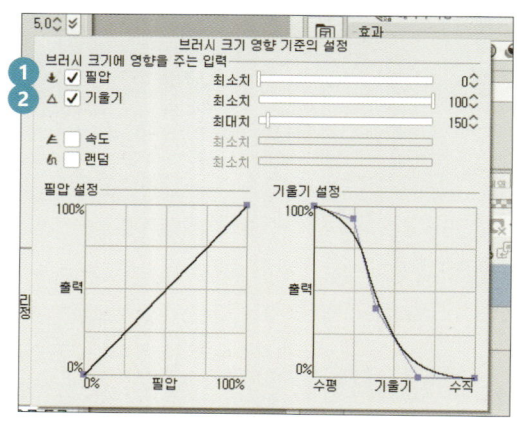
그림 6-1-6

① **필압** 필압 체크를 해제하면 필압이 적용되지 않고 모든 선이 일정한 굵기로 그려집니다. 일정한 굵기의 선을 이용해서 배경을 그릴 때 사용하면 좋습니다.

② **기울기** 기울기 기능을 지원하는 태블릿을 사용할 때 기울기를 적용할 것인지 적용하지 않을 것인지 선택합니다.

2. 잉크

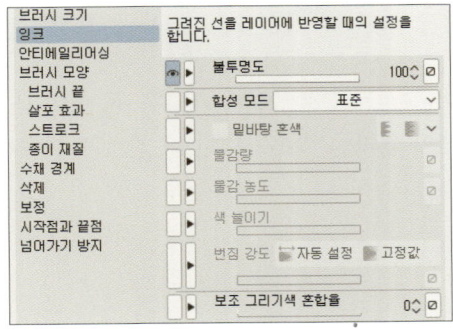

그림 6-2-1

1) 불투명도

투명도를 조절할 수 있습니다.

2) 합성 모드

레이어 합성 모드를 브러시에 적용할 수 있습니다.

3) 밑바탕 혼색

체크하면 하위 옵션들이 활성화됩니다. [밑바탕 혼색]을 사용하면 [합성 모드]는 사용할 수 없습니다.

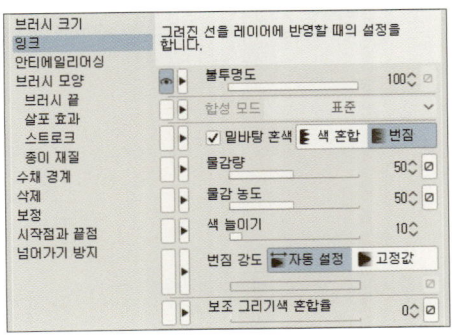

그림 6-2-2

[밑바탕 혼색]을 켜면 먼저 칠해진 색과 혼합하여 색이 칠해집니다. 색 혼합은 두 가지 방식을 제공합니다. [색 혼합]과 [번짐]입니다. [색 혼합]은 이미 칠해진 색과 새로 그리는 색을 혼합

하여 색이 칠해집니다. [번짐]은 이미 칠해진 색을 흐리게 블러 처리한 다음 새로운 색이 칠해지는 방식입니다.

4) 물감 양

캔버스에 칠해진 색과 새로 그리는 색의 비율을 조절할 수 있습니다. 물감 양이 낮을수록 밑색이 더 드러나고 높을수록 메인 컬러인 그리기색이 더 진하게 칠해집니다. 다이내믹 설정을 통해 필압을 적용할 수 있습니다.

5) 물감 농도

물감의 농도를 설정합니다. 이미 칠해진 색과 새로 그리는 색의 투명도 혼합 비율을 설정할 수 있습니다.

6) 색 늘이기

먼저 칠해진 색이 얼마나 번지는지 설정합니다.

그림 6-2-3

각각 색 늘이기 0, 50, 100 값이 낮을수록 덜 번지고 높을수록 길게 번집니다.

7) 번짐 강도

이미 그려져 있는 색을 번지게 하는 폭을 설정합니다. [밑바탕 혼색]에서 [번짐]일 경우 활성화됩니다.

❶ **자동 설정** 브러시 크기와 연동됩니다.
❷ **고정값** 슬라이더 값 또는 필압에 의해 정해집니다.

8) 보조 그리기색 혼합률

메인 컬러와 서브 컬러의 혼합률을 설정합니다.

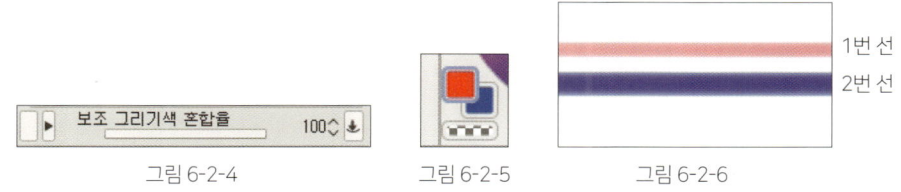

그림 6-2-4   그림 6-2-5   그림 6-2-6

슬라이더로 혼합률을 설정합니다. 값이 높을수록 서브 컬러의 혼합률이 커집니다.
메인 컬러와 서브 컬러를 위와 같이 설정합니다. 필압에 의해서 혼합률을 조절할 수 있습니다. 1번 선은 필압을 약하게 하고 그은 선입니다. 2번 선은 필압을 강하게 하고 그은 선입니다.

3. 안티에일리어싱

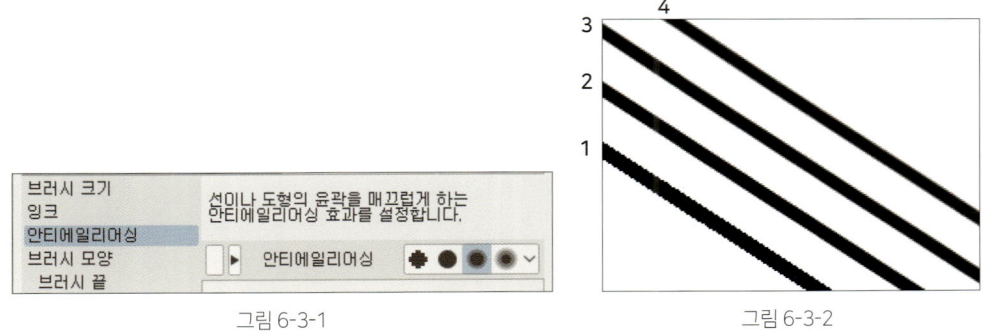

그림 6-3-1   그림 6-3-2

에일리어싱을 우리말로 하면 계단 현상이라고 표현할 수 있습니다. 픽셀로 표현하는 컴퓨터 특성상 선의 경계가 계단처럼 보이는 현상입니다. 안티란 뭔가를 방지한다는 뜻으로 '안티에일리어싱'이란 계단 현상을 방지한다는 뜻입니다. 선을 확대한 모습으로, 그림 6-3-2는 1 안티에일리어싱을 적용하지 않은 선 2, 3, 4 순으로 안티에일리어싱 효과를 높인 선들입니다. 안티에일리어싱을 높일수록 부드러운 선을 표현할 수 있습니다. 안티에일리어싱은 선의 경계를 흐리게 표시함으로써 계단 현상을 줄입니다. 따라서 캔버스를 흑백인 모노크롬으로 만들면 안티에일리어싱이 적용되지 않습니다.

4. 브러시 모양

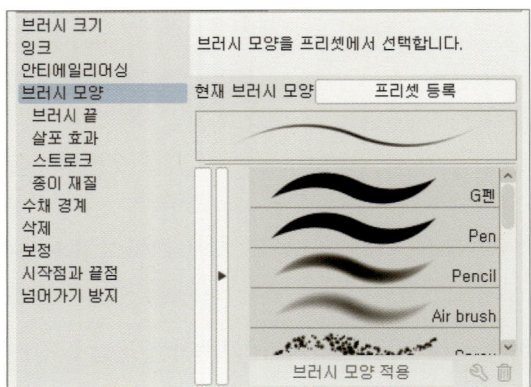

그림 6-4-1

브러시 모양을 변경할 수 있습니다.

5. 브러시 끝

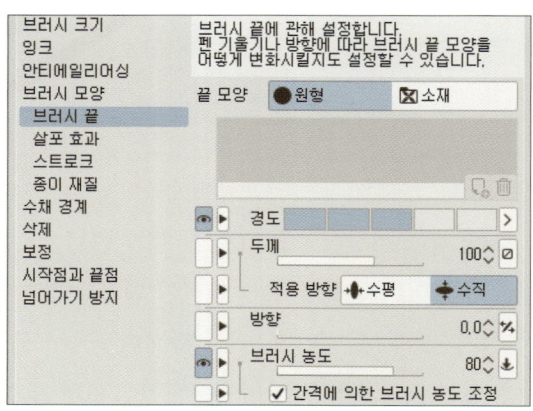

그림 6-5-1

[브러시 끝] 모양을 [원형]과 [소재] 중에서 선택할 수 있습니다.

1) 경도

경도 효과를 설정합니다. 수치가 낮을수록 선이 흐려집니다.

2) 두께

브러시 끝의 두께를 조절할 수 있습니다. 필압 설정을 할 수 있습니다.

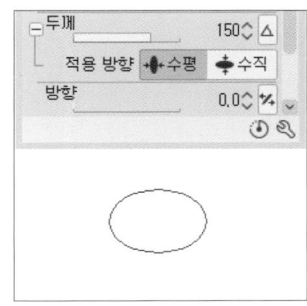 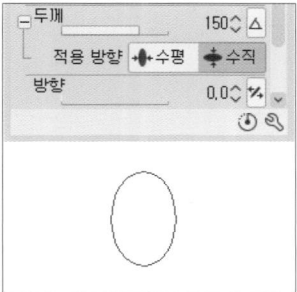

그림 6-5-2

두께 값을 낮추거나 높이면 브러시 끝의 모양이 납작해집니다. 100일 때 동그란 모양이 됩니다.

3) 방향

슬라이더 값 또는 필압 설정에 의해 브러시 끝의 방향이 변경됩니다.

그림 6-5-3

4) 브러시 농도

슬라이더 값 또는 필압 설정에 의해 농도를 조절할 수 있습니다.

5) 간격에 의한 브러시 농도 조절

체크하면 간격이 좁아진 경우 브러시의 농도가 낮아집니다.

6. 살포 효과

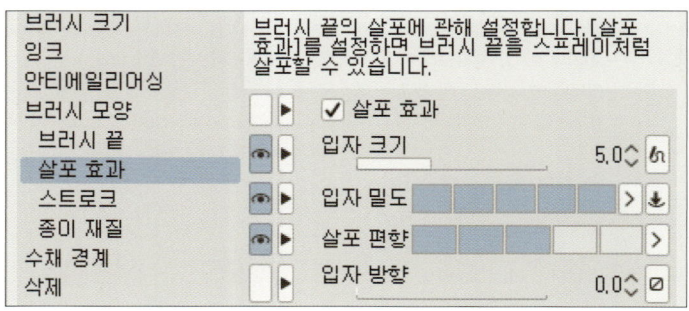
그림 6-6-1

1) 살포 효과
체크하면 입자가 분사되는 효과를 낼 수 있습니다.

2) 입자 크기
분사되는 입자 크기를 조절할 수 있습니다. 필압 적용을 할 수 있습니다.

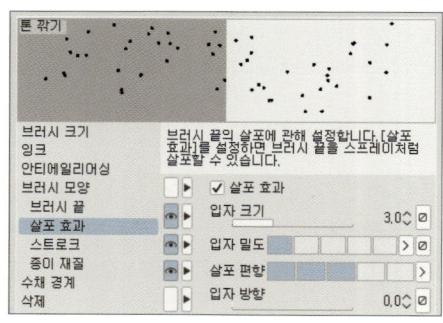 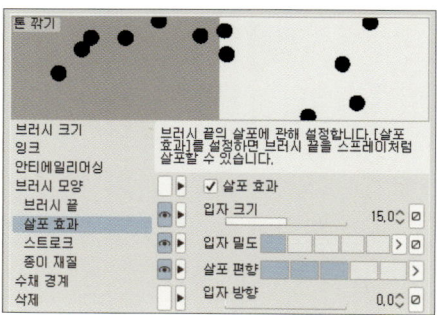

그림 6-6-2   그림 6-6-3

입자 크기가 3일 때(그림 6-6-2)와 15일 때(그림 6-6-3)의 형태는 이와 같습니다.

3) 입자 밀도
분사되는 입자의 양을 조절합니다.

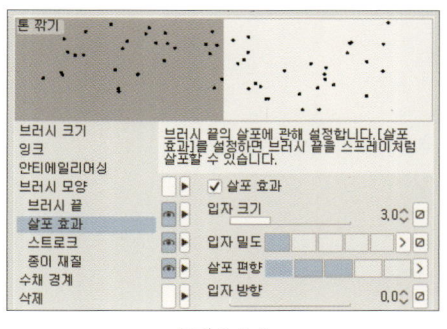
그림 6-6-4

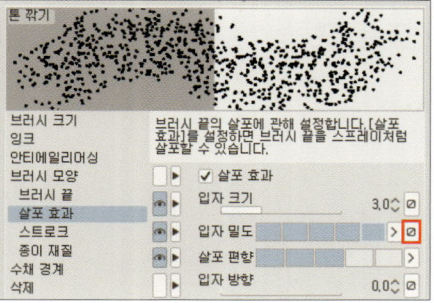
그림 6-6-5

입자 밀도 1단계일 때(그림 6-6-4)와 5단계(그림 6-6-5)일 때의 형태는 이와 같습니다. 〉를 클릭해서 1~20까지 값을 입력할 수 있고 필압 설정을 통해 조절할 수도 있습니다.

4) 살포 편향

분사되는 입자를 중심으로 얼마나 모을지를 설정합니다. 수치가 높을수록 중심으로 집중됩니다.

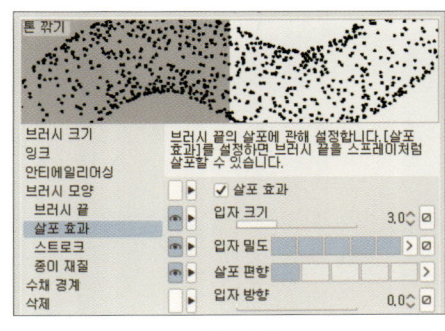
그림 6-6-6

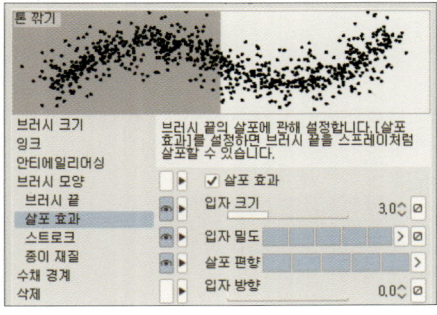
그림 6-6-7

살포 편향 1단계일 때(그림 6-6-6)와 5단계일 때(그림 6-6-7)의 형태는 이와 같습니다. 〉를 클릭해서 -100~100까지 값을 입력할 수 있습니다.

5) 입자 방향

브러시 끝 개별 각도를 설정할 수 있습니다.

7. 스트로크

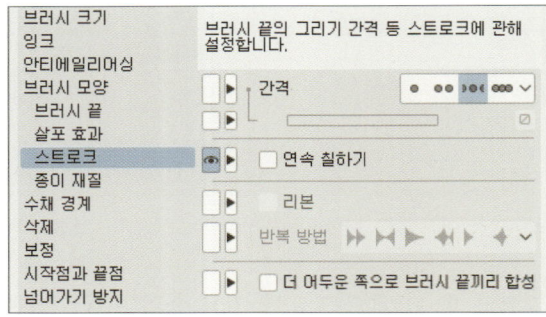

그림 6-7-1

1) 간격

처음 브러시 끝 모양을 그린 후 다음 그려지는 브러시 끝과의 간격을 설정합니다.

그림 6-7-2

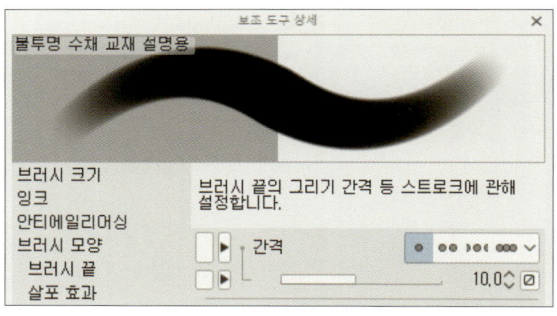

그림 6-7-3

차례대로 넓음, 보통, 좁음입니다. 좁을수록 부드러운 선이 그려지지만 그만큼 컴퓨터가 느리게 동작합니다. 고정을 선택하면 슬라이더로 값을 설정할 수 있습니다.

2) 연속 칠하기

이 기능을 켰을 때 같은 자리에 계속 색을 칠할 수 있습니다. 이 설정을 사용하면 선을 그리는 속도에 따라 농도에 변화를 줄 수 있습니다.

그림 6-7-4

첫 번째 선은 느리게 그린 선, 두 번째 선은 빠르게 그린 선입니다. 천천히 그릴 때 종이에 물감이 더 스며드는 걸 생각하면 어느 정도 비슷하지 않을까 생각됩니다.

3) 리본
패턴 브러시 설정에 유용한 옵션입니다.

4) 반복 방법
패턴 브러시의 반복 방식을 설정합니다.

그림 6-7-5

그림 6-7-6

5) 더 어두운 쪽으로 브러시 끝끼리 합성
선이 겹쳤을 때 옵션을 설정합니다.

8. 종이 재질

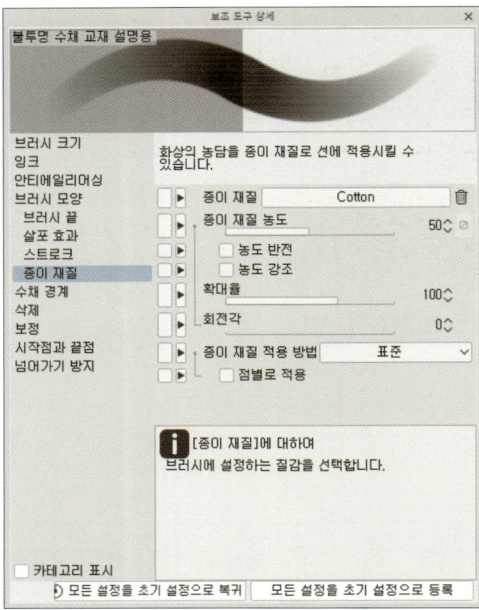

그림 6-8-1

1) 종이 재질

텍스처를 선택할 수 있습니다.

2) 종이 재질 농도

텍스처의 농도를 설정할 수 있습니다.

그림 6-8-2

3) 농도 반전

텍스처의 농도가 반전됩니다.

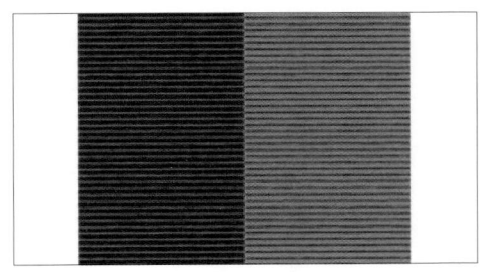

그림 6-8-3

같은 텍스처로 다른 느낌을 낼 수 있습니다.

4) 농도 강조

텍스처의 농도차가 뚜렷하게 나도록 합니다.

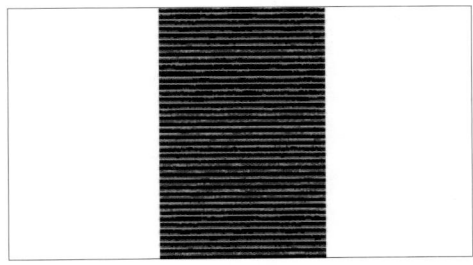

그림 6-8-4

5) 확대율

텍스처를 축소하거나 확대할 수 있습니다.

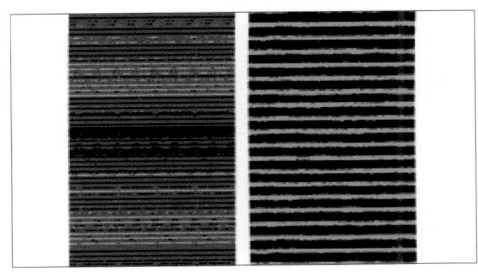

그림 6-8-5

6) 회전각

텍스처를 회전시킬 수 있습니다.

그림 6-8-6

7) 종이 재질 적용 방법
필터를 적용할 수 있습니다.

8) 점별로 적용
텍스처의 적용 방식을 설정합니다.

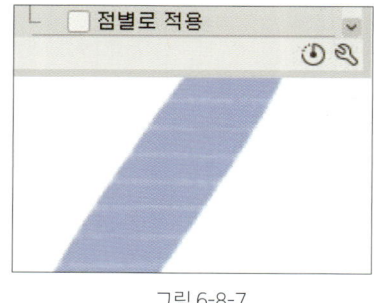 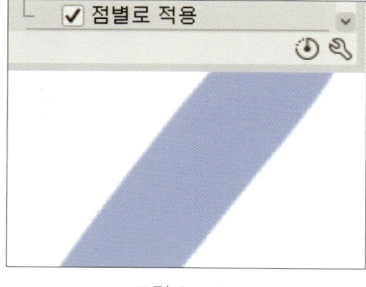

그림 6-8-7   그림 6-8-8

OFF일 때(그림 6-8-7) 선 긋기 1획에 텍스처가 적용되고, ON일 때(그림 6-8-8) 브러시 끝에 텍스처가 적용되어 선을 그릴 때 계속 겹치게 됩니다.

9. 수채 경계

선의 가장자리에 수채화 느낌의 경계 효과를 줍니다.

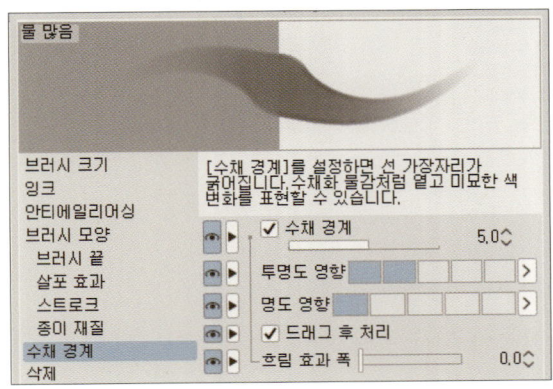

그림 6-9-1

1) 수채 경계

경계 부분의 굵기를 조절합니다.

2) 투명도 영향

경계 부분의 진하기를 조절합니다. 화살표를 클릭해서 1~100까지 수치를 입력할 수 있습니다.

3) 명도 영향

경계 부분의 명도를 조절합니다. 높을수록 어두운색이 됩니다. 화살표를 클릭하면 0~100까지 설정할 수 있습니다.

4) 드래그 후 처리

체크 시 드래그가 끝난 후 수채 경계 효과가 나타납니다.

5) 흐림 효과 폭

값이 높을수록 경계가 넓어집니다.

10. 삭제(지우개)

벡터 지우개에 대한 설정을 할 수 있습니다. 래스터 레이어에서는 비활성화됩니다.

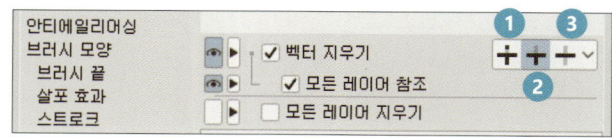

그림 6-10-1

1) 벡터 지우기

① **접하는 부분** 지우개로 지운 영역만 삭제합니다.

② **교점까지** 선이 교차하는 곳까지 삭제합니다.

③ **선 전체** 선 전체를 삭제합니다.

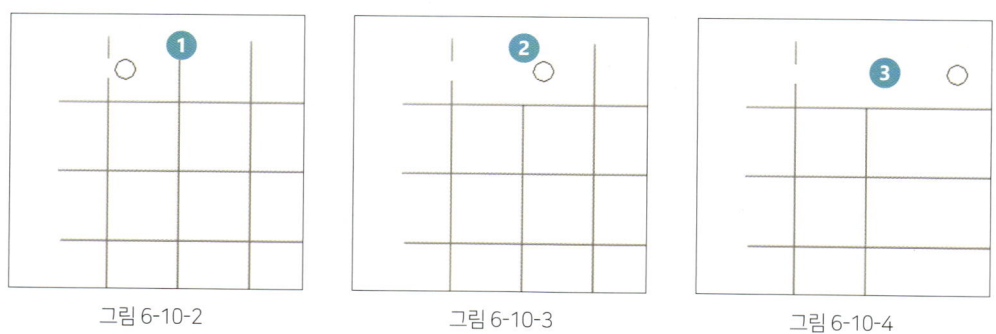

그림 6-10-2   그림 6-10-3   그림 6-10-4

2) 모든 레이어 참조

다른 레이어에 있는 벡터선을 인식합니다. [교점까지]에서만 활성화됩니다.

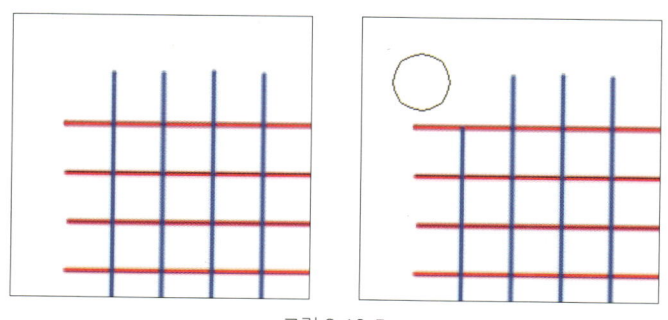

그림 6-10-5

빨간색 선은 다른 레이어에 있는 선, 파란색 선은 편집 중인 레이어. [교점까지]를 선택하고 지우면 다른 레이어의 선을 인식하고 교점까지만 삭제합니다.

3) 모든 레이어 지우기

모든 벡터 레이어의 선을 인식하고 지울 수 있습니다. [모든 레이어 참조]와 반대로 교점까지]는 적용이 안 되고 [접하는 부분]과 [선 전체]에 적용할 수 있습니다.

11. 보정

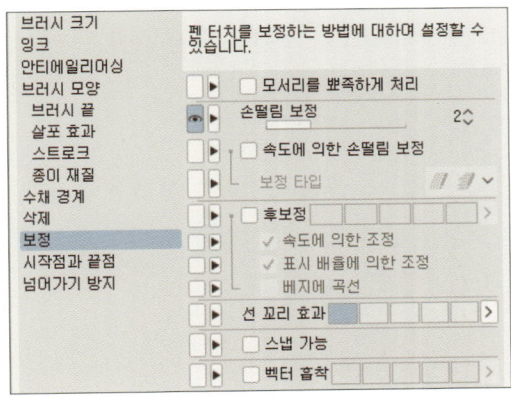

그림 6-11-1

1) 모서리를 뾰족하게 처리

각이 있는 선을 그릴 때 각 을 뾰족하게 합니다. OFF일 때와 ON일 때입니다.

그림 6-11-2

2) 손떨림 보정

체크하면 선이 부드러워집니다. 값이 높을수록 실제 펜의 위치와 브러시와의 간격이 멀어집니다.

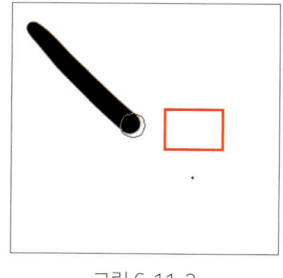

그림 6-11-3

3) 속도에 의한 손떨림 보정

펜을 움직이는 속도에 의해 보정의 강도가 조절됩니다.

4) 보정 타입

① **천천히 그렸을 때 보정 적용** 펜을 느리게 움직일수록 보정 효과가 커집니다.
② **재빨리 그렸을 때 약한 보정** 펜을 빠르게 움직였을 때 약하게 보정 효과가 생깁니다.

5) 후보정

선을 그리고 나면 보정이 됩니다.

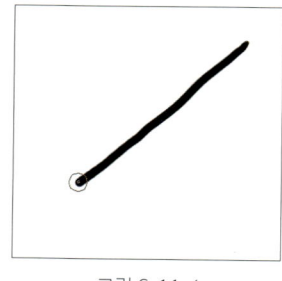

그림 6-11-4

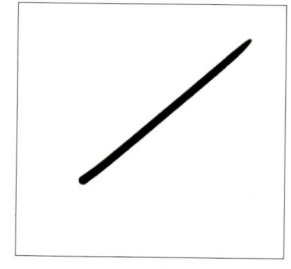

그림 6-11-5

선을 그린 후(그림 6-11-4)와 펜을 떼고 보정이 되었을 때(그림 6-11-5)의 형태입니다.

6) 속도에 의한 조정

선을 그리는 속도에 따라 보정 강도를 조절합니다.

7) 표시 배율에 의한 조정

캔버스 표시 배율에 따라 보정 강도를 조절합니다.

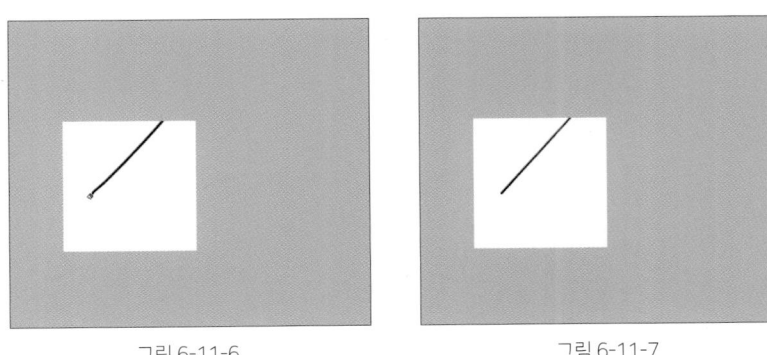

그림 6-11-6   그림 6-11-7

표시 배율을 낮추고 긴 선을 그릴 때 보정 효과가 좀 더 좋습니다.

8) 베지에 곡선

체크 해제 시 보정 후의 선이 스플라인 곡선이 됩니다. 체크 시 보정 후의 선이 베지에 곡선이 됩니다. 켜고 끄고 반복하면서 선이 어떻게 적용되는지 시험해 봅니다.

9) 선 꼬리 효과

값이 높으면 펜을 태블릿에서 떼어도 얇은 선이 그려집니다.

10) 스냅 가능

자에 스냅을 켜고 끕니다. 스냅을 끄면 자에 스냅 적용이 되지 않습니다.

11) 벡터 흡착

체크 시 벡터 레이어에서 이미 그린 선에 스냅이 됩니다. 슬라이더로 스냅의 강도를 조절할 수 있습니다.

12. 시작점과 끝점

선의 시작점과 끝점의 효과를 설정합니다.

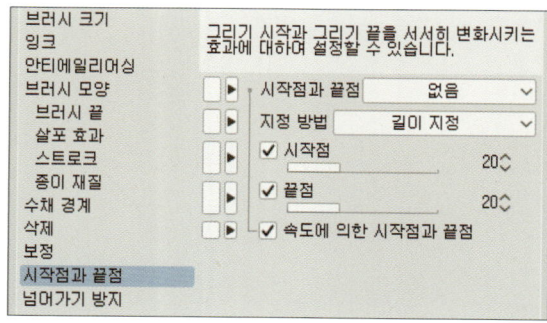

그림 6-12-1

1) 시작점과 끝점

시작점과 끝점을 설정할 수 있는 항목들이 나열됩니다. 효과를 내고 싶은 항목을 선택합니다.

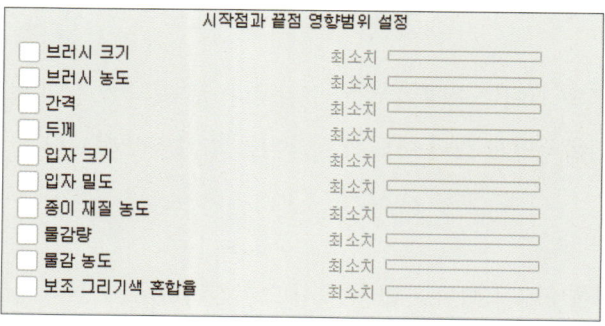

그림 6-12-2

2) 지정 방법

① **길이 지정** 효과가 적용되는 범위를 길이로 지정합니다.

② **백분율 지정** 효과가 적용되는 범위를 길이에 대한 비율로 지정합니다.

③ **페이드** 그리기의 시작부터 값이 서서히 최소치를 향합니다.

3) 시작점

선이 시작되는 부분을 조절합니다.

4) 끝점

선이 끝나는 부분을 조절합니다.

5) 속도에 의한 시작점과 끝점

펜을 움직이는 속도에 따라 효과의 강도가 조절됩니다.

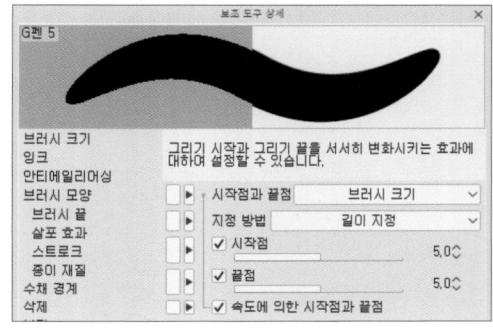
그림 6-12-3

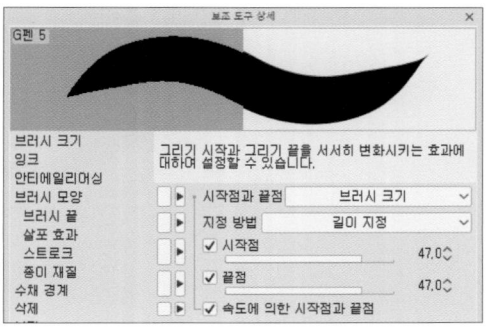
그림 6-12-4

시작점과 끝점을 브러시 크기로 설정하면 브러시의 시작점과 끝점의 효과를 설정할 수 있습니다. 시작점과 끝점의 값을 높이면 선 끝이 뾰족해집니다.

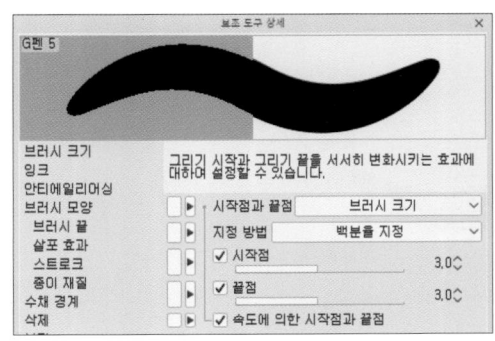
그림 6-12-5

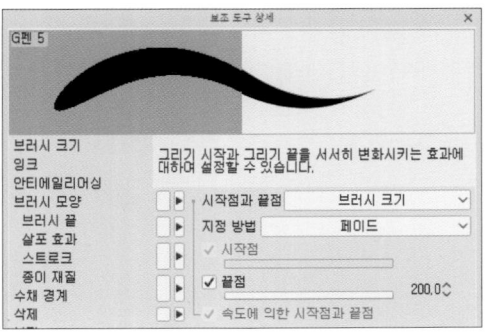
그림 6-12-6

백분율 지정을 선택하면 입력값을 다시 설정해야 합니다. 길이 지정과 값이 연동되지 않습니다. 페이드를 적용하면 끝점에 페이드 효과를 줍니다.

그림 6-12-7

Chapter 6. 브러시 도구 상세

페이드 설정을 하면 다음과 같은 선을 그릴 수 있습니다. 최소치 값을 조절해서 페이드 효과를 조절할 수 있습니다.

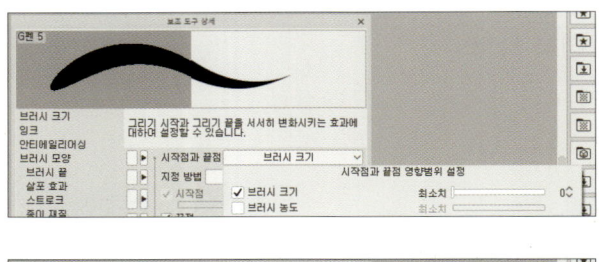

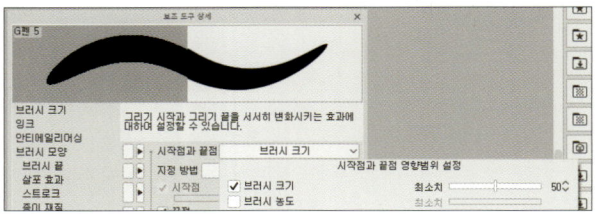

그림 6-12-8

13. 넘어가기 방지

참조 레이어의 선을 기준으로 선을 넘어가지 않게 채색이 가능합니다.

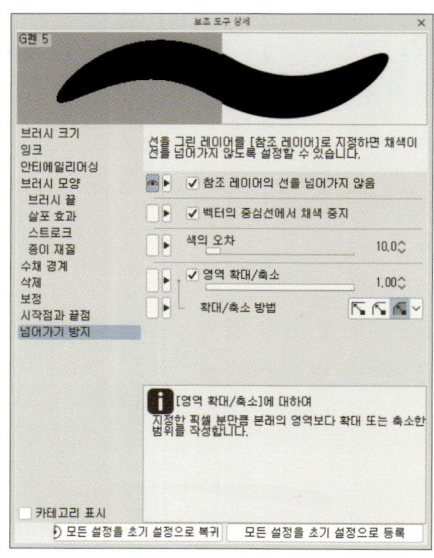

그림 6-13-1

1) 참조 레이어의 선

선을 넘어가지 않습니다.

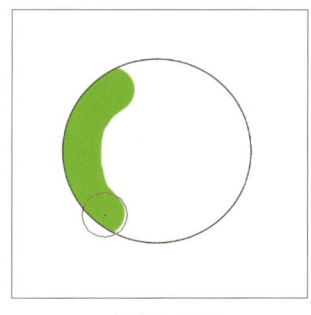
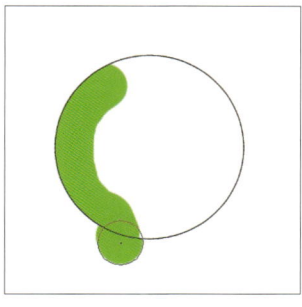

그림 6-13-2   그림 6-13-3

펜이 선 바깥쪽을 침범해도 색은 안쪽에만 칠해집니다. [채우기] 툴처럼 참조 레이어의 선 경계에 빈틈이 없어야 합니다. 펜의 중심이 경계를 벗어나면 안 됩니다.

2) 벡터의 중심선에서 채색 중지

벡터 레이어를 참조 레이어로 설정 시 벡터의 중심선을 채색하지 않습니다.

3) 색의 오차

채우기를 참조합니다.

4) 영역 확대/축소, 확대/축소 방법

채우기와 같은 방식으로 확대/축소를 할 수 있습니다.

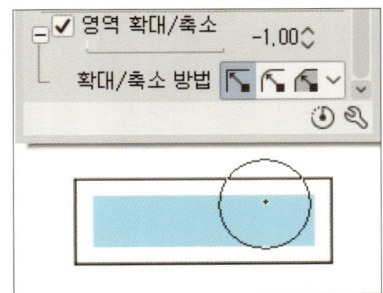
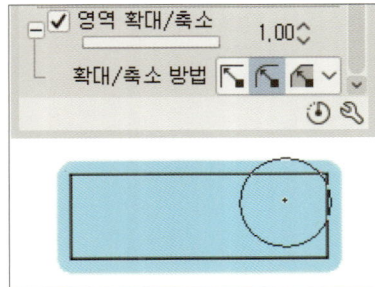

그림 6-13-4

Chapter 6. 브러시 도구 상세

Chapter 07
소재 만들기
(소재 이미지 만들기, 패턴 브러시 만들기)

1. 이미지 소재를 만들어 보자!

자주 사용하는 사진이나 그림을 이미지 소재로 만들어 두면 쉽게 꺼내 쓸 수 있습니다. 이미지 소재를 만들기 전에 소재를 저장할 신규 폴더를 만듭니다. 소재 팔레트 커맨드 바에서 소재 폴더 작성 아이콘을 클릭해서 신규 소재 폴더를 작성합니다.

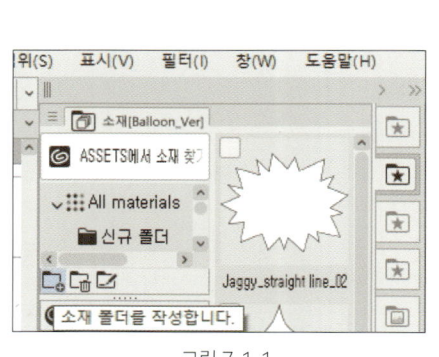

그림 7-1-1

그림 7-1-2

이미지 소재로 사용할 이미지를 준비합니다. 이미지가 포함된 레이어를 선택하고 [메뉴>편집>소재 등록>화상]을 실행합니다.

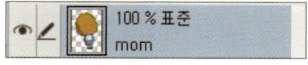
그림 7-1-3

그림 7-1-4

소재 속성 창이 열립니다. [소재 저장 위치:]에서 저장할 위치를 지정합니다. 미리 만들어 둔 [신규 폴더]를 선택합니다. [OK]를 클릭하면 완료입니다.

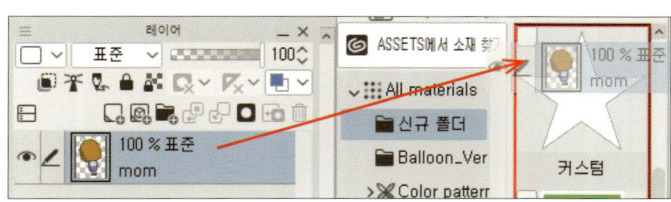
그림 7-1-5

드래그해서 등록할 수도 있습니다.

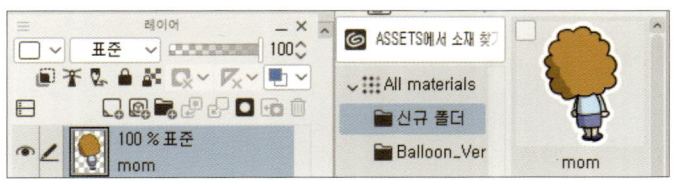
그림 7-1-6

소재 팔레트 [신규 폴더]에 등록됩니다.

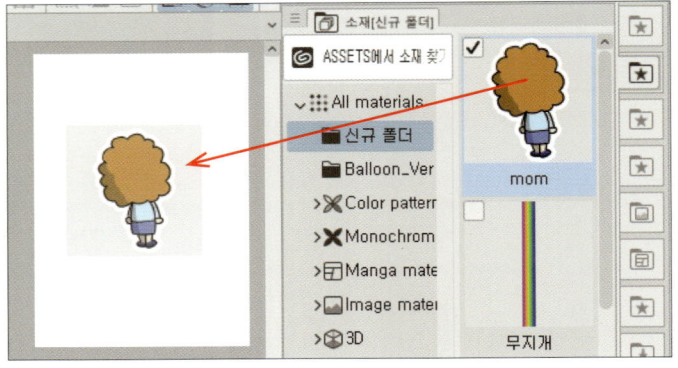

그림 7-1-7

캔버스로 드래그하면 새로운 레이어에 이미지 소재가 적용됩니다.

2. 소재 속성 상세

간단하게 이미지 소재 작성하는 방법을 알아봤습니다. 다음은 소재 작성 시 설정할 수 있는 옵션들에 관해서 설명합니다.

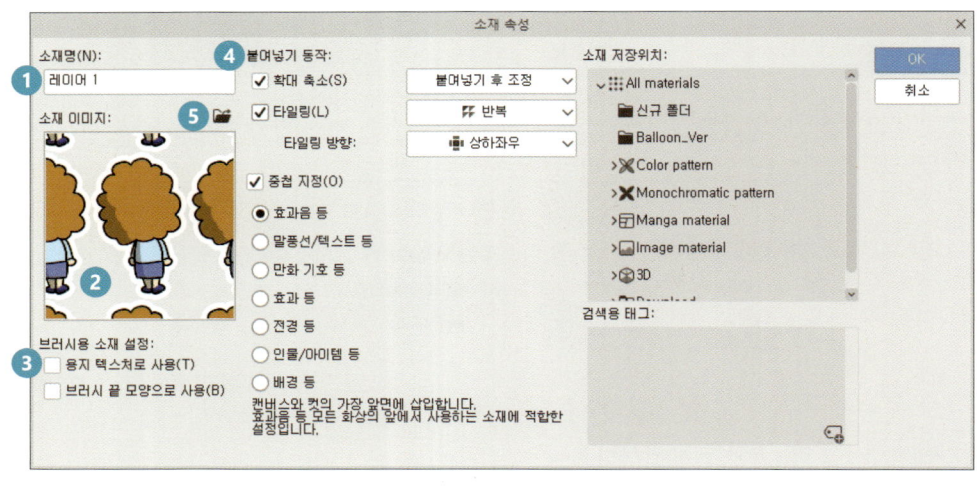

그림 7-2-1

1) 소재명 (①)

소재 이름을 입력합니다.

2) 소재 이미지 (②)

소재의 섬네일로 사용할 이미지를 불러옵니다. 소재 팔레트에 표시될 섬네일을 보여 줍니다.

3) 브러시용 소재 설정 (③)

① **용지 텍스처로 사용** 용지 텍스처로 사용할 시 체크합니다.

② **브러시 끝 모양으로 사용** 브러시 끝 모양으로 사용할 시 체크합니다.

4) 붙여넣기 동작 (④)

소재를 캔버스로 붙여 넣을 때 옵션을 설정합니다.

그림 7-2-2   그림 7-2-3

소재 이미지 크기를 캔버스와 비교하기 위해 소재 이미지는 1000×1000px로 캔버스는 2000×1500을 사용했습니다.

① **붙여넣기 후 조정** 소재를 불러오면 크기와 위치를 조절할 수 있는 핸들이 표시됩니다.

그림 7-2-4

② **붙여 넣을 곳 전면에 펼치기(확대해서 채우기)** 캔버스 전체에 표시됩니다. 가로로 긴 캔버스로 불러오면 전체를 채운 상태가 됩니다. 캔버스의 비율과 이미지 소재의 비율이 맞지 않아도 확대되어 붙여넣기가 됩니다. 소재 이미지가 잘리는 부분이 생깁니다.

그림 7-2-5   그림 7-2-6

③ **붙여 넣을 곳에 저장(크기에 맞게 붙여넣기)** 이미지의 비율을 유지한 채 캔버스에 맞는 크기로 붙여 넣습니다.
④ **붙여 넣을 곳에 맞춰 조정** 캔버스의 짧은 면과 이미지의 짧은 면의 크기를 같게 해서 붙여 넣습니다.
⑤ **텍스트에 맞춤** 이 설정을 한 이미지 소재를 텍스트 위로 드래그하면 이미지를 텍스트 박스 크기로 붙여넣습니다.

5) 타일링 (5)

타일링 설정을 하면 이미지 소재를 바둑판 모양으로 배열합니다.

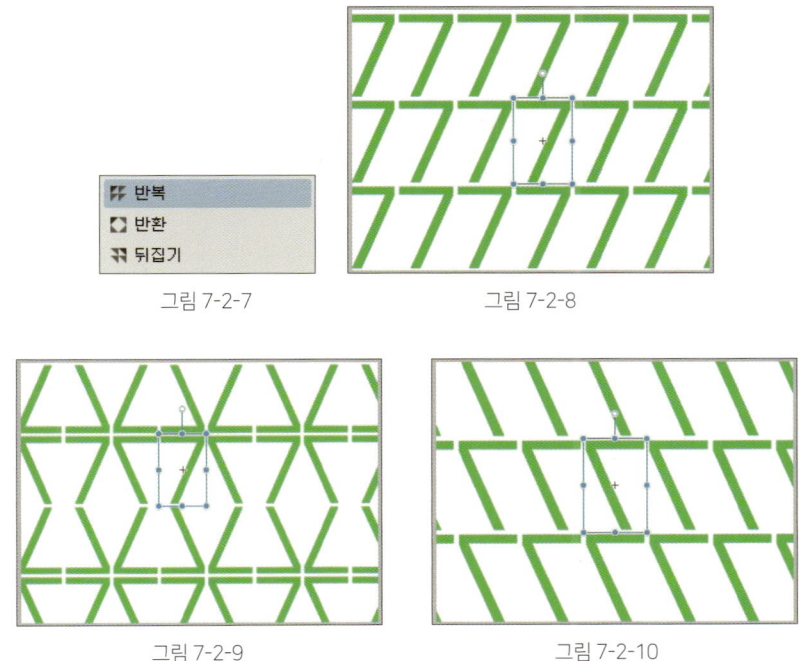

그림 7-2-7 그림 7-2-8

그림 7-2-9 그림 7-2-10

① 반복 (그림 7-2-8)
② 반환 (그림 7-2-9)
③ 뒤집기 (그림 7-2-10)

타일링의 방향도 그림 7-2-11과 같이 설정할 수 있습니다.

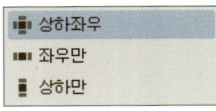

그림 7-2-11

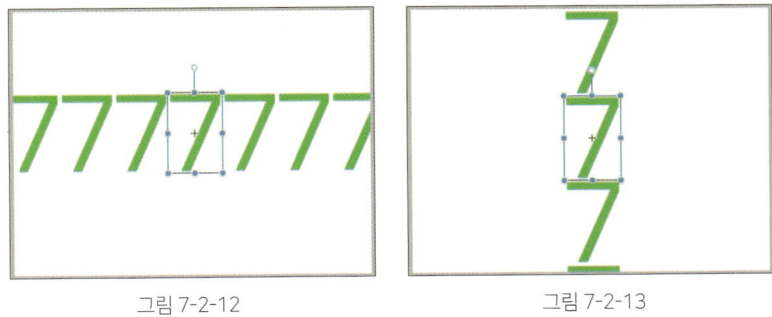

그림 7-2-12 그림 7-2-13

Chapter 7. 소재 만들기   **193**

⑤ 상하좌우 위의 예시들처럼 바둑판 모양으로 구성

⑥ 좌우만 (그림 7-2-12)

⑦ 상하만 (그림 7-2-13)

6) 중첩 지정

이 기능을 설정하면 이미지 소재를 캔버스로 불러올 때 특정 위치로 불러올 수 있습니다.

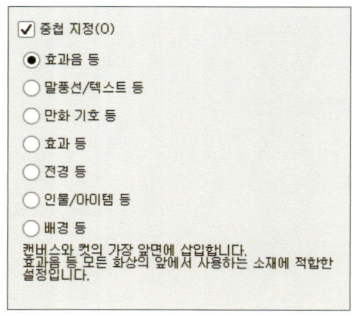

그림 7-2-14

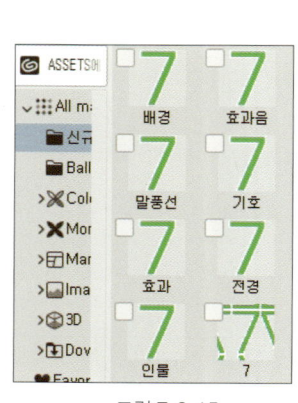

그림 7-2-15

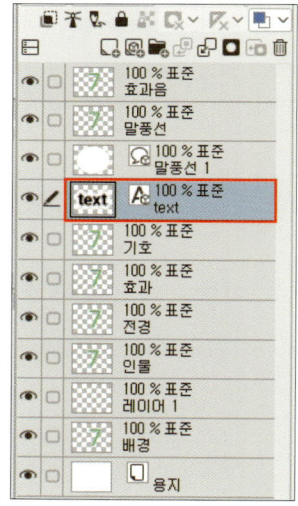

그림 7-2-16

중첩 지정을 적용한 이미지 소재를 만들어서 각각의 이름을 붙입니다. 중첩 지정을 [배경 등]으로 설정한 소재는 '배경', [효과음 등]을 적용한 소재는 '효과음'이라고 이름을 적용합니다. 중첩 지정을 적용한 이미지 소재를 무작위로 불러와도 순서대로 위치하게 됩니다. 가장 큰 기준이 되는 것은 [텍스트〉말풍선] 레이어보다 아래인지 위인지로 결정됩니다.

=① [텍스트>말풍선] 레이어보다 위에 위치하는 소재
　ㄱ. 효과음: 이미지 소재를 최상단에 위치하고 싶다면 이 옵션을 선택합니다. 효과음 등에 적합합니다.
　ㄴ. [텍스트>말풍선]: 이 위치를 설정하면 말풍선, 텍스트 레이어 위에 위치합니다.

② [텍스트>말풍선] 레이어보다 아래에 위치하는 소재
　ㄱ. 효과 등: 집중선 등의 효과를 주는 소재에 적합합니다.
　ㄴ. 전경 등: 비나 렌즈 플레어 등의 소재에 적합합니다.
　ㄷ. 인물/아이템: 전경보다는 밑에 위치합니다. 인물이나 인물이 지닌 아이템 등의 소재에 적합합니다.
　ㄹ. 배경: 레이어의 하단(용지 바로 위)에 위치하게 됩니다. 배경으로 사용하는 소재에 적합합니다.

7) 소재 저장 위치

작성한 소재를 저장할 위치를 지정합니다. 위치를 지정하지 않으면 다음과 같은 경고 창이 뜹니다.

그림 7-2-17

8) 검색용 태그

소재를 검색할 때 찾기 쉽도록 태그를 입력할 수 있습니다.

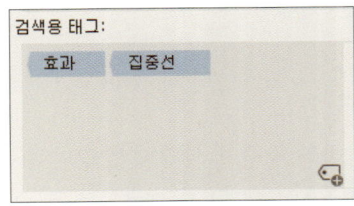

그림 7-2-18

3. 소재(데커레이션) 브러시 만들기

소재 브러시를 만들어 봅니다. 만드는 과정이 복잡해 전체 과정을 간단하게 설명하고 시작해 봅니다.

그림 7-3-1

그림 7-3-1과 같은 데커레이션 브러시를 만들어 봅니다. 별A처럼 검은색으로 표시되는 브러시들은 메인 컬러와 서브 컬러를 조작해서 여러 가지 색으로 장식을 그릴 수 있지만 [하트 컬러]처럼 컬러로 브러시를 만들면 다른 색을 적용할 수 없습니다. 그릴 때마다 색을 적용하고 싶다면 그레이로 만들고, 항상 같은 색으로 그릴 브러시는 [컬러]로 제작합니다.

장식 브러시를 만드는 방법 4단계

1) 1단계: 데커레이션 브러시로 사용할 그림을 그립니다.
2) 2단계: 그린 그림을 이미지 소재로 등록합니다.
3) 3단계: [보조 도구 팔레트] 메뉴에서 [커스텀 보조 도구 작성]을 실행해서 보조 도구를 작성합니다. [보조 도구 상세>브러시 끝] 항목에 앞서 등록한 소재 이미지를 [브러시 끝]으로 등록합니다.
4) 4단계: 마지막으로 [보조 도구 상세]에서 브러시 세부 옵션들을 설정하면 완료입니다.

장식 브러시 만드는 방법의 전체적인 과정을 설명해 봤습니다. 이해하지 못해도 상관없습니다. 이러한 과정들이 진행된다는 것만 알아 두면 됩니다.

4. 컬러 적용이 가능한 장식 브러시 만들기

1) 1단계

브러시 끝으로 사용할 이미지를 그려 봅니다. 브러시의 최대 크기는 가로와 세로 2000×2000px 이므로 최대한 크게 만들고 싶다면 이 크기를 적용합니다. 해상도는 크게 상관없지만 원고에 많이 사용되는 350dpi로 설정했습니다. [기본 표현색]을 [그레이]로 설정합니다.

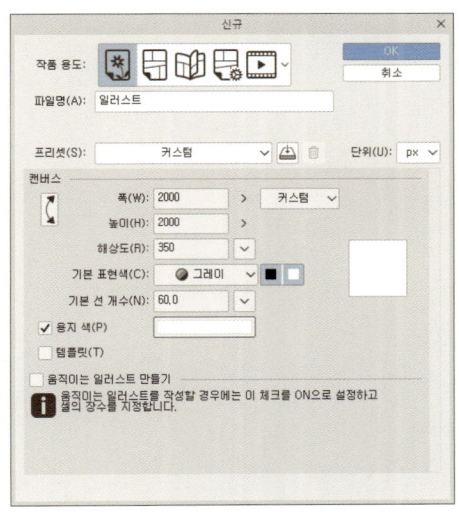

그림 7-4-1

설정이 완료되었다면 [OK]를 클릭해서 캔버스를 작성합니다.

   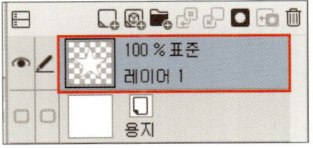

그림 7-4-2   그림 7-4-3

별을 그려서 흰색으로 채워 줍니다. 별 그리는 방법을 참조합니다. 브러시 끝으로 사용할 그림은 단일 레이어에 작성해야 합니다. 그림을 완성하면 [편집>소재 등록>화상]을 실행합니다.

2) 2단계

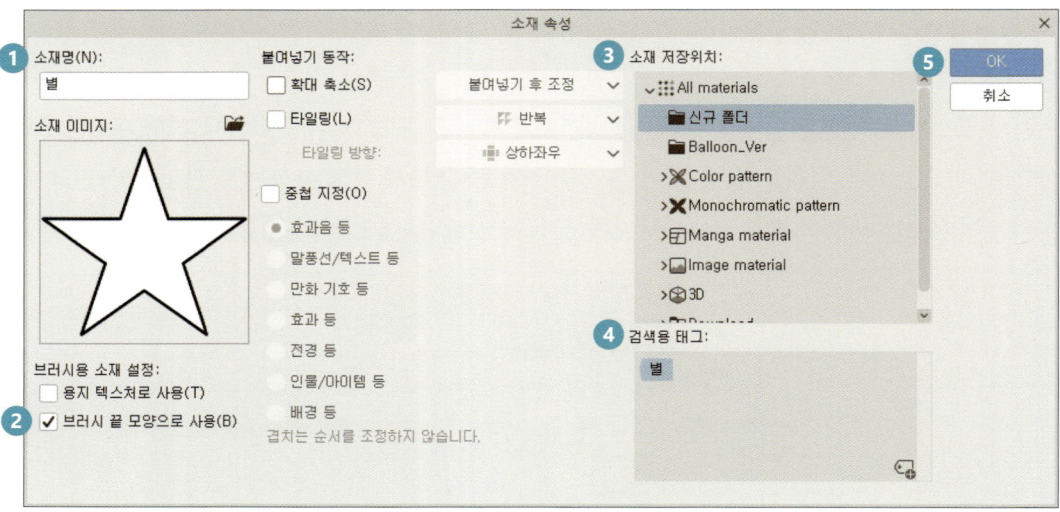

그림 7-4-4

❶ 소재 이름을 입력합니다.

❷ 브러시 끝 모양으로 사용]에 체크합니다.

❸ [소재 저장위치]를 지정합니다.

❹ 검색용 태그를 입력합니다.

❺ 완료했다면 [OK]를 클릭합니다.

3) 3단계

만들어 놓은 [브러시 끝] 소재를 사용해서 본격적으로 장식 브러시를 만들어 봅니다.

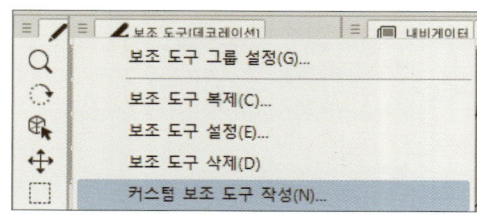

그림 7-4-5

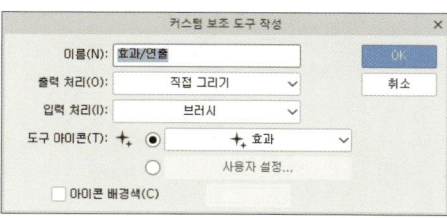

그림 7-4-6

[데커레이션 (B를 3번 입력)] 도구를 선택한 후 [데커레이션 팔레트 메뉴]에서 [커스텀 보조 도구 작성]을 실행합니다. 위와 같은 창이 열리는데 아무것도 안 건드려도 됩니다. 원하는 이름을 입력한 후 [OK]를 클릭합니다.

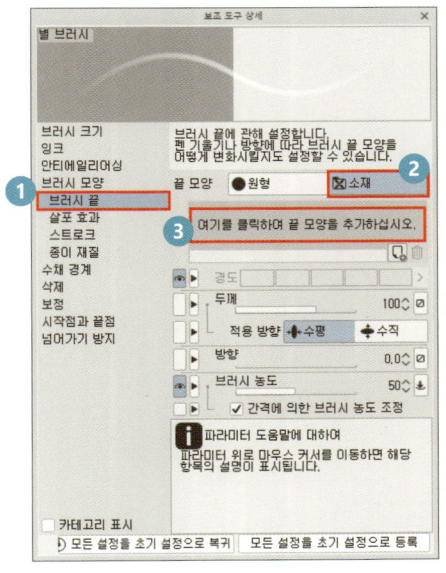

그림 7-4-7

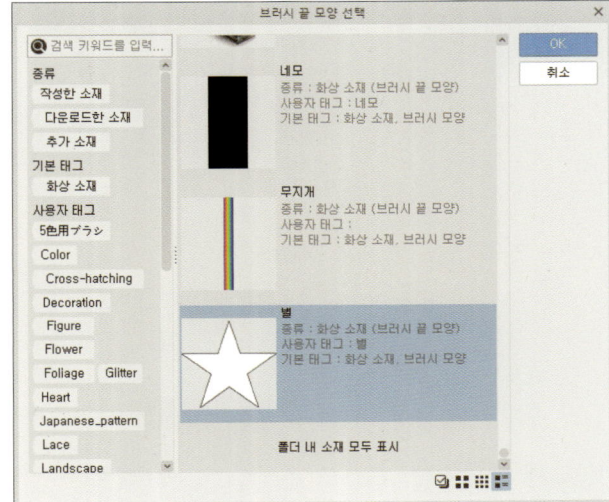

그림 7-4-8

위와 같은 [보조 도구 상세]가 열립니다. [브러시 끝]을 적용해 봅니다.

① [브러시 끝]을 선택합니다.
② [소재]를 선택합니다.
③ [여기를 클릭하여 끝 모양을 추가하십시오.]를 클릭합니다.

그러면 브러시 끝으로 사용할 수 있는 이미지 소재들이 나열됩니다. 별 소재를 찾아서 선택한 후 [OK]를 클릭합니다.

4) 4단계

소재를 적용해서 [브러시 끝]을 적용합니다. 이제 브러시 설정을 해 봅니다.

① **브러시 끝** 두께 100, 브러시 농도 100, [간격에 의한 브러시 농도 조정]을 체크 해제합니다.

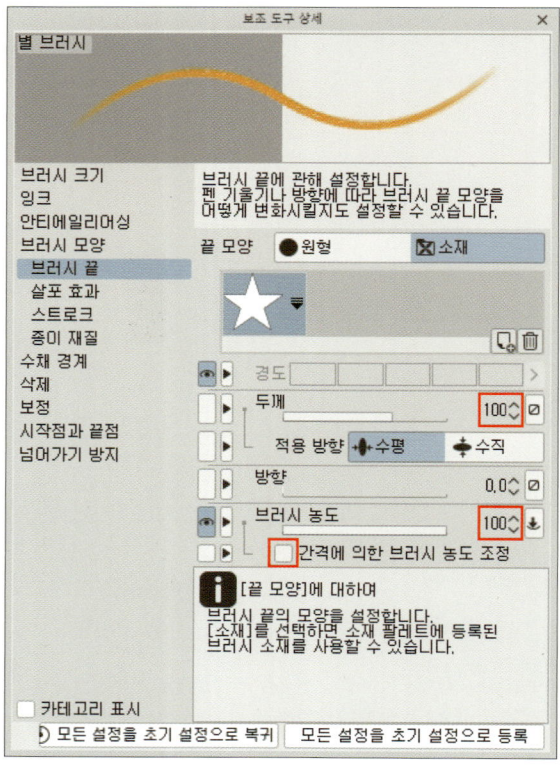

그림 7-4-9

② **스트로크** [스트로크]에서 간격을 [고정]으로 하고 슬라이더로 간격을 조절합니다.

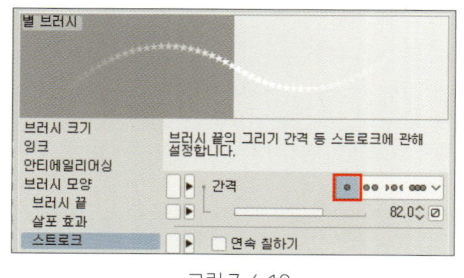

그림 7-4-10

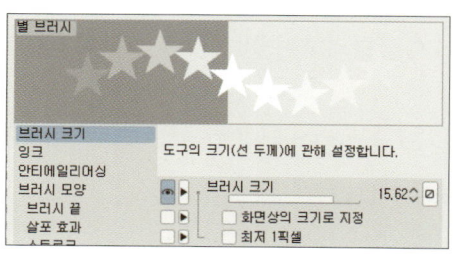

그림 7-4-11

[브러시 크기>브러시 크기]를 설정합니다.

그림 7-4-12

여기까지 설정을 마치면 위와 같은 결과물이 나옵니다. 여러 가지 설정을 적용해 봅니다.

③ 살포 효과

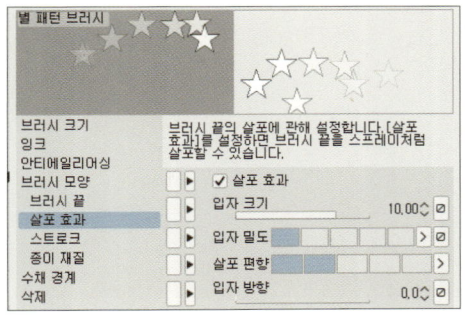

그림 7-4-13

그림 7-4-14

이번에는 [살포 효과>살포 효과]를 켜고 [입자 크기], [살포 편향] 등을 조절합니다. 지금까지 설정을 적용하면 위 오른쪽 그림과 같이 그려집니다.

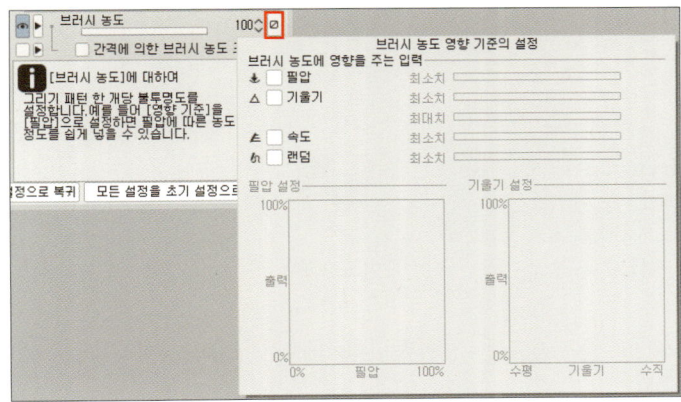

그림 7-4-15

[브러시 끝〉브러시 농도]의 [다이내믹]을 클릭해서 필압 설정을 할 수 있습니다.

그림 7-4-16

필압 설정을 끄면 농도가 일정하게 그려집니다.

④ **브러시 크기** [브러시 크기]에 필압을 적용시켜 봅니다.

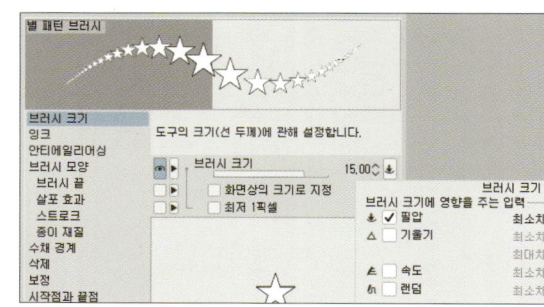

그림 7-4-17　　　　　　　　　　　그림 7-4-18

[브러시 크기]에 필압을 적용하려면 [살포 효과]를 꺼야 합니다. [브러시 크기]〉/브러시 크기] [다이내믹]에서 [필압]을 켭니다.

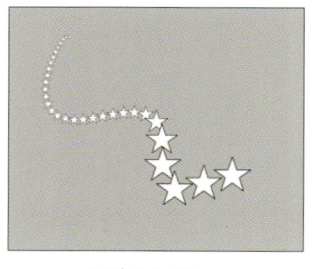  

그림 7-4-19　　　　　　그림 7-4-20　　　　　　그림 7-4-21

필압으로 패턴의 크기를 조절할 수 있습니다. 메인 컬러와 서브 컬러로 브러시의 색상을 변경할 수 있습니다.

5. 선으로 된 소재 브러시 만들기

기본 브러시에 포함된 [흐린 무지개] 같은 장식 브러시를 만들어 봅니다.

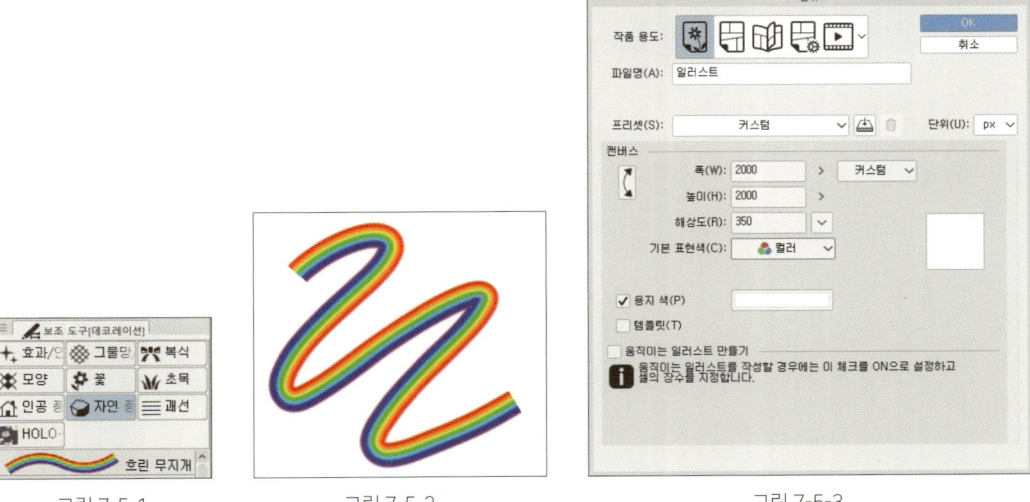

그림 7-5-1   그림 7-5-2   그림 7-5-3

이번에는 컬러를 지정할 것이므로 기본 표현색을 [컬러]로 설정합니다.

그림 7-5-4

선으로 표현하는 장식 브러시는 세로 방향으로 인식합니다. 무지개를 그리는 방법은 여러 가지가 있겠지만, 여기서는 [도형 U > 직접 그리기 > 직선]을 사용해서 그립니다. 선을 그릴 때는 Shift 키를 누른 채 그리면 정확하게 수직선을 그릴 수 있습니다.

이번에는 좀 더 간단한 방식으로 제작해 봅니다. 소재로 사용할 이미지를 소재 팔레트로 드래그합니다.

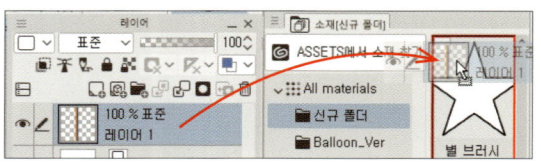

그림 7-5-5

그림 7-5-6 그림 7-5-7

등록된 소재를 선택하고 소재 팔레트 하단의 [속성]을 클릭합니다. [소재 속성] 창이 열리면 [브러시 끝 모양으로 사용]에 체크합니다.

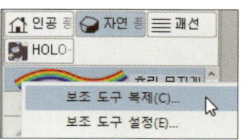

그림 7-5-8

만들려는 브러시와 성질이 비슷한 브러시를 선택한 후 [보조 도구 복제]를 실행합니다.

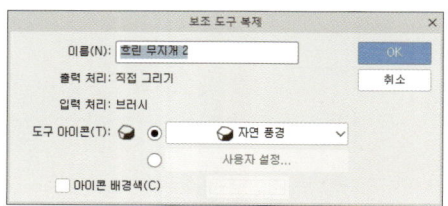

그림 7-5-9

이름을 입력 후 [OK]를 클릭합니다.

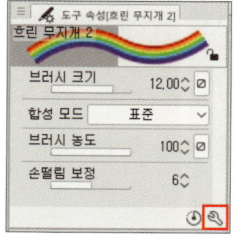 

그림 7-5-10 그림 7-5-11

[도구 속성]에서 [스패너]를 클릭합니다. [브러시 끝] 옆에 있는 화살표를 클릭합니다.

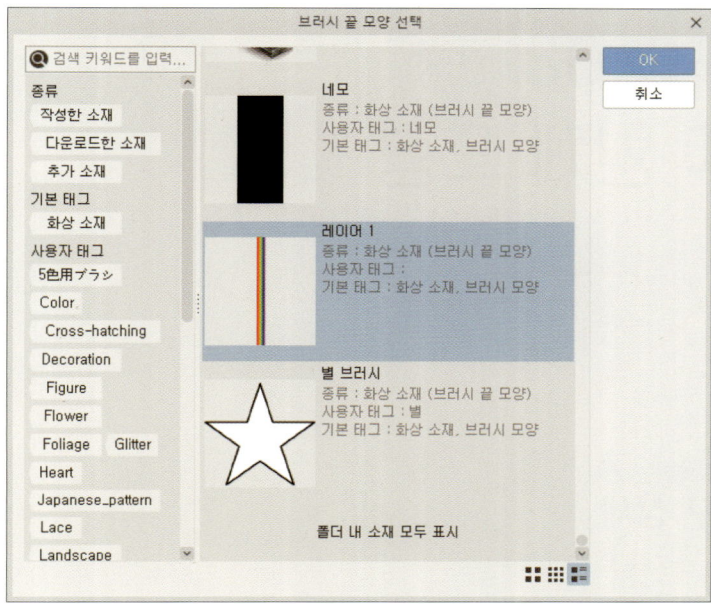

그림 7-5-12

앞서 만들어 두었던 브러시 끝을 선택하고 [OK]를 클릭합니다.

그림 7-5-13   그림 7-5-14

소재가 적용됩니다. 별다른 설정 없이 바로 사용 가능합니다. 별 브러시와 어떤 부분이 다른지 살펴봅니다.

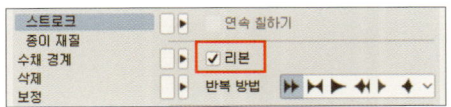

그림 7-5-15

[스트로크]에 [리본]이 켜져 있습니다. [리본]을 켜면 [살포 효과]를 사용할 수 없습니다. 마찬가지로 [살포 효과]를 켜면 [리본]을 사용할 수 없습니다.

Chapter 7. 소재 만들기   **205**

Chapter 08
3D 인체 모형

1. 보조 도구 상세

1) 배치

그림 8-1-1

① **오브젝트 리스트** 3D 소재 목록입니다.
② **오브젝트 크기 [리셋]** 변경된 모델의 크기를 초기화합니다. 슬라이더로 오브젝트의 크기를 조절할 수 있습니다.
③ **위치** [접지] 오브젝트를 바닥에 접지합니다. 3D 모델을 움직이다가 오브젝트가 공중에 뜨는 경우 [접지]를 클릭하면 오브젝트가 바닥에 접지합니다.

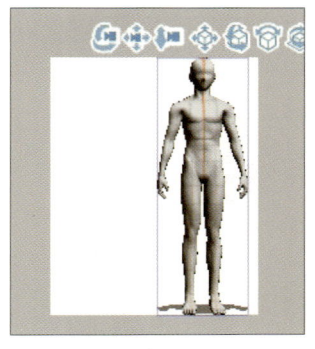
그림 8-1-2

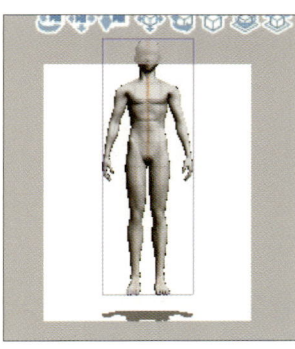
그림 8-1-3

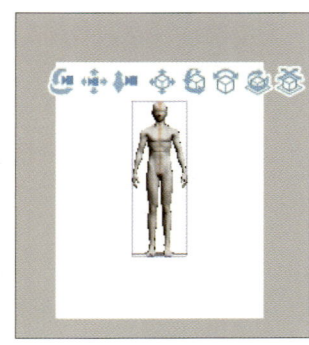
그림 8-1-4

ㄱ. X: 오브젝트를 좌우로 움직입니다.

　X값을 높이면 오브젝트가 오른쪽으로 이동합니다.

ㄴ. Y: 오브젝트를 위아래로 움직입니다.

　Y값을 높이면 오브젝트가 위로 이동합니다. (공중에 뜹니다.) [접지]를 실행하면 다시 바닥에 접지합니다.

ㄷ. Z: 오브젝트를 앞뒤로 움직입니다.

　Z값을 줄이면 오브젝트가 뒤로 이동합니다.

④ **전체 회전** D 도면과 오브젝트 전체를 회전합니다. [리셋] 모든 회전을 초기화합니다.

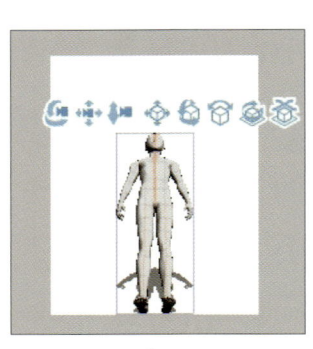
그림 8-1-5

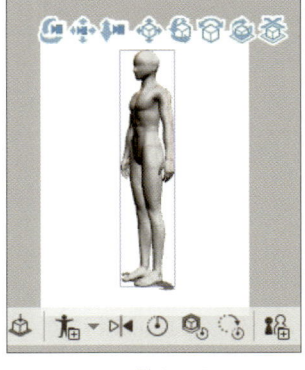
그림 8-1-6

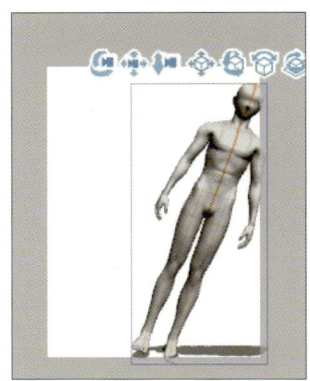
그림 8-1-7

ㄱ. X: X축으로 회전합니다.
ㄴ. Y: 오브젝트를 Y축으로 회전합니다. 값을 낮추면 시계 방향으로 회전합니다.
ㄷ. Z: 오브젝트를 Z축으로 회전합니다.

⑤ **부분 회전** 부분 회전을 통해 각 관절을 조절할 수 있습니다. 관절을 선택하면 활성화됩니다.

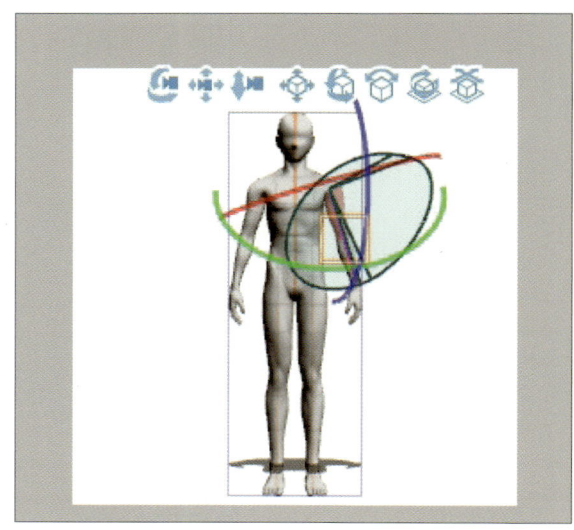
그림 8-1-8

208

ㄱ. 오브젝트 리스트

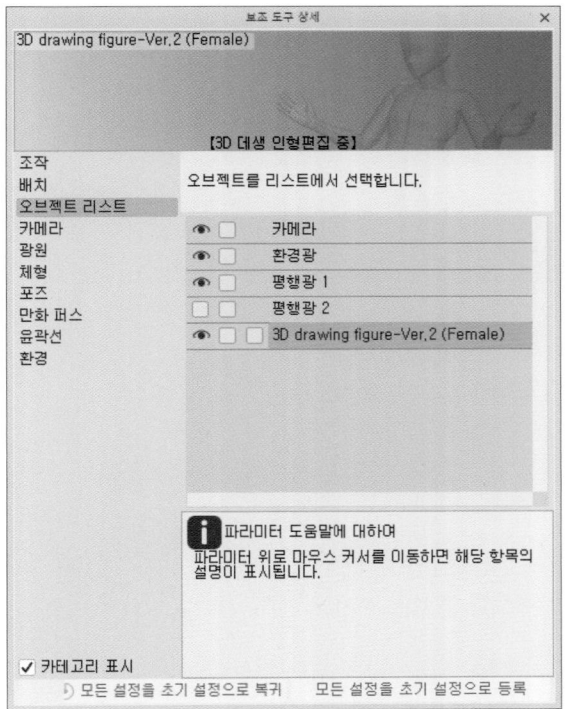

그림 8-1-9

3D 오브젝트를 구성하는 목록이 표시됩니다. 각각의 오브젝트를 선택하고 잠글 수 있습니다.

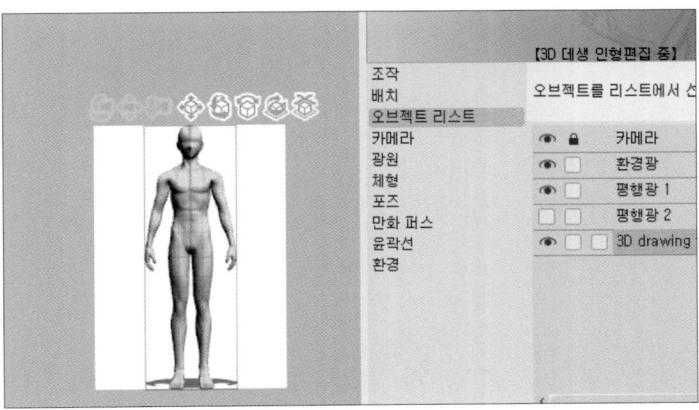

그림 8-1-10

카메라를 잠그면 카메라를 조작할 수 없습니다.

Chapter 8. 3D 인체 모형

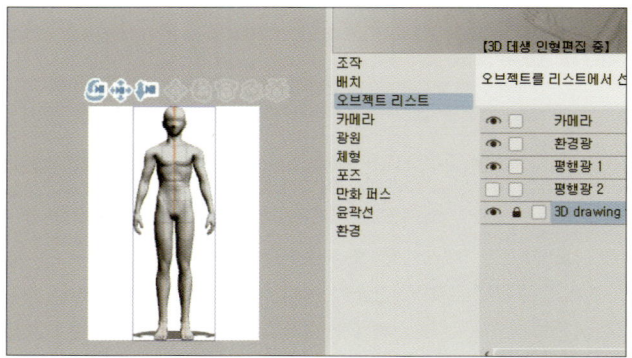

그림 8-1-11

3D 모델을 잠그면 3D 모델을 조작할 수 없습니다.

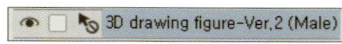

그림 8-1-12

오른쪽에 있는 잠금은 관절을 조작할 수 없게 합니다.

ㄴ. 카메라

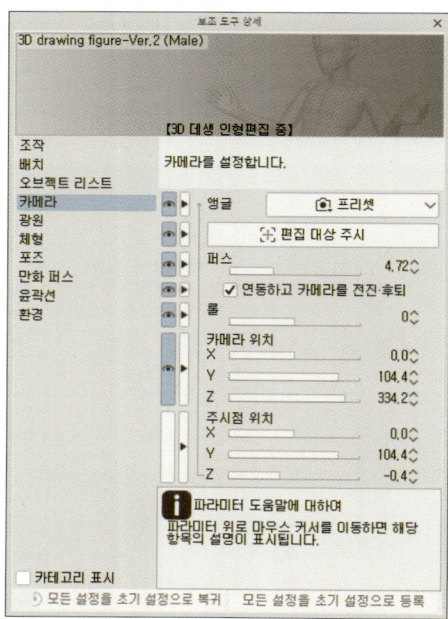

그림 8-1-13

기본

1) 앵글

프리셋에서는 다양한 카메라 앵글 목록이 표시됩니다.

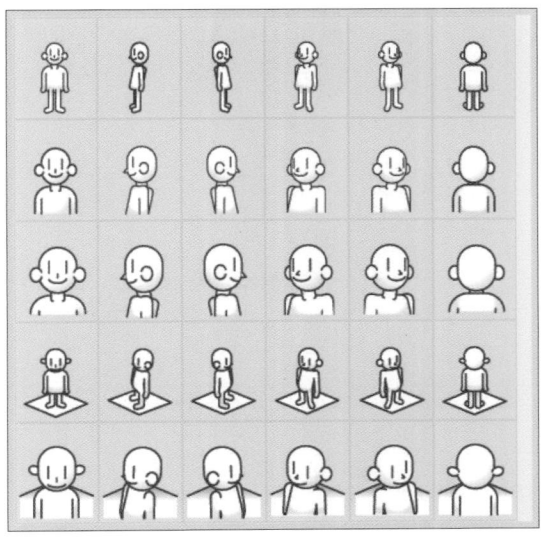

그림 8-1-14

2) 편집 대상 주시

오브젝트가 중앙에 표시되도록 카메라가 이동합니다.

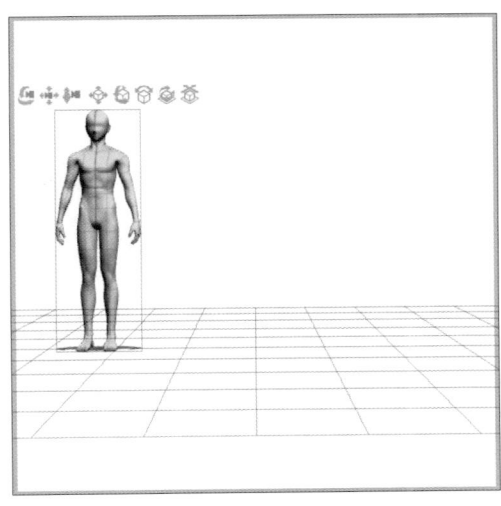

그림 8-1-15

오브젝트 이동으로 카메라 밖으로 벗어났을 때입니다.

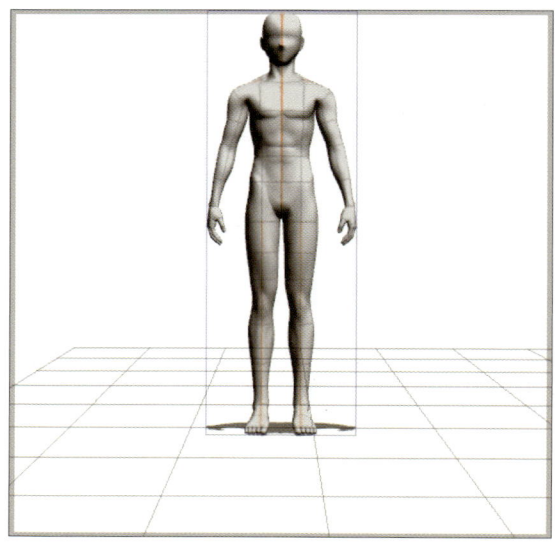

그림 8-1-16

[편집 대상 주시]를 클릭하면 카메라가 편집 대상으로 이동합니다.

3) 퍼스

오브젝트에 원근을 추가합니다.

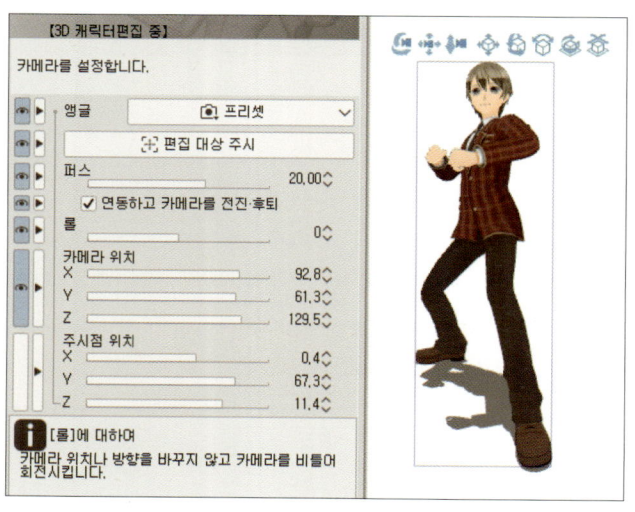

그림 8-1-17

4) 연동하고 카메라를 전진 · 후퇴

체크하고 값을 높이면 과투시 효과를 낼 수 있습니다.

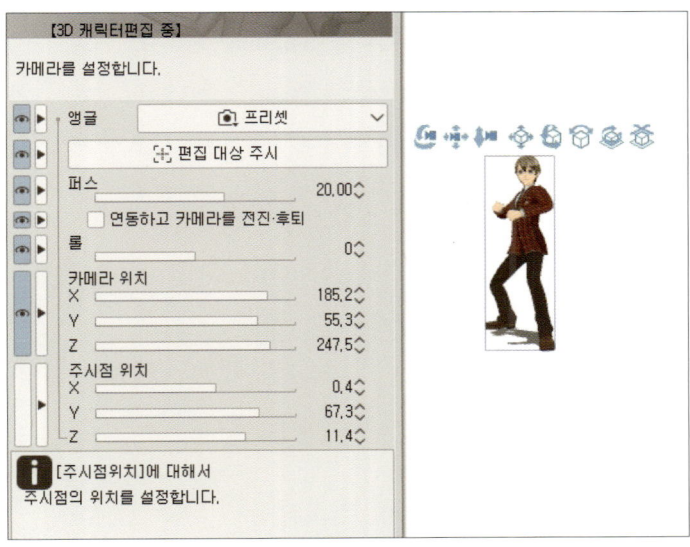

그림 8-1-18

[연동하고 카메라를 전진 · 후퇴]를 끄면 [퍼스] 효과가 나타나지 않습니다. [퍼스] 효과를 내고 싶으면 [연동하고 카메라를 전진 · 후퇴]를 켜고 [퍼스] 값을 조작합니다.

5) 롤

카메라를 회전시킵니다. 롤 값을 90으로 주면 우측 수평으로 기울어지는 형태가 됩니다.

그림 8-1-19

6) 카메라 위치

초점을 고정한 채 카메라의 위치를 이동할 수 있습니다.

① **X축** X축으로 이동합니다. 대상에 초점을 고정한 채 카메라의 위치를 오른쪽, 왼쪽으로 이동합니다. 값을 높이면 카메라가 오른쪽으로 이동합니다.

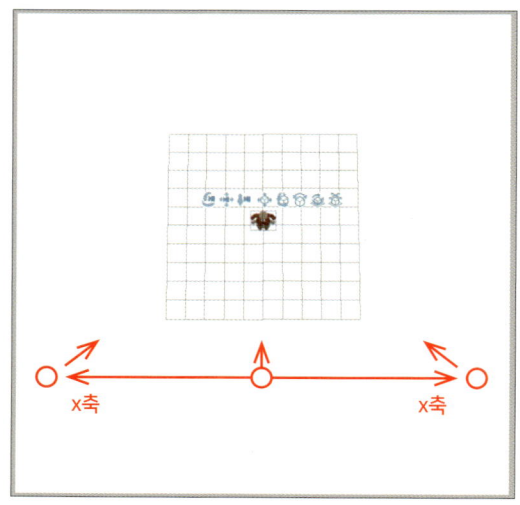

그림 8-1-20

그림 8-1-21

② **Y축** 카메라의 위치를 위아래로 이동합니다. 값을 높이면 카메라가 위로 이동합니다.

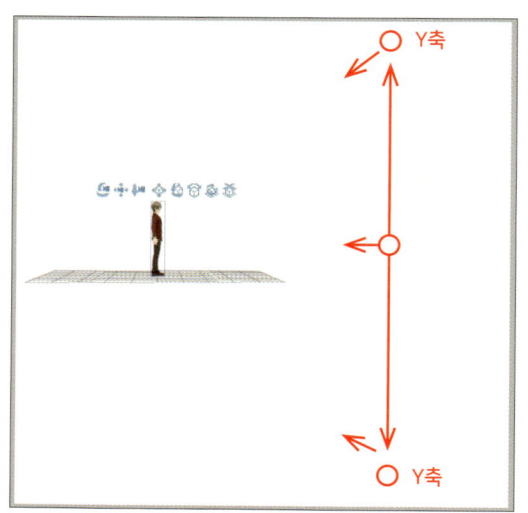

그림 8-1-22

그림 8-1-23

③ **Z축** 카메라의 위치를 앞뒤로 이동합니다. 값을 높이면 카메라가 뒤로 이동합니다.

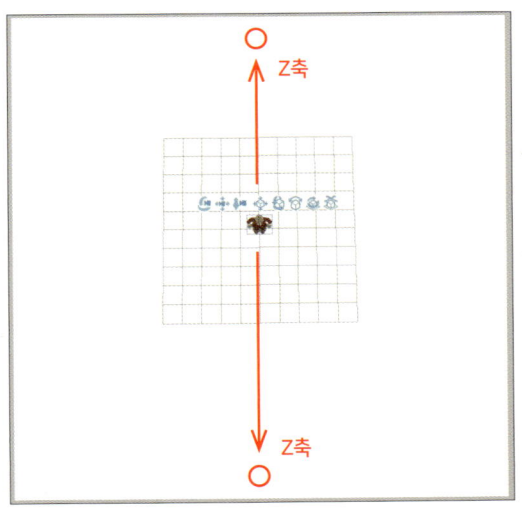

그림 8-1-24   그림 8-1-25

7) 주시점 위치

카메라의 위치는 고정한 채 카메라의 초점을 이동할 수 있습니다.

① **X축** 카메라의 위치는 고정되고 바라보는 방향을 좌우로 향하게 합니다. 값을 높이면 카메라가 오른쪽을 향합니다.

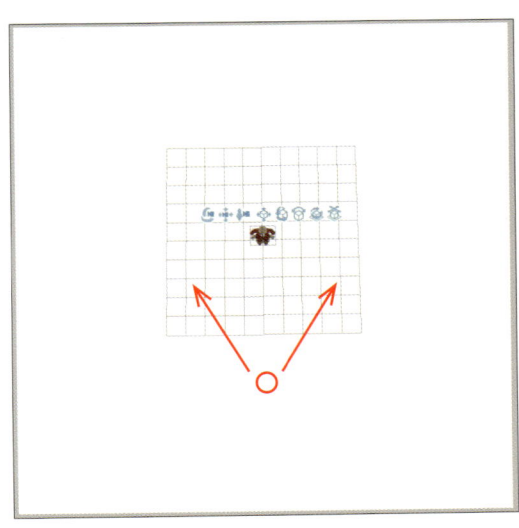 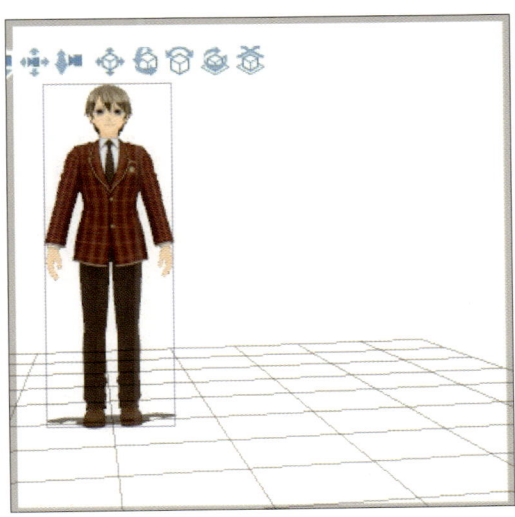

그림 8-1-26   그림 8-1-27

② **Y축** 카메라가 바라보는 방향을 위아래로 향하게 합니다. 값을 낮추면 카메라가 바닥면을 향하게 됩니다.

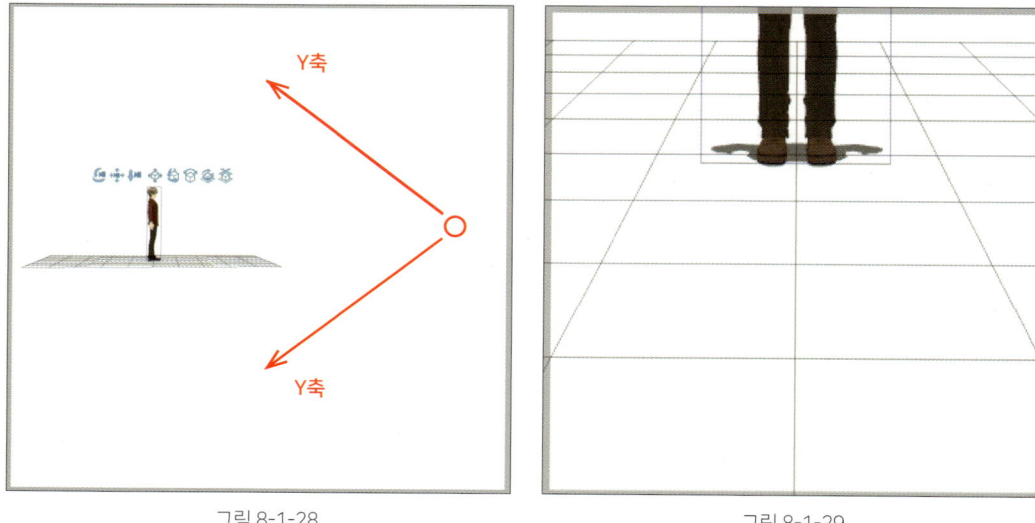

그림 8-1-28   그림 8-1-29

③ **Z축** 초점을 앞뒤로 이동합니다. 초점을 벗어나면 오브젝트가 보이지 않습니다.

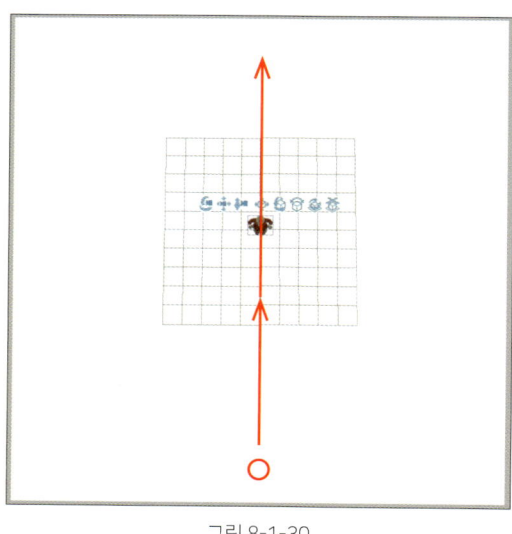

그림 8-1-30

ㄱ. 광원

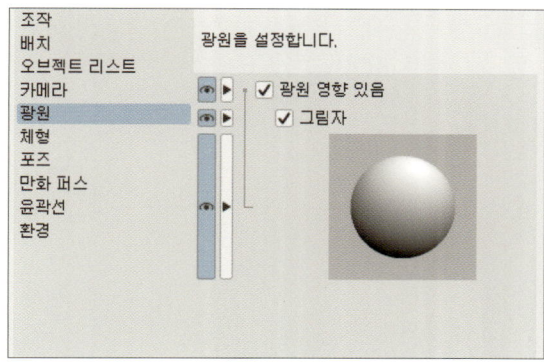

그림 8-1-31

[광원 있음], [그림자] 옵션을 모두 켜거나(그림 8-1-32) 모두 끌(그림 8-1-33) 수 있고, 구를 조작해서(그림 8-1-34) 빛의 방향을 조절할 수 있습니다.

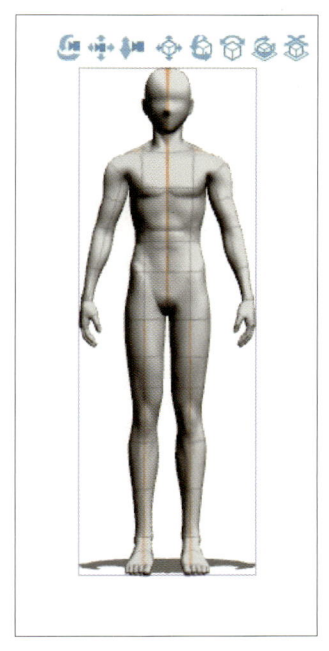

그림 8-1-32

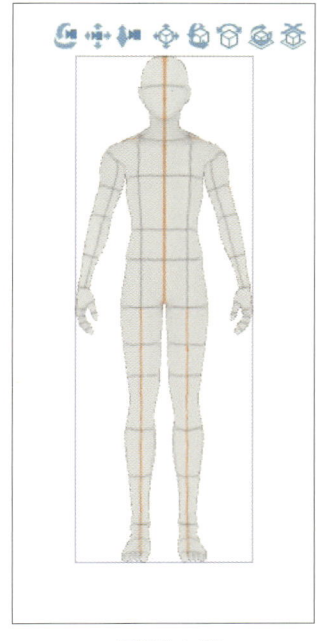

그림 8-1-33

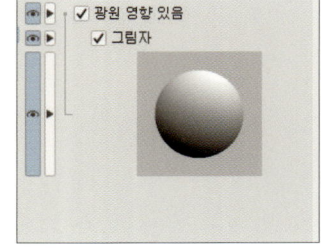

그림 8-1-34

다시 [배치]로 가서 빛에 대해서 알아봅니다.

Chapter 8. 3D 인체 모형　**217**

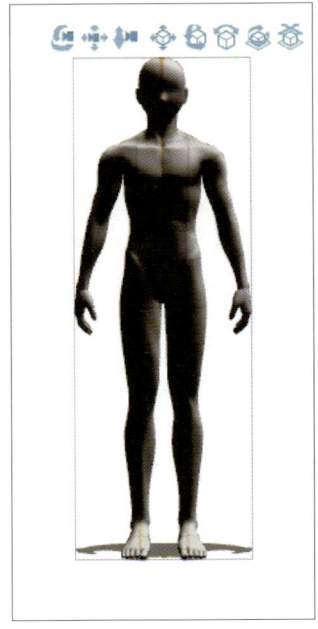
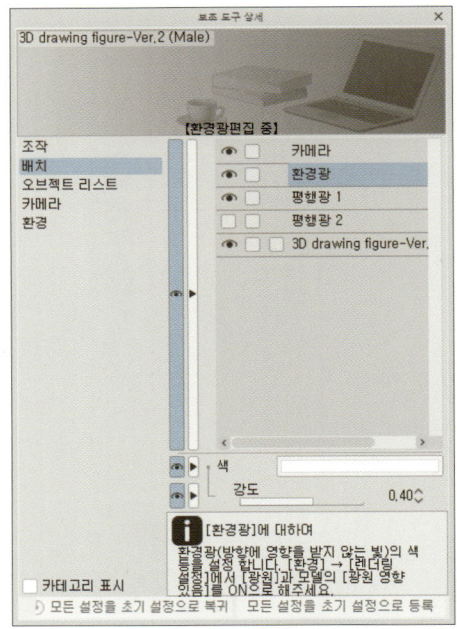

그림 8-1-35   그림 8-1-36

ㄴ. 환경광: 환경광은 모든 방향에서 3D 소재를 고르게 비추는 빛입니다. [색]을 통해 빛의 색을 변경할 수 있고, [강도]도 조절할 수 있습니다.

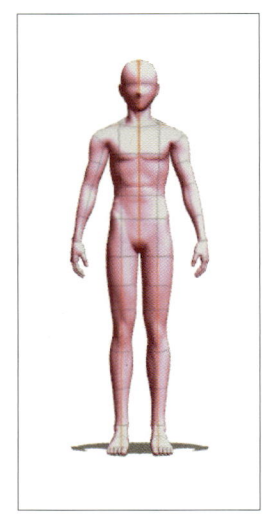

그림 8-1-37   그림 8-1-38

[색]과 [강도]를 위와 같이 설정해 봅니다.

ㄷ. 평행광: 평행광은 한 방향에서 오는 빛입니다. [확산광 색]과 [확산광 강도]를 통해 빛의 색, 강도
를 설정할 수 있습니다. 구를 조작하면 빛의 방향을 설정할 수 있습니다.

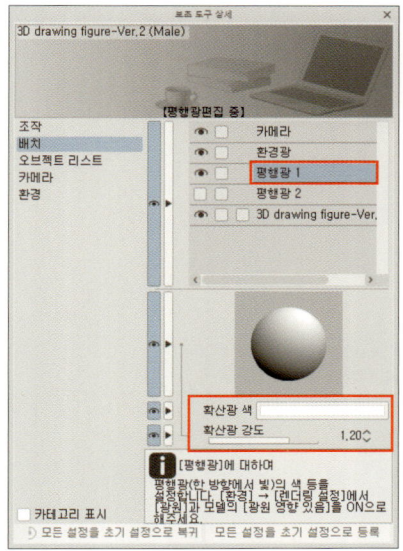
그림 8-1-39

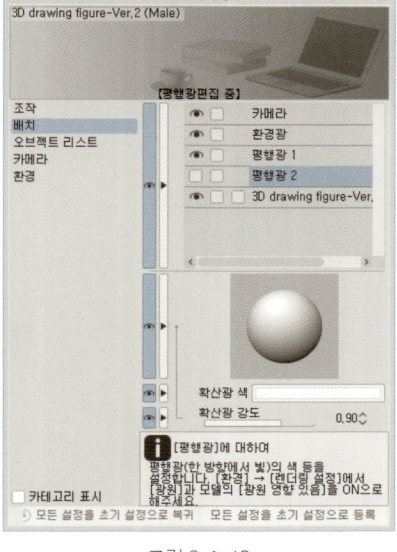
그림 8-1-40

평행광 2를 켜면 조명을 하나 더 켠 것과 같은 효과를 낼 수 있습니다.

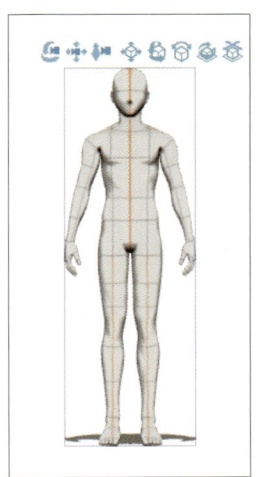
그림 8-1-41

ㄹ. 캐릭터: 일반 3D 모델이 아닌 캐릭터를 선택하면 캐릭터 항목이 표시됩니다. 각각의 옵션을 통해
캐릭터의 헤어스타일, 눈, 입 등의 표정을 설정할 수 있습니다.

Chapter 8. 3D 인체 모형

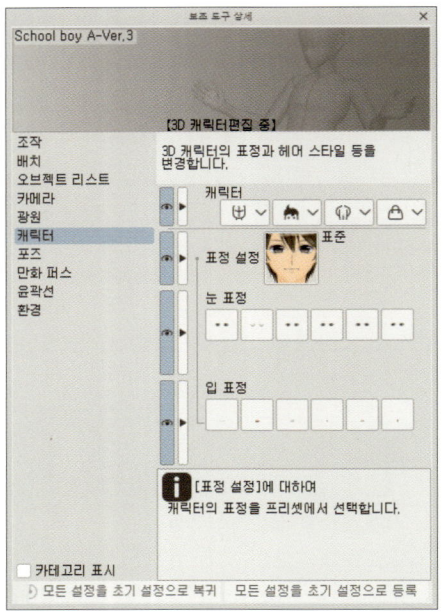

그림 8-1-42

8) 체형

3D 모델을 선택하면 체형을 설정할 수 있습니다. 캐릭터 선택 시 비활성화됩니다.

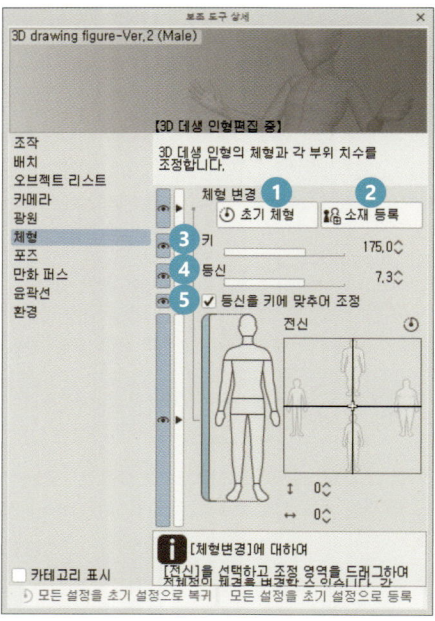

그림 8-1-43

① **초기 체형** 클릭하면 체형으로 초기화합니다.
② **소재 등록** 설정한 모델을 소재로 등록합니다.
③ **키** 모델의 키를 설정합니다.
④ **등신** 모델의 등신을 설정합니다.
⑤ **등신을 키에 맞추어 조정** 이 기능을 켜면 키 조절 시 등신이 연동됩니다. 키를 작게 하면 등신도 낮아지고 키를 크게 하면 등신이 높아집니다.

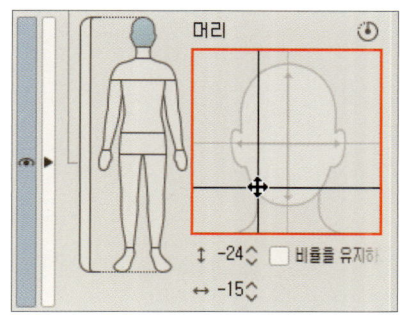

그림 8-1-44

조정 영역을 드래그해서 가로 세로의 비율을 조절할 수 있습니다.

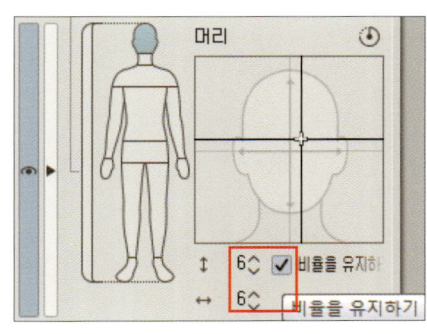 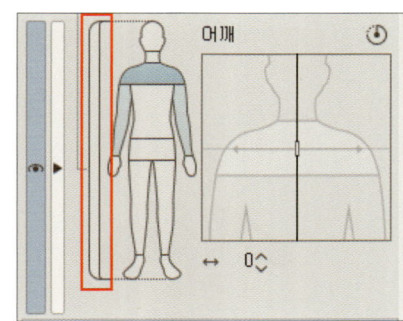

그림 8-1-45   그림 8-1-46

얼굴은 [비율을 유지하기]를 켜면 가로 세로 비율이 고정됩니다. 전신 또는 각 부위를 선택해서 체형을 조절할 수 있습니다. 전신을 선택하려면 3D 모델 옆의 막대를 클릭하면 됩니다. 리셋을 클릭해서 초기화할 수 있습니다.

포즈

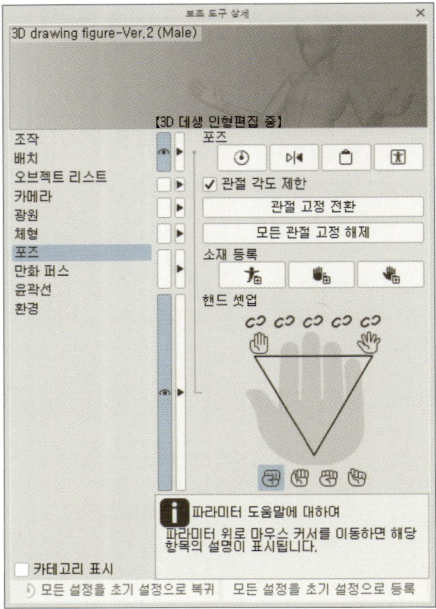

그림 8-1-47

1) 포즈

① **포즈 초기화** 클릭하면 포즈가 초기화됩니다.

② **좌우 반전** 3D 모델의 포즈를 좌우 반전시킵니다.

그림 8-1-48

그림 8-1-49

③ **포즈 불러오기** 클릭하면 3D 포즈 목록이 열립니다.

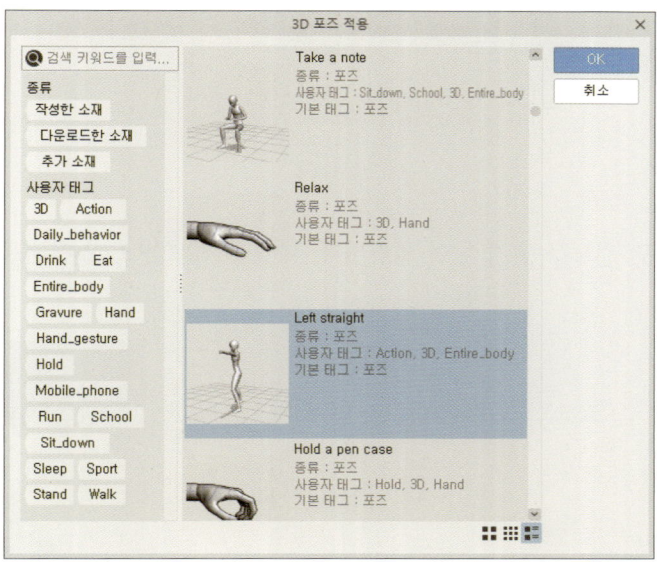

그림 8-1-50

포즈를 선택하고 [OK]를 클릭합니다. 3D 모델에 포즈가 적용됩니다.

그림 8-1-51

④ **포즈 스캐너(기술 미리 보기)** 다음과 같은 창이 열립니다. CLIP STUDIO PAINT에서 처리하는 게 아니라 서버에서 처리됩니다.

Chapter 8. 3D 인체 모형   **223**

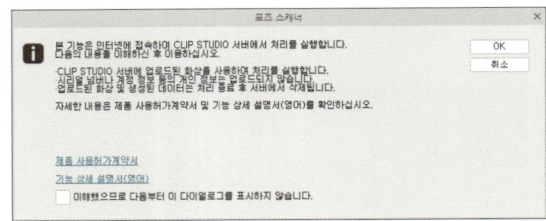

그림 8-1-52

[OK]를 클릭하면 윈도우 열기 창이 열립니다. 파일을 선택하고 [열기]를 클릭합니다.

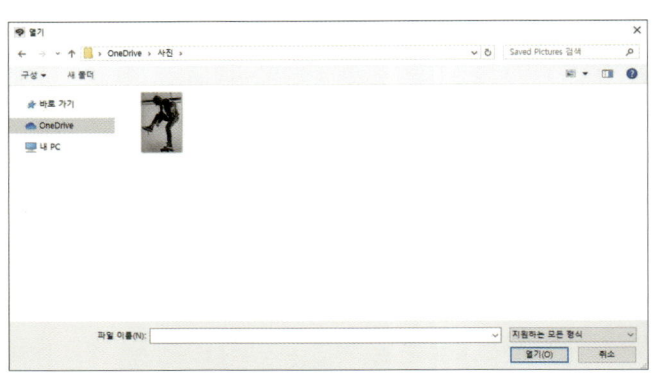

그림 8-1-53

그림 8-1-54

포즈 모델로 사용했던 사진입니다.

그림 8-1-55

사진의 포즈가 적용된 모습입니다.

2) 관절 각도 제한
체크하면 사람의 관절과 동일하게 제한됩니다.

3) 관절 고정 전환
관절을 선택한 후 클릭하면 관절이 고정됩니다. 한 번 더 클릭하면 고정이 풀립니다.

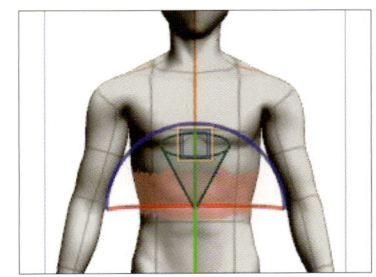
그림 8-1-56

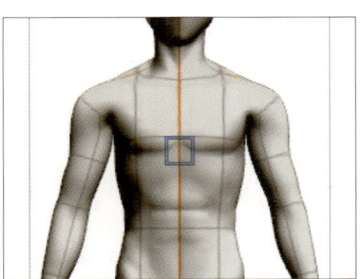
그림 8-1-57

관절을 선택한 후 [관절 고정 전환]을 클릭하면 관절이 고정됩니다. 고정된 관절은 움직이지 않아 3D 모델을 조작할 때 좀 더 정확한 조작이 가능합니다. 관절을 우클릭해도 됩니다.

4) 모든 관절 고정 해제
클릭하면 고정된 관절이 모두 풀립니다. 빈 화면을 우클릭해도 됩니다.

5) 소재 등록
포즈를 소재로 저장합니다.

그림 8-1-58

① **전신 포즈를 소재로 등록합니다.** 소재 등록을 실행하면 [소재 소성] 창이 열립니다.

ㄱ 포즈를 미리 캡처해서 [소재 이미지]로 등록하면 포즈 찾을 때 유용합니다.

ㄴ 폴더를 지정한 후 [OK]를 클릭합니다.

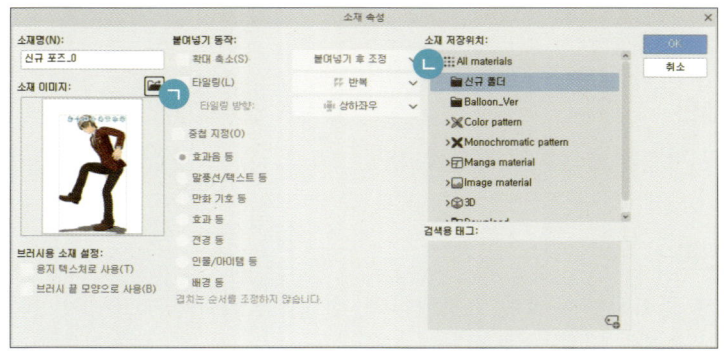

그림 8-1-59

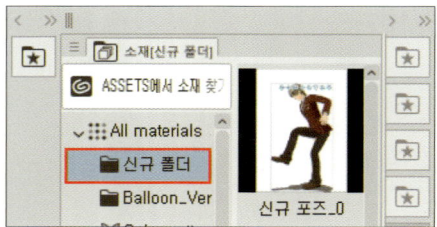

그림 8-1-60

신규 폴더에 저장된 모습입니다.

그림 8-1-61　　　　　　　　　그림 8-1-62

포즈 소재를 3D 모델 위로 드래그하면 포즈가 적용됩니다.

② 왼손 포즈를 바탕으로 양손 포즈를 소재로 저장합니다.

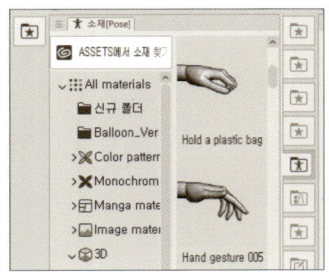
그림 8-1-63

그림 8-1-64

손 포즈는 손 모델이 따로 있는 게 아니라 3D 모델의 손 모양을 변경합니다. 손 포즈를 3D 모델로 드래그하면 손이 펴져 있는 상태입니다. 3D 모델에 손 모양이 적용됩니다. 주먹 쥔 상태로 변경됩니다.

그림 8-1-65

③ 오른손 포즈를 바탕으로 양손 포즈를 소재로 저장합니다.

6) 핸드 셋업

십자선을 위로 이동하면 손가락을 폅니다. 왼쪽으로 이동하면 손가락을 모으고 오른쪽으로 이동하면 손가락을 벌립니다. 아래쪽으로 이동하면 주먹을 쥡니다. 주먹은 네 가지 방법으로 쥘 수 있습니다. 사슬 모양 아이콘을 클릭하면 해당 손가락은 고정됩니다.

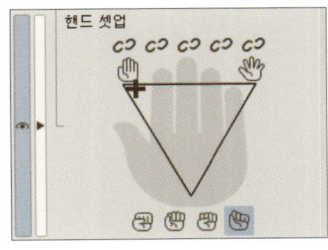
그림 8-1-66

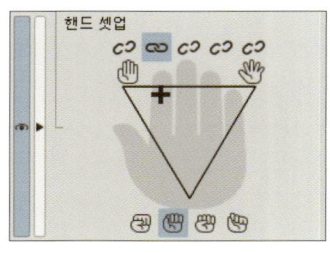 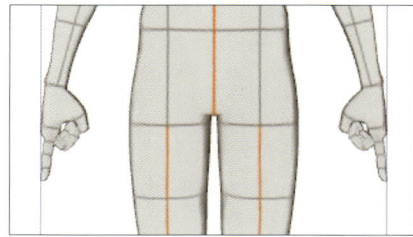

그림 8-1-67

손가락을 편 상태에서 검지를 고정하고 주먹을 쥐게 하면 방향을 가리키는 모양을 만들 수 있습니다.

만화 퍼스

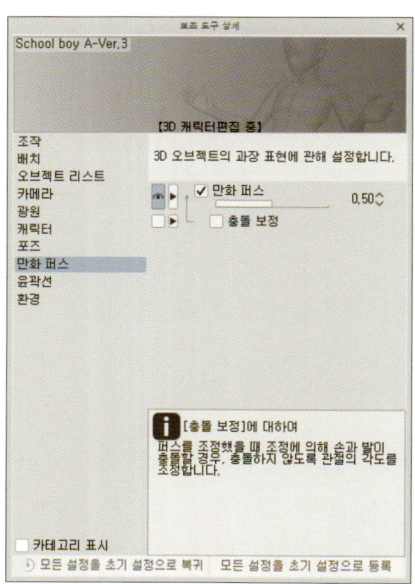

그림 8-1-68

1) 만화 퍼스
원근감을 강조할 수 있습니다.

2) 충돌 보정
퍼스 조작으로 인해 손과 발이 겹치는 현상을 방지합니다.

윤곽선

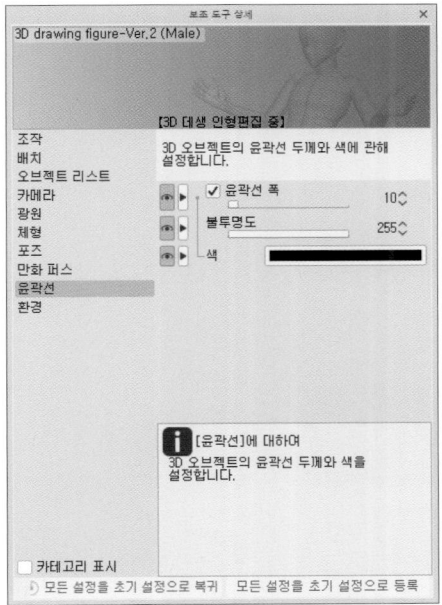

그림 8-1-69

1) 윤곽선 폭

윤곽선의 두께를 조절합니다.

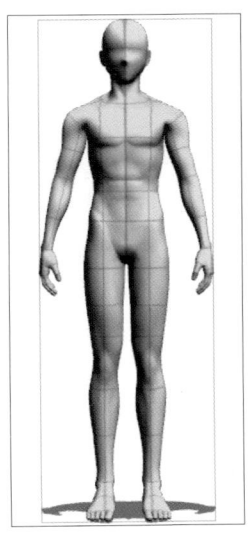
그림 8-1-70

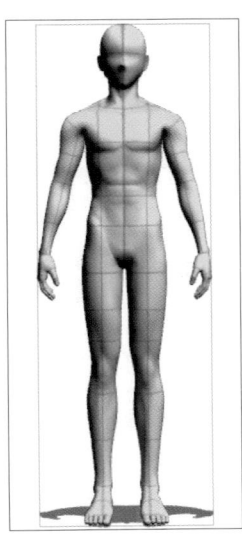
그림 8-1-71

2) 불투명도

윤곽선의 불투명도를 조절합니다.

3) 색

윤곽선의 색을 설정합니다.

환경

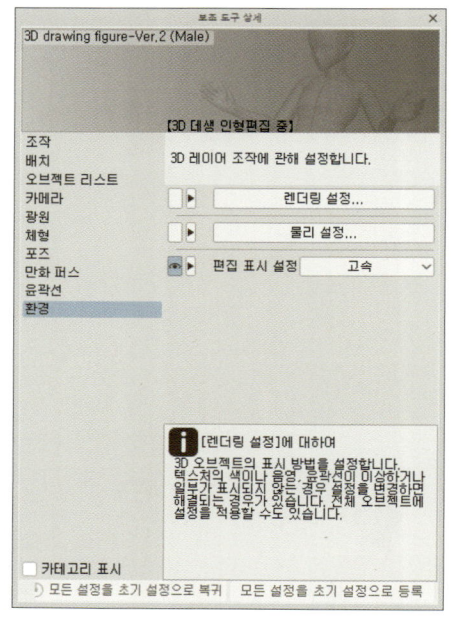

그림 8-1-72

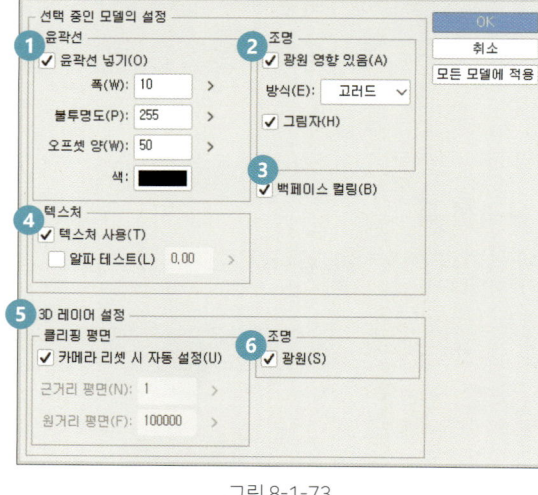

그림 8-1-73

1) 렌더링 설정

① 윤곽선

　ㄱ. 윤곽선 넣기: 표시 여부와 선을 설정합니다.

　ㄴ. 오프셋 양: 3D 오브젝트의 다각형 오프셋 양을 설정합니다. 이 값을 변경하면 다각형 윤곽선의 표시 여부가 변경됩니다. 오프셋을 조절하면 윤곽선에 영향을 주지만 큰 변화는 없습니다.

　ㄷ. 색: 색을 설정합니다.

② 조명

　ㄱ. 광원 영향 있음

광원 효과를 켜고 끕니다.

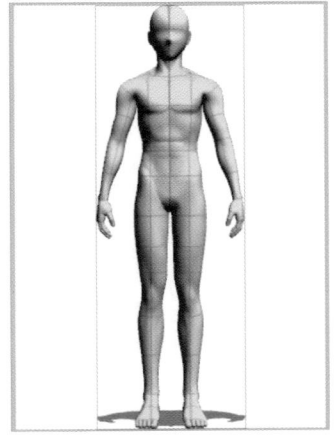
그림 8-1-74

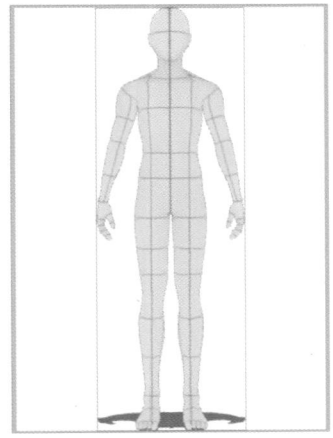
그림 8-1-75

ㄴ. 방식: 3D 소재의 음영 방식을 [고러드], [폰], [툰] 중에서 선택할 수 있습니다.

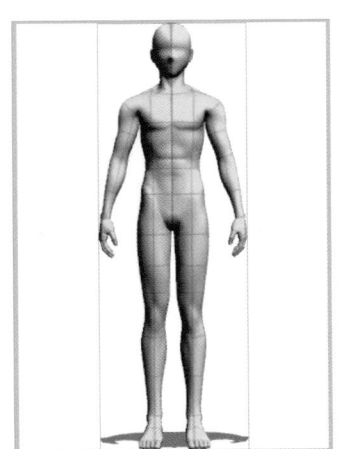
그림 8-1-76 고러드

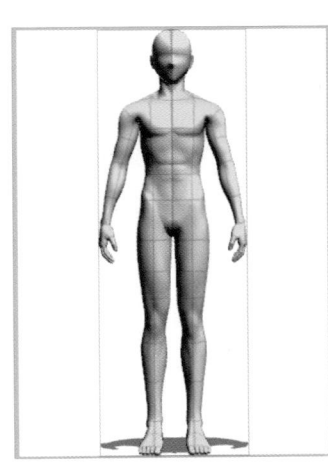
그림 8-1-77 폰

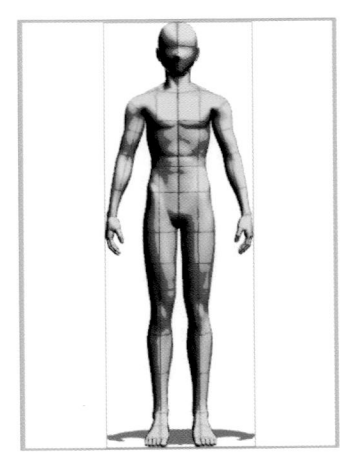
그림 8-1-78 툰

ㄷ. 그림자: 3D 소재의 그림자를 켜고 끕니다.

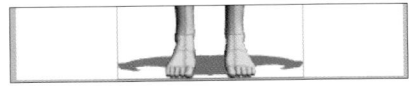
그림 8-1-79

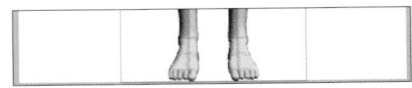
그림 8-1-80

③ 백페이스 컬링

이 기능을 켜면 3D 소재의 뒷면 다각형(폴리곤)을 생략합니다.

그림 8-1-81 백페이스 컬링 On

그림 8-1-82 백페이스 컬링 Off

④ 텍스처

ㄱ. 텍스처 사용: 텍스처 사용 여부를 설정합니다.

ㄴ. 알파 테스트: 3D 레이어에서 질감이 있는 선 그리기를 추출하기 위한 불투명도 임곗값을 구성합니다. 예를 들어 [알파 테스트]를 0.5로 설정하면 [불투명도]가 50% 미만인 질감의 선화는 추출되지 않습니다.

⑤ 3D 레이어 설정

클리핑 평면은 카메라의 관점에서 본 가상 평면입니다. 평면에는 근거리 평면과 원거리 평면의 두 가지 유형이 있습니다. 이것은 3D 레이어 전체에 효과를 추가합니다.

ㄱ. 카메라 리셋 시 자동 설정: 오브젝트 런처의 [편집 대상 주시]와 같은 기능으로 카메라 위치를 재설정할 때 [근거리 평면]과 [원거리 평면]이 자동으로 적용됩니다.

ㄴ. 근거리 평면: 근거리 평면의 거리를 구성합니다. 면(다각형)은 이 평면보다 더 가깝게 그릴 수 없습니다.

ㄷ. 원거리 평면: 먼 평면의 위치를 구성합니다. 면(다각형)은 이 평면보다 더 멀리 그릴 수 없습니다.

⑥ 조명
ㄱ. 광원: 3D 레이어의 광원을 켜고 끌 수 있습니다.

2) 물리 설정

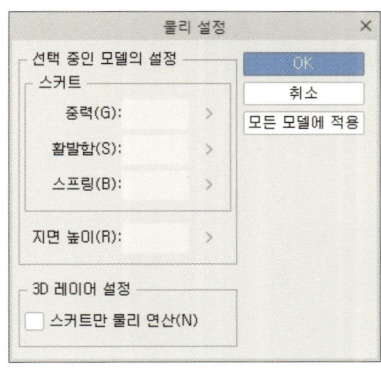

그림 8-1-83

① 선택 중인 모델의 설정
ㄱ. 중력: 스커트의 중력 효과를 설정합니다. 값이 클수록 중력의 영향이 커집니다.
ㄴ. 활발함: 스커트가 움직이는 정도를 설정합니다. 값이 클수록 캐릭터가 움직일 때 스커트의 움직임이 커집니다.
ㄷ. 스프링: 스커트가 얼마나 구부러지는지 설정합니다. 값이 클수록 캐릭터가 움직일 때 스커트가 덜 구부러집니다.
ㄹ. 지면 높이: 스커트가 지면에 닿을 때 접히기 시작하는 높이를 설정합니다. 캐릭터의 엉덩이 위치가 [지면 높이]보다 높으면 스커트가 [지면 높이]보다 낮게 가라앉지 않습니다.

② 3D 레이어 설정
3D 캐릭터 소재를 조작할 때 물리적 조작이 3D 레이어 전체에 반영되는 방식을 설정합니다.
ㄱ. 스커트만 물리 연산: 스커트에만 물리적 작동을 반영합니다. 다른 물리 연산은 클립에 반영되지 않습니다.
ㄴ. 모든 모델에 적용: 캔버스에 있는 모든 3D 캐릭터 소재에 [물리 설정]에서 설정한 내용을 적용합니다.

2. 보충 수업

1) dpi에 대해서 알아보자

dpi란 dots per inch의 약자입니다. 이걸 우리말로 해상도라고 표현하는데, 여기서부터 혼란이 가중되는 것 같습니다. dpi란 인치당 몇 픽셀로 구성할 것인지를 설정하는 것입니다. 가로, 세로 1인치의 캔버스를 만들 때 100dpi로 설정하면 가로 100px, 세로 100px의 캔버스를 작성합니다.

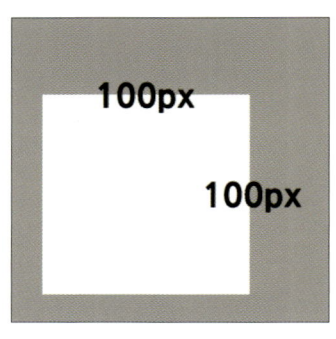

그림 8-2-1

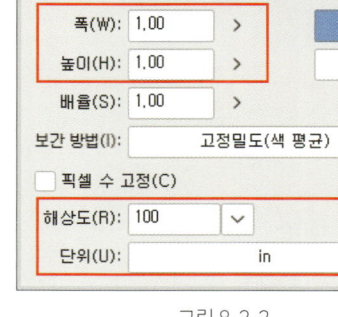

그림 8-2-2

[메뉴>편집>화상 해상도 변경]에서 좀 더 자세히 살펴봅니다. 폭, 높이 1인치, 해상도(dpi) 100으로 캔버스를 작성합니다.

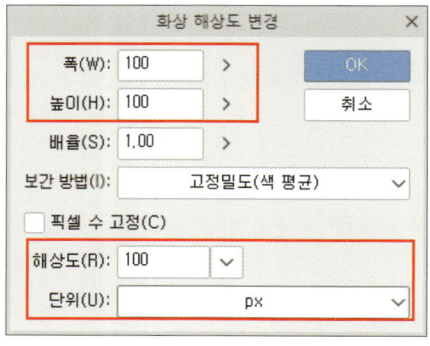

그림 8-2-3

단위를 px로 변경하면 폭, 높이가 100px인 걸 확인할 수 있습니다. Dpi 300을 설정하면 어떻게 될까요? 가로 300px, 세로 300px의 캔버스가 만들어지게 됩니다.

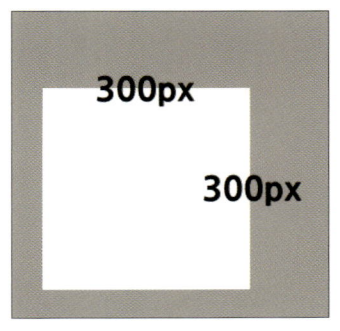
그림 8-2-4

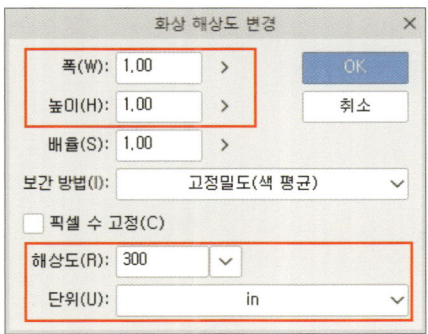
그림 8-2-5

마찬가지로 폭, 높이 1인치, 해상도 300인 캔버스를 작성합니다.

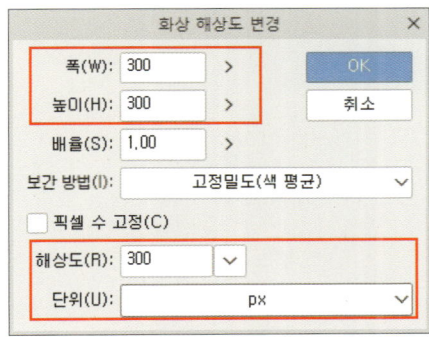
그림 8-2-6

단위를 px로 변경하면 폭, 높이 300px인 걸 확인할 수 있습니다. 보통 A4 용지 dpi 350이면 인쇄에 문제가 없다고 말합니다. 1인치의 길이를 표현할 때 점(Dot)을 350개 사용한다는 뜻입니다. Dpi 72로 설정하면 1인치의 길이를 표현할 때 72개의 점(Dot)을 사용하게 됩니다. dpi가 낮을수록 품질이 낮아질 수밖에 없습니다. 따라서 dpi가 인쇄의 품질을 결정하게 되는 이유입니다.

2) [픽셀 수 고정]을 켜고 dpi를 변경하면 어떻게 될까?

[픽셀 수를 고정]을 켜고 dpi를 변경하면 인쇄용지의 크기가 변경됩니다.

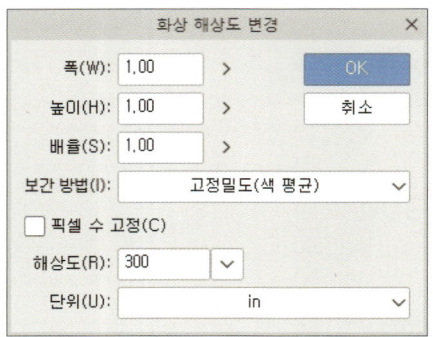

그림 8-2-7

폭, 높이 1인치, dpi 300인 캔버스를 픽셀 수를 고정하고 dpi 100으로 설정합니다.

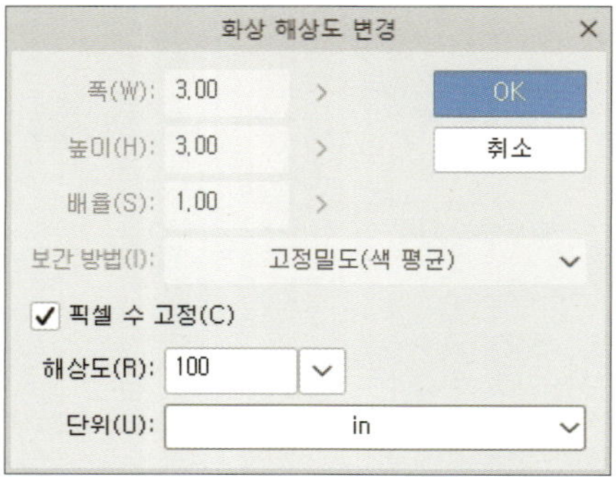

그림 8-2-8

그러면 폭, 높이 3인치의 용지로 변경됩니다.

3) 대사 폰트와 크기 등을 한 번에 수정하는 방법 [EX]

[메뉴>페이지 관리>텍스트 편집]을 실행합니다.

그림 8-2-9

위와 같은 안내 창이 열립니다. 캔버스 내의 텍스트와 텍스트 편집 내의 텍스트 정보가 공유된다는 뜻입니다. [네(Y)]를 클릭합니다.

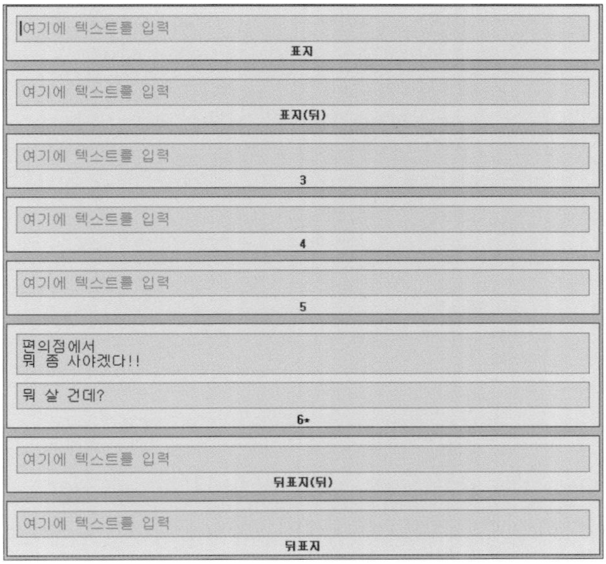

그림 8-2-10

모든 페이지의 텍스트가 표시됩니다. 텍스트 선택하기 Ctrl+클릭(개별 선택)합니다.

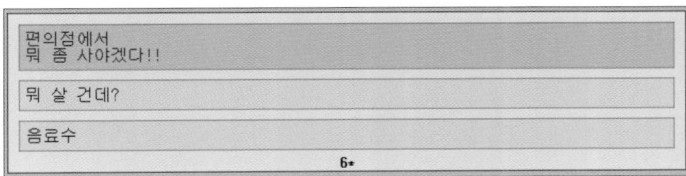

그림 8-2-11

선택하고 싶은 텍스트를 Ctrl+클릭으로 텍스트 선택합니다. 다중 선택 Shift+클릭합니다.

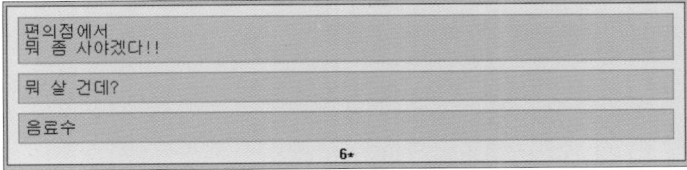

그림 8-2-12

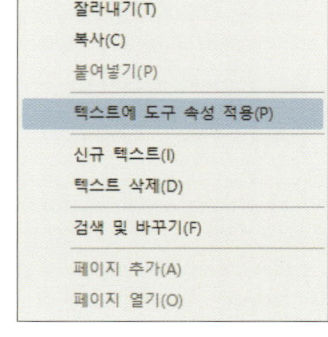

그림 8-2-13 　　　　　　　　　그림 8-2-14

[텍스트(T)]를 선택하고 폰트, 크기 등을 변경합니다. 선택된 텍스트를 우클릭하고 [텍스트에 도구 속성 적용]을 실행하면 텍스트의 폰트, 크기, 색 등을 한 번에 변경할 수 있습니다.

4) 선택 영역 팁

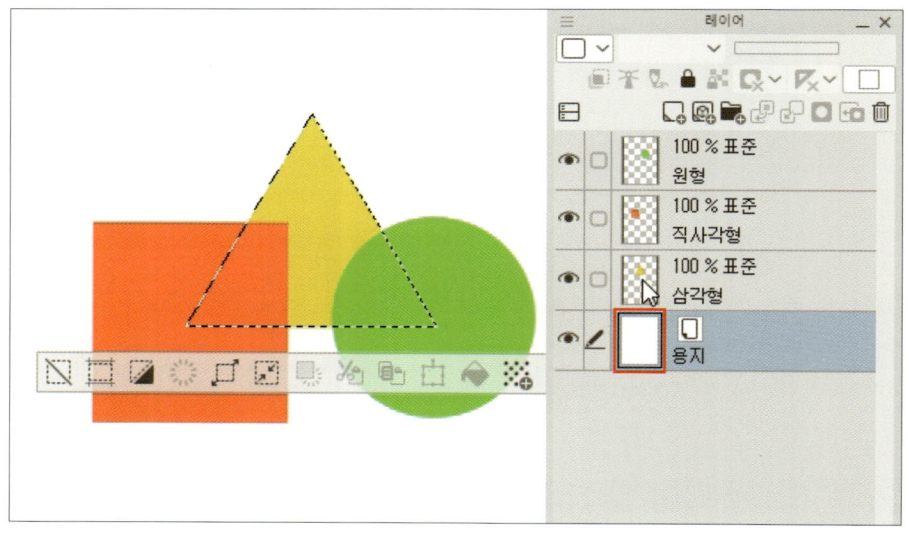

그림 8-2-15

Ctrl 키를 누른 채 레이어 섬네일을 클릭하면 그림이 그려진 영역을 선택 범위로 지정합니다. 레이어가 많아졌을 때 특정 레이어에 어떤 그림이 그려져 있는지 확인할 때도 유용합니다.

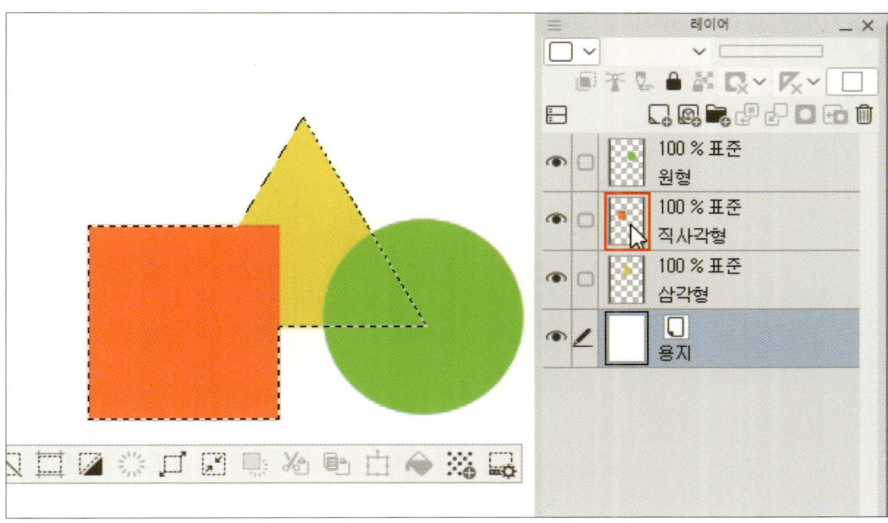

그림 8-2-16

Ctrl+Shift 키를 누른 채 섬네일을 클릭하면 해당 레이어의 그림 영역이 추가됩니다. 선택 범위에서 Shift는 선택 범위 추가입니다.

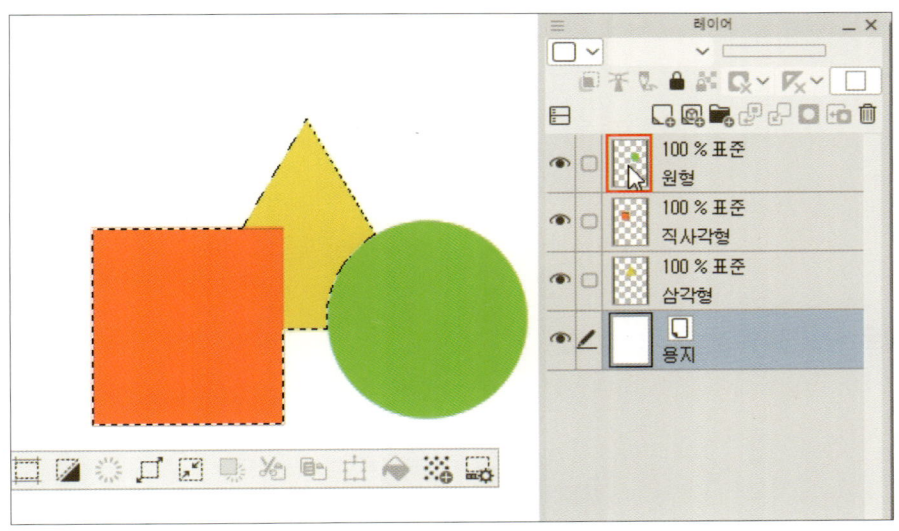

그림 8-2-17

Ctrl+Alt 키를 누른 채 클릭하면 그림이 그려진 레이어 영역을 제외하게 됩니다.

5) 채우기를 실행할 때 나타나는 경계 없애기

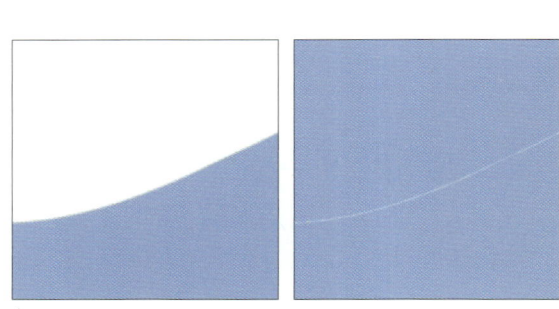

그림 8-2-18

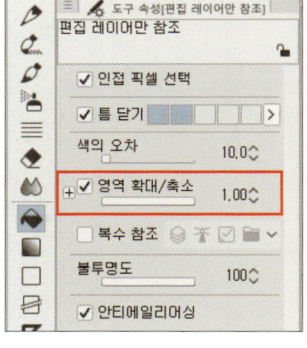

그림 8-2-19

채우기로 채색 시 경계 자국이 남을 때가 있습니다. [영역 확대>축소]를 켜고 값을 높이고 채우기를 합니다. 경계가 남지 않습니다.

그림 8-2-20

6) 소재로 사용할 별을 그리는 방법

[자(U를 3번 입력)>대칭자]를 선택합니다. [선 수]를 10으로 설정합니다.

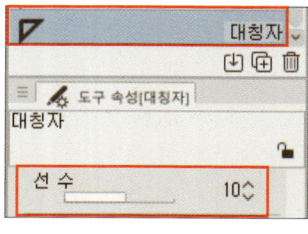

그림 8-2-21

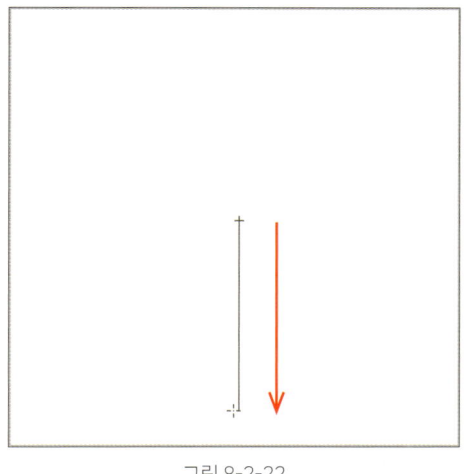

그림 8-2-22

Shift 키를 누른 채 세로로 선을 긋습니다.

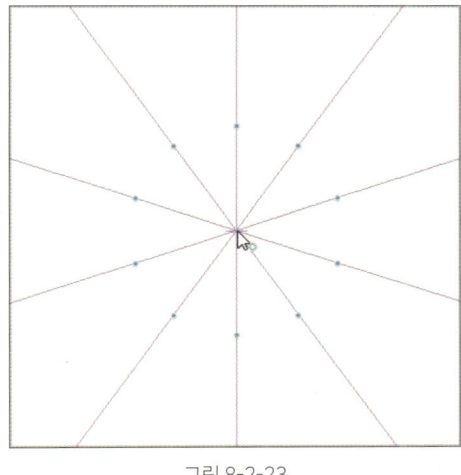

그림 8-2-23

[오브젝트(O)] 툴로 위치를 조절합니다.

그림 8-2-24

[도형(U)〉직선]을 선택합니다.

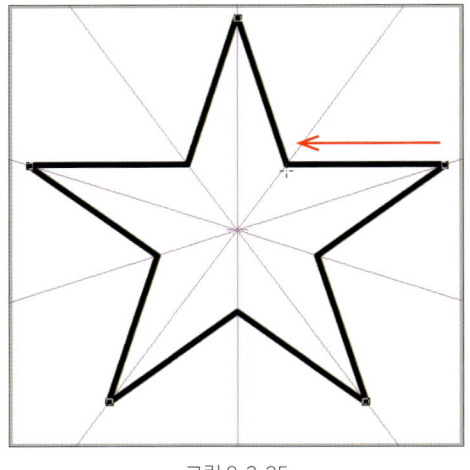

그림 8-2-25

Shift 키를 누르고 바깥쪽에서 안쪽으로 선을 긋습니다.

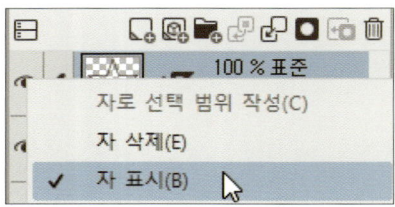

그림 8-2-26

레이어의 [자] 아이콘을 우클릭해서 자를 삭제합니다. 자가 있으면 [브러시 끝]으로 등록할 수 없습니다. 용지를 비표시로 전환합니다.

그림 8-2-27

그림 8-2-28

[채우기(G를 2번 입력)] 툴을 사용해서 흰색으로 채워 줍니다. 용지를 비표시로 하면 채우기 색을 확인하기 쉽습니다. 소재로 사용할 별을 그려 봅니다.

7) 레이어 통과 모드란?

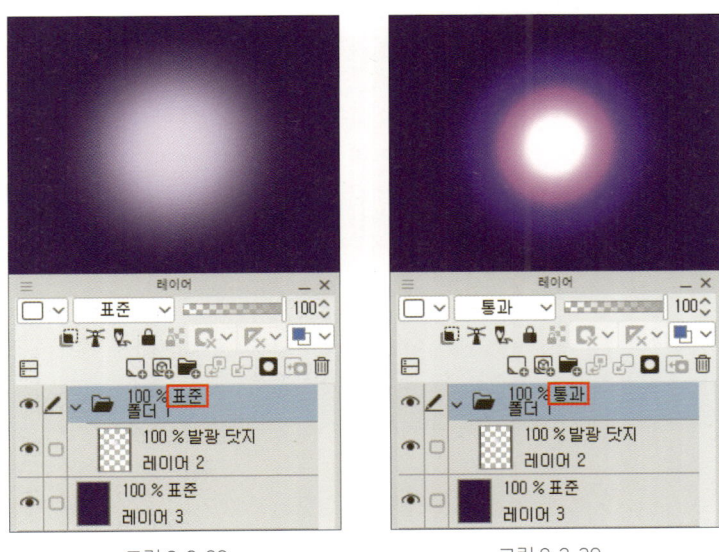

그림 8-2-29 　　　　　　　　그림 8-2-30

합성 모드로 설정된 레이어를 폴더에 넣으면 효과가 사라집니다. 폴더를 [통과]로 설정하면 레이어의 합성 모드가 활성화됩니다.

Chapter 8. 3D 인체 모형　**243**

Chapter 09 환경 설정

1. 도구

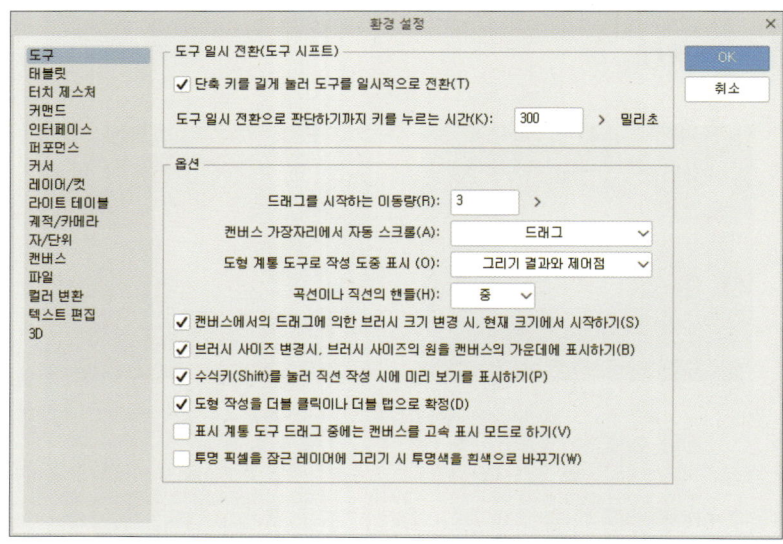

그림 9-1-1

1) 도구 일시 전환(도구 시프트)

① **단축키를 길게 눌러 도구를 일시적으로 전환** 이 기능을 켜면 단축키를 길게 눌렀을 때 도구가 완전히 전환되지 않고 임시 전환되었다가 단축키를 떼면 다시 이전 도구로 전환됩니다.

② 도구 일시 전환으로 판단하기까지 키를 누르는 시간

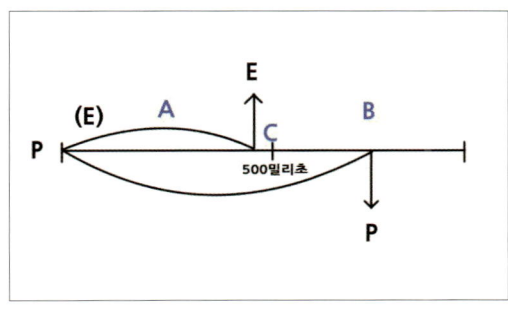

그림 9-1-2

현재 선택 중인 도구가 펜(P)일 때 단축키 E 키를 꾹 누르고 지우개 사용 중 A 지점에서 손을 떼면 지우개로 전환되고 B 지점에서 손을 떼면 다시 펜으로 돌아옵니다. [도구 일시 전환으로 판단하기까지 키를 누르는 시간]에서 이 시간을 설정할 수 있습니다. C의 위치를 조절하는 셈입니다.

2) 옵션

① **드래그를 시작하는 이동량** 드래그를 인식하는 이동량을 설정할 수 있습니다. 말풍선 이동, 텍스트 이동 등 드래그로 인식하는 이동량을 설정합니다. 값이 낮을수록 바로 드래그가 되고 값이 높을수록 어느 정도 드래그를 해야 드래그가 시작됩니다.

② **캔버스 가장자리에서 자동 스크롤** [없음]으로 설정하면 화면 끝까지 드래그해도 아무 변화가 없습니다. 캔버스가 스크롤되지 않습니다.

    ㄱ. 드래그: 화면 끝까지 드래그하면 캔버스가 자동으로 스크롤됩니다.

    ㄴ. 마우스 이동과 드래그: 드래그 외에도 마우스 커서가 캔버스 밖으로 나가면 스크롤됩니다.

    ㄷ. 드래그 중에 캔버스 가장자리에서 자동 스크롤하기: 텍스트 등을 드래그로 이동 시 가장자리까지 이동하면 자동으로 스크롤됩니다.

③ **도형 계통 도구로 작성 도중 표시** 도형 곡선 등을 그릴 때 표시되는 방식을 설정합니다.

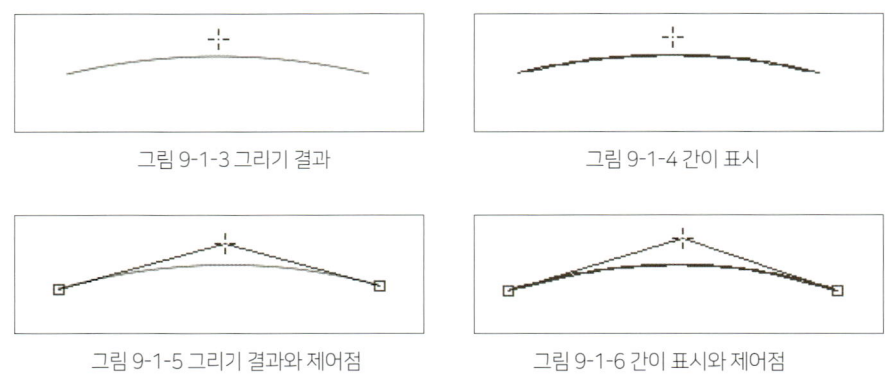

그림 9-1-3 그리기 결과   그림 9-1-4 간이 표시

그림 9-1-5 그리기 결과와 제어점   그림 9-1-6 간이 표시와 제어점

④ **곡선이나 직선의 핸들** 핸들의 표시 크기를 소, 중, 대로 설정합니다.

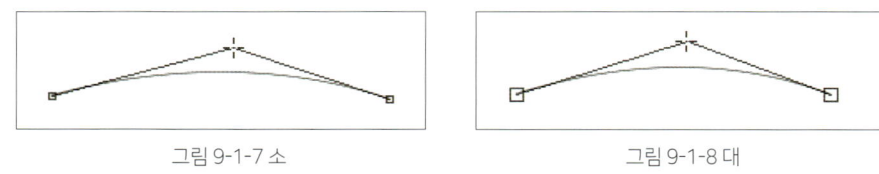

그림 9-1-7 소   그림 9-1-8 대

⑤ **캔버스에서의 드래그에 의한 브러시 크기 변경 시, 현재 크기에서 시작하기** Ctrl+Alt+드래그로 브러시 크기를 조절할 때 체크 시 현재 브러시 크기에서 크기를 변경할 수 있고, 체크 해제 시 0에서부터 브러시 크기가 시작됩니다.

⑥ **브러시 사이즈 변경 시, 브러시 사이즈의 원을 캔버스의 가운데에 표시하기** 표시 여부를 설정합니다.

⑦ **수식 키(Shift)를 눌러 직선 작성 시에 미리 보기를 표시하기** ON으로 하면 Shift 키를 사용해서 직선을 그릴 때 선 미리 보기가 가능합니다.

⑧ **도형 작성을 더블 클릭이나 더블 탭으로 확정** [도형 U] 툴로 도형 작성 시 더블 클릭으로 도형을 확정합니다.

⑨ **표시 계통 도구 드래그 중에서 캔버스를 고속 표시 모드로 하기** 이 기능을 켜면 캔버스 확대, 축소, 회전, 이동 시 화면이 빠르게 반응하게 합니다. 확대, 축소, 회전, 이동 시 처리 용량이 줄어듭니다.

⑩ **투명 픽셀을 잠근 레이어에 그리기 시 투명색을 흰색으로 바꾸기** 체크 시 투명 픽셀 잠금을 한 레이어에서 투명색을 사용해도 지워지지 않고 흰색이 칠해집니다. 체크 해제 시 투명색을 사용하면 그림이 지워집니다.

그림 9-1-9

그림이 그려진 레이어를 투명 픽셀로 잠급니다.

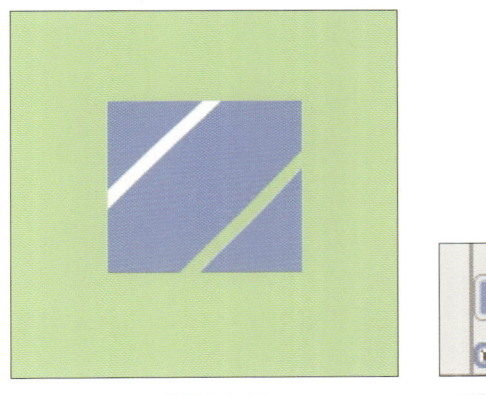

그림 9-1-10   그림 9-1-11

ㄱ. A 설정을 ON으로 하고 투명색으로 선을 그리면 흰색으로 그려집니다.

ㄴ. B 설정을 OFF로 하고 투명색으로 선을 그리면 그림이 지워집니다.

2. 태블릿

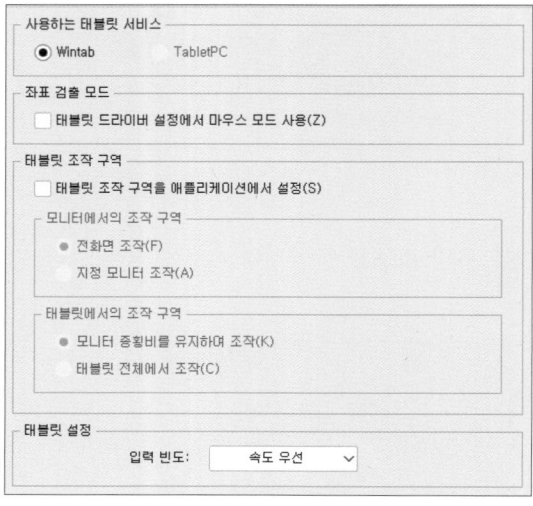

그림 9-2-1

1) 좌표 검출 모드

태블릿 드라이버 설정에서 마우스 모드를 사용합니다. Wintab으로 설정하면 표시되는 옵션입니다. 태블릿에서 마우스 모드로 설정하면 켜집니다.

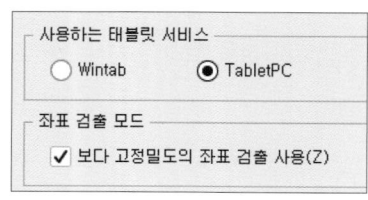

그림 9-2-2

2) 더욱 고정밀도의 좌표 검출 사용

[TabletPC]로 설정하면 표시됩니다. 이 옵션을 켜면 펜 좌표 감지 정확도가 향상되어 선이 더 부드러워집니다.

3) 태블릿 조작 구역

Wintab을 선택하고 태블릿 조작 구역의 설정 옵션을 켜면 하위 옵션을 활성화합니다.

① **모니터에서의 조작 구역**
    ㄱ. 전 화면 조작: 연결된 모니터 전체 영역에서 사용할 수 있습니다. 다중 모니터에도 적용됩니다.
    ㄴ. 지정 모니터 조작: 듀얼 모니터를 사용할 경우, 이 옵션을 켜면 오른쪽에 모니터 번호가 표시됩니다.

② **태블릿에서의 조작 구역**
    ㄱ. 모니터 종횡비를 유지하며 조작: 태블릿이 모니터의 화면 비율에 맞게 작동 영역이 설정됩니다.
    ㄴ. 태블릿 전체에서 조작: 화면 비율은 무시되고 태블릿의 전체 영역이 작업 영역으로 설정됩니다.

4) 태블릿 설정

① **입력 빈도** 태블릿을 사용할 때 전송하는 정보의 양을 설정합니다. [품질 우선]과 [속도 우선] 중에서 선택합니다. [품질 우선]은 속도가 떨어지고 [속도 우선]은 품질이 떨어집니다.

3. 터치 제스처

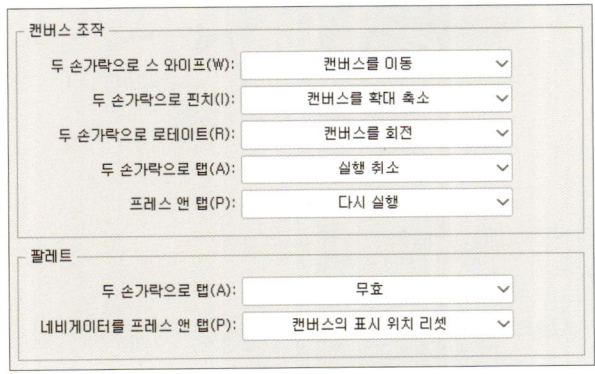

그림 9-3-1

터치가 지원되는 태블릿 사용 시 터치로 조작할 옵션들을 설정할 수 있습니다.

4. 커맨드

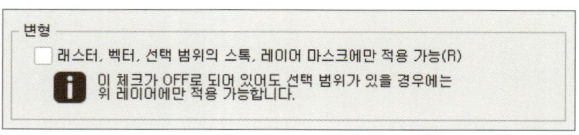

그림 9-4-1

1) 변형

① **래스터, 벡터, 선택 범위의 스톡, 레이어 마스크에만 적용 가능** ON으로 하면 래스터, 벡터, 선택 범위, 레이어 마스크에서만 변형이 가능합니다. OFF로 되어 있을 시 이미지 소재 레이어, 텍스트 레이어, 말풍선 레이어, 프레임 테두리 폴더 등등 많은 레이어에 변형 메뉴를 사용할 수 있습니다.

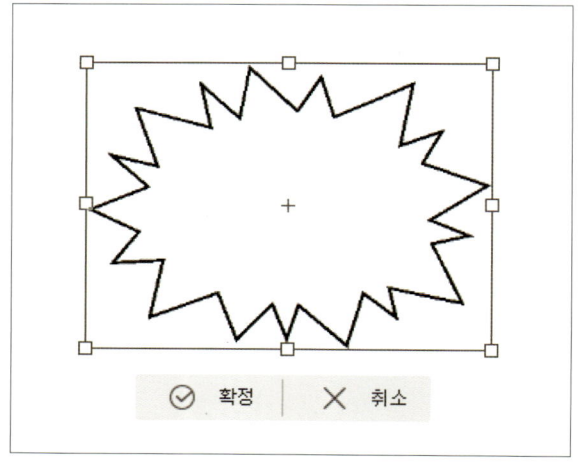

그림 9-4-2

기본 설정인 체크 해제로 되어 있으면 말풍선에 변형 메뉴를 사용할 수 있지만, 해당 옵션을 체크하면 말풍선에 변형 메뉴를 사용할 수 없습니다(Ctrl+T).

5. 인터페이스

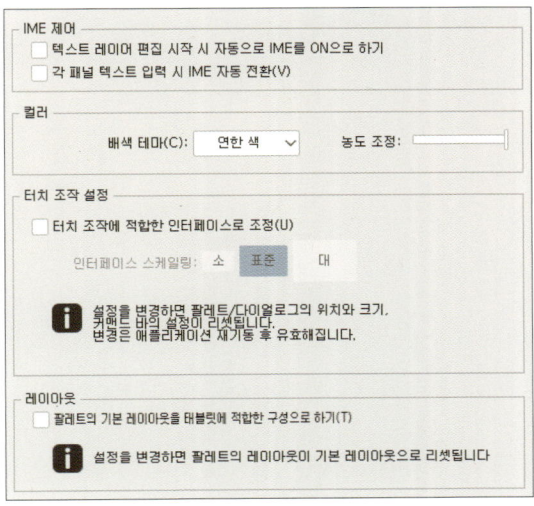

그림 9-5-1

1) IME 제어

① **텍스트 레이어 편집 시작 시 자동으로 IME를 ON으로 하기** 이 기능을 켜면 텍스트를 입력할 때 입력 방식이 자동으로 IME로 변경됩니다. 이 옵션을 사용하면 IME 설정에 따라 입력 설정을 전환하지 않아도 IME 입력으로 자동 전환할 수 있습니다.

② **각 패널 텍스트 입력 시 IME 자동 전환** ON으로 하면 팔레트에 입력할 때 IME의 입력 모드가 자동으로 변경됩니다.

[IME 제어]가 한글에서는 제대로 작동하지 않습니다. 두 개 다 체크 해제하고 사용합니다.

2) 컬러

배색 테마: [연한 색], [진한 색] 중에서 선택할 수 있습니다.

3) 터치 조작 설정

터치 조작에 적합한 인터페이스로 조정(소, 표준, 대)합니다. 터치에 적합한 크기로 인터페이스 크기를 변경할 수 있습니다. 인터페이스를 적용하려면 CLIP STUDIO PAINT를 재실행해야 합니다.

① 소

그림 9-5-2

② 중

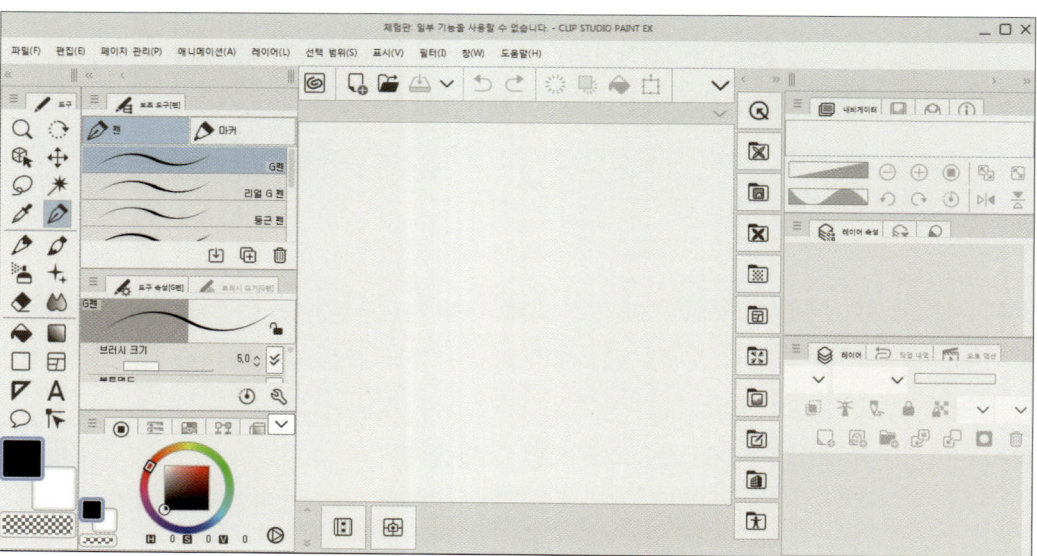

그림 9-5-3

③ 대

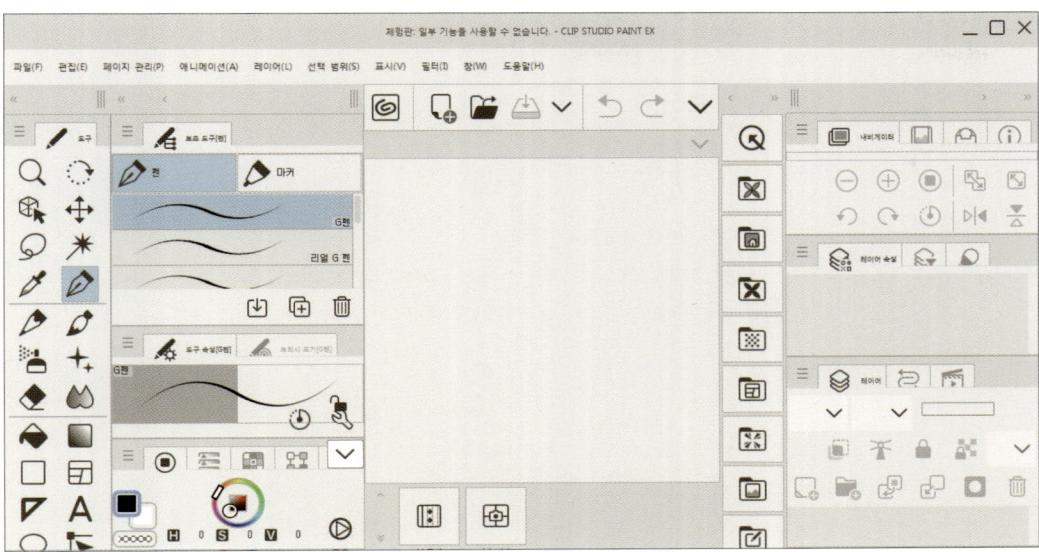

그림 9-5-4

4) 레이아웃

[팔레트의 기본 레이아웃을 태블릿에 적합한 구성으로 하기] 기능을 사용하면 레이아웃이 터치에 적합한 인터페이스로 변경됩니다.

그림 9-5-5

6. 퍼포먼스

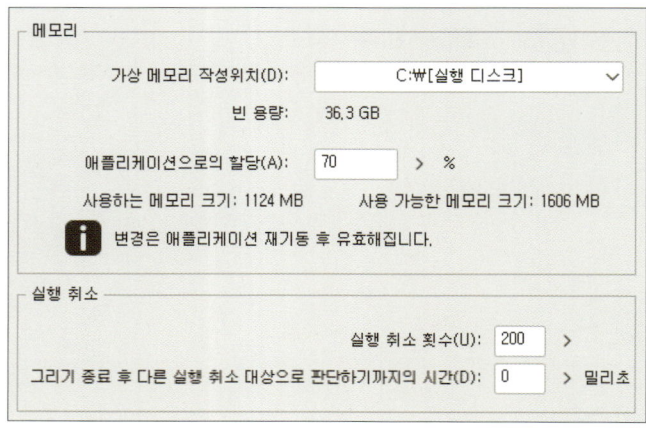

그림 9-6-1

1) 메모리

① **가상 메모리 작성 위치** 가상 메모리로 사용할 드라이브를 설정합니다. 가상 메모리란 실제 메모리 RAM이 부족할 때 사용하는 가상의 메모리입니다.

② **애플리케이션으로의 할당** 사용 가능한 시스템 메모리 중에서 클립에 할당할 메모리 비율을 설정합니다. 너무 많이 사용하면 윈도우 시스템이 사용할 메모리가 줄어들므로 건들지 않는 편이 좋습니다.

    ㄱ. 사용하는 메모리 크기: CLIP STUDIO PAINT가 사용할 수 있는 메모리 용량을 표시합니다.

    ㄴ. 사용 가능한 메모리 크기: 윈도우 운영 체제인 시스템이 실제로 사용 가능한 메모리 용량을 표시합니다.

2) 실행 취소

① **실행 취소 횟수** 실행 취소를 할 수 있는 횟수를 설정합니다. 횟수를 많게 설정할수록 더 이전 동작으로 되돌아갈 수 있습니다.

② **그리기 종료 후 다른 실행 취소 대상으로 판단하기까지의 시간** 동작이 완료된 후 다음 동작까지의 시간을 설정합니다. 시간이 길수록 실행 취소 시 더 많은 작업이 취소됩니다.

7. 커서

그림 9-7-1

1) 커서 모양

커서 모양을 원하는 모양으로 바꿀 수 있습니다.

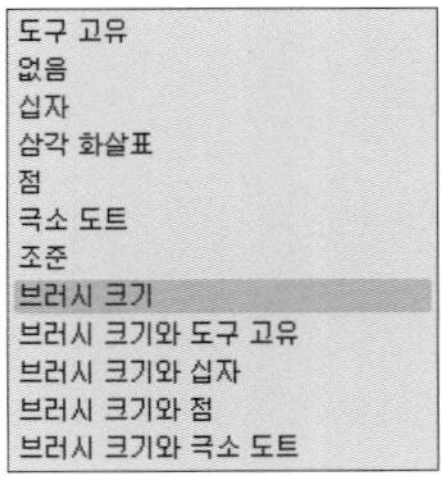

그림 9-7-2

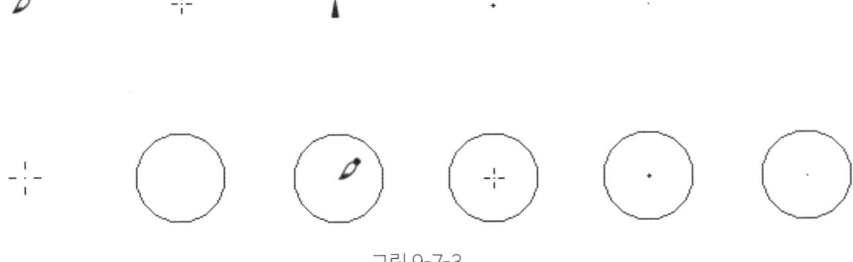

그림 9-7-3

순서대로 나열한 커서 모양입니다.

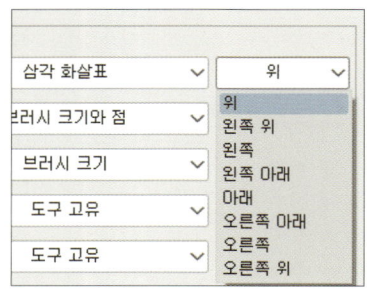

그림 9-7-4

[삼각 화살표] 선택 시 화살표 방향을 설정할 수 있습니다.

2) 브러시 크기 커서가 작을 때의 추가 표시

브러시 크기를 작게 하면 브러시 모양이 잘 보이지 않게 됩니다. 그럴 때 어떻게 표시할 건지 없음, 점, 선 중에서 선택할 수 있습니다.

3) 반전 커서의 표시 위치

커서 모양이 [브러시 크기>조준>극소 도트]일 때 커서의 표시 위치를 설정합니다. 브러시에 [손떨림 보정]을 넣었을 때 표시 방법입니다.

① **지연하지 않음** 실제 펜의 위치(점)와 브러시(동그라미)의 위치가 동일합니다. (보정 참조)

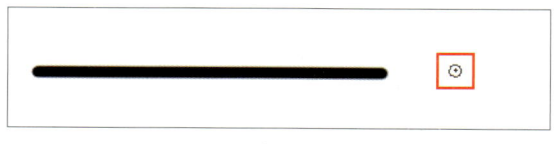

그림 9-7-5

② **손떨림 보정에 맞추어 지연** 실제 펜의 위치와 브러시의 위치에 간격이 있습니다.

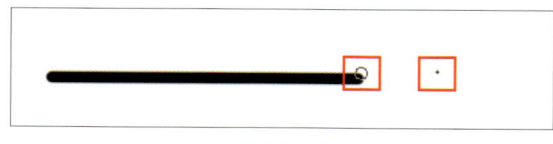

그림 9-7-6

8. 레이어/컷

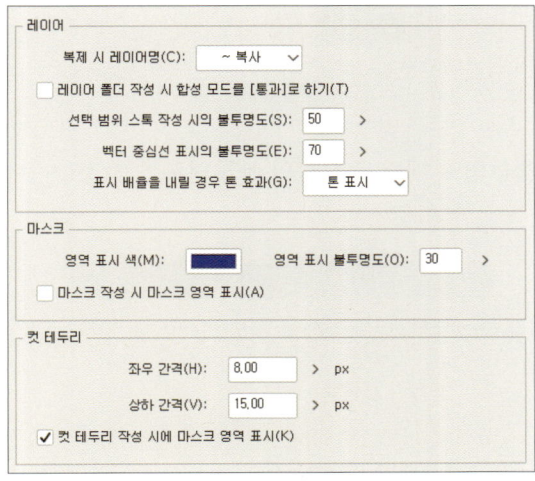

그림 9-8-1

1) 레이어

① **복제 시 레이어명** 레이어를 복제할 시 레이어 이름을 설정합니다.

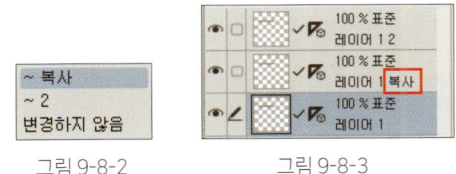

그림 9-8-2   그림 9-8-3

② **레이어 폴더 작성 시 합성 모드를 [통과]로 하기** 이 기능을 사용하면 폴더 작성 시 폴더가 [통과] 모드로 작성됩니다.

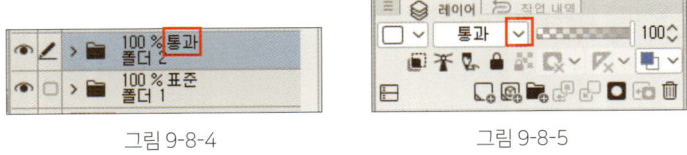

그림 9-8-4   그림 9-8-5

폴더 1은 OFF일 때, 폴더 2는 ON일 때 모습입니다. 폴더의 합성 모드는 언제든지 변경 가능합니다.

③ **선택 범위 스톡 작성 시의 불투명도** 선택 범위 스톡의 불투명도를 설정합니다. (참조)

그림 9-8-6

④ **벡터 중심선 표시의 불투명도** 벡터 중심선의 불투명도를 설정합니다.

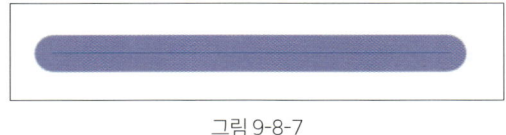

그림 9-8-7

70%입니다.

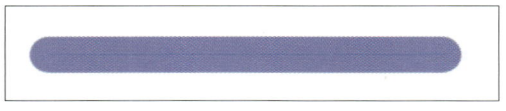

그림 9-8-8

30%입니다.

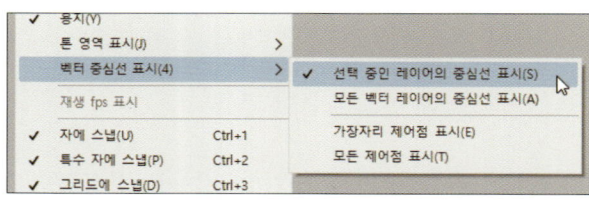

그림 9-8-9

벡터 중심선 표시는 [메뉴>표시>벡터 중심선 표시>선택 중인 레이어의 중심선 표시]에서 할 수 있습니다.

⑤ **표시 배율을 내릴 경우 톤 효과(스크린 톤 표시 방법)** 캔버스의 표시 배율을 낮췄을 때 스크린 톤을 어떻게 표시할지를 설정합니다.

ㄱ. 톤 표시: 톤 패턴은 대부분 유지합니다. 표시 배율에 따라 무아레 현상이 발생하거나 톤이 회

색으로 나타낼 수 있습니다.

ㄴ. 그레이 표시: 톤이 생략되고 회색으로 표시됩니다.

2) 마스크

① **영역 표시 색** 마스크 영역의 표시 색을 설정합니다. 30%로 설정합니다.

② **영역 표시 불투명도** 마스크 영역의 불투명도를 설정합니다. 10%로 설정합니다.

그림 9-8-10

③ **마스크 작성 시 마스크 영역 표시** 마스크 레이어 작성 시 마스크 영역의 표시 여부를 설정합니다.

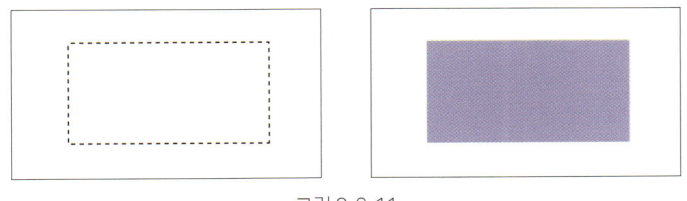

그림 9-8-11

3) 컷 테두리

① **좌우 간격, 상하 간격 (출판 만화 그리기 참조)**

② **컷 테두리 작성 시에 마스크 영역 표시** 컷 테두리 작성 시 마스크 영역 표시 여부를 설정합니다.

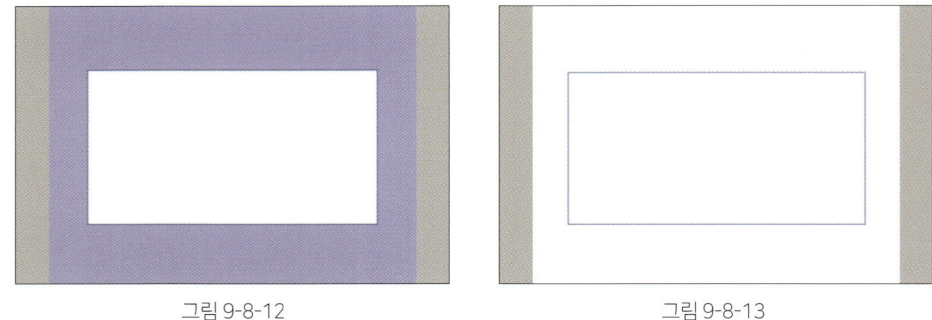

그림 9-8-12   그림 9-8-13

체크 시 마스크 영역이 표시되고 체크 해제 시 마스크 영역이 표시되지 않습니다.

9. 자/단위

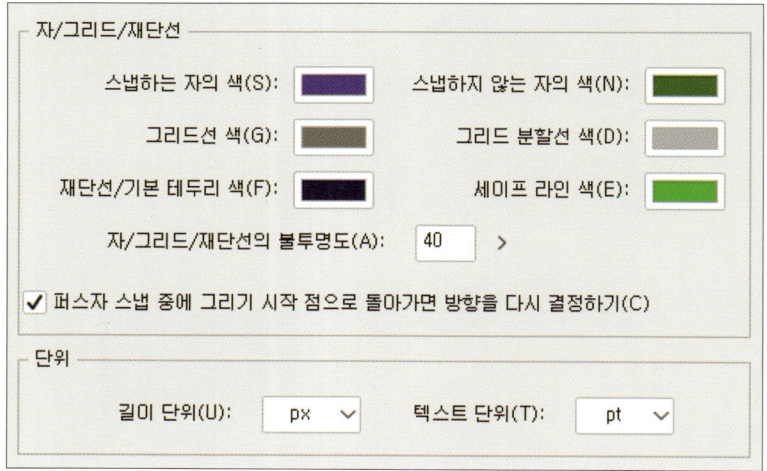

그림 9-9-1

1) 자/그리드/재단선

① **스냅하는 자의 색** 스냅이 적용된 자의 색상입니다.

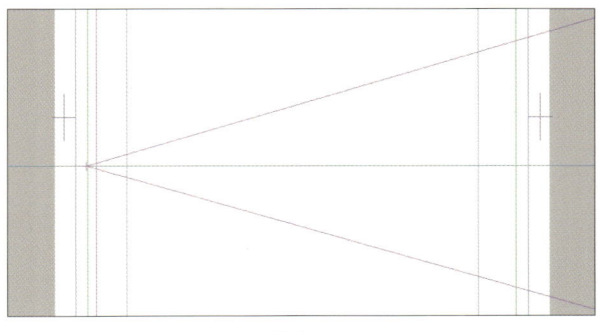

그림 9-9-2

② **스냅하지 않는 자의 색** 자를 여러 개 작성해서 스냅이 적용되지 않는 자가 생기거나 스냅을 껐을 때 스냅이 적용되지 않는 자의 색상입니다.

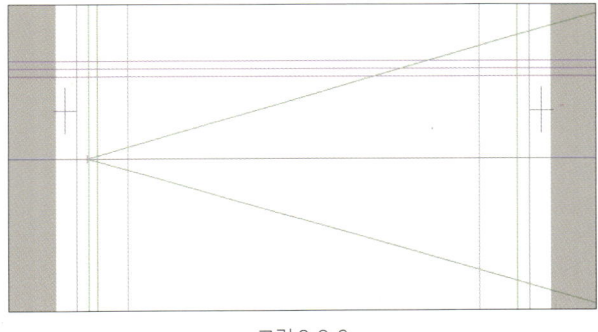

그림 9-9-3

③ **그리드 선 색** 그리드 선의 색입니다.
④ **그리드 분할선 색** 분할선의 색입니다.

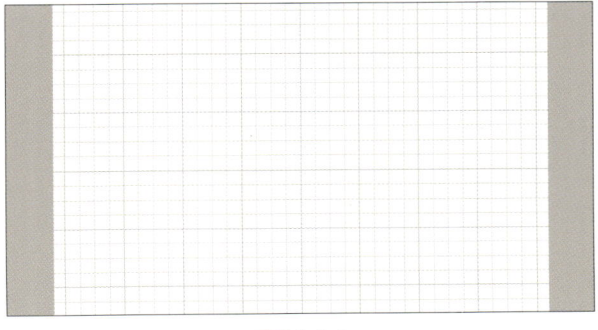

그림 9-9-4

Chapter 9. 환경 설정   **261**

⑤ **재단선/기본 테두리 색** 재단선, 기본 테두리 선의 색입니다.

그림 9-9-5

⑥ **세이프 라인 색** 세이프 라인의 선 색을 설정합니다.

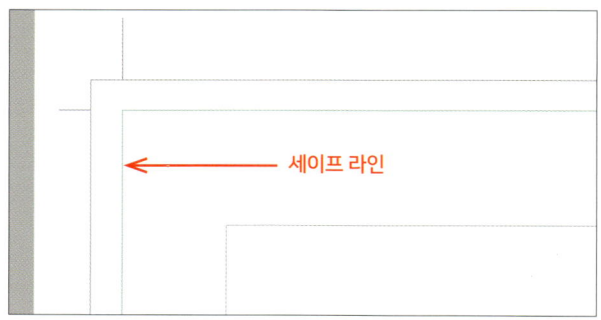

그림 9-9-6

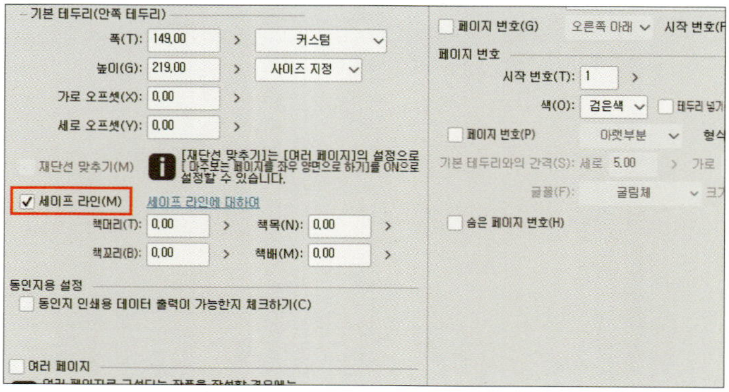

그림 9-9-7

세이프 라인을 표시하려면 캔버스 만들 때 [세이프 라인]을 켜야 합니다. [세이프 라인]을 다시 안 보이게 하려면 [메뉴>보기>세이프 라인]을 체크 해제하면 됩니다.

⑦ **자/그리드/재단선의 불투명도** 자, 그리드, 재단선의 불투명도를 조절할 수 있습니다. 불투명도를 100으로 설정한 상태입니다. 선이 잘 안 보인다면 불투명도를 높이고, 작업하는 데 방해될 정도로 진하다면 불투명도를 낮춥니다.

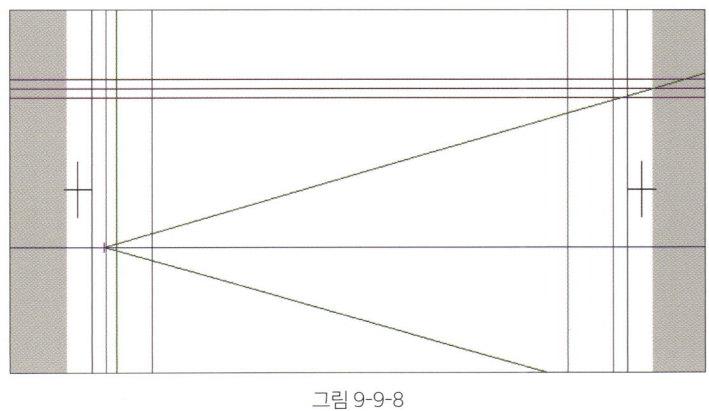

그림 9-9-8

⑧ **퍼스자 스냅 중에 그리기 시작 점으로 돌아가면 방향을 다시 결정하기** 선을 그린 후 펜을 떼지 않은 상태에서 처음 위치로 돌아옵니다.

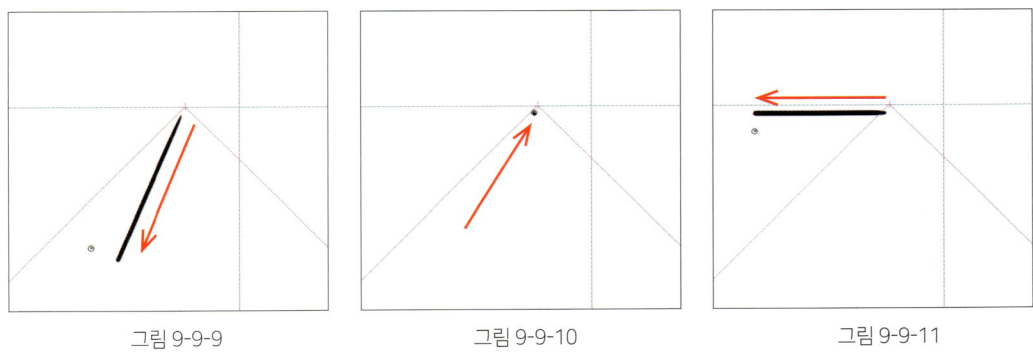

그림 9-9-9   그림 9-9-10   그림 9-9-11

그려졌던 선이 취소되고(그림 9-9-10), 다시 새로운 선을 그릴 수 있습니다(그림 9-9-11).

2) 단위

① **길이 단위** CLIP STUDIO PAINT에서 사용하는 길이 단위를 픽셀로 할지 mm로 할지 정합니다.

② **텍스트 단위** 텍스트 단위는 pt로 작업하면 됩니다.

10. 캔버스

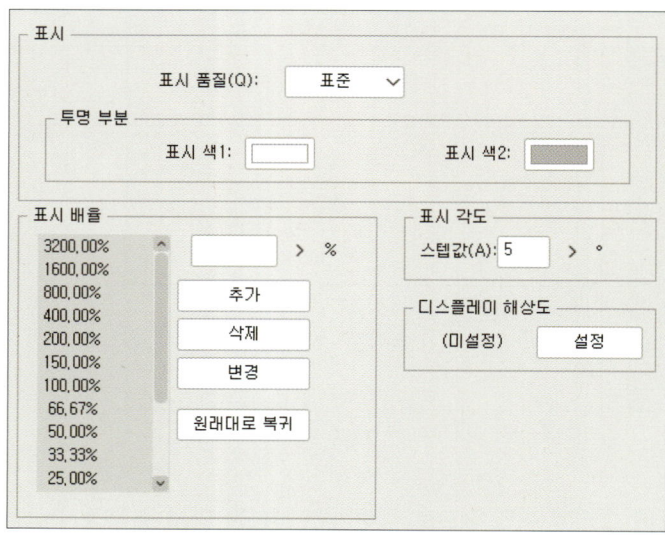

그림 9-10-1

1) 표시

① **표시 품질** 캔버스의 표시 품질을 설정합니다.

ㄱ. 표준: 캔버스를 회전 또는 축소나 확대 시 특정 배율에서 화면이 깨져 보입니다. 그 대신 컴퓨터에 부담이 안 가고, 반응 속도가 빠릅니다.

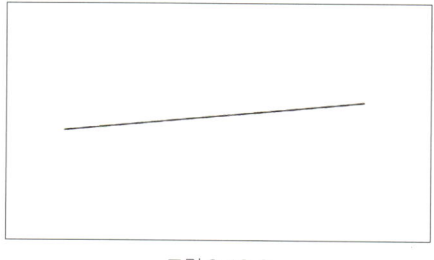

그림 9-10-2

그림이 가장 깨져 보이는 배율인 33.3%의 [표준] 품질입니다.

ㄴ. 고품질: 회전, 특정 배율에서도 항상 고품질로 캔버스를 보여 줍니다. 반응 속도가 느립니다.

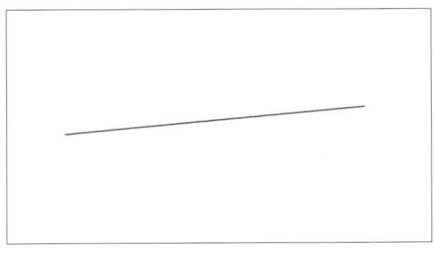

그림 9-10-3

캔버스 크기 33.3% [고품질] 표시입니다. [표준] 품질과 비교해 선이 깨지지 않고 깨끗하게 표시됩니다.

② **투명 부분** 투명한 캔버스를 어떤 색으로 표시할 것인지 설정할 수 있습니다.

그림 9-10-4

투명 부분이 흰색과 회색의 그물망 형태로 되어 있습니다.

2) 표시 배율

표시 배율을 설정합니다. 표시 배율을 추가, 삭제, 변경 등을 할 수 있습니다. 빈칸에 원하는 배율을 적고 [추가]를 클릭하면 추가됩니다. [원래대로 복귀]를 클릭하면 초기화됩니다.

3) 표시 각도

① **스텝값** 단축키를 사용해서 캔버스를 회전시키거나 내비게이터에서 캔버스를 회전시킬 때 회전 각도를 설정합니다.

그림 9-10-5

4) 디스플레이 해상도

디스플레이 해상도를 설정합니다.

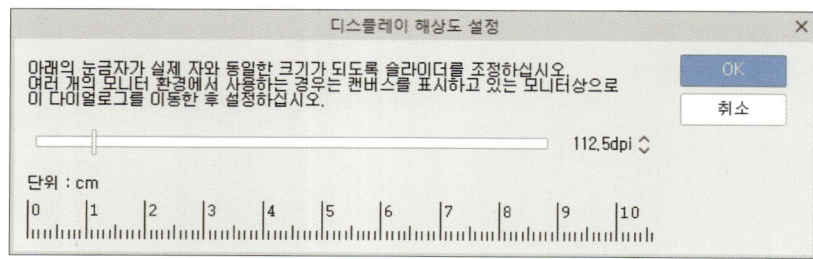

그림 9-10-6

실제 자를 대고 dpi를 조절해 가며 모니터에 보이는 눈금과 실제 자의 눈금을 일치시킵니다. 이렇게 하면 모니터에서 실제 [프린트 크기]로 볼 수 있습니다. 실제 프린트 크기로 보려면 [메뉴>표시>인쇄 크기]를 선택합니다.

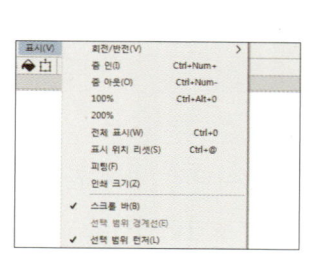 

그림 9-10-7

11. 파일

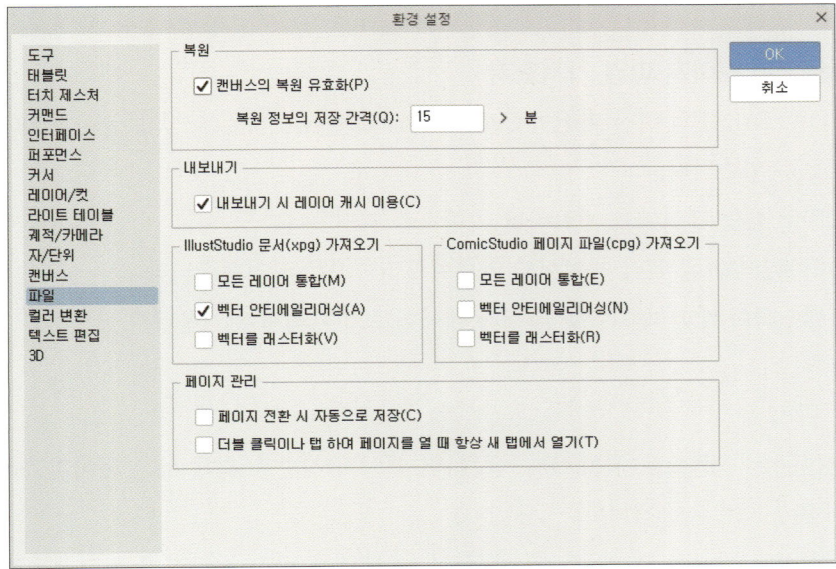

그림 9-11-1

1) 복원

① **캔버스의 복원 유효화** 이 기능을 켜면 설정한 시간마다 파일을 백업합니다. 예상치 못한 오류로 데이터가 날아가는 걸 방지할 수 있습니다.

② **복원 정보의 저장 간격** 다음 경로에 몇 분마다 저장할 것인지 5~60분 중에서 설정할 수 있습니다.

그림 9-11-2

2) 내보내기

내보내기 할 때 레이어 캐시를 사용할지를 설정할 수 있습니다. 레이어 캐시를 사용하면 내보내기 그리고 파일을 저장할 때 시간이 단축됩니다.

3) IllustStudio 문서 가져오기

IllustStudio로 작성된 파일(확장자: xpg)을 가져올 때 여러 가지 옵션을 설정할 수 있습니다.

① **모든 레이어 통합** 레이어를 병합하고 이미지를 가져옵니다.
② **벡터 안티에일리어싱** 벡터 레이어에 안티에일리어싱을 활성화합니다.
③ **벡터를 래스터화** 벡터 레이어를 래스터 레이어로 변환해서 가져옵니다.

4) ComicStudio 페이지 파일 가져오기

CLIP STUDIO PAINT의 이전 버전인 ComicStudio의 페이지 파일(확장자: cpg)을 가져올 때 옵션을 설정할 수 있습니다.
① **모든 레이어 통합** 레이어를 병합하고 이미지를 가져옵니다.
② **벡터 안티에일리어싱** 벡터 레이어에 안티에일리어싱을 활성화합니다.
③ **벡터를 래스터화** 벡터 레이어를 래스터 레이어로 변환해서 가져옵니다.

5) 페이지 관리

① **페이지 전환 시 자동으로 저장** ON으로 하면 페이지 전환을 위해 다른 페이지를 더블 클릭했을 때 자동으로 저장됩니다.
② **더블 클릭이나 탭하여 페이지를 열 때 항상 새 탭에서 열기** 체크하면 페이지를 더블 클릭했을 때 새 탭이 생성됩니다. 체크 해제 시 이미 열려 있는 탭이 새 페이지로 전환됩니다.

그림 9-11-3

체크 시 새 탭을 계속 생성합니다.

그림 9-11-4

체크 해제 시 기존 탭을 계속 사용합니다.

12. 컬러 변환

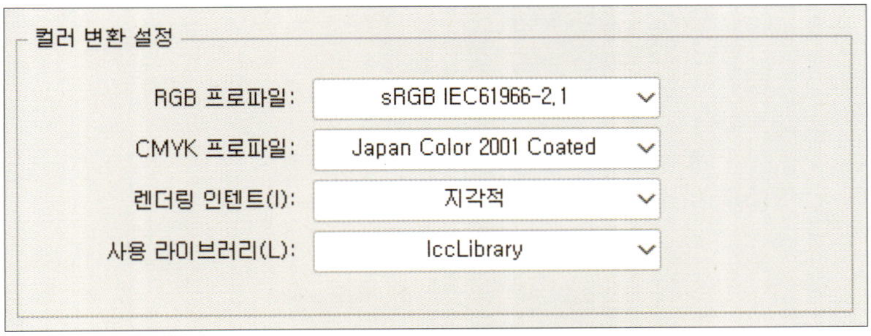

그림 9-12-1

1) 컬러 변환 설정
RGB, CMYK로 내보내기 위한 색상 프로필, 렌더링, 라이브러리 등의 기본값을 설정합니다.

① **RGB 프로파일** RGB 색상 프로파일을 설정합니다.

② **CMYK 프로파일** CMYK 색상 프로파일을 설정합니다.

③ **렌더링 인텐트** 색상 변환 방식을 설정합니다.

　ㄱ. 지각적: 색상 값이 변경되어도 색상이 자연스럽게 인식되도록 색상 간의 시각적인 관계를 유지합니다.

　ㄴ. 채도: 원본 색 공간(컬러 스페이스)의 최대 하이라이트를 변경하려는 색 공간(컬러 스페이스)의 최대 하이라이트와 비교하고 차이를 변화합니다.

　ㄷ. 상대적 색역 유지: 색의 정확도가 손실되어도 선명한 색을 재현하는 데 중점을 둡니다.

　ㄹ. 절대적 색역 유지: 변경하려는 색 공간(컬러 스페이스) 영역에 속하는 색은 변경하지 않지만 컬러 스페이스 영역을 벗어난 색상은 변경합니다.

　ㅁ. 사용 라이브러리: Icclibrary와 MicrosoftICM 중에서 라이브러리를 선택합니다.

13. 텍스트 편집

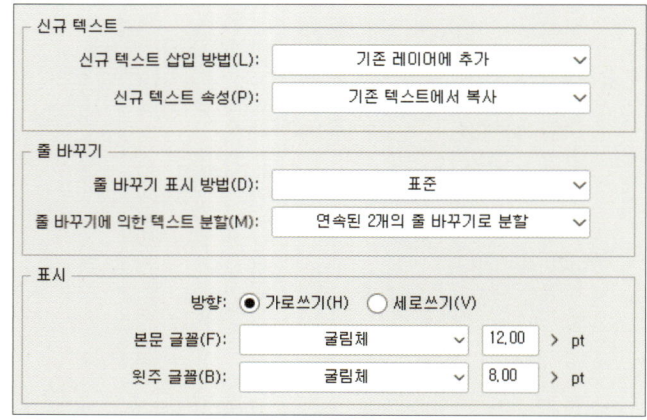

그림 9-13-1

1) 신규 텍스트

① **신규 텍스트 삽입 방법**

ㄱ. 기존 레이어에 추가: 텍스트 레이어가 작성되어 있을 시 기존 텍스트 레이어에 텍스트가 추가됩니다.

ㄴ. 항상 신규 레이어를 작성: 텍스트를 작성할 때마다 항상 신규 텍스트 레이어를 작성합니다.

② **신규 텍스트 속성**

ㄱ. 선택 중인 텍스트 도구 속성: 현재 설정 중인 텍스트 속성을 그대로 적용합니다.

ㄴ. 기존 텍스트에서 복사: 마지막으로 입력했던 텍스트의 속성을 사용합니다.

2) 줄 바꾸기

① **줄 바꾸기 표시 방법** 스토리 에디터에서 줄 바꿈 표시 방법을 설정합니다.

ㄱ. 표준: Enter 입력 시 줄이 바뀝니다.

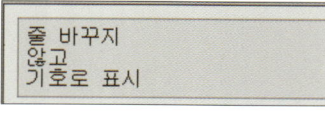

그림 9-13-2

ㄴ. 줄 바꾸지 않고 기호로 표시: Enter 입력 시 기호가 입력됩니다.

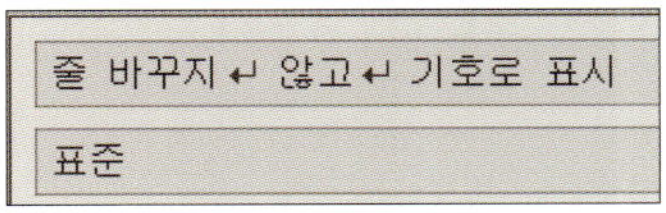

그림 9-13-3

② **줄 바꾸기에 의한 텍스트 분할**

ㄱ. 분할하지 않음: Enter 입력 시 줄이 바뀌지 않습니다.

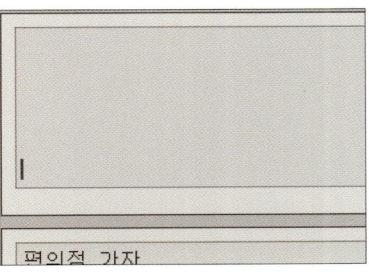

그림 9-13-4

ㄴ. 1개의 줄 바꾸기로 분할: Enter 입력 시 텍스트가 분할됩니다.

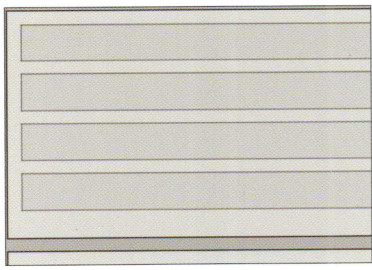

그림 9-13-5

ㄷ. 연속된 2개의 줄 바꾸기로 분할: Enter를 연속으로 두 번 입력 시 텍스트가 분할됩니다.

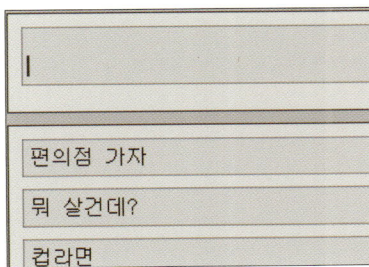

그림 9-13-6

ㄹ. 연속된 3개의 줄 바꾸기로 분할: 2번째까지 줄 바꿈이 되다가 3번째 Enter 입력 시 텍스트가 분할됩니다.

3) 표시

① **방향** 스토리 편집기에서 텍스트 표시 방법을 설정합니다.

    ㄱ. 가로쓰기: 기본 설정입니다.

    ㄴ. 세로쓰기: 텍스트가 세로로 표시됩니다.

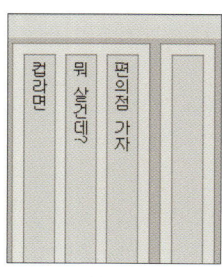

그림 9-13-7

② **본문 글꼴** 스토리 에디터의 텍스트 폰트와 크기를 설정합니다.
③ **윗주 글꼴** 스토리 에디터의 윗주 폰트와 크기를 설정합니다.

14. 3D

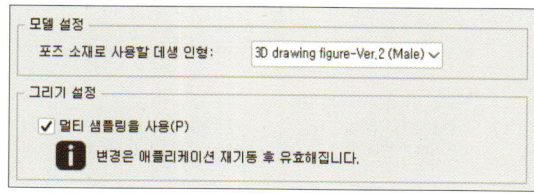

그림 9-14-1

1) 모델 설정

① **포즈 소재로 사용할 데생 인형** 포즈를 불러올 때 3D 모델의 성별과 버전을 선택할 수 있습니다.

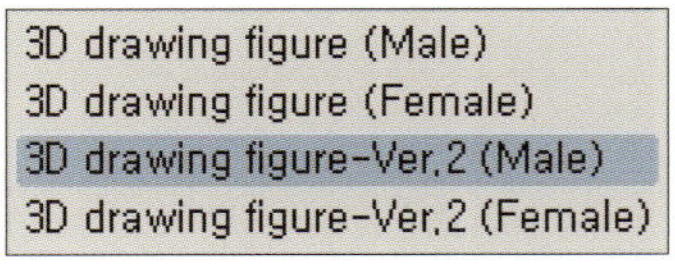

```
3D drawing figure (Male)
3D drawing figure (Female)
3D drawing figure-Ver.2 (Male)
3D drawing figure-Ver.2 (Female)
```

그림 9-14-2

2) 그리기 설정

① **멀티 샘플링을 사용** 이 옵션을 적용하면 3D 소재의 품질이 향상됩니다. 3D 소재가 제대로 표시되지 않는 경우 [멀티 샘플링을 사용]을 끕니다.

Chapter 10 메인 도구 팔레트

1. 돋보기

캔버스 표시를 확대/축소합니다.

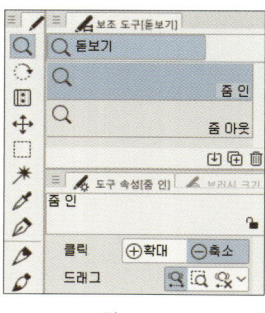

그림 10-1-1

1) 클릭
클릭 시 작동을 설정합니다. [줌 인]을 선택해도 속성 창에서 축소를 선택하면 확대가 아니라 축소됩니다.

2) 드래그
줌 기능을 선택하고 드래그했을 때 조작 방식을 선택할 수 있습니다.
❶ 클릭한 곳을 중심으로 오른쪽으로 드래그하면 확대, 왼쪽으로 드래그하면 축소됩니다.

❷ 드래그해서 영역을 지정한 만큼 캔버스가 확대됩니다. 축소를 선택한 상태에서는 작동하지 않습니다.

❸ 드래그해도 동작하지 않습니다.

2. 이동

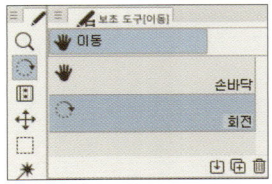

그림 10-2-1

1) 손바닥

캔버스를 이동할 수 있는 손바닥입니다. 단축키는 H입니다.

2) 회전 보조 도구 상세

캔버스를 회전시키는 도구입니다. 단축키는 Shift+Space bar+드래그 또는 R입니다.

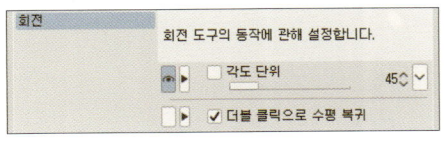

그림 10-2-2

❶ **각도 단위** 회전 도구로 캔버스를 회전 시 체크하면 입력한 각도 단위로 회전됩니다.

❷ **더블 클릭으로 수평 복귀** 회전한 캔버스를 Shift+Space bar+더블 클릭하면 캔버스 각도가 0도로 복귀합니다.

3. 조작

1) 오브젝트

레이어에 작성된 모든 오브젝트를 조작할 수 있습니다.

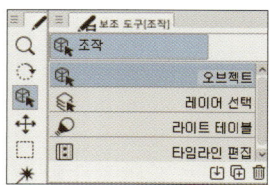

그림 10-3-1

오브젝트 보조 도구 상세

조작

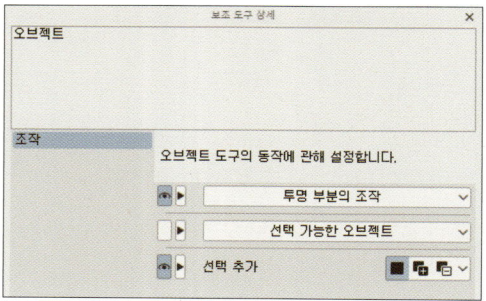

그림 10-3-2

1) 투명 부분의 조작

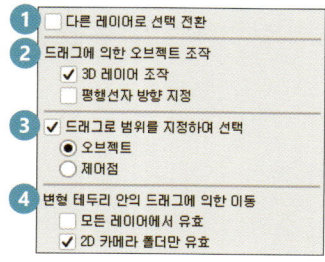

그림 10-3-3

❶ **다른 레이어로 선택 전환 체크 시**: 선택된 레이어의 빈 화면을 클릭할 때 다른 레이어에 그림이 그려져 있으면 해당 레이어로 전환됩니다.

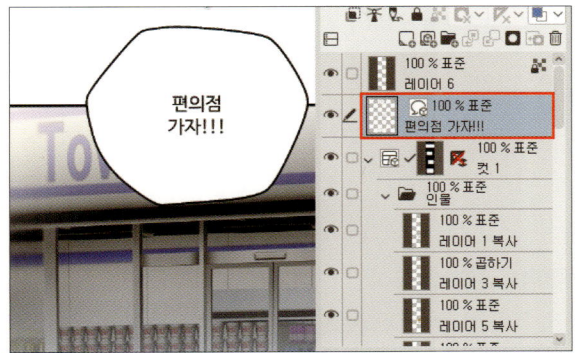

그림 10-3-4

말풍선 레이어가 선택되어 있지만, 배경을 클릭하면 배경이 그려진 레이어가 선택됩니다.

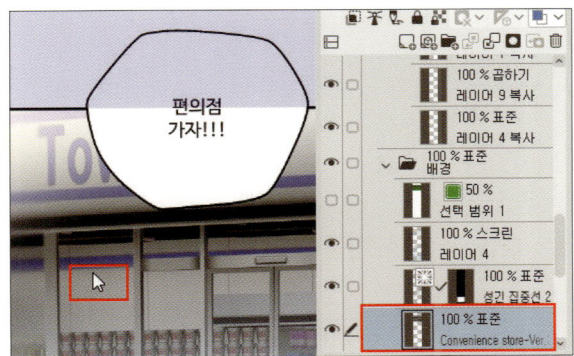

그림 10-3-5

체크 해제 시 배경이 선택되지 않습니다.

❷ **드래그에 의한 오브젝트 조작**

ㄱ. 3D 레이어 조작: 체크가 되어 있으면 3D 레이어에서 빈 화면을 드래그할 때 카메라를 조작할 수 있습니다.

ㄴ. 평행선자 방향 지정: 체크하면 평행선자의 방향을 드래그로 조절할 수 있습니다.

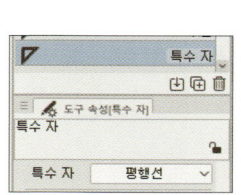 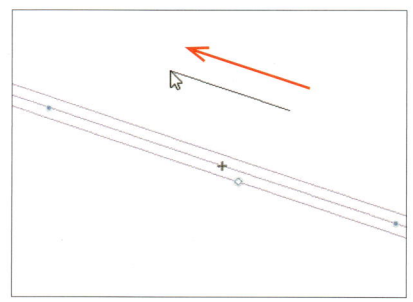

그림 10-3-6

❸ **드래그로 범위를 지정하여 선택**: 체크하면 드래그로 오브젝트, 제어점 등을 선택할 수 있습니다.

ㄱ. 오브젝트: 벡터 레이어, 말풍선, 컷 테두리 등을 드래그로 선택할 수 있습니다.

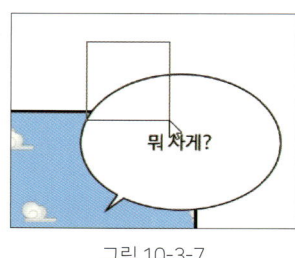 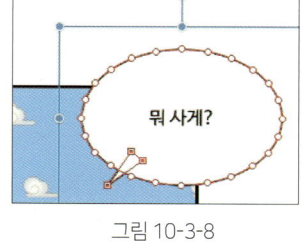

그림 10-3-7　　　　　　　　　그림 10-3-8

말풍선을 드래그하여 선택합니다.

ㄴ. 제어점: 제어점으로 설정하면 드래그한 만큼 제어점을 선택할 수 있습니다.

 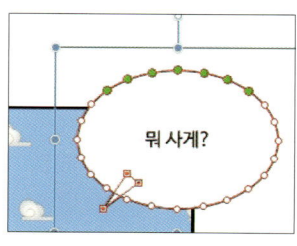

그림 10-3-9　　　　　　　　　그림 10-3-10

드래그한 범위만큼 제어점이 선택됩니다.

❹ **변형 테두리 안의 드래그에 의한 이동**: 변형 테두리 안의 빈 영역을 드래그할 때 동작을 설정합니다.

ㄱ. 모든 레이어에서 유효: 체크하면 변형 테두리 안의 빈 영역을 드래그해서 이동할 수 있습니다.

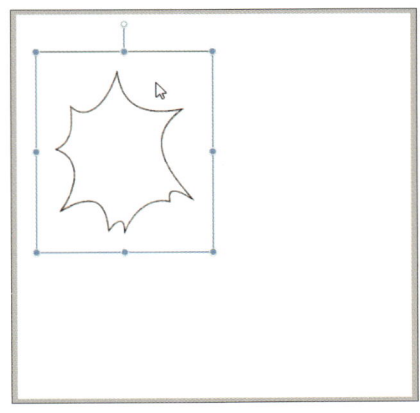

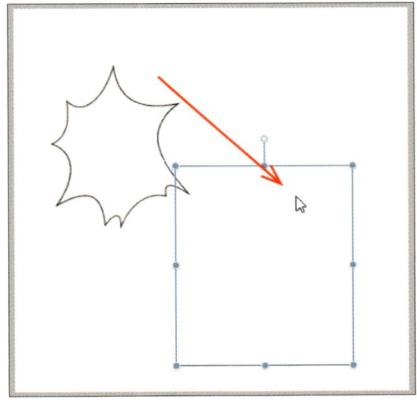

그림 10-3-11   그림 10-3-12

ㄴ. 2D 카메라 폴더만 유효: 애니메이션 기능입니다.

2) 선택 가능한 오브젝트

선택 가능한 오브젝트를 설정할 수 있습니다. 기본적으로 모든 오브젝트가 선택되어 있습니다. 클릭해도 선택을 원하지 않는 오브젝트가 있다면 체크 해제합니다.

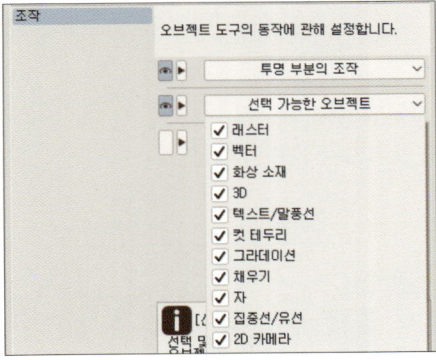

그림 10-3-13

3) 선택 추가

말풍선, 컷 테두리, 벡터 레이어 등의 제어점을 추가 선택하거나 삭제할 수 있습니다.

그림 10-3-14

① 신규 선택: 오브젝트를 선택하고 조작할 수 있습니다. 말풍선을 클릭하면 말풍선이 선택되고, 제어점을 클릭하면 제어점이 선택됩니다. 그 외에 선, 채색된 공간 등등 캔버스 상에 있는 오브젝트를 선택하고 조작할 수 있습니다.

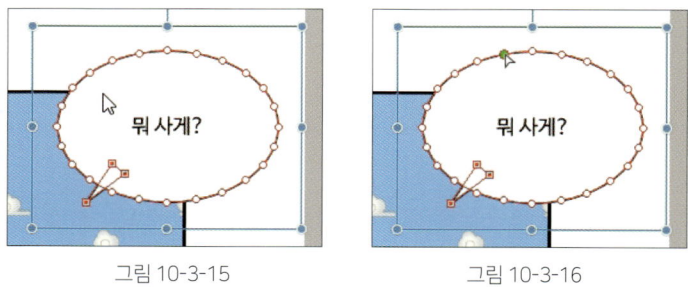

그림 10-3-15 　　　　　　　　　그림 10-3-16

② 추가 선택: 말풍선, 컷 테두리, 벡터 레이어 등의 오브젝트를 선택 추가하거나 제어점을 추가할 수 있습니다.

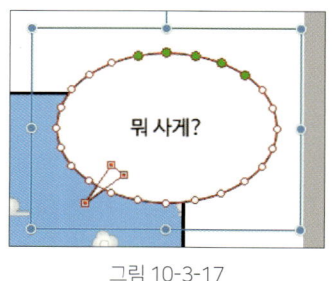

그림 10-3-17

제어점을 클릭할 때마다 추가됩니다.

③ 부분 해제: 선택된 오브젝트, 제어점을 선택 해제합니다.

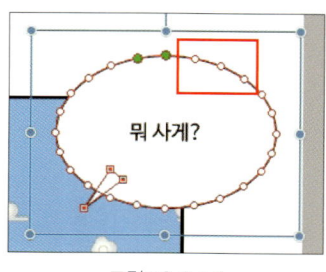

그림 10-3-18

제어점을 클릭할 때마다 선택이 해제됩니다.

말풍선 선택 시 오브젝트 보조 도구 상세

말풍선

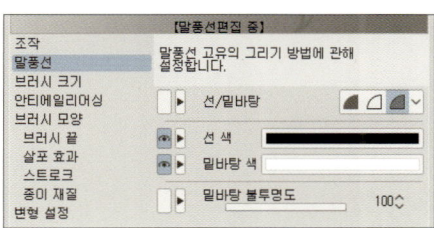

그림 10-3-19

1) 선/밑바탕

① 밑바탕 작성: 작성된 말풍선을 선택한 상태에서 밑바탕 작성을 선택하면 밑바탕만 보이게 합니다.

그림 10-3-20

② 선 작성: 선만 보이게 합니다. 말풍선을 선택한 후 [선 작성]을 선택하면 선만 보이게 됩니다.

그림 10-3-21

③ 선과 밑바탕 작성: 선과 밑바탕을 보이게 합니다.

그림 10-3-22

2) 선 색

작성된 말풍선의 선 색을 변경할 수 있습니다.

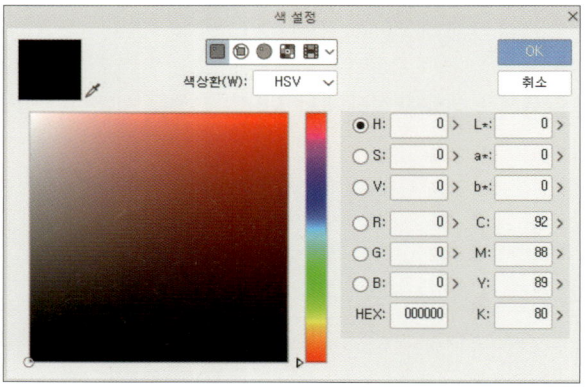

그림 10-3-23

색 설정 팔레트에서 색을 선택할 수 있습니다. 스포이트 기능을 사용할 수도 있습니다.

3) 밑바탕 색

작성된 말풍선의 바탕색을 변경할 수 있습니다.

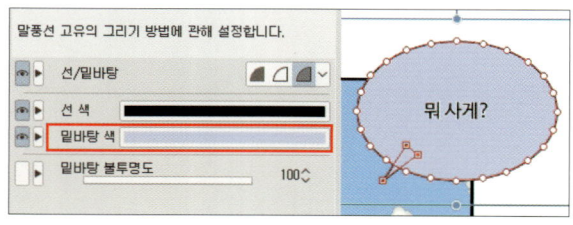

그림 10-3-24

4) 밑바탕 불투명도

레이어가 모노크롬(흑백 용지)일 경우 비활성화됩니다. 밑바탕의 불투명도를 조절할 수 있습니다.

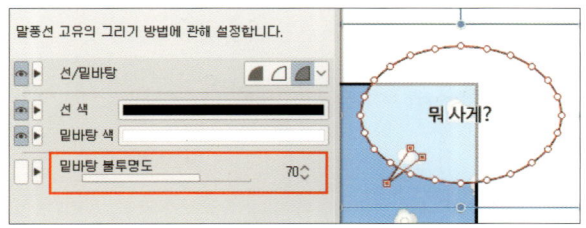

그림 10-3-25

불투명도를 낮춰서 말풍선 뒤에 있는 인물이나 배경이 보이게 할 수 있습니다.

브러시 크기

작성된 말풍선의 선 두께를 조절할 수 있습니다.

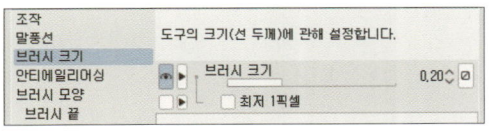

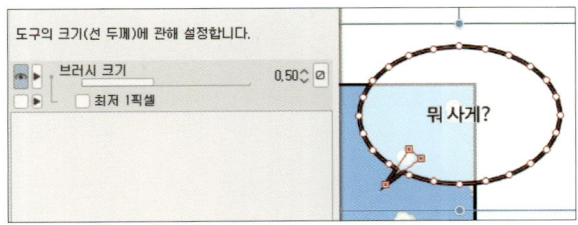

그림 10-3-26

말풍선을 선택하고 브러시 크기를 조절하면 말풍선의 두께를 조절할 수 있습니다.

안티에일리어싱

작성된 말풍선의 안티에일리어싱을 설정합니다.

브러시 모양

브러시 모양을 변경하면 선의 모양을 바꿀 수 있습니다.

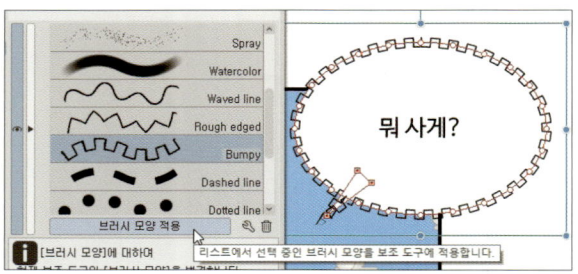

그림 10-3-27

브러시 모양을 선택하고 [브러시 모양 적용]을 클릭합니다.

브러시 끝

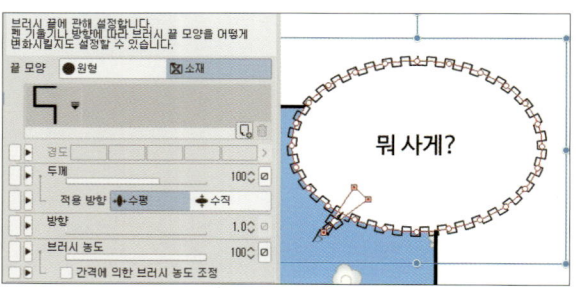

그림 10-3-28

브러시 모양

적용된 브러시 끝이 표시됩니다.

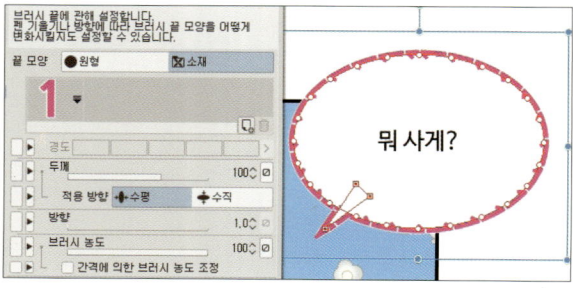

그림 10-3-29

브러시 끝을 교체하면 선에 바로 적용됩니다. (브러시 설정 참조)

살포 효과

말풍선에 에어브러시 효과를 적용합니다.

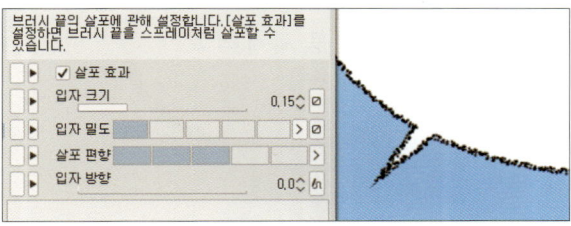

그림 10-3-30

스트로크

말풍선의 브러시 끝을 설정합니다.

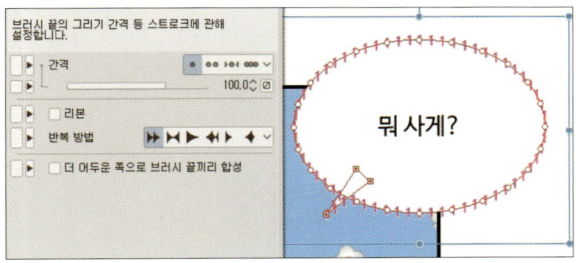

그림 10-3-31

[스트로크] 옵션에 따라 선의 구성이 달라집니다. (브러시 설정 참조)

종이 재질

텍스처 효과를 설정합니다.

그림 10-3-32

말풍선에 텍스처 효과를 줄 수 있습니다. (브러시 설정 참조)

변형 설정

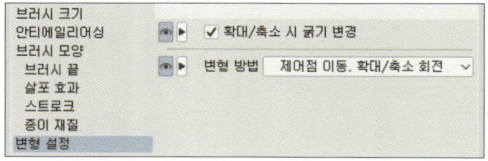

그림 10-3-33

1) 확대/축소 시 굵기 변경: 체크하면 확대/축소에 따라서 말풍선의 굵기가 변경됩니다.

그림 10-3-34 그림 10-3-35

말풍선을 확대하면 선의 두께도 같이 변경됩니다.

2) 변형 방법: 변형 방법을 선택할 수 있습니다.

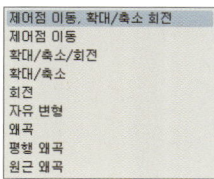

그림 10-3-36

소재 이미지 선택 시 오브젝트 도구 상세

변형 설정

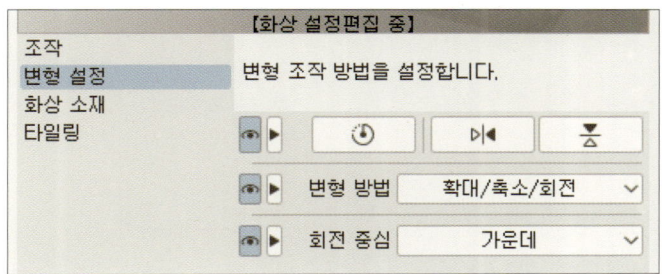

그림 10-3-37

1) 변형

① 리셋: 변형했던 이미지를 처음으로 되돌립니다.

② 좌우 반전: 십자선을 중심으로 좌우 반전을 합니다.

그림 10-3-38

그림 10-3-39

③ 상하 반전: 십자선을 중심으로 상하 반전을 합니다.

그림 10-3-40   그림 10-3-41

십자선을 이동해서 반전 기준점을 변경할 수 있습니다.

④ 변형 방법

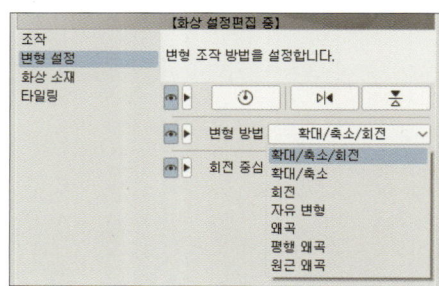

그림 10-3-42

⑤ 회전 중심: 회전 및 확대/축소 시 기준점을 설정합니다.

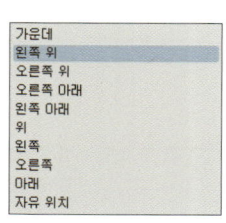

그림 10-3-43   그림 10-3-44

[회전 중심]을 왼쪽 위로 설정하면 기준점이 그림 10-3-44와 같이 적용됩니다.

288

화상 소재 선택 시 오브젝트 보조 도구 상세

화상 소재

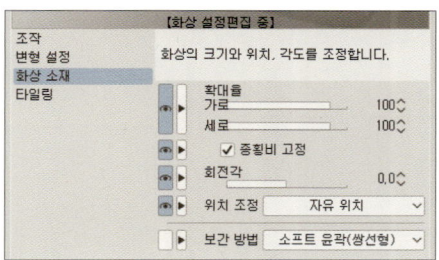

그림 10-3-45

1) 확대율

확대와 축소 값을 조절할 수 있습니다. 단위는 백분율입니다.

그림 10-3-46

2) 종횡비 고정

변형 설정에서 [확대>축소>회전], [확대>축소], [회전]에서만 활성화됩니다. 체크하면 비율이 고정됩니다.

3) 회전각

이미지를 회전합니다.

그림 10-3-47

4) 위치 조정

① 캔버스: 이미지 소재를 캔버스 크기에 맞춥니다.

② 재단 여백: 만화 원고 설정 시 재단 여백 선에 맞춥니다.

그림 10-3-48   그림 10-3-49

③ 완성(재단선): 재단선에 맞춥니다.

④ 기본 테두리: 이미지가 소재를 기본 테두리에 맞춥니다.

그림 10-3-50   그림 10-3-51

⑤ 자유 위치: 이미지 소재를 불러오면 선택되는 기본 설정입니다. 캔버스 제작 시 [만화 원고 설정]을 설정하지 않고 캔버스를 만들면 위치 조정은 [캔버스]와 [자유 위치] 두 개의 옵션만 보이게 됩니다.

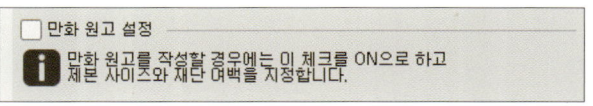

그림 10-3-52   그림 10-3-53

5) 보간 방법

① 소프트 윤곽(쌍선형): 옆 픽셀과 색이 잘 섞이며 주위와 조화를 이룹니다.

② 하드 윤곽(최단입점): 이웃 픽셀과 색이 섞이지 않으며 들쭉날쭉한 선이 됩니다.

③ 윤곽 강조(쌍입방): 윤곽이 비교적 분명하지만 윤곽 주위에 흰 노이즈가 생길 수 있습니다.

④ 고정밀도(색 평균): 원래의 픽셀 위치나 형태에 맞게 색을 혼합합니다.

타일링

불러온 이미지의 타일링을 설정합니다.

1) 타일링

① 반복: 이미지를 바둑판처럼 배열합니다.

② 반환: 이미지를 상하 반전해서 복사합니다.

③ 뒤집기: 이미지를 좌우 반전해서 복사합니다.

그림 10-3-54   그림 10-3-55   그림 10-3-56

2) 타일링 방향

① 상하좌우: 위 예시들처럼 바둑판 모양으로 배치합니다.

② 좌우만: 이미지를 좌우로 배치합니다.

③ 상하만: 이미지를 상하 방향으로 배치합니다.

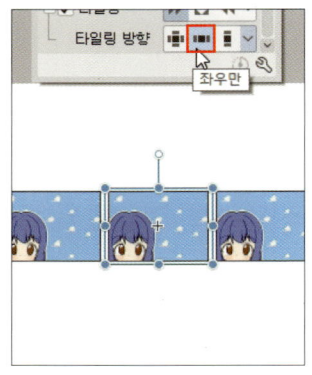
그림 10-3-57

그림 10-3-58

오브젝트 컷 테두리 보조 도구 상세

조작

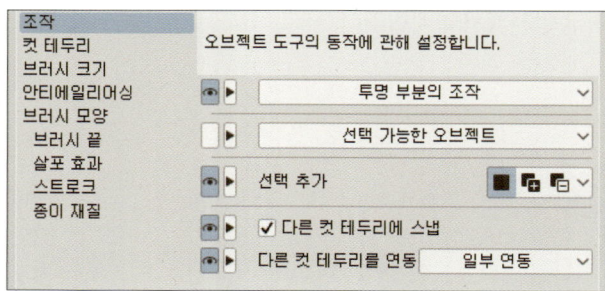
그림 10-3-59

1) 다른 컷 테두리에 스냅

컷선을 이동할 때 컷 테두리, 다른 컷의 연장선에 스냅됩니다.

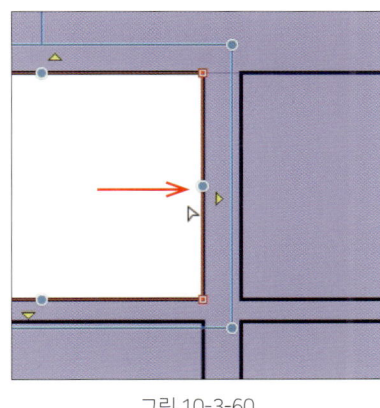

그림 10-3-60

다른 컷선의 연장선 근처까지 드래그하면 자석처럼 달라붙습니다.

2) 다른 컷 테두리를 연동

컷선 이동 시 다른 컷선도 같이 움직이게 합니다.

① 연동하지 않음: 이웃한 컷선이 같이 움직이지 않고 조작하는 컷선만 움직입니다.
② 일부 연동: 가로 이동 시 스냅 기능만 살아 있고 다른 컷은 연동되지 않습니다.

그림 10-3-61

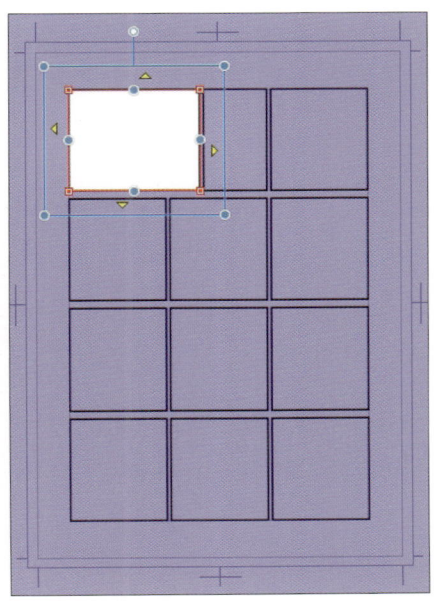

그림 10-3-62

Chapter 10. 메인 도구 팔레트

그림 10-3-63

컷선을 세로 방향으로 이동하면 가로줄에 있는 컷들이 연동됩니다.

③ 연동함(전체 연동): 컷의 세로선을 이동하면 세로선들이 연동됩니다. 컷의 가로선을 움직이면 가로선의 컷들이 같이 움직입니다.

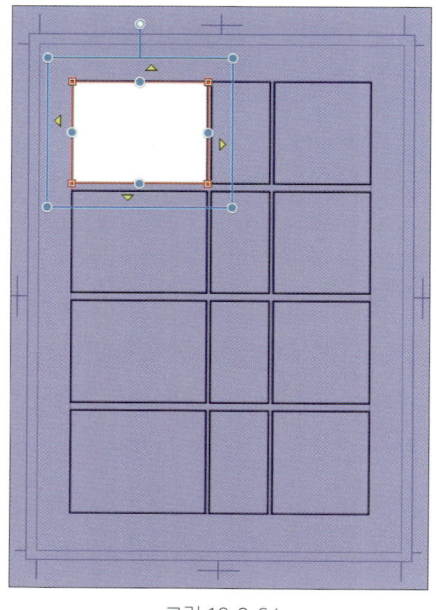

그림 10-3-64

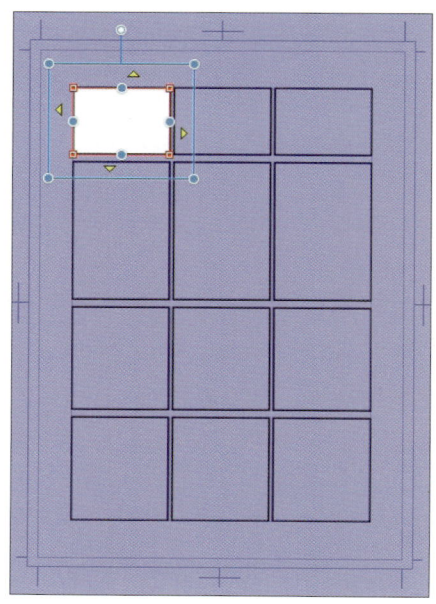

그림 10-3-65

컷 테두리

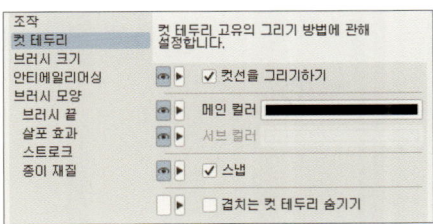

그림 10-3-66

1) 컷선을 그리기하기(컷선 표시)

체크 해제하면 컷선이 표시되지 않습니다.

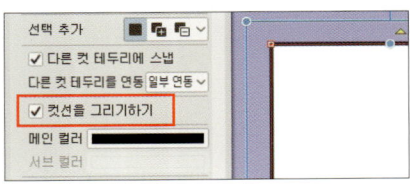 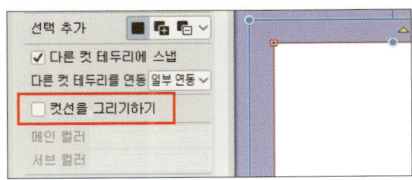

그림 10-3-67

2) 메인 컬러

컷선의 색을 바꿀 수 있습니다.

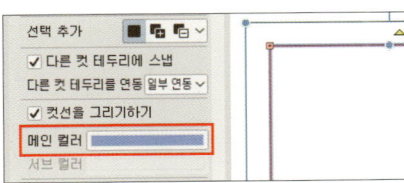

그림 10-3-68

3) 서브 컬러

필요 없는 기능입니다.

4) 스냅

컷 테두리의 스냅을 켜고 끕니다.

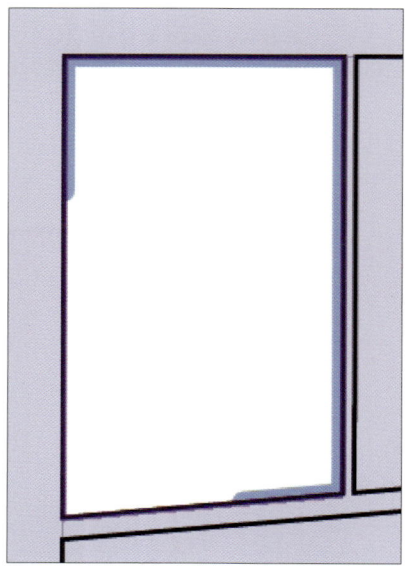

그림 10-3-69

스냅이 켜져 있으면 컷 테두리에 스냅이 적용됩니다.

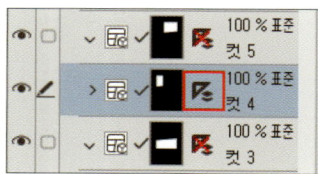

그림 10-3-70

컷 테두리 스냅을 사용하려면 자 상태가 [자 표시] 상태로 되어 있어야 합니다.

5) 겹치는 컷 테두리 숨기기
테두리 폴더에서 겹치는 부분의 아래쪽 테두리 선을 숨깁니다. 그 외 항목들은 브러시 설정과 동일합니다.

오브젝트 자 보조 도구 상세

자

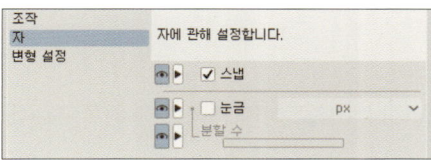

그림 10-3-71

1) 자 스냅

자 스냅 여부를 설정합니다. 단축키는 Ctrl+1입니다.

2) 눈금

자에 눈금 표시를 할 수 있습니다.

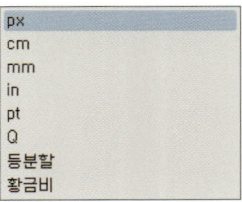

그림 10-3-72

3) 분할 수

눈금 단위를 [등분할]로 선택하면 활성화됩니다. 7등신, 8등신 등의 비율을 나눌 때 사용하면 좋습니다.

특수자

특수 자 선택 시 나오는 옵션입니다. 특수 자, 가이드 자, 대칭자에서 사용할 수 있습니다.

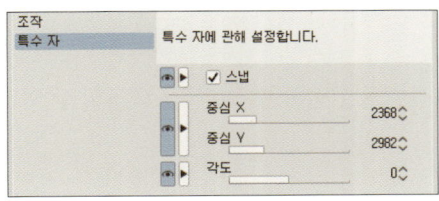

그림 10-3-73

1) 스냅
스냅을 적용할지 여부를 결정합니다. 특수 자, 가이드 자, 대칭자의 스냅 단축키는 Ctrl+2입니다.

2) 중심 X
특수 자의 가로축 위치를 설정합니다. 0으로 하면 캔버스 맨 왼쪽으로 이동합니다.

3) 중심 Y
특수 자의 세로축 위치를 설정합니다. 0으로 하면 캔버스 맨 위쪽으로 이동합니다.

4) 각도
각도를 조절할 수 있는 자일 경우 활성화됩니다. 0도로 하면 수평이 됩니다.

퍼스자

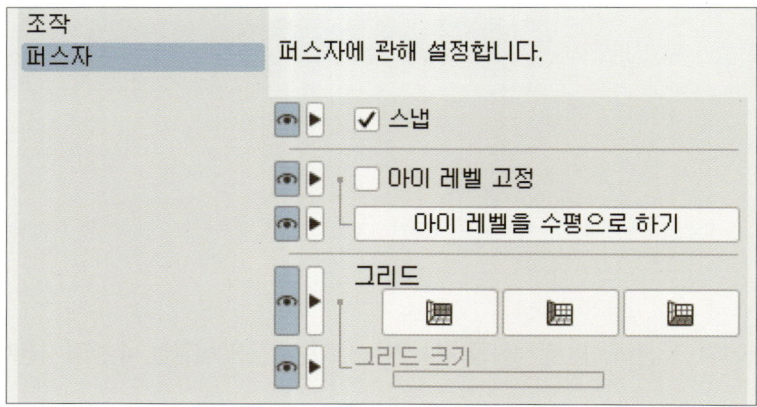

그림 10-3-74

1) 스냅
퍼스자의 스냅 여부를 설정합니다.

2) 아이 레벨 고정
아이 레벨을 고정합니다. 아이 레벨을 고정하면 소실점을 이동할 때 아이 레벨이 고정됩니다. (수평을 유지)

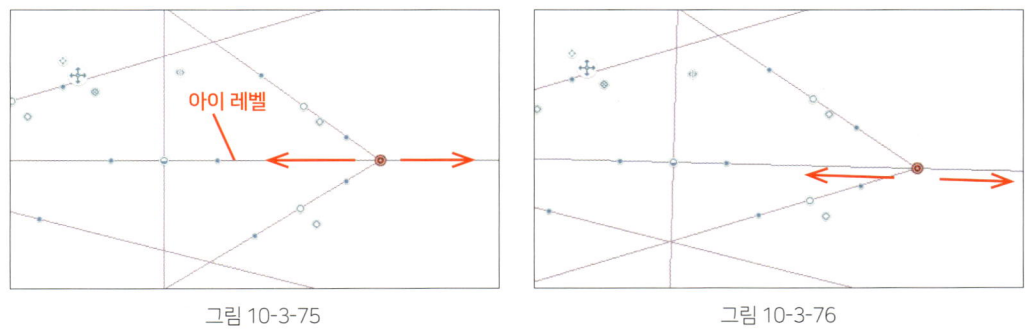

그림 10-3-75 　　　　　　　　　　　　　　　　　 그림 10-3-76

[아이 레벨 고정]을 끄면 소실점을 조작할 때 수평을 유지하지 않습니다.

3) 아이 레벨을 수평으로 하기
아이 레벨을 수평으로 되돌립니다.

4) 그리드
퍼스자의 [그리드]가 표시됩니다. 소실점의 개수에 따라 [그리드] 표시 방식이 달라집니다.

2점 투시일 때

1) XY 평면

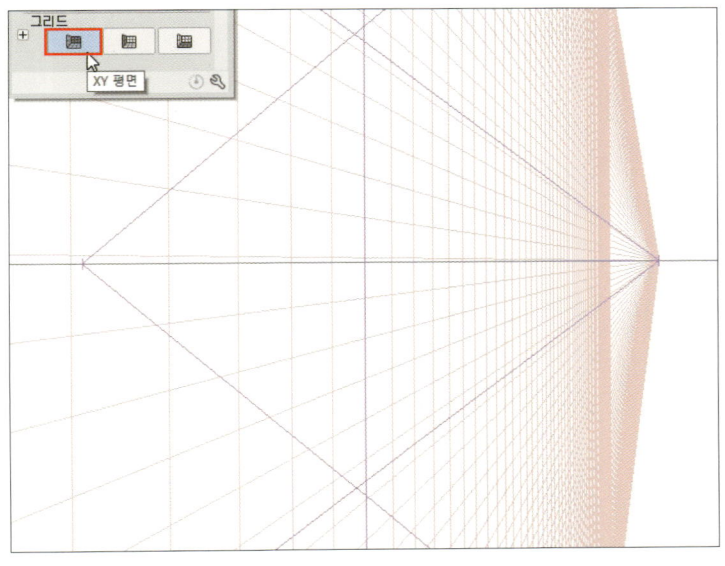

그림 10-3-77

2) YZ 평면

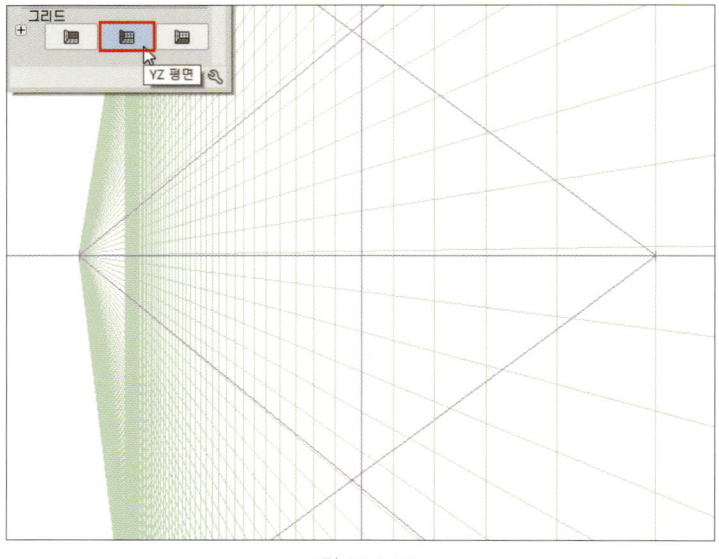

그림 10-3-78

3) XZ 평면

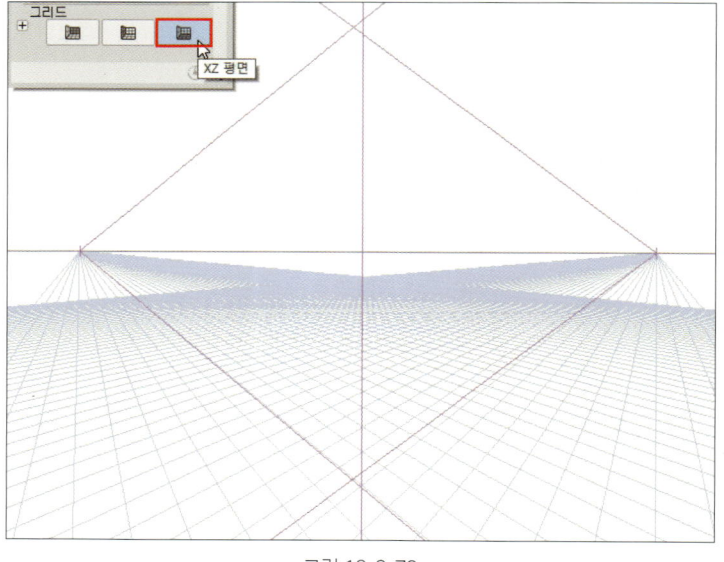

그림 10-3-79

4) 모두 켰을 때

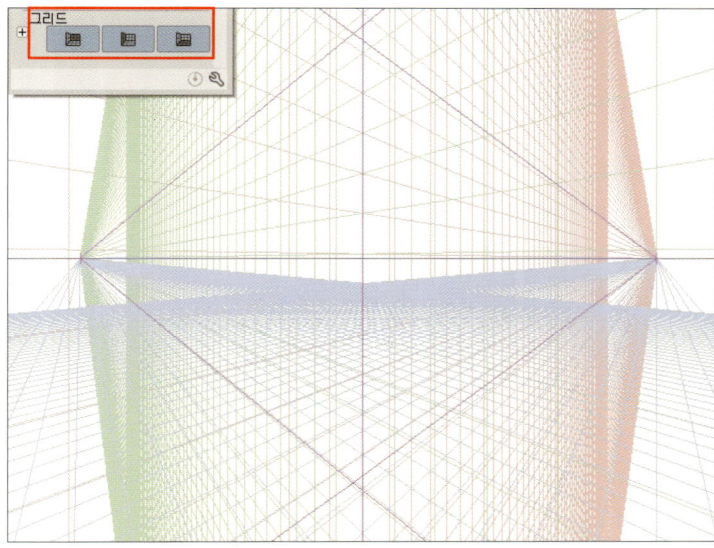

그림 10-3-80

#1점 투시

1) XY 평면

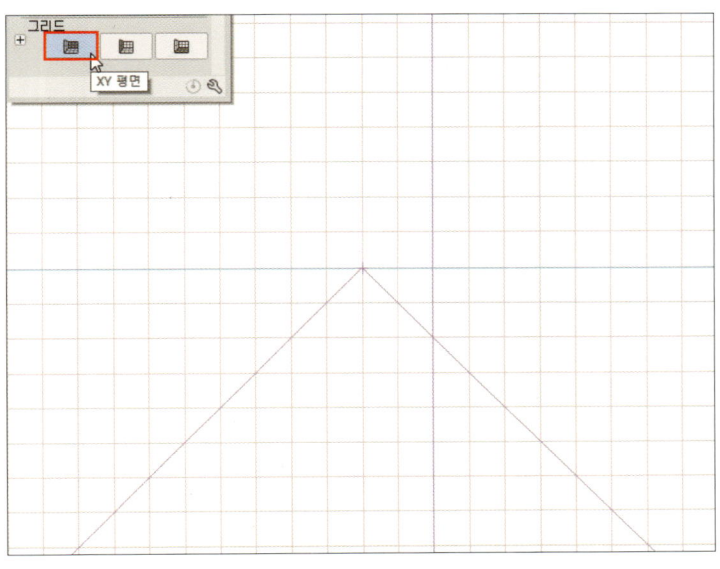

그림 10-3-81

2) YZ 평면

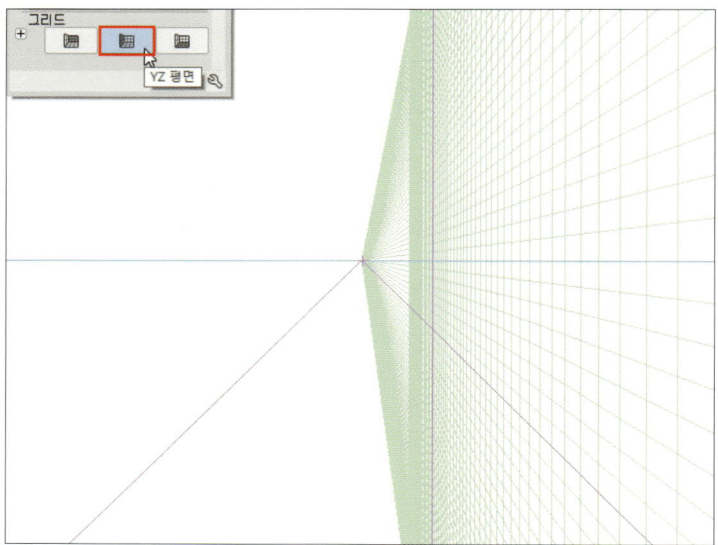

그림 10-3-82

3) XZ 평면

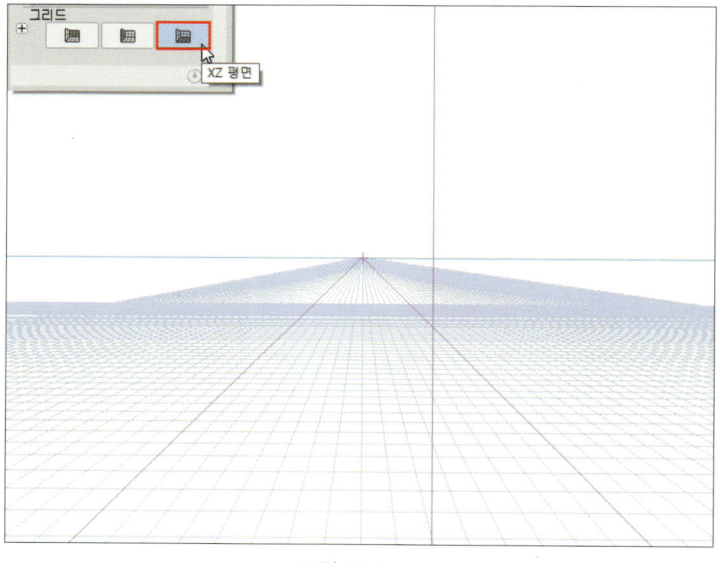

그림 10-3-83

4) 모두 켰을 때

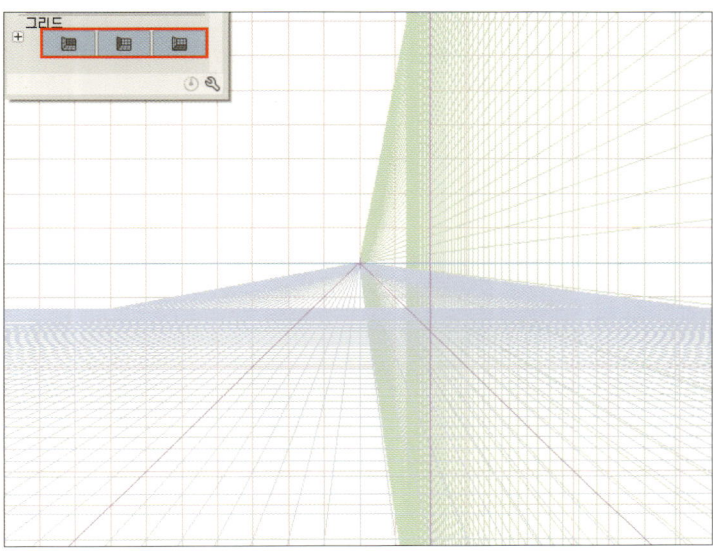

그림 10-3-84

5) 그리드 크기

그리드의 크기를 설정합니다.

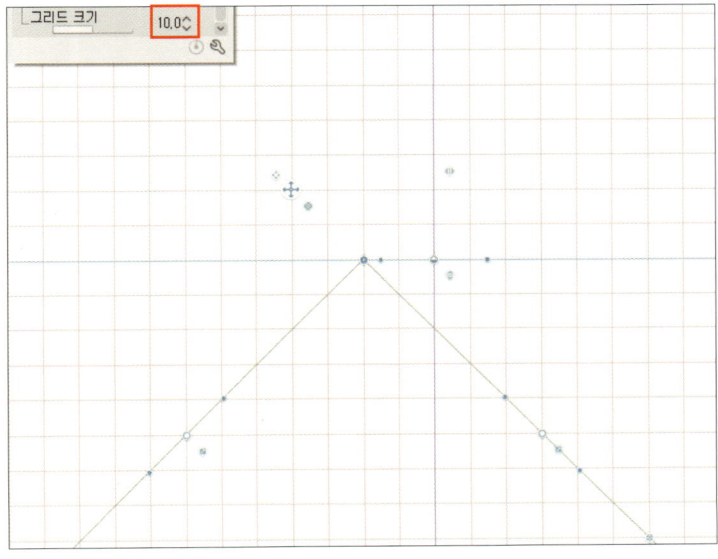

그림 10-3-85

그림 10-3-86

오브젝트 텍스트 보조 도구 상세

문자 일람(문자 목록)

문자 일람을 사용하면 키보드로 입력하기 어려운 문자, 심볼 등을 입력할 수 있습니다.

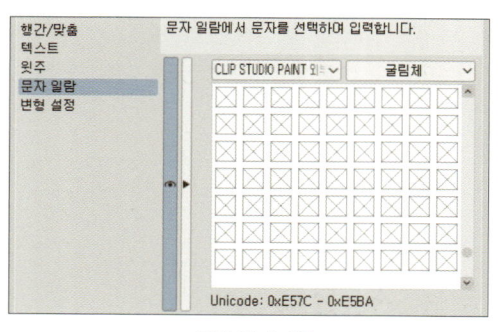

그림 10-3-87

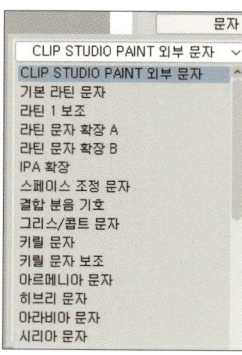

그림 10-3-88

[CLIP STUDIO PAINT 외부 문자]를 클릭하면 문자 목록이 열립니다.

그림 10-3-89

키보드로 입력이 어려운 문자들을 입력할 수 있습니다. 문자 입력 도중 문자를 지울 때는 [1문자 지우기]로 지울 수 있습니다. 입력이 끝나면 일반 텍스트를 편집하듯이 Back Space 키로 삭제할 수 있습니다.

[레이어 선택]은 그림이 그려진 레이어를 빠르게 찾을 수 있는 도구입니다.

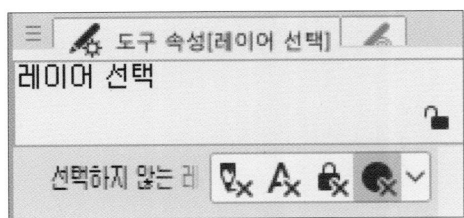

그림 10-3-90

1) 선택하지 않는 레이어
레이어 선택 시 제외하고 싶은 레이어를 설정합니다.
① 밑그림을 선택하지 않음: 레이어 선택 시 [밑그림 레이어]를 제외합니다.
② 문자를 선택하지 않음: 레이어 선택 시 [텍스트 레이어]를 제외합니다.
③ 잠긴 레이어를 선택하지 않음: 레이어 선택 시 [잠긴 레이어]를 제외합니다.
④ 채우기를 선택하지 않음: 레이어 선택 시 [채우기 레이어]를 제외합니다.

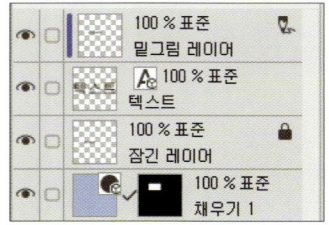

그림 10-3-91

각각의 레이어가 있을 때입니다.

그림 10-3-92

제외하고 싶은 레이어 종류에 체크합니다. [밑그림 레이어], [잠긴 레이어]에 체크합니다.

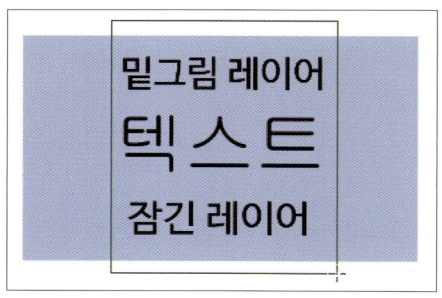

그림 10-3-93

드래그로 영역을 선택합니다.

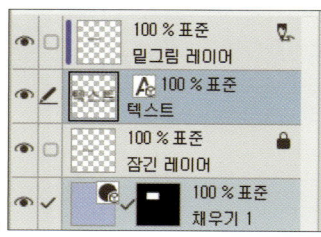

그림 10-3-94

[밑그림 레이어], [잠긴 레이어]는 선택되지 않습니다. 라이트테이블, 타임라인 편집은 애니메이션 기능입니다.

4. 레이어 이동

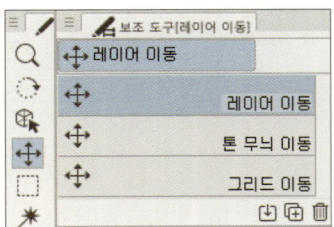

그림 10-4-1

레이어 이동

드래그로 그림, 톤, 그리드 등을 이동합니다.

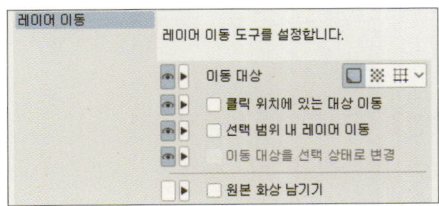

그림 10-4-2

1) 이동 대상

이동할 대상을 선택합니다.

① 레이어: 레이어를 이동할 수 있습니다.

그림 10-4-3

② 톤 망점: 톤의 망점을 이동할 수 있습니다.

그림 10-4-4 　　　　　　　　　그림 10-4-5

[레이어 선택]으로 이동하면 톤 레이어 자체가 이동됩니다.

그림 10-4-6 　　　　　　　　　그림 10-4-7

[톤 망점]을 선택하고 이동하면 톤의 망점이 이동됩니다.

③ 그리드/눈금자: 그리드/눈금자를 이동합니다.

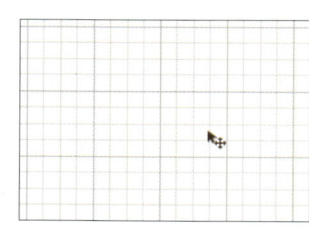
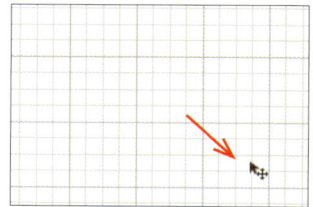

그림 10-4-8

2) 클릭 위치에 있는 대상 이동
체크 해제되어 있으면 그림이 그려져 있지 않은 빈 화면을 드래그해도 레이어가 이동됩니다. 체크하면 그림이 그려져 있는 곳을 선택하고 드래그해야 레이어가 이동합니다.

3) 선택 범위 내 레이어 이동
선택 범위 안에 있는 다른 레이어의 그림을 같이 이동할지 선택합니다.

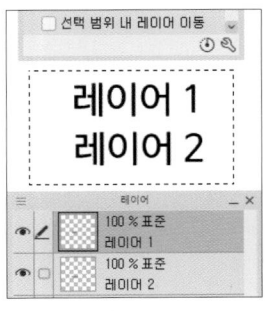 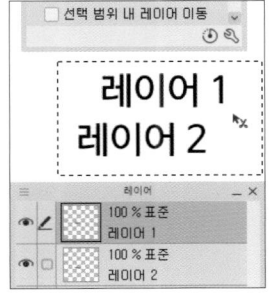

그림 10-4-9   그림 10-4-10

다른 레이어의 그림까지 선택 범위로 지정했을 시 레이어가 같이 이동하고(그림 10-4-9), 체크 해제 시 해당 레이어만 이동합니다(그림 10-4-10).

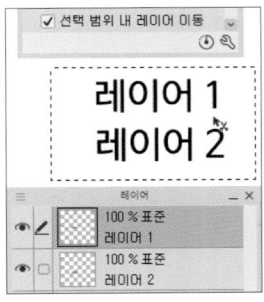

그림 10-4-11

체크 시 같이 이동됩니다. 레이어 2가 선택되어 있지 않지만 이동이 가능합니다.

4) 이동 대상을 선택 상태로 변경

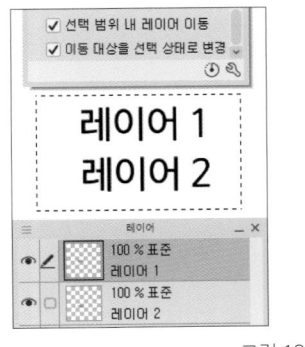 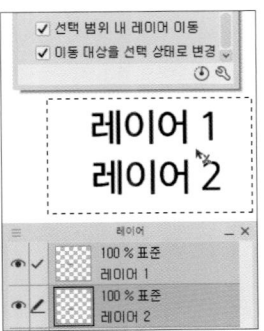

그림 10-4-12

이 옵션을 켜고 이동하면 레이어 2가 추가로 선택됩니다.

5) 원본 화상 남기기

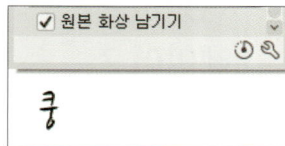 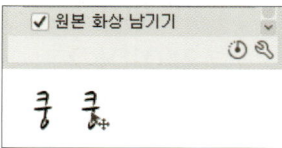

그림 10-4-13

[원본 화상 남기기]를 켜고 드래그하면 원본이 유지되고 복사본이 이동합니다. 그림이나 효과음을 복사하고 싶을 때 사용하면 좋습니다.

5. 선택 범위

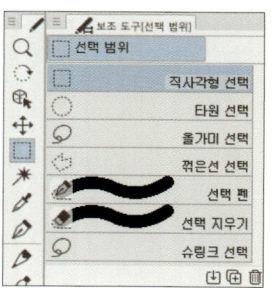

그림 10-5-1

직사각형

직사각형으로 영역을 선택할 때 사용합니다. 정사각형으로 영역을 선택하고 싶다면 Shift 키를 누르고 드래그합니다. 드래그 도중에 Shift 키를 눌렀다 뗐다 해도 계속 전환됩니다. 타원 선택도 동일하게 Shift 키를 누르면 정확한 원을 작성할 수 있습니다. 그 외 보조 도구들도 한 번씩 사용해서 감각을 익혀 봅니다.

선택 범위 보조 도구 상세

선택 범위

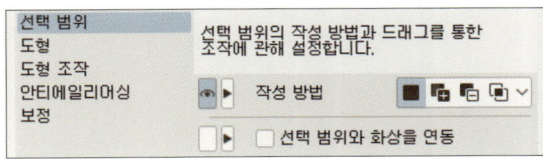

그림 10-5-2

1) 작성 방법
① 신규 선택: 새로운 선택 영역을 만듭니다.
② 추가 선택: 선택된 범위 외에 추가로 선택 영역을 만듭니다. 단축키는 Shift입니다.
③ 부분 해제: 선택된 영역 중에서 일부를 해제하고 싶을 때 사용합니다. 단축키는 Alt입니다.
④ 선택 중을 선택: 선택한 영역과 교차하는 영역을 선택 범위로 만듭니다.

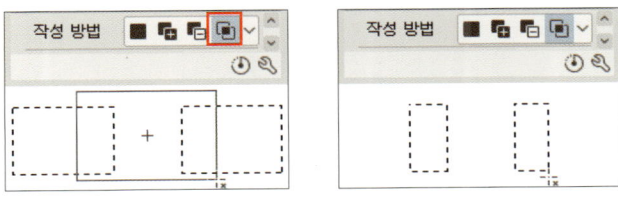

그림 10-5-3

선택 범위가 여러 개일 때 다음과 같이 됩니다.

2) 선택 범위와 화상을 연동
체크하면 선택 영역 이동 시 영역 안에 있는 이미지도 같이 이동됩니다.

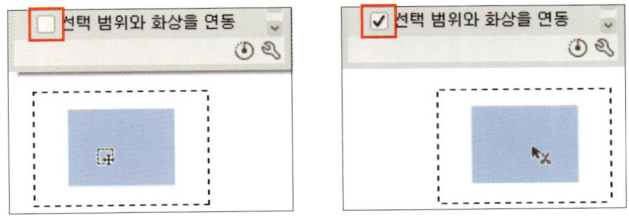

그림 10-5-4

체크 해제 시 선택 범위만 이동합니다. (기본 설정)

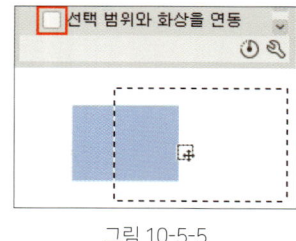

그림 10-5-5

체크 시 그림도 같이 이동합니다.

도형

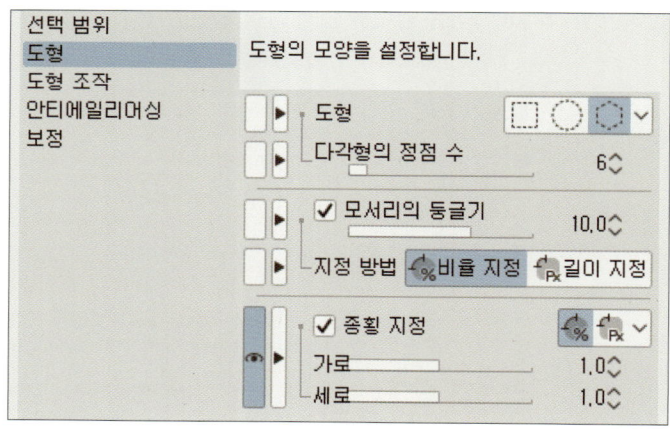

그림 10-5-6

1) 도형
선택 범위의 모양을 설정합니다.

2) 다각형의 정점 수
다격형의 꼭짓점 개수를 설정하면 다양한 다각형을 작성할 수 있습니다.

3) 모서리 둥글기
모서리를 둥글게 합니다.

그림 10-5-7

4) 지정 방법
둥글게 하는 범위를 비율로 지정할지 길이로 지정할지 설정합니다.

5) 종횡 지정
비율과 길이를 설정한 후 선택 범위를 작성합니다.

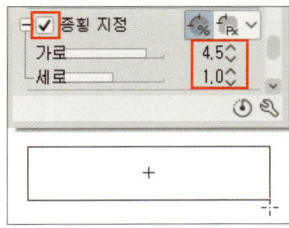 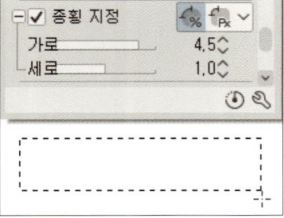

그림 10-5-8

[종횡 지정] 설정 후 선택 범위를 작성하면 설정한 비율대로 선택 범위를 작성합니다. 단위는 백분율과 px 중에서 선택할 수 있습니다. 드래그로 작성 시 지정한 비율로만 작성됩니다.

도형 조작

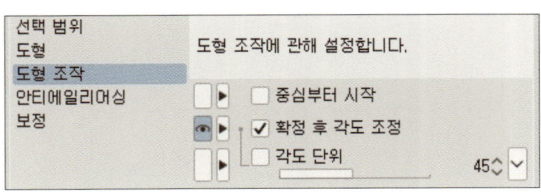

그림 10-5-9

1) 중심부터 시작
도형으로 선택 범위 작성 시 중심부터 시작합니다.

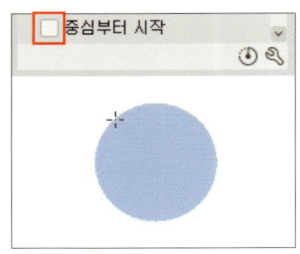 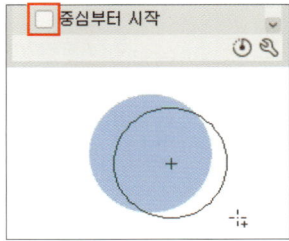

그림 10-5-10

파란색이 위치한 영역에 선택 범위를 작성하려면 원의 경계부터 드래그를 시작해도 선택 범위가 밀려서 작성되므로 정확한 자리에 선택 범위를 작성하는 게 어렵습니다.

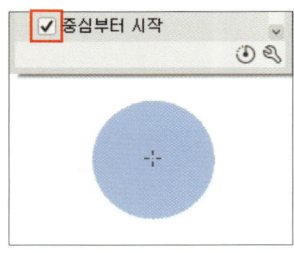 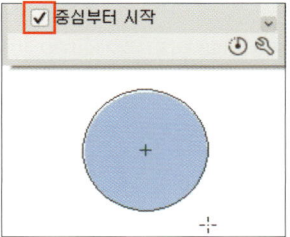

그림 10-5-11

[중심부터 시작]에 체크하면 중심부터 작성해 비교적 정확한 자리에 선택 범위를 작성할 수 있습니다.

2) 확정 후 각도 조정

체크하면 도형을 만든 후 각도 조절을 할 수 있게 됩니다.

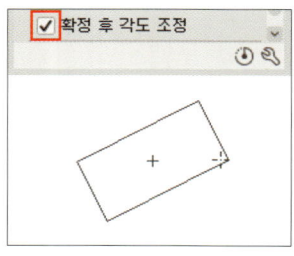

그림 10-5-12

선택 범위 작성 후 펜을 떼면 바로 작성되지 않고 각도를 조절할 수 있습니다. 각도 조절 후 한 번 더 클릭하면 완성됩니다.

3) 각도 단위

체크하면 지정한 각도로 회전합니다.

보정

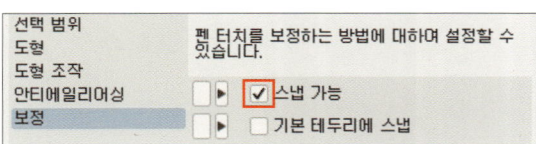

그림 10-5-13

1) 스냅 가능

체크하면 가이드, 대칭자, 퍼스자 등에 스냅을 할 수 있습니다. 자에 스냅(Ctrl+1)이 꺼져 있어도 [스냅 가능]에 체크되어 있으면 스냅이 가능합니다. 퍼스자에 스냅이 걸린 상태에서 선택 범위를 만들 수 있습니다.

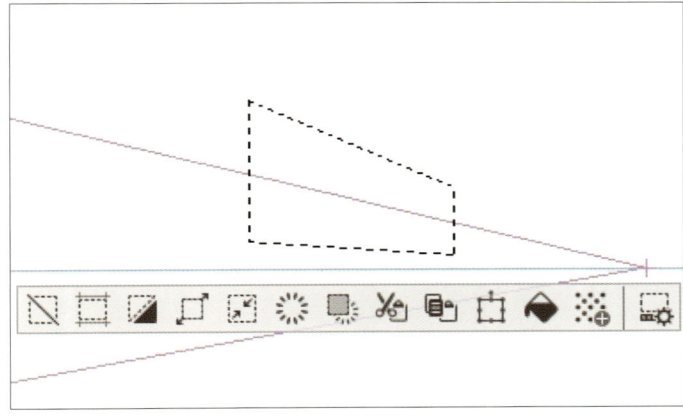

그림 10-5-14

2) 기본 테두리에 스냅

체크하면 만화 원고 설정 시 기본 테두리에 스냅이 가능합니다. [스냅 가능]에 체크 해제되어 있어도 가능합니다.

올가미 선택 시 보조 도구 상세

보정

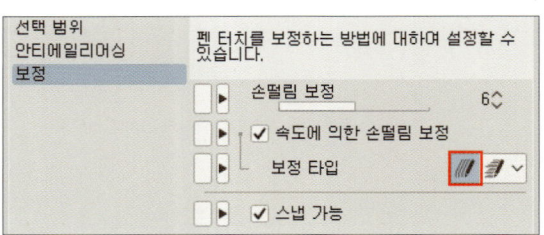

그림 10-5-15

1) 손떨림 보정

올가미 툴에 손떨림 보정을 적용할 수 있습니다. 값을 높일수록 선이 매끄러워집니다. 보정 효과로 인해 실제 펜의 위치보다 늦게 따라오는 선을 확인할 수 있습니다. (브러시 보정 참조)

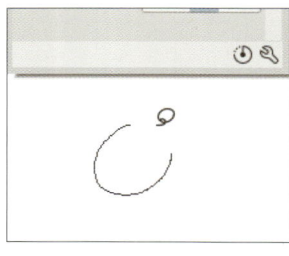

그림 10-5-16

2) 속도에 의한 손떨림 보정

펜을 움직이는 속도에 따라 보정 강도가 달라집니다.

3) 보정 타입

① 천천히 그렸을 때 보정 적용

　펜이 느리게 움직일수록 보정이 향상됩니다. [손떨림 보정] 보정 값이 30을 넘으면 보정 효과가 비활성화됩니다.

② 재빨리 그렸을 때 약한 보정

　펜의 움직임이 빠를수록 보정 효과가 감소합니다.

꺾은선 선택 시 보조 도구 상세

연속 곡선

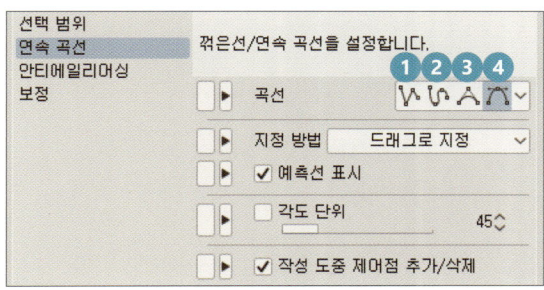

그림 10-5-17

1) 곡선

① 직선: 캔버스를 클릭해서 직선을 그릴 수 있습니다. 만들고 싶은 도형을 만든 후 시작점으로 커서를 옮기면 동그라미 표시가 생깁니다. 한 번 더 클릭하면 선택 범위가 완성됩니다.

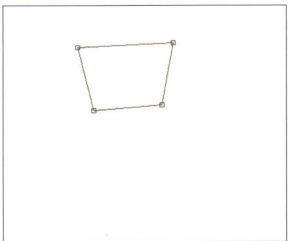
그림 10-5-18

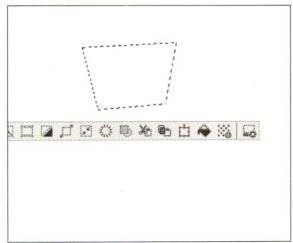
그림 10-5-19

② 스플라인: 곡선으로 선택 범위를 작성합니다.
③ 2차 베지에: 곡선을 그리는 도구입니다.
④ 3차 베지에: 곡선을 그리는 도구입니다. (도형 참조)

2) 지정 방법

3차 베지에를 선택했을 때 활성화됩니다. 클릭과 드래그 중에서 결정합니다.

3) 예측선 표시

지정 방법을 [드래그로 지정] 시 선택 가능합니다.

4) 각도 단위
회전 각도를 지정할 수 있습니다.

5) 작성 도중 제어점 추가/삭제
선택 범위 작성 중에 이미 만들어진 제어점을 클릭하면 제어점이 삭제됩니다.

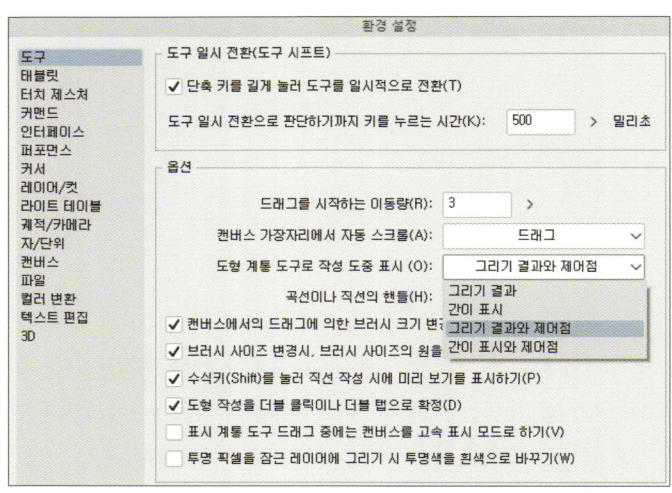

그림 10-5-20

환경 설정에서 제어점이 표시되지 않는 옵션을 선택하면 제어점이 생성되지 않아 해당 기능을 사용할 수 없습니다. [그리기 결과], [간이 표시]를 선택하면 제어점이 나타나지 않습니다. [그리기 결과와 제어점], [간이 표시와 제어점]을 선택하면 제어점이 보여 삭제 기능을 사용할 수 있습니다.

자동 선택(채우기 참조)

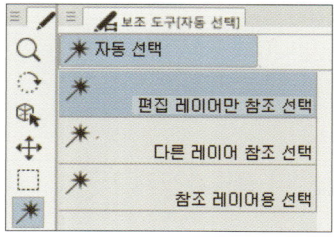

그림 10-5-21

6. 스포이트

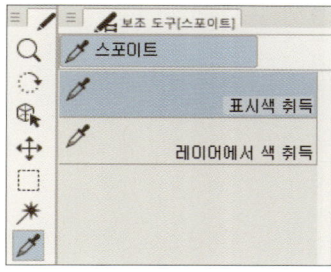

그림 10-6-1

스포이트 보조 도구 상세

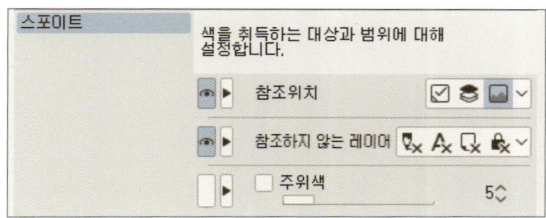

그림 10-6-2

1) 참조 위치
① **편집 레이어** 선택한 레이어에서만 색을 추출합니다.
② **최상위 레이어** 맨 위에 위치한 레이어에서만 색을 추출합니다.
③ **표시상 이미지** 캔버스 상에 보이는 색을 추출합니다.

2) 참조하지 않는 레이어
다음 중에서 참조하지 않을 레이어에 체크하면 참조하지 않습니다. (다중 선택 가능)

❶ 밑그림을 참조하지 않음
❷ 문자를 참조하지 않음
❸ 용지를 참조하지 않음
❹ 잠긴 레이어를 참조하지 않음

그림 10-6-3

3) 주위색

선택한 영역과 주위를 포함한 평균치 색을 추출합니다. 값을 조절해서 영역의 크기를 정할 수 있습니다. 이 기능을 켜면 선택한 영역의 색이 아닌 선택한 영역의 색과 선택한 영역 주변색의 평균치 색을 추출합니다.

펜, 연필, 붓, 에어브러시, 데커레이션, 지우개, 색 혼합은 동일한 속성을 사용합니다. (브러시 참조)

그림 10-6-4

7. 채우기

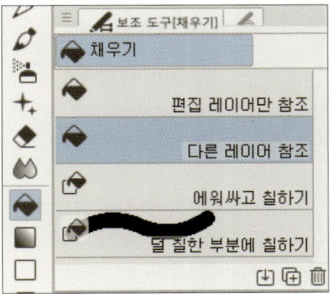

그림 10-7-1

채우기

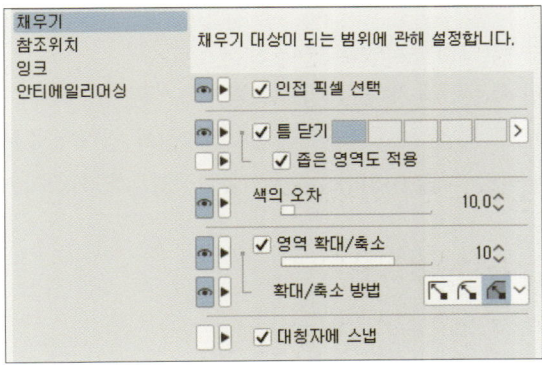

그림 10-7-2

1) 인접 픽셀 선택

체크되어 있으면 선택한 영역에만 색을 채웁니다. 체크 해제하면 레이어 안의 같은 색을 찾아 색을 채웁니다.

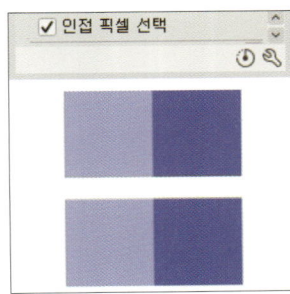

그림 10-7-3

그림 10-7-4

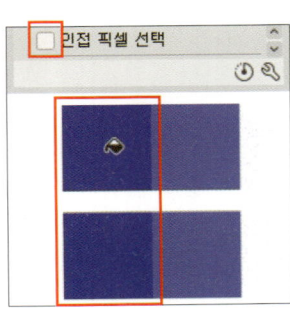

그림 10-7-5

원본입니다. (그림 10-7-3)
[인접 픽셀 선택] 체크 시 선택한 범위에만 색이 채워집니다. (그림 10-7-4)
체크 해제 시 레이어 안의 같은 색을 찾아 채웁니다. (그림 10-7-5)

2) 틈 닫기
채우기 할 영역에 틈이 있으면 이 옵션을 켜면 틈을 닫고 색을 채웁니다.

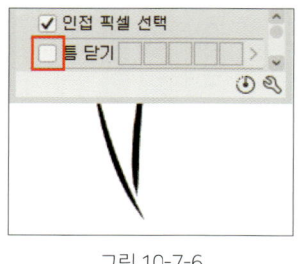 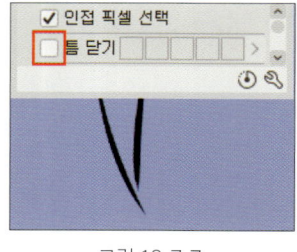 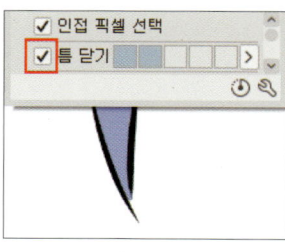

그림 10-7-6   그림 10-7-7   그림 10-7-8

머리카락을 그렸을 때입니다. (그림 10-7-6)
[틈 닫기]를 끄면 틈이 있을 때 전체가 채워집니다. (그림 10-7-7)
[틈 닫기]를 켜면 틈이 있어도 틈을 닫고 채우기를 합니다. 값을 입력해서 틈의 간격을 설정할 수 있습니다. 0.1~50.0까지 선택할 수 있습니다. 틈을 넓게 설정할수록 처리하는 데 시간이 오래 걸립니다. (그림 10-7-8)

3) 좁은 영역도 적용
틈 닫기를 했을 때 가늘고 긴 틈을 포함할 것인지 안 할 것인지 결정합니다.

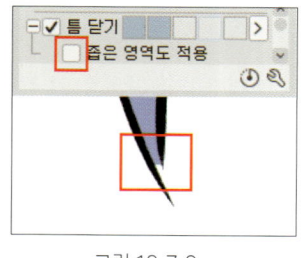 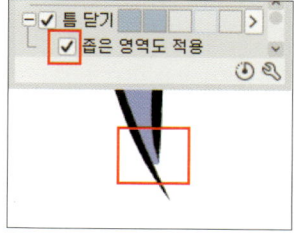

그림 10-7-9   그림 10-7-10

체크 해제 시 틈의 입구까지만 채워집니다. (그림 10-7-9)
체크하면 통로까지 채우기가 됩니다. (그림 10-7-10)

4) 색의 오차

수치가 높을수록 더 많은 색을 포함합니다. [인접 픽셀 선택]을 끄고 채우기를 했을 때 색의 오차 값에 의해 채워지는 범위가 달라집니다.

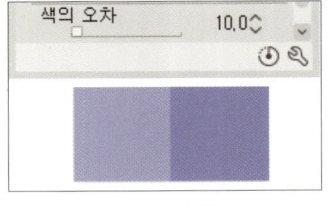 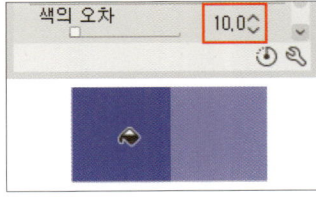 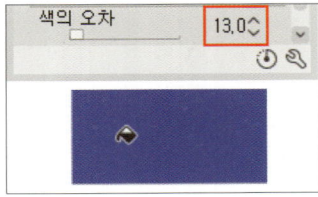

그림 10-7-11   그림 10-7-12   그림 10-7-13

(그림 10-7-11)과 같은 채색이 있을 때입니다.
오차 값이 낮을 때입니다. (그림 10-7-12)
오차 값이 높을 때입니다. (그림 10-7-13)

5) 영역 확대/축소

채우기를 할 때 지정된 영역보다 축소해서 채울 것인지 확대해서 채울 것인지 설정할 수 있습니다.
오차 값이 높을 때입니다.

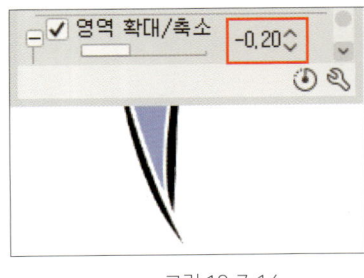 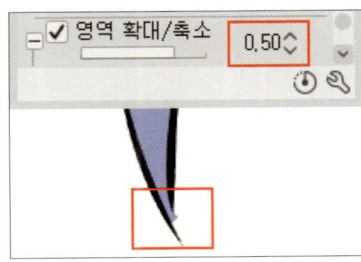

그림 10-7-14   그림 10-7-15

-20으로 설정하고 채우기를 한 모습입니다. (그림 10-7-14)
설정값을 높이면 더 넓은 영역을 채웁니다. (그림 10-7-15)

6) 확대/축소 방법

① 사각형으로 확장: 확장한 모서리를 각지게 만듭니다. (그림 10-7-16)
② 원형으로 확장: 확장한 모서리를 둥글게 만듭니다. (그림 10-7-17)

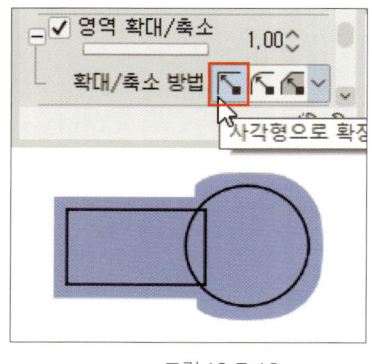
그림 10-7-16

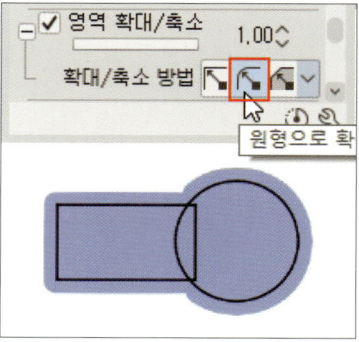
그림 10-7-17

③ 가장 진한 픽셀까지 확장: 가장 어두운 색상의 영역을 인식하고 해당 영역까지 확장합니다.

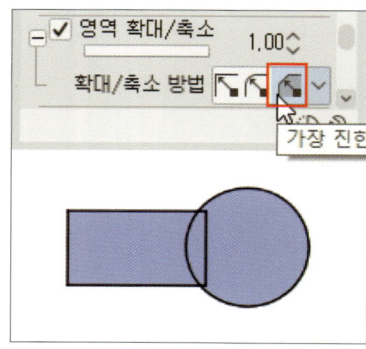
그림 10-7-18

7) 대칭자에 스냅

채우기도 대칭자에 적용됩니다.

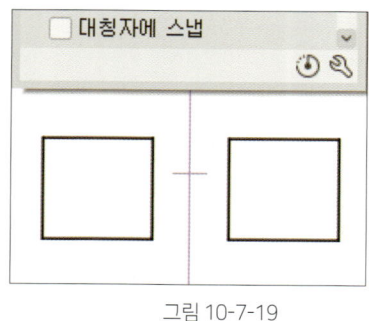
그림 10-7-19

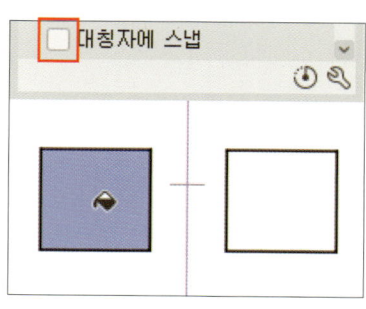
그림 10-7-20

스냅을 끄면 선택한 영역만 채웁니다.

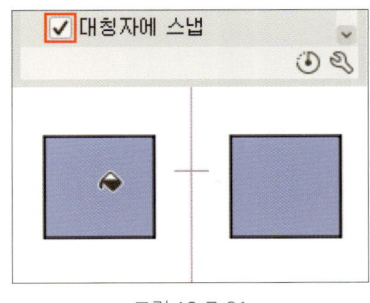

그림 10-7-21

스냅을 켜면 대칭되는 영역까지 함께 채웁니다.

폐쇄 영역 채우기

1) 대상 색

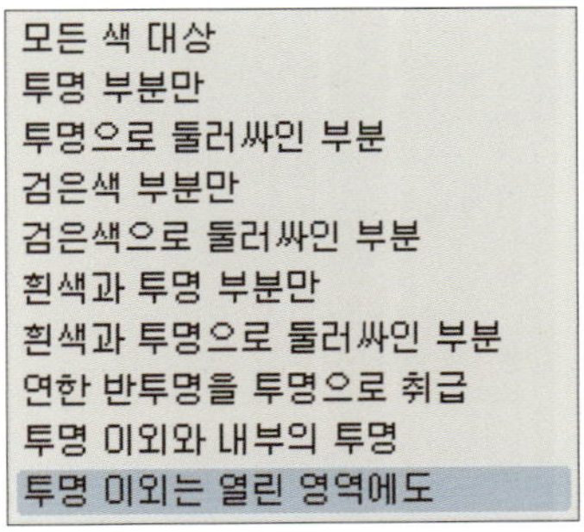

그림 10-7-22

① 모든 색 대상: 닫힌 영역을 모두 채웁니다.
② 투명 부분: 투명한 부분을 채웁니다.
③ 투명으로 둘러싸인 부분: 투명으로 둘러싸인 부분을 채웁니다.
④ 검은색 부분만: 검은색으로 그려진 부분만 채웁니다.
⑤ 검은색으로 둘러싸인 부분: 검은색으로 둘러싸인 부분을 채웁니다.
⑥ 흰색과 투명 부분만: 흰색과 투명한 부분을 채웁니다.
⑦ 흰색과 투명으로 둘러싸인 부분: 흰색과 투명으로 둘러싸인 부분을 채웁니다.
⑧ 연한 반투명을 투명으로 취급: 안티에일리어싱 등으로 반투명이 된 부분을 투명으로 인식하고 채웁니다.
⑨ 투명 이외와 내부의 투명: 닫힌 영역을 채웁니다.
⑩ 투명 이외는 열린 영역: 그려진 선과 투명 영역을 채웁니다.

참조 위치

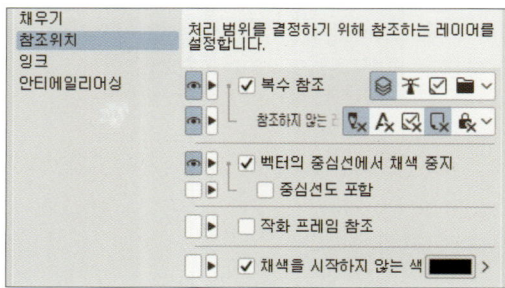

그림 10-7-23

1) 복수 참조

채우기 할 때 참조할 레이어를 선택합니다. 참조 레이어를 선택해봅시다.

그림 10-7-24

레이어를 선택하고 [참조 레이어로 설정] 아이콘을 클릭하면 참조 레이어로 설정됩니다.

① 모든 레이어: 모든 레이어의 선을 참조해서 채우기를 합니다.

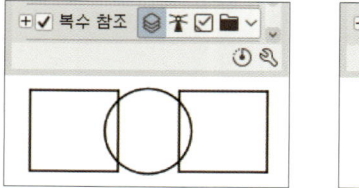 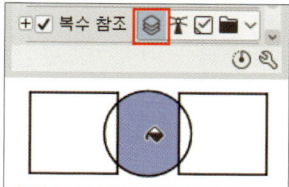

그림 10-7-25

② 참조 레이어: 참조 레이어의 선을 인식해서 채우기를 합니다.

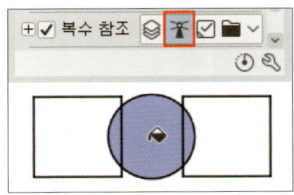

그림 10-7-26

참조 레이어로 설정한 동그라미 레이어의 선만 참조해서 채우기를 합니다.

③ 선택된 레이어: 선택한 레이어의 선만 인식해서 채우기를 합니다.

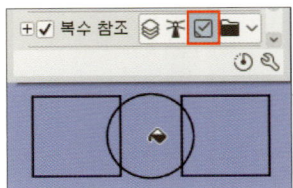

그림 10-7-27

선택한 레이어에 선이 없으면 레이어 전체에 채우기가 됩니다.

④ 폴더 내 레이어: 폴더 안에 포함된 레이어의 선을 인식해서 채우기를 합니다.

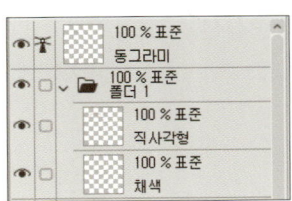

그림 10-7-28

같은 폴더 안에 있는 레이어를 참조해서 채우기를 합니다.

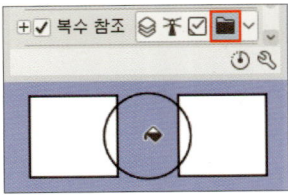

그림 10-7-29

[채색 레이어]와 같은 폴더에 있는 [직사각형 레이어]의 선을 참조해서 채우기가 됩니다.

2) 참조하지 않는 레이어

채우기를 할 때 참조하지 않을 레이어를 설정합니다.

① 밑그림을 참조하지 않음: 밑그림 레이어에 있는 선을 제외합니다.

　밑그림 레이어로 설정하는 법도 알아봅시다.

그림 10-7-30

레이어를 선택하고 [밑그림 레이어로 설정]을 클릭합니다. 설정하면 레이어 앞에 막대 표시가 생깁니다.

② 문자를 참조하지 않음: 문자를 제외합니다.
③ 편집 레이어를 참조하지 않음: 편집 레이어를 제외합니다. (선택 중인 레이어)
④ 용지를 참조하지 않음: 용지를 제외합니다.
⑤ 잠긴 레이어를 참조하지 않음: 잠긴 레이어를 제외합니다.

3) 벡터의 중심선에서 채색 중지(벡터 중심선을 참조)

벡터 중심선을 참조해서 채우기를 합니다. 벡터 중심선은 채우지 않습니다. 벡터 레이어를 참조 레이어로 설정해야 합니다.

그림 10-7-31　　　　　　　　그림 10-7-32

벡터로 그리면 벡터선이 존재합니다. (그림 10-7-31)

벡터선을 보이게 설정하면 벡터선을 확인할 수 있습니다. [벡터의 중심선에서 채색 중지]를 켜면 벡터 중심선을 참조합니다. (그림 10-7-32)

머리카락 채색 시 유용합니다.

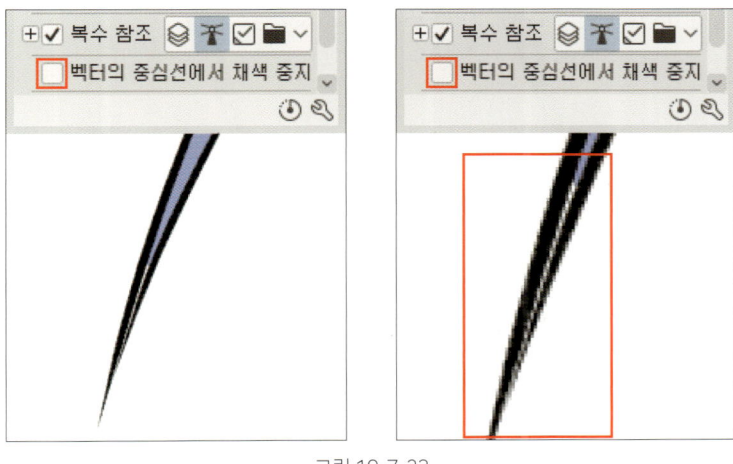

그림 10-7-33

[벡터의 중심선에서 채색 중지]를 끄고 채우기를 하면 빈틈이 생깁니다.

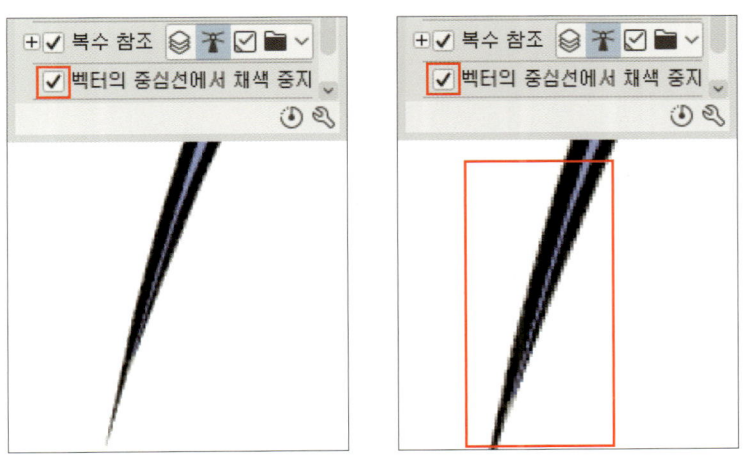

그림 10-7-34

[벡터의 중심선에서 채색 중지]를 켜고 채우기를 하면 벡터 중심선을 참조하므로 빈틈이 생기지 않습니다.

4) 중심선도 포함

벡터 중심선까지 채색합니다.

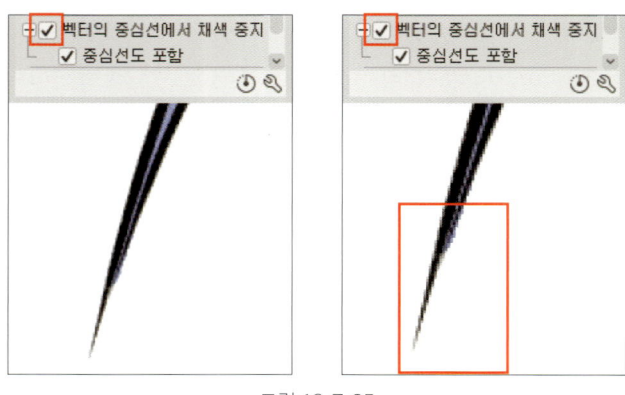

그림 10-7-35

[중심선도 포함]을 켜면 벡터 중심선을 1픽셀로 간주하고 중심선도 채우기가 됩니다.

5) 채색을 시작하지 않는 색

채우기를 제외할 색을 설정할 수 있습니다. 채색하지 않을 색을 검은색으로 설정 시 검은색 영역은 채우기가 되지 않습니다.

8. 그라데이션

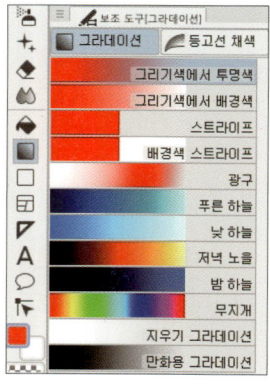

그림 10-8-1

1) 그리기색에서 투명색

그리기색(메인 컬러)에서 투명색으로 그라데이션이 작성됩니다.

330

2) 그리기색에서 배경색

그리기색(메인 컬러)에서 배경색(서브 컬러)으로 그라데이션이 작성됩니다.

3) 스트라이프

스트라이프 무늬를 그릴 수 있습니다. 스트라이프의 간격은 그라데이션 작성 시 드래그 양에 있습니다. 짧게 드래그하면 촘촘하게, 길게 드래그하면 넓은 간격의 스트라이프 무늬가 작성됩니다.

그림 10-8-2

그림 10-8-3

4) 배경색 스트라이프

배경색(서브 컬러)을 추가합니다.

그림 10-8-4

5) 광구

그라데이션이 적용된 원을 작성합니다.

그림 10-8-5

6) 푸른 하늘

하늘을 그릴 때 사용할 수 있는 그라데이션입니다.

그림 10-8-6

7) 낮 하늘

낮 하늘을 작성합니다.

8) 저녁노을

저녁노을을 작성합니다.

9) 밤하늘

밤하늘을 작성합니다.

10) 무지개

무지개색을 반복적으로 작성합니다.

11) 만화용 그라데이션
흑백 그라데이션을 작성합니다.

그라데이션 보조 도구 상세

그라데이션

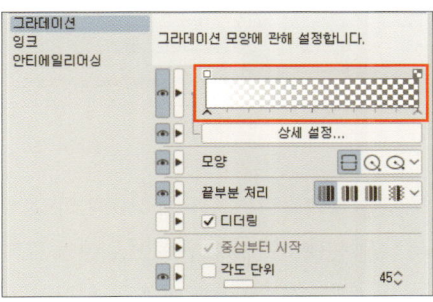

그림 10-8-7

1) 색상 Bar
그라데이션 색을 설정합니다.

2) 노드 추가하기

그림 10-8-8

색상 바에서 색을 변경하거나 위치를 옮길 수 있게 하는 도구를 노드(node)라고 합니다. 색상 바 하단에 커서를 올려놓으면 + 표시가 생기는데 그때 클릭하면 새로운 노드가 생성됩니다.

3) 노드 삭제하기
노드를 위 또는 아래쪽으로 드래그하면 삭제됩니다. 노드가 3개 이상일 때 삭제 가능합니다.

4) 색 추가하기

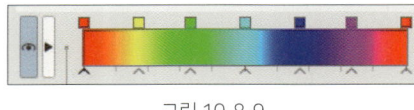

그림 10-8-9

[무지개] 그라데이션처럼 여러 가지 색으로 구성하고 싶을 때 원하는 만큼 노드를 만들어서 색을 넣습니다.

그림 10-8-10

색은 노드의 상단 사각형 위에 커서를 올려놓으면 채우기 아이콘이 생기는데 그때 클릭하면 색을 변경할 수 있습니다. 컬러 팔레트에서 색을 선택하면 제일 왼쪽에 있는 노드의 색이 바로 적용되므로 마지막에 색을 변경해야 합니다. [상세 설정]에서 더 상세하고 편하게 편집이 가능합니다.

5) 상세 설정

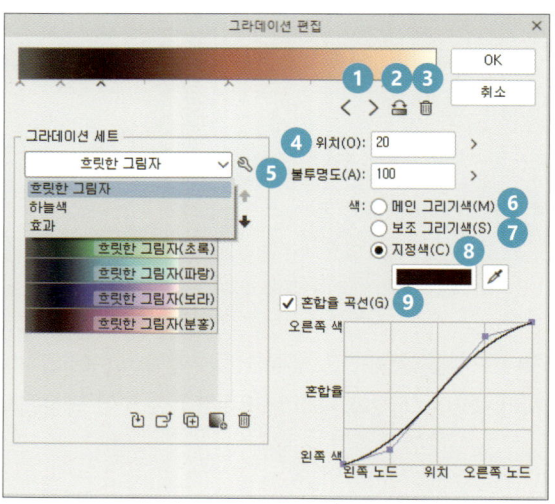

그림 10-8-11

① 화살표를 클릭하면 다음 노드가 선택됩니다.
② **그라데이션 반전**: 그라데이션의 좌우를 반전합니다.

❸ **노드 삭제**: 선택한 노드를 삭제합니다.
❹ **위치**: 노드의 위치를 입력할 수 있습니다. 0이 맨 왼쪽이고 100은 맨 오른쪽입니다.
❺ **불투명도**: 선택한 노드의 불투명도를 조절할 수 있습니다.
❻ **메인 그리기색(메인 컬러)**: 선택된 노드의 색이 현재 선택된 그리기색(메인 컬러)으로 변경됩니다. 그리기색이 흰색이라면 노드의 색이 흰색으로 변경됩니다.
❼ **보조 그리기색(서브 컬러)**: 노드의 색이 현재 선택된 배경색(서브 컬러)으로 변경됩니다.
❽ **지정 색**: [색 설정] 팔레트를 열어서 색을 지정할 수 있습니다.

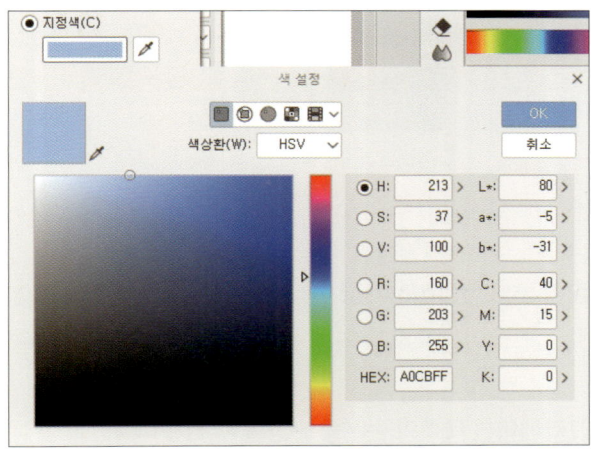

그림 10-8-12

[색 설정] 창에서 지정 색을 선택하면 색을 변경할 수 있습니다.
❾ **혼합율 곡선**: 혼합율 곡선을 이용하면 좀 더 세밀한 설정을 할 수 있습니다.

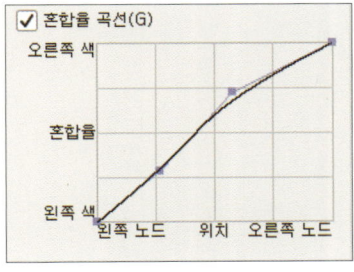

그림 10-8-13

그라데이션 세트

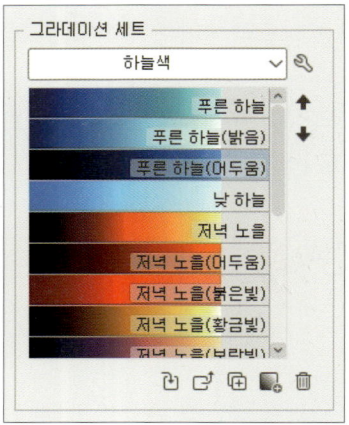

그림 10-8-14

1) 그라데이션 세트에 여러 가지 그라데이션이 있습니다. 하늘색 세트를 선택하면 하늘색 그라데이션들이 들어 있습니다. 해당 그라데이션 목록을 더블 클릭하면 그라데이션이 적용됩니다.

2) 화살표를 클릭하면 그라데이션 목록의 순서를 변경할 수 있습니다.

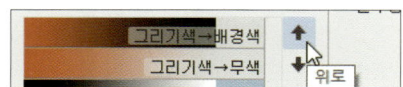

그림 10-8-15

그라데이션 세트 메뉴

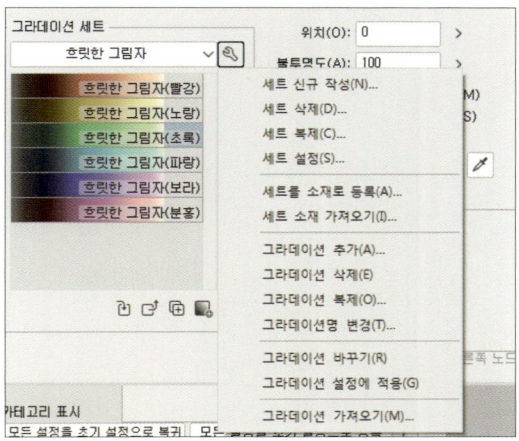

그림 10-8-16

1) 세트 신규 작성
새로운 그라데이션 세트를 작성합니다. [흐릿한 그림자], [하늘색] 같은 세트를 만들 수 있습니다.

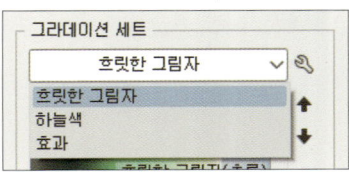

그림 10-8-17

2) 세트 삭제
세트를 삭제합니다.

3) 세트 복제
그라데이션 세트를 복제합니다. 기존 목록 뒤에 복제라는 이름이 추가됩니다.

4) 세트 설정
그라데이션 세트의 이름을 변경할 수 있습니다.

5) 세트를 소재로 등록
그라데이션 세트를 소재로 등록합니다.

Chapter 10. 메인 도구 팔레트

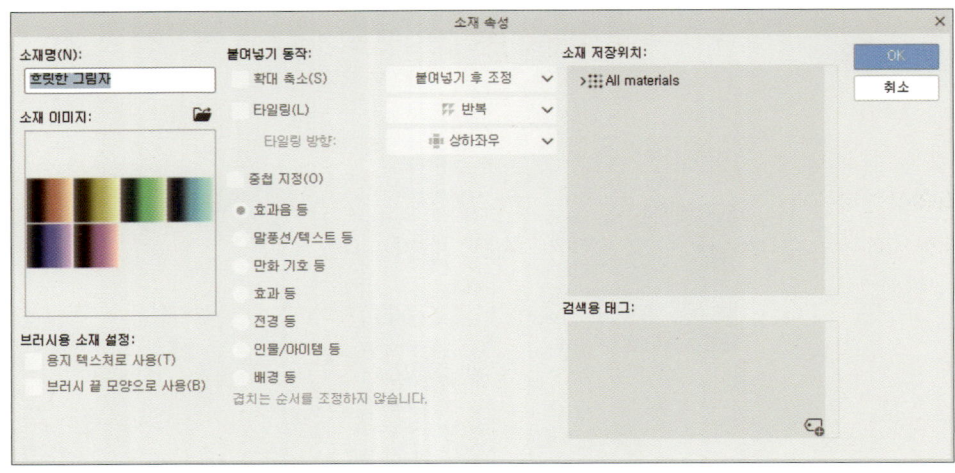

그림 10-8-18

6) 세트 소재 가져오기
소재로 등록한 그라데이션 세트를 불러옵니다.

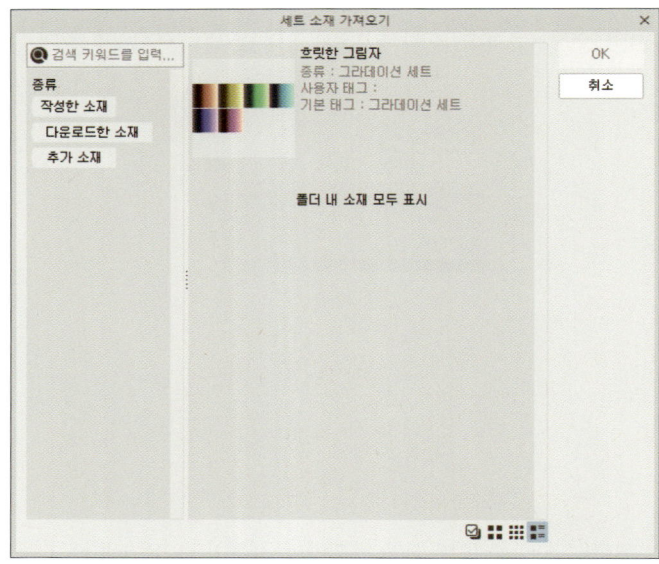

그림 10-8-19

7) 그라데이션 가져오기
그라데이션 파일을 불러옵니다. (확장자.cgs)

그림 10-8-20

1) 그라데이션 바꾸기

현재 색상 바에 있는 설정을 선택한 그라데이션 목록에 적용합니다.

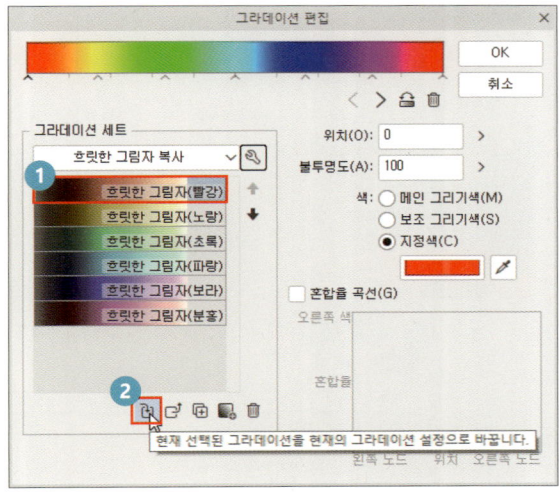

그림 10-8-21

① 그라데이션 목록을 선택합니다.
② 클릭합니다.

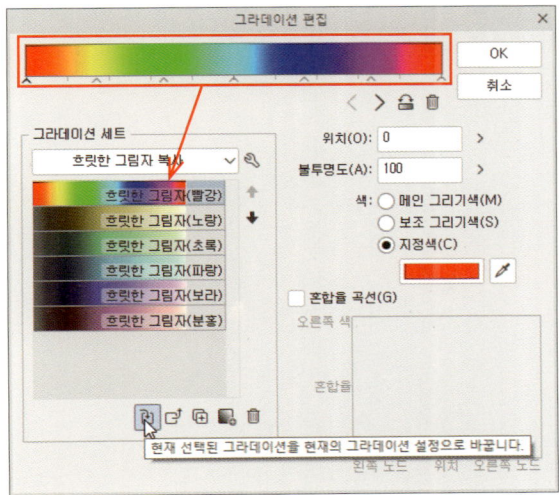

그림 10-8-22

그라데이션 색상 바의 설정이 선택한 목록에 적용됩니다.

2) 그라데이션 설정에 적용
그라데이션 목록을 더블 클릭한 것과 같은 효과가 나타납니다. 선택한 목록의 그라데이션 설정을 색상 바로 불러옵니다.

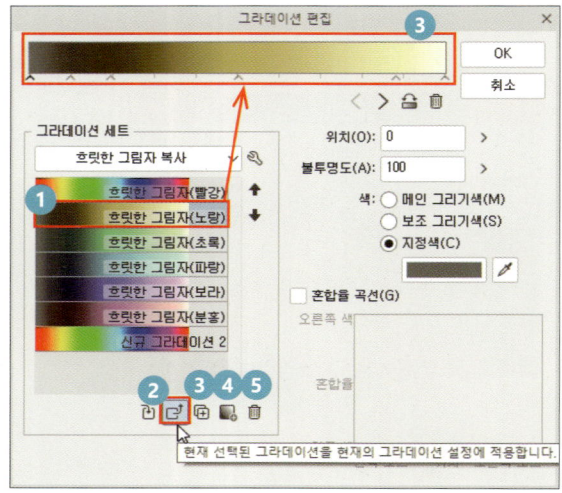

그림 10-8-23

① 그라데이션 목록을 선택합니다.
② 클릭하면 그라데이션 목록의 설정이 색상 바에 적용됩니다.
③ **그라데이션 복제**: 복제하려는 그라데이션 목록을 선택한 후 클릭하면 목록을 복제합니다.
④ **그라데이션 추가**: 그라데이션 색상 바의 설정으로 신규 그라데이션 목록을 작성합니다.
⑤ **그라데이션 삭제**: 그라데이션 목록을 삭제합니다.

모양

그라데이션의 모양을 설정합니다.

1) 직선
직선으로 그라데이션을 작성합니다.

그림 10-8-24

2) 원
원 모양의 그라데이션을 작성합니다.

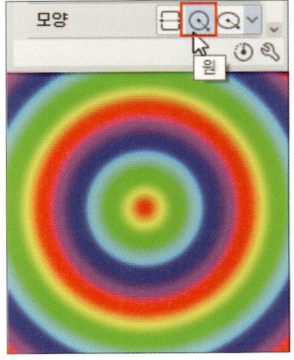
그림 10-8-25

3) 타원
타원형으로 그라데이션을 작성합니다.

그림 10-8-26

끝부분 처리

그라데이션 작성 시 캔버스의 중간까지만 드래그했을 시 그 이후의 처리를 설정합니다.

1) 반복 없음

캔버스의 중간까지만 드래그했을 시 그 중간 이후부터는 그라데이션 색상 바의 마지막 색(맨 오른쪽 색상)으로 나머지 공간을 채웁니다.

그림 10-8-27

2) 반복

드래그한 길이만큼 반복합니다.

342

그림 10-8-28

3) 반환
마주 보는 그라데이션이 작성됩니다.

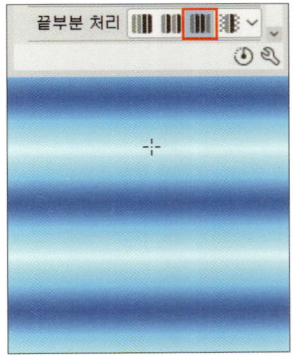

그림 10-8-29

4) 그리기 하지 않음
나머지 공간을 채우지 않습니다.

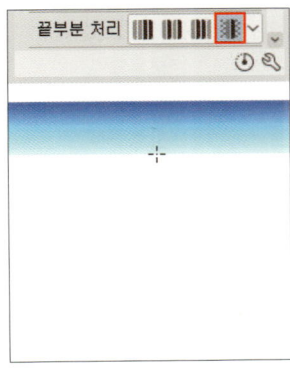

그림 10-8-30

5) 디더링

색상 경계를 흐리게 하기 위해 그라데이션에 미세한 노이즈가 추가됩니다. 부드러운 그라데이션이 작성됩니다.

6) 중심부터 시작

원, 타원형의 그라데이션 작성 시 중심에서 그리기 시작합니다.

7) 각도 단위

그라데이션 작성 시 설정한 각도 단위로 그라데이션을 작성합니다.

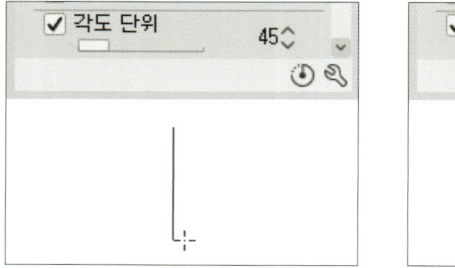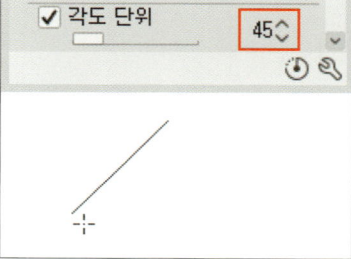

그림 10-8-31

잉크

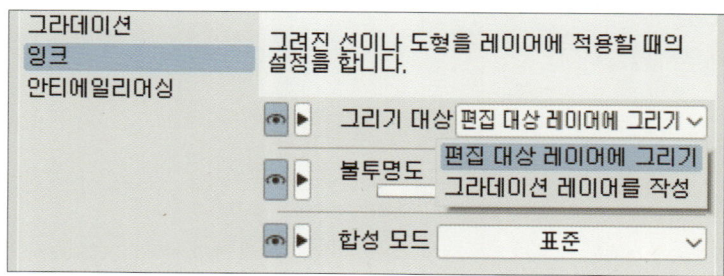

그림 10-8-32

1) 그리기 대상

① 편집 대상 레이어에 그리기: 현재 선택된 레이어에 그라데이션을 작성합니다.

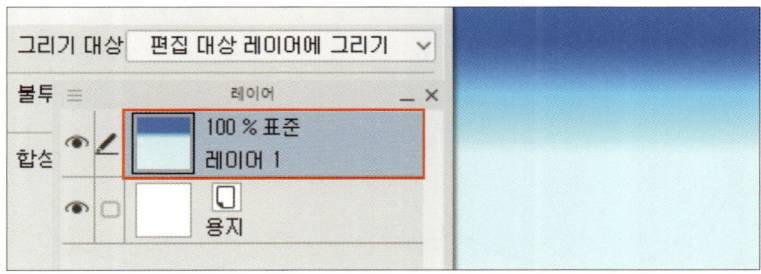

그림 10-8-33

② 그라데이션 레이어를 작성

그라데이션 레이어를 새로 작성한 후 그라데이션을 작성합니다.

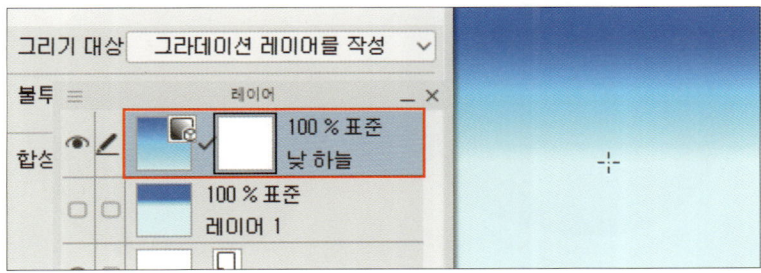

그림 10-8-34

등고선 채색

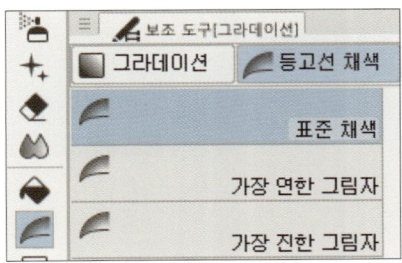

그림 10-8-35

등고선 채색으로 다음과 같은 그라데이션을 작성할 수 있습니다.

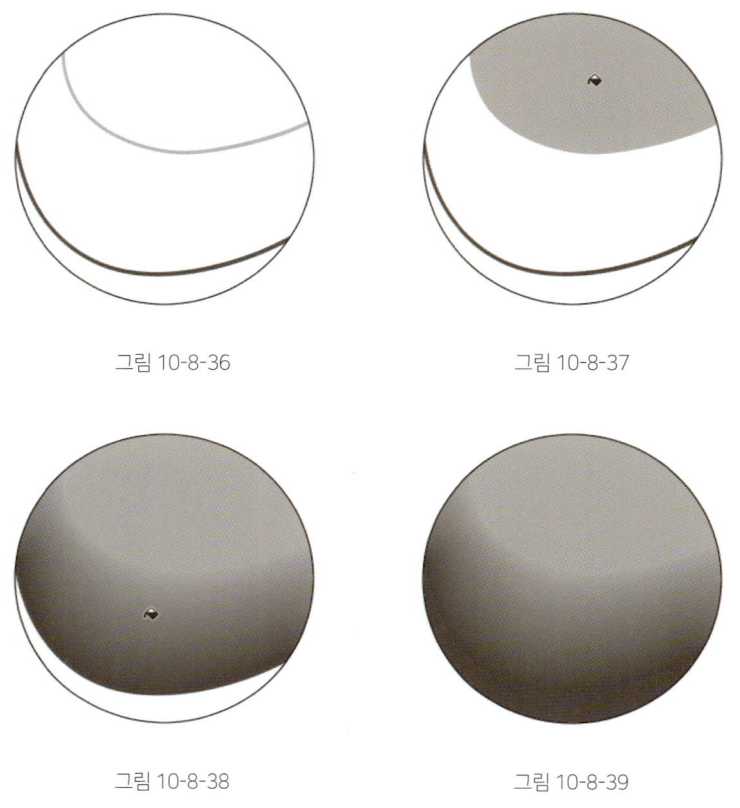

그림 10-8-36   그림 10-8-37

그림 10-8-38   그림 10-8-39

보조 도구 상세

등고선 채색 설정에 대해 좀 더 자세히 알아보겠습니다.

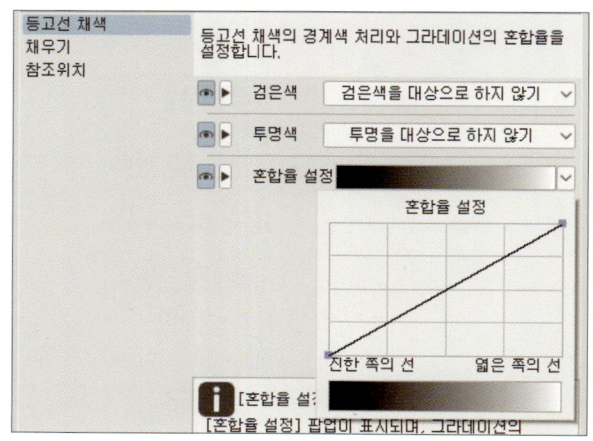

그림 10-8-40

1) 검은색

등고선 채색을 할 때 검은색을 어떻게 처리할지 설정합니다.

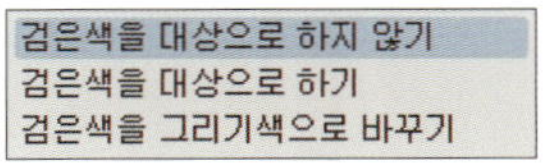

그림 10-8-41

① 검은색을 대상으로 하지 않기: 검은색은 경계로 인식하지만 색으로 인식하지는 않습니다.

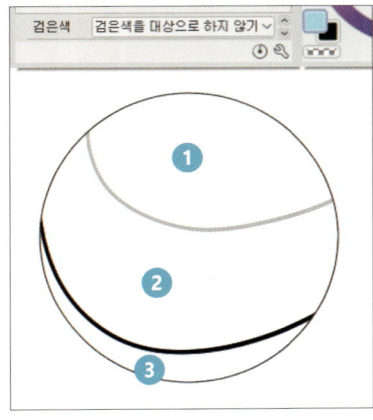
그림 10-8-42

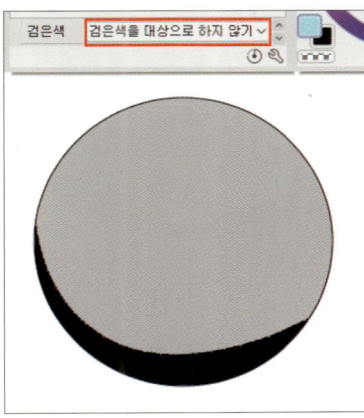
그림 10-8-43

❷ 영역은 검은색을 인식하지 않아 그라데이션이 작성되지 않았습니다. 등고선 채색은 경계로 인식하는 선 색을 참고하고 그라데이션을 작성하므로 현재 선택 중인 메인 컬러는 어떤 색이어도 상관없습니다.

② 검은색을 대상으로 하기: 검은색을 그리기색으로 인식합니다. 검은색을 포함하는 그라데이션을 작성합니다.

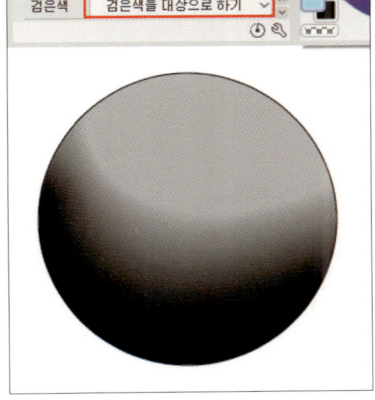
그림 10-8-44

❷ 영역이 검은색을 그라데이션 색으로 인식하고 그라데이션이 작성되었습니다.

③ 검은색을 그리기색(메인 컬러)으로 바꾸기: 검은색을 경계로 인식하고 색은 메인 컬러가 적용됩니다. 선택 중인 메인 컬러를 그라데이션으로 적용합니다.

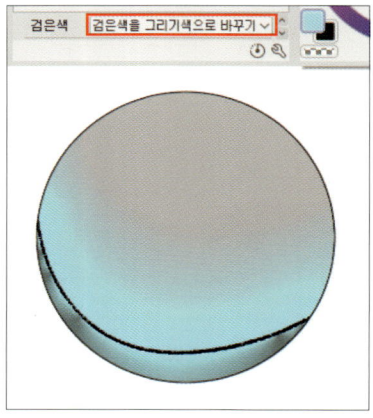

그림 10-8-45

2) 투명색

그림 10-8-46

① 투명을 대상으로 하지 않기: 색이 칠해져 있지 않은 부분이 투명 영역입니다.

| 그림 10-8-47 | 그림 10-8-48 | 그림 10-8-49 |

투명 영역은 무시하고 인접한 색을 인식합니다.

② 투명을 대상으로 하기: 투명 영역을 인식하고 그라데이션이 작성됩니다.

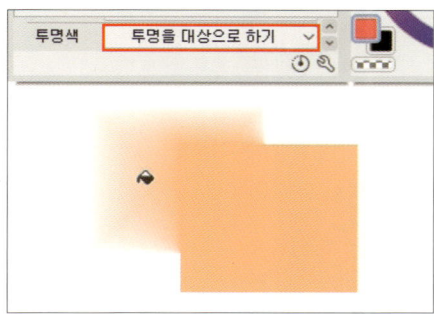

그림 10-8-50

③ 투명을 그리기색으로 바꾸기: 투명 영역을 인식하고 투명 영역과 맞닿은 영역을 그리기색(메인 컬러)으로 그라데이션을 작성합니다.

그림 10-8-51

3) 혼합율 설정

혼합율을 설정합니다.

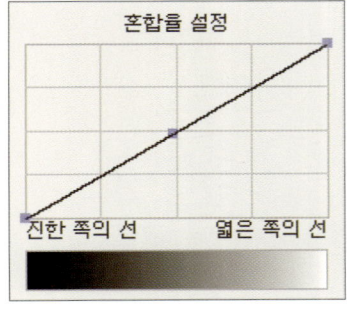

그림 10-8-52

채우기

1) 색의 오차

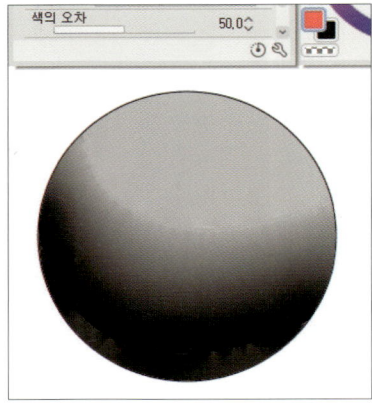
그림 10-8-53

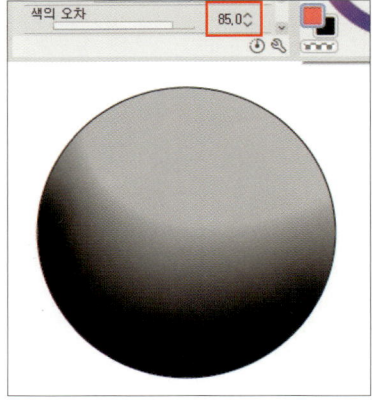
그림 10-8-54

색의 오차 50일 때입니다. (그림 10-8-53)

색의 오차 85일 때, 설정값에 따라 그라데이션에 영향을 줍니다. (그림 10-8-54)

9. 도형

도형을 그릴 때 사용하는 도구들입니다.

그림 10-9-1

도형 보조 도구 상세

단위 곡선

보조 도구에서 [직선], [곡선] 선택 시 활성화됩니다.

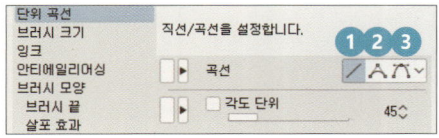

그림 10-9-2

1) 곡선

① 직선: 직선을 그릴 때 사용합니다.

② 2차 베지에

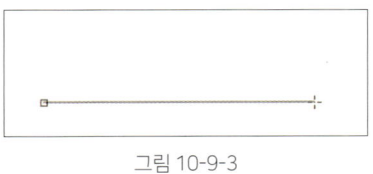

그림 10-9-3

드래그로 선의 길이를 정합니다.

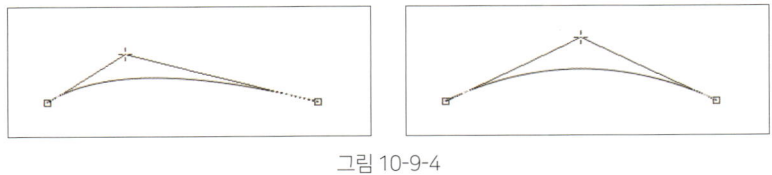

그림 10-9-4

펜을 떼면 제어점 조작이 가능합니다.

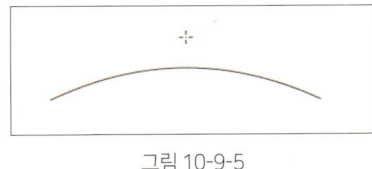

그림 10-9-5

원하는 모양이 나왔을 때 클릭 또는 Enter를 입력하면 선이 완성됩니다.

③ 3차 베지에

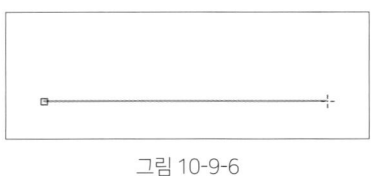

그림 10-9-6

드래그로 선의 길이를 지정합니다.

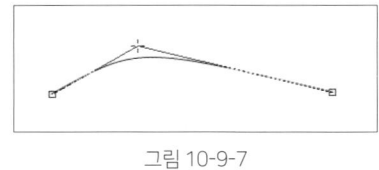

그림 10-9-7

펜을 떼면 제어점 조작이 가능합니다. 이 단계에서 Enter 키를 누르면 2차 베지에처럼 바로 완료됩니다.

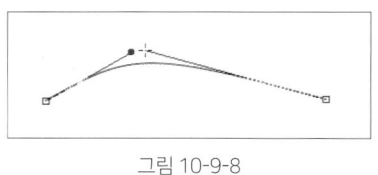

그림 10-9-8

클릭하면 제어점이 분리됩니다.

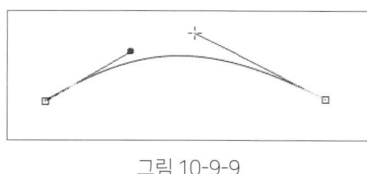

그림 10-9-9

분리된 제어점 조작으로 선 조작이 가능합니다.

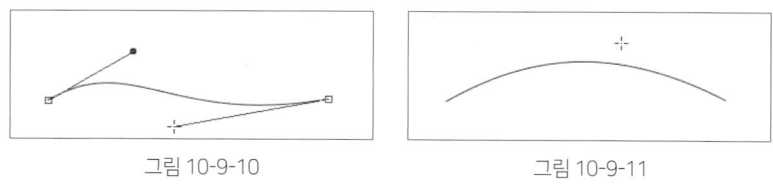

그림 10-9-10   그림 10-9-11

선의 모양을 정하고 클릭 또는 Enter를 입력하면 완성됩니다.

2) 각도 단위
지정한 각도에서 스냅이 됩니다.

연속 곡선

[꺾은선>연속 곡선]을 선택하면 활성화됩니다.

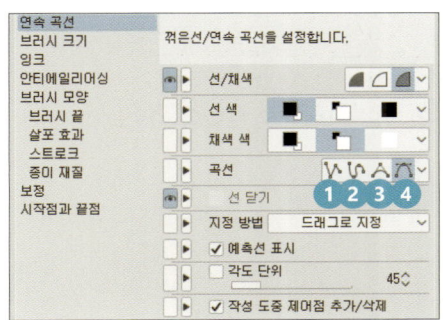

그림 10-9-12

1) 곡선

① 직선: 직선을 이용해서 도형을 그립니다.

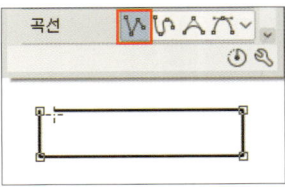

그림 10-9-13

② 스플라인: 곡선을 그릴 수 있습니다.

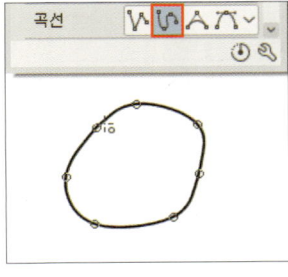

그림 10-9-14

캔버스를 클릭하면 핸들이 생성되면서 곡선을 그릴 수 있습니다.

❸ 2차 베지에: 클릭하면 핸들이 표시되면서 곡선을 그릴 수 있습니다.

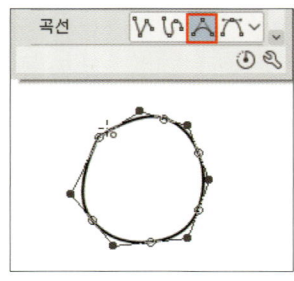

그림 10-9-15

❹ 3차 베지에: 설정에 따라 드래그와 클릭으로 도형을 그립니다. 드래그보다는 클릭이 선을 다루기 쉽습니다.

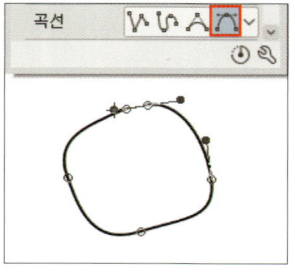

그림 10-9-16

2) 선 닫기

선 닫기를 활성화하려면 [선>채색]에서 [선 작성]을 선택해야 합니다. [선 닫기]를 켜면 도형을 그리다 중간에 완성해도 자동으로 선이 연결되어 도형이 완성됩니다. (더블 클릭 또는 Enter)

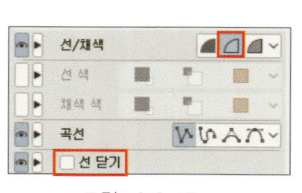

그림 10-9-17

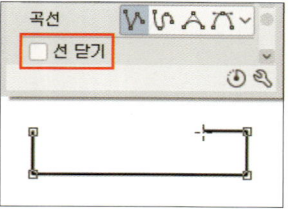
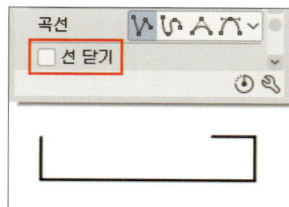

그림 10-9-18

끈 상태에서는 도형을 그린 데까지만 적용됩니다. 그리는 도중 더블 클릭 또는 Enter 입력으로 완성합니다.

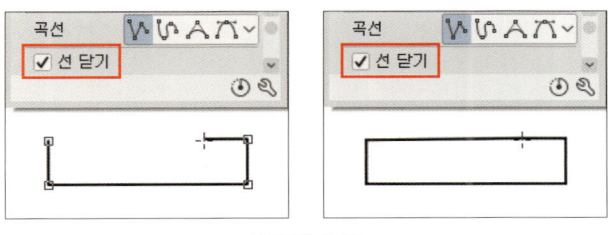

그림 10-9-19

켠 상태에서는 도중에 완성해도 시작점과 연결해서 도형을 완성합니다.

3) 지정 방법

[3차 베지에]를 선택하면 선 그리기를 [클릭]과 [드래그] 중에서 선택할 수 있습니다.

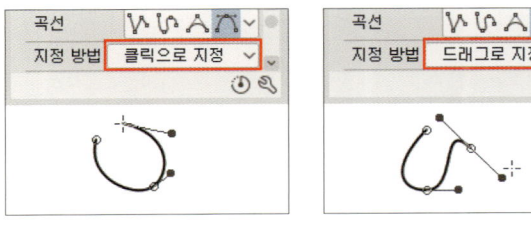

그림 10-9-20

4) 예측선 표시

[드래그로 지정]했을 때 예측선 표시 여부를 설정합니다.

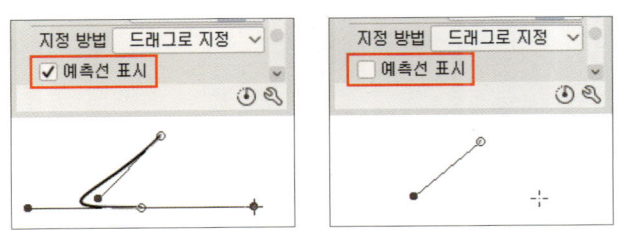

그림 10-9-21

5) 각도 단위

켜면 지정한 각도로만 선을 꺾을 수 있습니다.

6) 작성 도중 제어점 추가/삭제

선을 그리는 도중에 이전 제어점을 클릭하면 핸들을 삭제할 수 있습니다.

Chapter 10. 메인 도구 팔레트　***355***

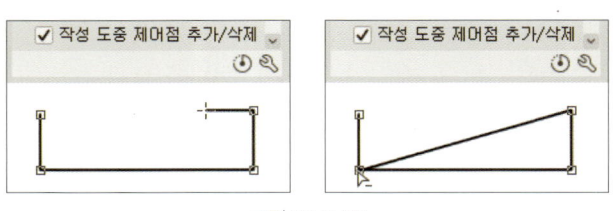

그림 10-9-22

선을 그리다가 이전 제어점을 클릭하면 제어점을 삭제할 수 있습니다. 순서와 상관없이 삭제할 수 있습니다. 단 시작점은 삭제할 수 없습니다.

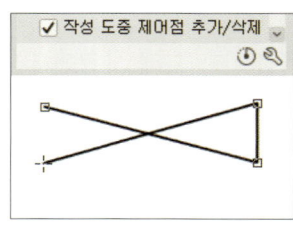

그림 10-9-23

제어점이 삭제된 모습입니다.

도형

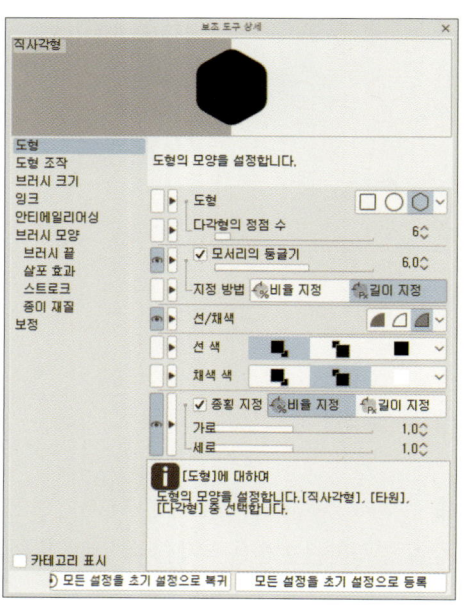

그림 10-9-24

1) 도형
① 직사각형을 그립니다. Shift 키를 누르면 정사각형을 그릴 수 있습니다.
② 타원을 그립니다. Shift 키를 누르면 정확한 구를 그릴 수 있습니다.
③ 다각형을 그립니다.

2) 다각형의 정점 수
다각형의 모양을 설정합니다.

3) 모서리의 둥글기
직사각형과 다각형 선택 시 활성화됩니다. 모서리를 둥글게 처리합니다.

그림 10-9-25

4) 지정 방법
비율과 길이 중에서 선택합니다.

5) 선/채색
도형의 선과 채색을 설정합니다.
① 채색 작성: 도형을 작성하고 색을 채웁니다.

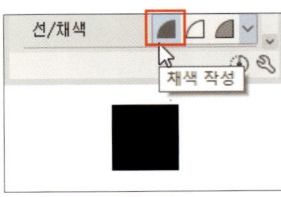

그림 10-9-26

② 선 작성: 선만 작성합니다.

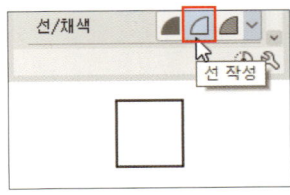

그림 10-9-27

③ 선과 채색 작성: 선을 작성하고 서브 컬러로 채색합니다.

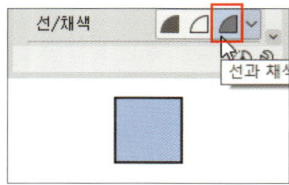

그림 10-9-28

[선과 채색 작성]을 선택하면 [선 색], [채색 색]이 활성화됩니다.

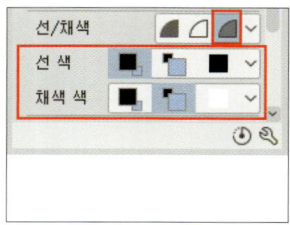

그림 10-9-29

6) 선 색
① 메인 컬러: 메인 컬러가 선 색이 됩니다.

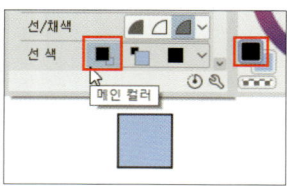

그림 10-9-30

② 서브 컬러: 서브 컬러가 선 색이 됩니다.

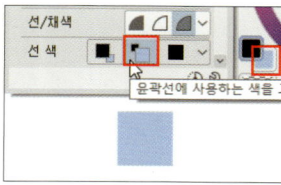

그림 10-9-31

③ 사용자 컬러: 색을 직접 지정합니다.

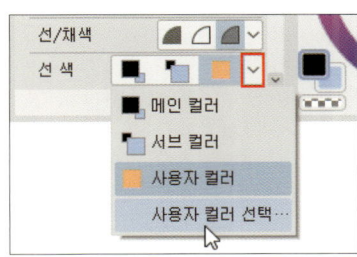

그림 10-9-32

화살표를 클릭하고 [사용자 컬러 선택]을 클릭하면 [색 설정] 팔레트가 열립니다.

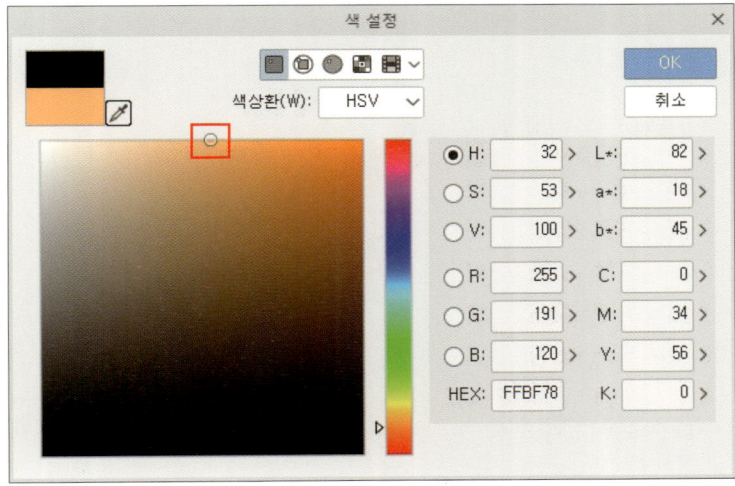

그림 10-9-33

색을 직접 지정합니다.

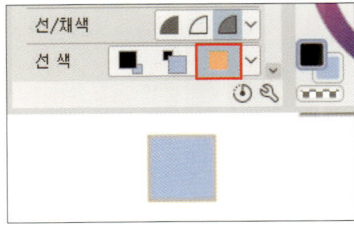

그림 10-9-34

지정한 색이 선 색이 됩니다.

7) 채색 색

① 메인 컬러: 메인 컬러로 색이 채워집니다.

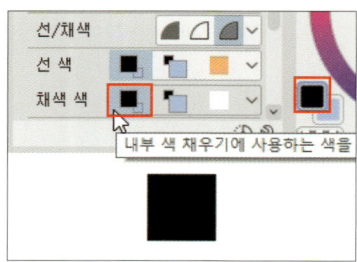

그림 10-9-35

② 서브 컬러: 서브 컬러로 색이 채워집니다.

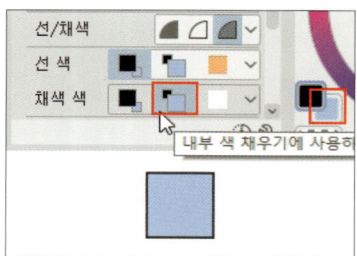

그림 10-9-36

③ 사용자 컬러: 색을 직접 지정합니다.

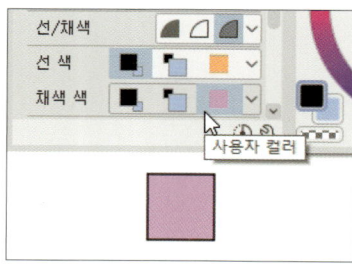

그림 10-9-37

④ 유선(흐름선): 유선을 그릴 수 있습니다.

그림 10-9-38

유선 보조 도구 상세

유선

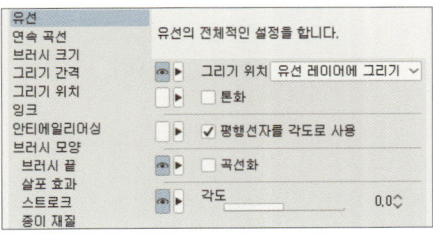

그림 10-9-39

1) 그리기 위치

그림 10-9-40

① 편집 대상 레이어에 그리기: 현재 선택 중인 레이어에 그립니다. 래스터 레이어에 작성하면 [오브젝트 O] 툴로 수정할 수 없게 됩니다.
② 항상 유선 레이어를 작성: 매번 신규 유선 레이어를 작성합니다.
③ 유선 레이어에 그리기: 기존에 작성된 유선 레이어를 선택하고 그리면 해당 레이어에 작성됩니다. 유선 레이어가 없으면 새로 작성됩니다.

2) 톤화

톤화를 켜고 집중선을 그리면 선이 톤으로 작성됩니다. 톤의 농도는 색의 농도로 조절합니다. 검은색으로 작성했다면 투명도를 조절해서 톤의 농도를 조절할 수 있습니다.

그림 10-9-41

그림 10-9-42

톤이 적용된 레이어가 작성됩니다.

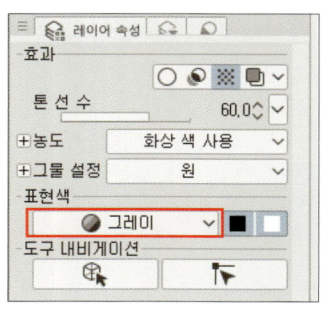
그림 10-9-43

레이어 표현색은 (그레이)가 됩니다.

3) 평행선자를 각도로 사용

이 기능을 켜면 평행선자에 스냅이 되어서 평행선자의 각도대로 유선이 작성됩니다. 평행선자는 도구에서 [자(U)>특수 자]를 선택하면 작성할 수 있습니다.

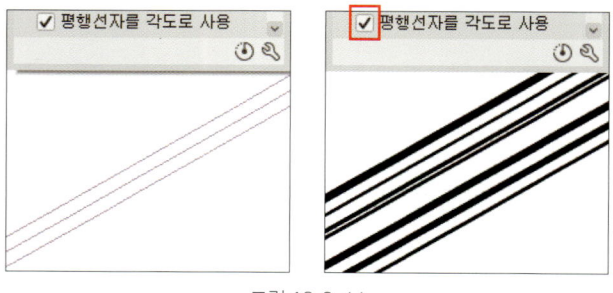
그림 10-9-44

체크하면 평행선자의 각도대로 유선이 작성됩니다.

그림 10-9-45

체크 해제 시 적용되지 않습니다.

4) 곡선화

곡선화를 켜고 유선을 그리면 선을 곡선으로 변경할 수 있습니다. 곡선화는 유선 레이어에 작성해야 합니다.

곡선화를 켜고 유선을 그립니다. 작성하려는 영역을 드래그하고 더블 클릭 또는 Enter를 입력합니다.

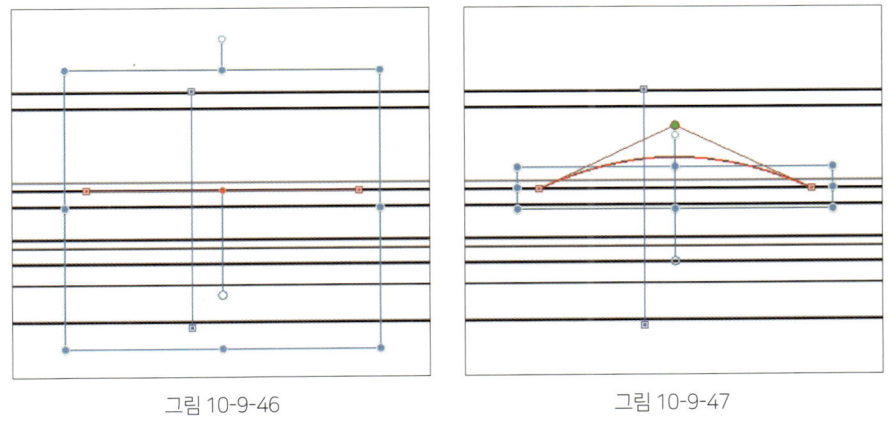

그림 10-9-46 　　　　　　　　　　　그림 10-9-47

유선을 작성한 후 오브젝트 도구를 선택하면 빨간색 제어점이 보입니다. (그림 10-9-46)
제어점을 이동합니다. (그림 10-9-47)

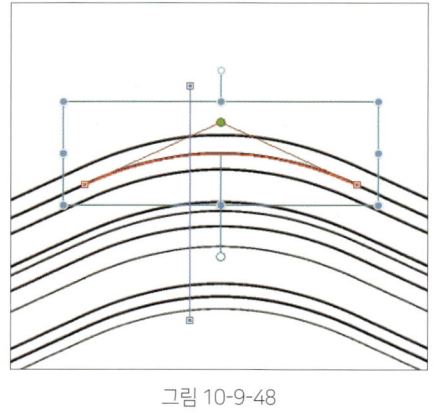

그림 10-9-48

곡선이 됩니다. 양 끝에 있는 제어점으로도 곡선으로 변형할 수 있습니다.

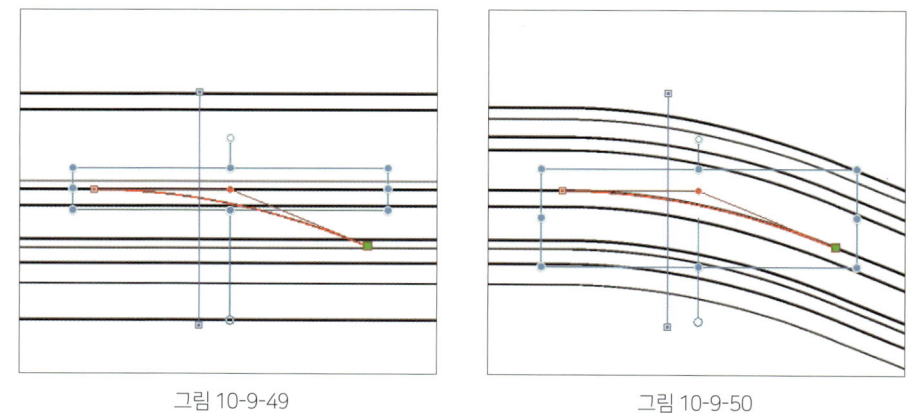

그림 10-9-49 　　　　　　　　　　그림 10-9-50

5) 각도
각도를 설정한 후 작성하면 적용됩니다.

그림 10-9-51

브러시 크기

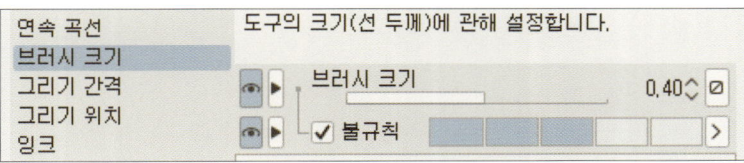

그림 10-9-52

1) 브러시 크기
유선의 굵기를 설정합니다.

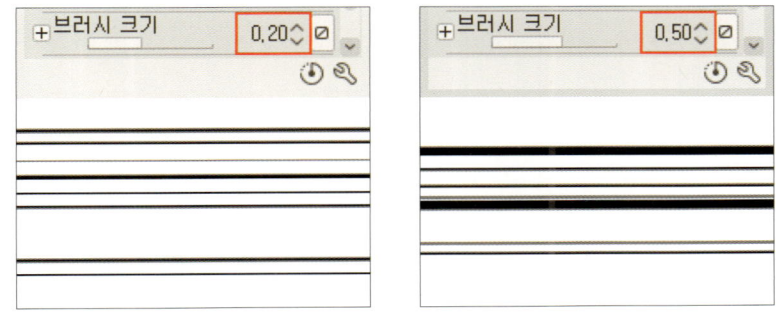

그림 10-9-53

2) 불규칙
수치가 낮을수록 선의 굵기가 일정해집니다. 수치가 높을수록 선의 굵기가 불규칙적으로 작성됩니다.
> 를 클릭해서 1~100까지 값을 입력할 수 있습니다. 단위는 백분율입니다.

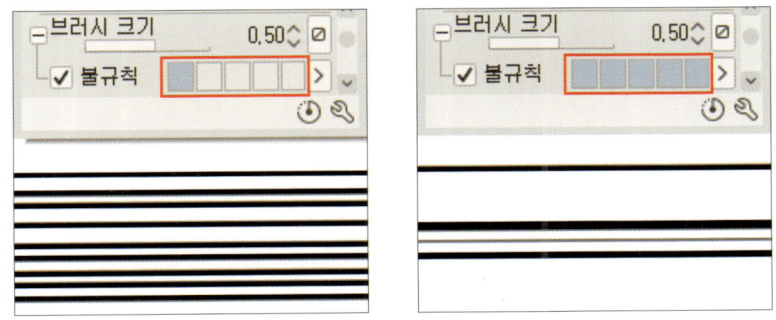

그림 10-9-54

그리기 간격

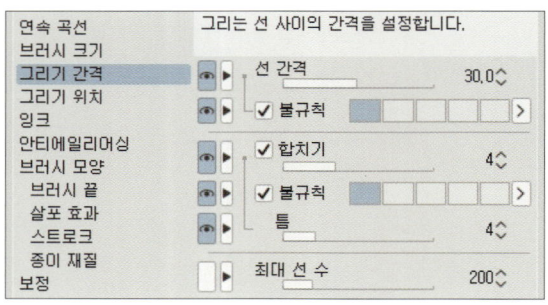

그림 10-9-55

1) 선 간격

선 간격을 설정합니다. 수치가 낮을수록 간격이 좁아집니다.

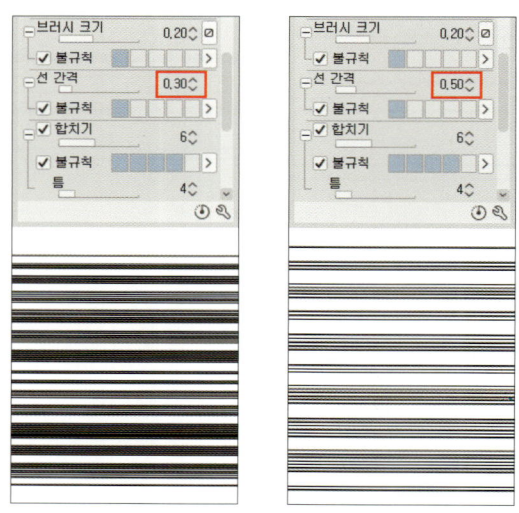

그림 10-9-56

2) 불규칙

불규칙 정도를 설정합니다. 수치가 낮을수록 간격이 일정해집니다.

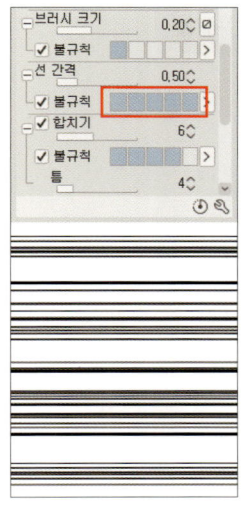

그림 10-9-57

3) 합치기(패턴의 선 수)

패턴에 들어갈 선의 개수를 결정합니다.

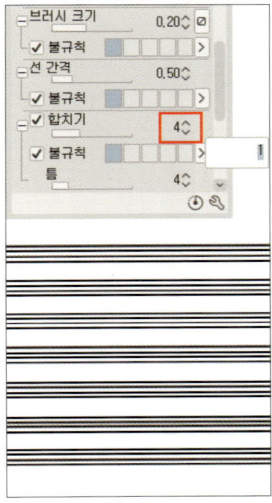

그림 10-9-58

합치기를 4로 설정하면 한 패턴이 4개의 선으로 구성됩니다. 패턴 간격을 일정하게 하기 위해 불규칙을 1로 설정했습니다. 체크 해제해서 꺼 두어도 됩니다.

4) 불규칙

패턴의 불규칙 정도를 설정합니다. 수치가 높을수록 선의 개수가 불규칙해집니다.

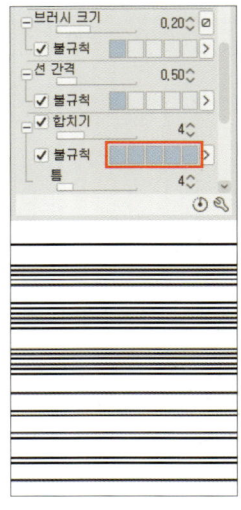

그림 10-9-59

5) 틈(간격)

패턴 간의 간격을 설정합니다. 틈은 선 간격을 기준으로 합니다.

그림 10-9-60

틈 값을 4로 지정하고 만든 패턴의 간격입니다. 중간에 그려진 선은 간격을 확인하기 위해 작성한 선입니다.

6) 최대 선 수

선 수의 최댓값을 설정합니다. 한 번에 그릴 수 있는 선의 최대 개수를 지정합니다. 최대 1000까지 설정할 수 있습니다.

그리기 위치

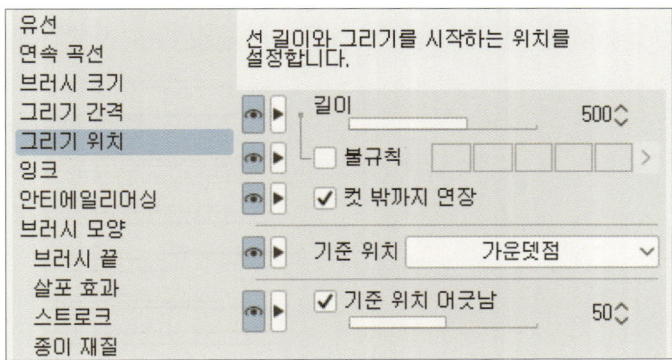

그림 10-9-61

1) 길이
선의 길이를 설정합니다.

2) 불규칙
불규칙을 설정하면 선의 길이가 불규칙하게 작성됩니다.

그림 10-9-62

3) 컷 밖까지 연장
선 끝이 컷 밖으로 나가도록 지정한 길이보다 긴 선을 그립니다. 컷이 없을 때는 재단선이 기준이 되고, 재단선마저 없을 때는 캔버스의 끝을 기준으로 합니다.

4) 기준 위치
선을 그릴 때 드래그한 지점을 시작점으로 할지 가운뎃점으로 할지 등을 설정합니다.

① 시작점: 작성 지점의 오른쪽에 선이 그려집니다.

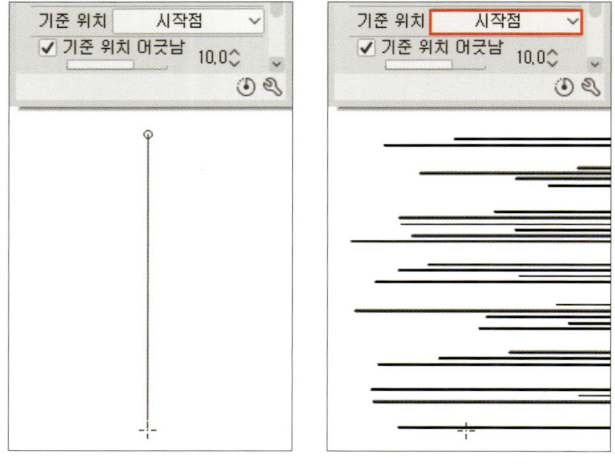

그림 10-9-63

② 가운뎃점: 작성 지점의 양쪽으로 선이 그려집니다. (그림 10-9-64)
③ 끝점: 드래그한 지점의 왼쪽에 그려집니다. (그림 10-9-65)
④ 기준 위치 어긋남: 이 기능을 켜면 선이 시작되는 부분이 일정하지 않고 어긋나게 됩니다. (그림 10-9-66)

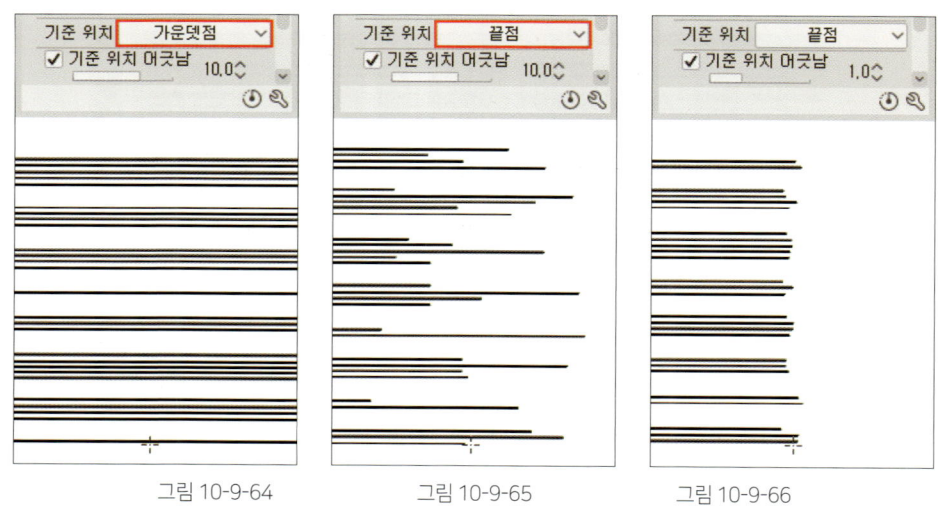

그림 10-9-64   그림 10-9-65   그림 10-9-66

10. 집중선

만화에 자주 사용되는 집중선을 직접 그리지 않고 도구를 이용해서 작성할 수 있습니다.

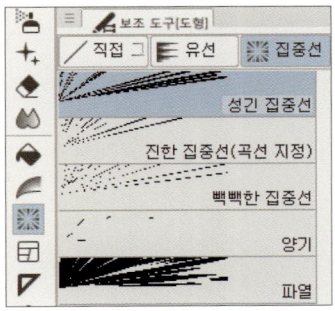

그림 10-10-1

집중선 보조 도구 상세

집중선

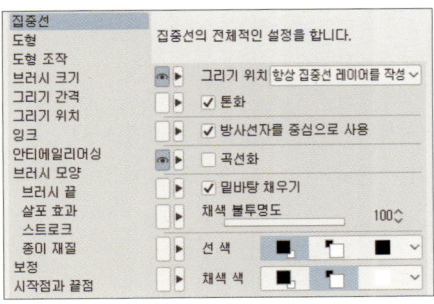

그림 10-10-2

1) 그리기 위치

① 편집 대상 레이어에 그리기: 선택된 레이어에 집중선을 그립니다. 래스터 레이어에도 그려집니다. 다만 래스터 레이어에 그릴 경우 [오브젝트] 툴로 집중선을 수정할 수 없습니다.

② 항상 집중선 레이어를 작성: 집중선을 작성할 때마다 집중선 레이어를 작성합니다.

③ 집중선 레이어에 그리기: 래스터 레이어를 선택하면 신규 [집중선 레이어]가 생성됩니다. 선택된 레이어가 [집중선 레이어]일 경우, 해당 레이어에 집중선을 작성합니다.

2) 톤화
집중선이 톤으로 작성됩니다. (유선 참조)

3) 방사선 자를 중심으로 사용
이 기능을 켜면 방사선 자를 기준으로 집중선이 그려집니다. 방사선 자는 도구 [자>특수 자>방사선 자]에서 작성할 수 있습니다.

4) 곡선화
곡선화를 켜고 집중선을 작성하면 오브젝트 도구를 이용해서 집중선을 곡선으로 변경할 수 있습니다.

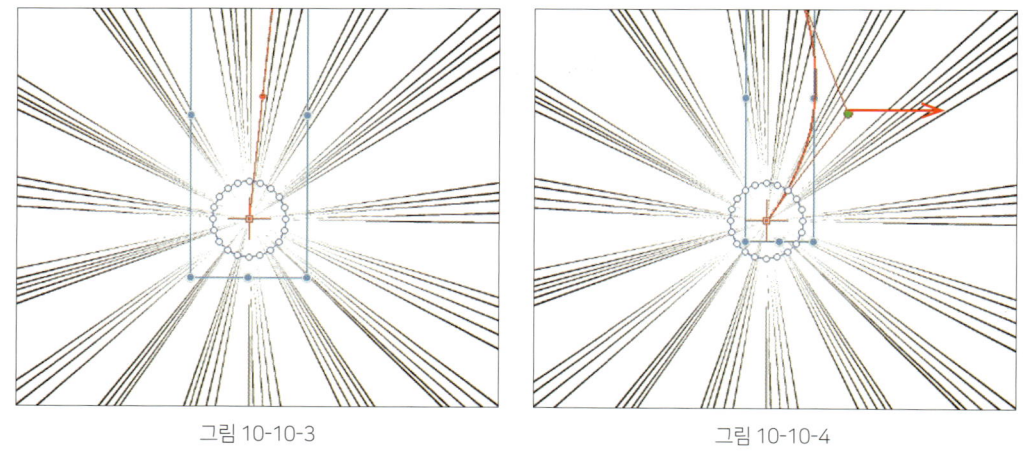

그림 10-10-3 　　　　　　　　　　　　　그림 10-10-4

집중선을 작성하고 오브젝트 도구를 선택합니다. (그림 10-10-3)
제어점을 잡아당깁니다. (그림 10-10-4)

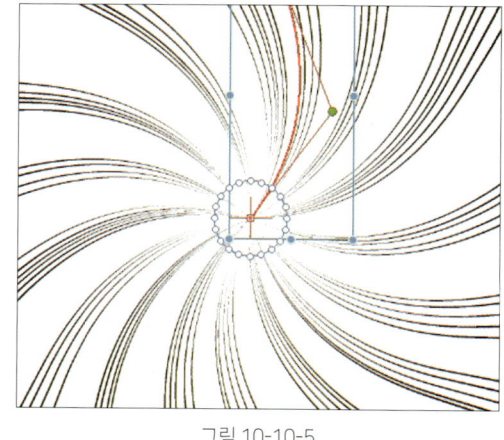

그림 10-10-5

드래그를 완료하면 곡선이 완성됩니다.

5) 밑바탕 채우기

드래그한 영역을 서브 컬러로 채우면서 집중선을 작성합니다.

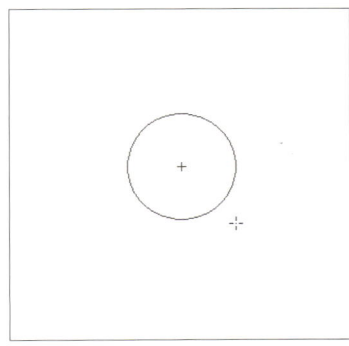
그림 10-10-6

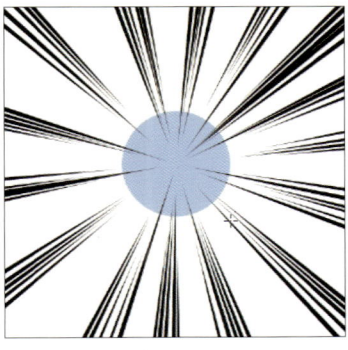
그림 10-10-7

6) 채색 불투명도

밑바탕의 투명도를 설정합니다.

7) 선 색

집중선의 색을 메인 컬러, 서브 컬러, 지정색 중에서 선택할 수 있습니다.

8) 채색 색

밑바탕 색을 설정합니다.

그리기 간격

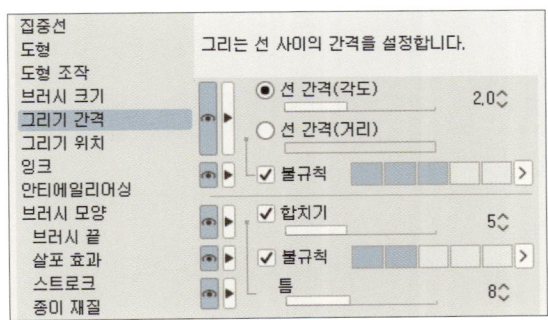
그림 10-10-8

1) 선 간격(각도)
선의 간격을 각도 단위로 지정합니다. 각도의 기준은 중심점입니다.

2) 선 간격(거리)
선의 간격을 길이로 지정합니다. 기준점은 집중선 밑바탕의 둘레입니다.

3) 불규칙
선들의 간격을 불규칙하게 만듭니다. 단위는 백분율입니다.

4) 합치기(패턴)
집중선 패턴마다 몇 개의 선을 사용할 것인지 결정합니다.

5) 불규칙
불규칙을 적용하면 패턴에 들어가는 선 수의 개수가 불규칙하게 됩니다.

6) 틈
간격을 설정합니다. (유선 참조)

그리기 위치

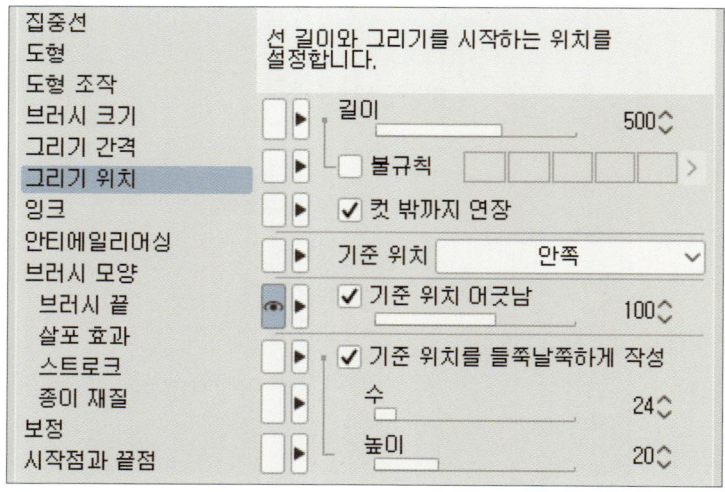

그림 10-10-9

1) 길이

선의 길이를 설정합니다.

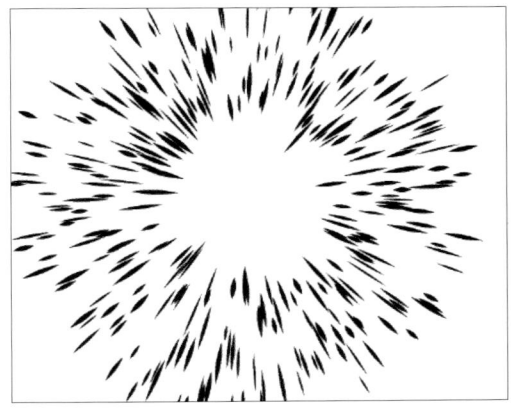
그림 10-10-10

그림 10-10-11

파열을 선택하고 길이를 90으로 설정해서 그렸습니다. (그림 10-10-10)

길이를 400으로 설정하고 그렸습니다. (그림 10-10-11)

2) 불규칙

선 길이의 불규칙 정도를 설정합니다. 수치가 높을수록 선의 길이가 불규칙하게 그려집니다. 컷 밖까지 연장합니다. (유선 참조)

3) 기준 위치

집중선 작성 위치를 설정합니다.

그림 10-10-12

① 안쪽: 기준점 안쪽을 그리지 않습니다.

집중선을 일정하게 하기 위해서 [컷 밖까지 연장], [기준 위치 어긋남], [기준 위치를 들쭉날쭉하게 작성]을 모두 꺼 두었습니다. (그림 10-10-13)

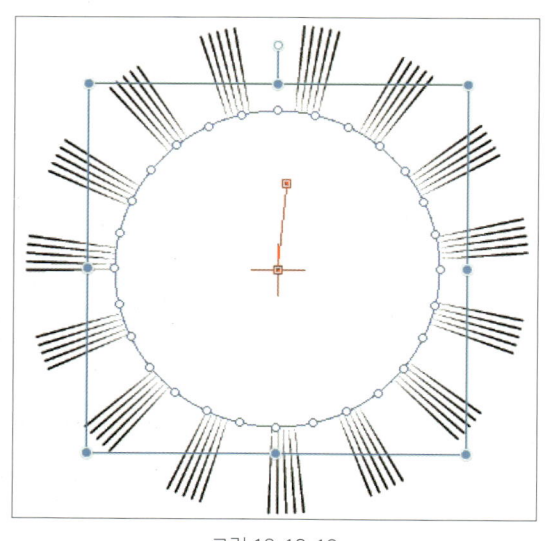

그림 10-10-13

② 가운뎃점: 기준점 양쪽에 그립니다. (그림 10-10-14)
③ 바깥쪽: 기준점 바깥쪽에 그리지 않습니다. (그림 10-10-15)

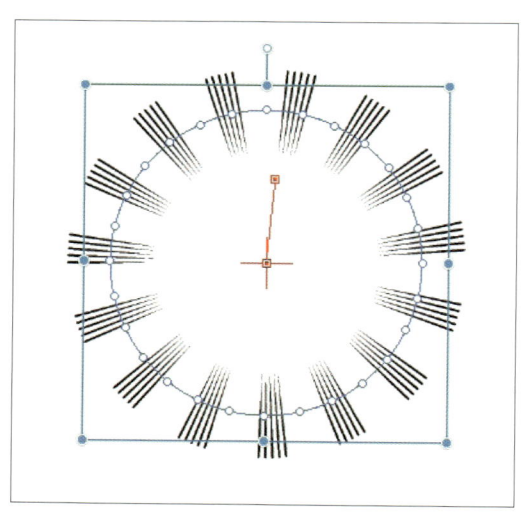

그림 10-10-14

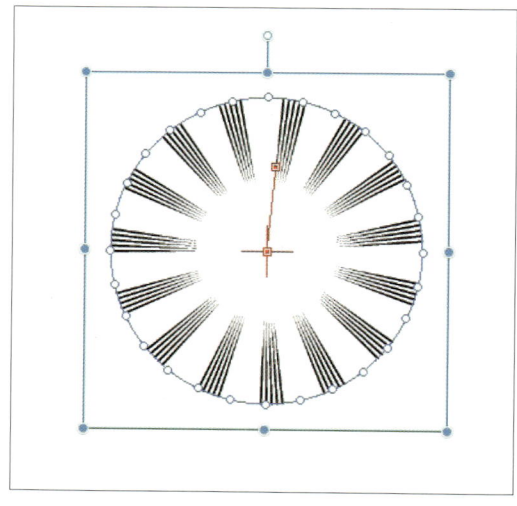

그림 10-10-15

4) 기준 위치 어긋남
선이 시작되는 위치를 불규칙하게 설정합니다.

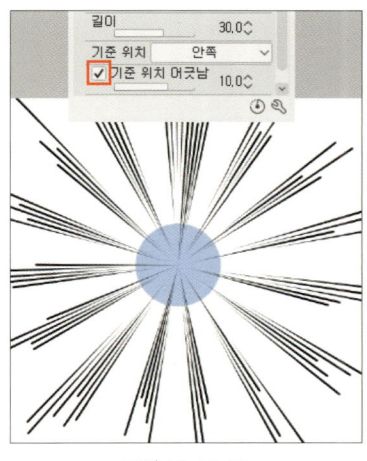

그림 10-10-16

5) 기준 위치를 들쭉날쭉하게 작성(중심 영역에 굴곡 만들기)

중심 영역에 서브 컬러로 된 굴곡을 만듭니다.

6) 수(굴곡 개수)

굴곡의 개수를 지정합니다.

7) 높이

굴곡의 높이를 설정합니다.

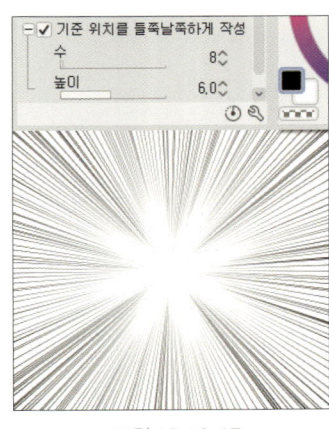 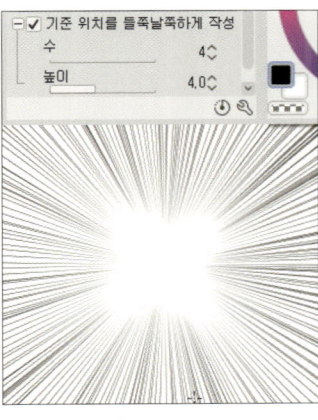 

그림 10-10-17   그림 10-10-18   그림 10-10-19

알아보기 쉽게 서브 컬러를 파란색으로 설정했습니다.

Chapter 10. 메인 도구 팔레트 **377**

11. 컷 테두리

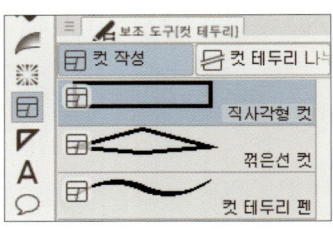

그림 10-11-1

컷 테두리 보조 도구 상세

컷 작성

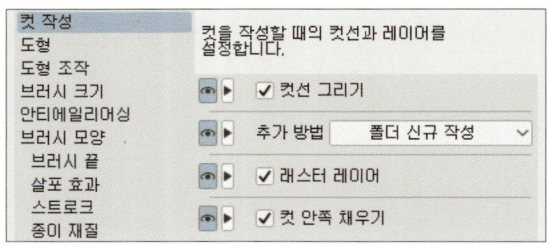

그림 10-11-2

1) 컷선 그리기
이 기능을 끄고 컷선을 작성하면 선은 그리지 않고 자만 작성됩니다.

2) 추가 방법
① 폴더 신규 작성: 컷선을 만들 때마다 컷 폴더를 작성합니다.
② 선택 중인 폴더에 추가: 기존에 작성된 컷 폴더를 선택하고 컷선을 만들면 컷선만 추가됩니다. 래스터 레이어를 선택하고 컷선을 만들면 새로운 컷 폴더를 작성합니다.

3) 래스터 레이어
이 기능을 켜면 컷 폴더 안에 빈 래스터 레이어를 만듭니다.

4) 컷 안쪽 채우기(컷 배경 만들기)
체크하면 컷 배경을 만듭니다.

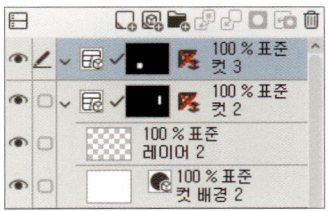

그림 10-11-3

① [래스터 레이어], [컷 안쪽 채우기]를 끄고 작성합니다.
② 컷 2는 두 개 다 켜고 작성했습니다. 래스터 레이어와 컷 배경 레이어가 작성됩니다.

컷 테두리를 나누는 방법도 알아보겠습니다.

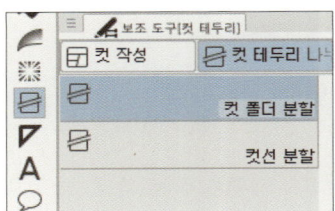

그림 10-11-4

컷선 분할 보조 도구 상세

컷선 분할

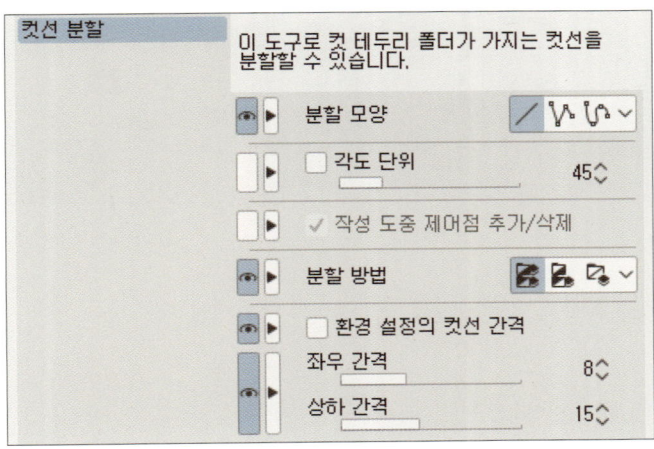

그림 10-11-5

1) 분할 모양
① 직선으로 분할: 컷선을 직선으로 분할합니다.
② 꺾은선으로 분할: 꺾은선으로 분할합니다.
③ 스플라인으로 분할: 컷선을 곡선으로 분할합니다.

2) 각도 단위
각도를 지정합니다.

3) 작성 도중 제어점 추가/삭제
꺾은선과 스플라인 사용 시 이전 제어점을 클릭하면 제어점을 삭제할 수 있습니다. 체크 해제되어 있어도 Back Space 키와 Delete 키로 이전 제어점을 삭제할 수 있습니다.

4) 분할 방법
① 컷 테두리를 분할하여 안의 레이어를 복제

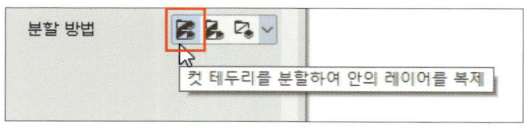

그림 10-11-6

그림 10-11-7

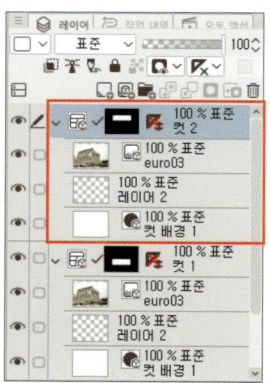

그림 10-11-8

컷을 나누면 폴더와 폴더 안의 레이어를 복제하면서 나눕니다.

② 컷 테두리를 분할하여 빈 폴더를 작성

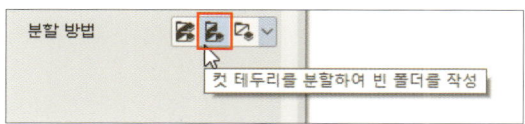

그림 10-11-9

그림 10-11-10

그림 10-11-11

컷을 나누면 폴더는 생성되지만 레이어는 복제되지 않아 그림이 보이지 않게 됩니다.

③ 폴더를 나누지 않고 컷 테두리만 분할

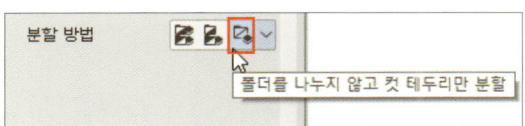

그림 10-11-12

그림 10-11-13

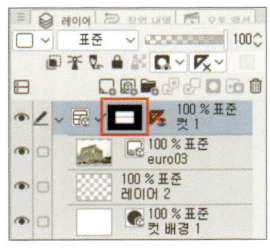

그림 10-11-14

폴더와 레이어는 그대로 두고 컷만 나뉩니다.

5) 환경 설정의 컷선 간격

체크하면 환경 설정에서 설정한 간격으로 컷이 나뉩니다.

6) 간격

[환경 설정의 컷선 간격] 체크 해제 시 간격을 설정할 수 있습니다.

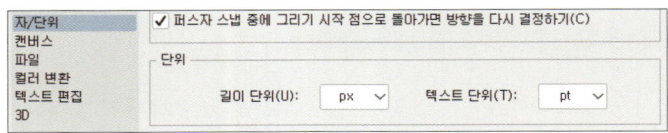

그림 10-11-15

단위는 [환경 설정>자/단위]에서 설정한 단위를 사용합니다. px은 최대 2000, mm는 최대 100까지 설정할 수 있습니다.

12. 자

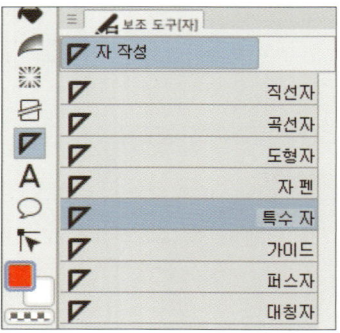

그림 10-12-1

자 보조 도구 상세

자 작성

[직선자], [곡선자], [도형자], [자 펜] 선택 시 활성화되는 옵션입니다.

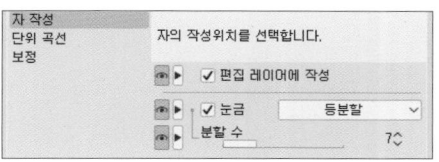

그림 10-12-2

1) 편집 레이어에 작성
체크하면 현재 선택된 레이어에 자가 작성됩니다. 체크 해제하면 레이어 제일 하단에 새로운 자 레이어를 만듭니다.

2) 눈금
자에 눈금을 표시합니다. 잘 사용하면 굉장히 유용한 기능입니다. 캔버스 안의 그림 크기를 정확히 알고 싶을 때, 픽셀 또는 mm 단위로 설정해서 크기 측정이 가능합니다. 또 [등분할] 선택 시 분할 수를 7, 8로 지정해서 세로로 자를 작성하면 7등신, 8등신 인물을 그릴 때 참고할 수 있습니다.

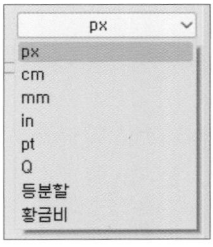

그림 10-12-3

① px: 픽셀
② cm: 센티미터
③ mm: 밀리미터
④ In: 인치
⑤ pt: 포인트
⑥ Q: 일본에서만 사용하는 단위입니다.
⑦ 등분할: [분할 수]를 설정하면 설정한 개수만큼 동일한 간격으로 나눕니다.

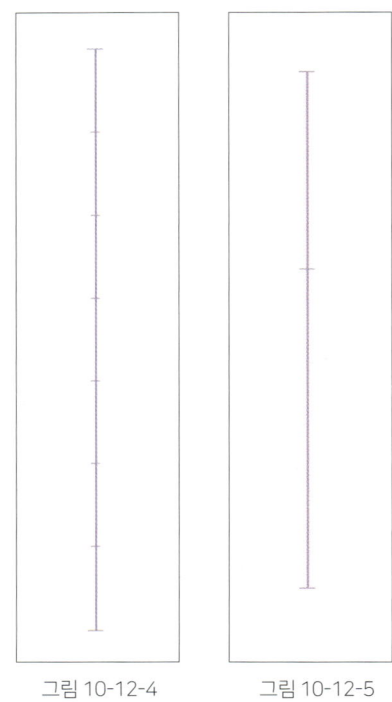

그림 10-12-4   그림 10-12-5

7등신 인물을 그릴 때 사용하면 좋습니다. (그림 10-12-4)

⑧ 황금비: 금 비율을 표시합니다. (그림 10-12-5)

퍼스자

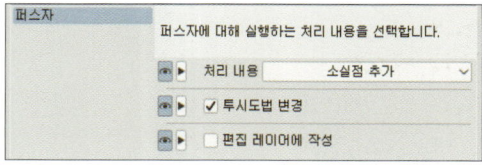

그림 10-12-6

1) 처리 내용

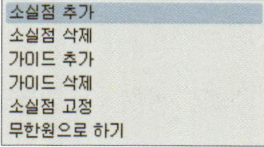

그림 10-12-7

① 소실점 추가: 드래그로 소실점을 작성합니다.

② 소실점 삭제: 안내선이나 소실점을 클릭하면 삭제됩니다.

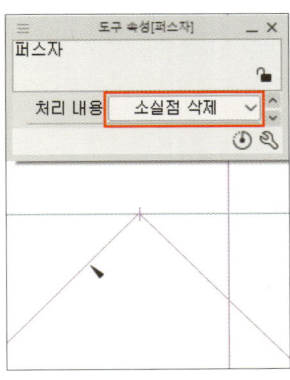

그림 10-12-8

삼각형이 표시됐을 때 클릭하면 삭제됩니다. 1점 투시일 경우 퍼스자 전체가 삭제됩니다.

③ 가이드 추가: 가이드를 추가합니다.

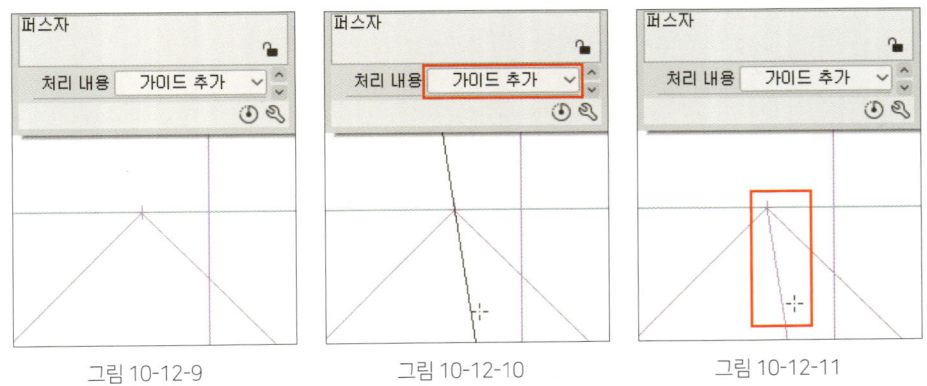

그림 10-12-9 그림 10-12-10 그림 10-12-11

[가이드 추가]를 선택하고 드래그하면 가이드가 추가됩니다.

④ 가이드 삭제: 안내선을 삭제합니다.

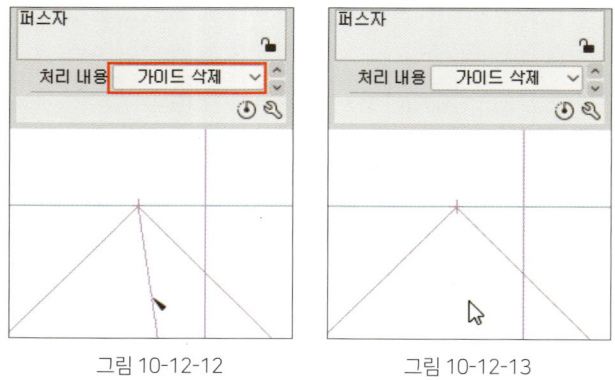

그림 10-12-12   그림 10-12-13

[가이드 삭제]를 선택하고 가이드를 클릭하면 가이드가 삭제됩니다.

⑤ 소실점 고정: 소실점을 고정합니다.

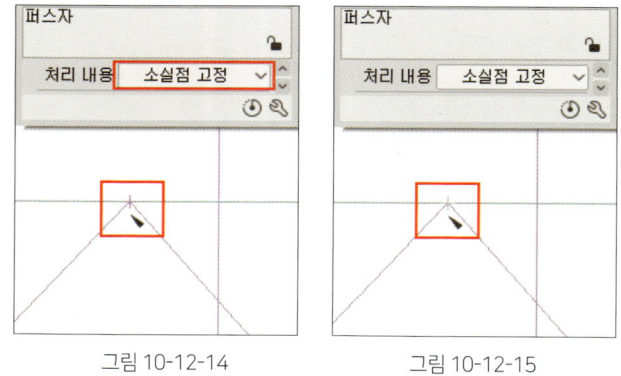

그림 10-12-14   그림 10-12-15

[소실점 고정]을 선택하고 소실점을 클릭하면 소실점이 고정됩니다. 소실점 마크가 흐리게 표시됩니다.

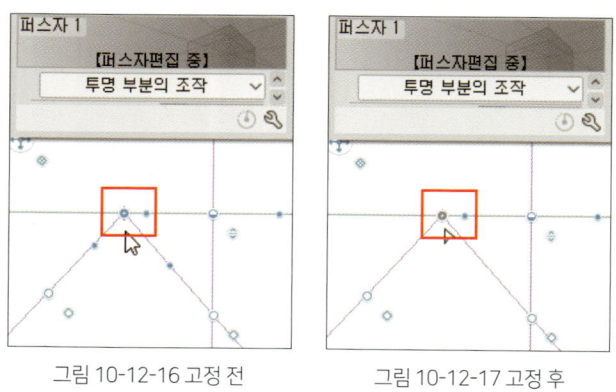

그림 10-12-16 고정 전   그림 10-12-17 고정 후

고정하면 [오브젝트(O)] 툴로 드래그해도 움직이지 않습니다.
⑥ 무한 원으로 하기: 소실점을 무한대로 작성할 수 있습니다.

2) 투시도법 변경
체크하면 소실점을 추가할 때마다 1점 투시가 2점, 3점 투시로 변경됩니다.

3) 편집 레이어에 작성
체크하면 현재 편집 중인 레이어에 자를 작성합니다. 해제 시 레이어 하단에 퍼스자 레이어를 작성합니다.

대칭자 작성

대칭자 선택 시 활성화됩니다. 정면 얼굴을 그리거나 좌우 대칭인 건물을 그릴 때 사용하면 좋습니다.

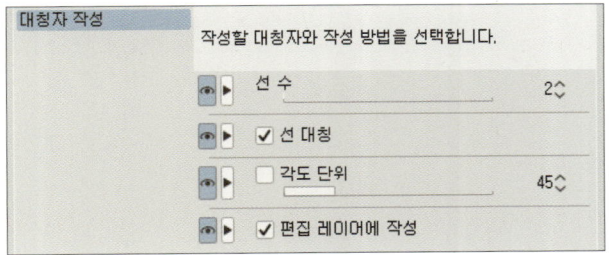

그림 10-12-18

1) 선 수
얼굴 정면, 마법진 등 상황에 맞게 선 수를 구성할 수 있습니다.

2) 선 대칭
체크하면 선 대칭자, 해제 시 회전 대칭자가 작성됩니다. [선 대칭]은 [선 수]가 짝수일 때만 가능합니다.

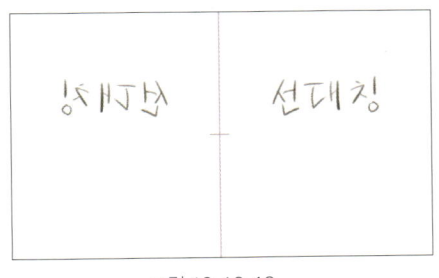

그림 10-12-19

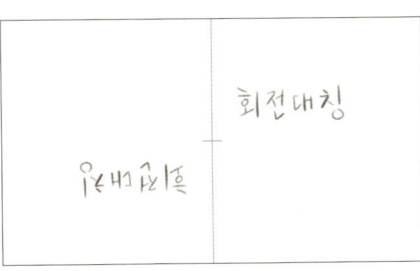

그림 10-12-20

13. 텍스트

글꼴

그림 10-13-1

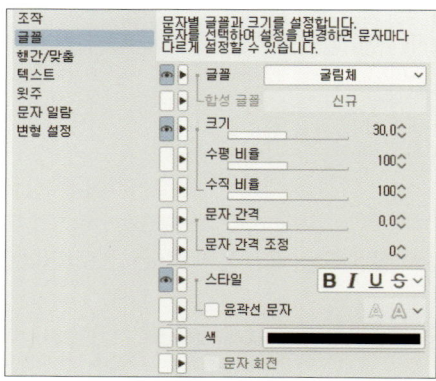

그림 10-13-2

1) 글꼴

폰트를 설정합니다.

2) 합성 글꼴

합성 글꼴을 설정합니다. 합성 글꼴이란 문자, 기호, 숫자 등에 각각 다른 폰트를 적용할 수 있는 기능입니다. 문자는 궁서체를 쓰고, 괄호는 굴림체의 괄호를 사용하고 싶다면 매번 괄호를 입력할 때마다 폰트를 변경해야 하지만 합성 글꼴로 설정해 놓으면 매번 변경하지 않아도 자동으로 입력됩니다.

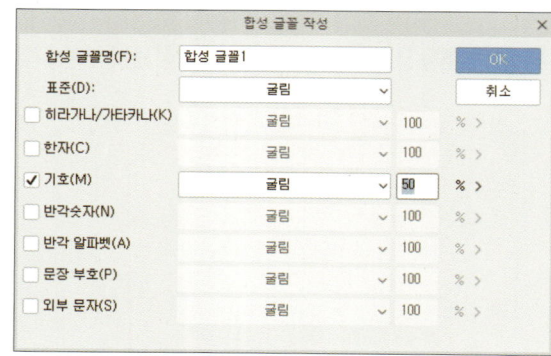

그림 10-13-3

간단하게 표준을 [굴림]으로 설정하고, [기호]를 크기만 50%로 설정합니다.

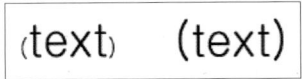

그림 10-13-4

한글은 [합성 글꼴]이 적용되지 않아 영어로 작성합니다. 왼쪽이 [합성 글꼴]을 사용한 텍스트입니다. 괄호가 작게 입력됩니다. 오른쪽은 폰트 그대로 사용했을 때입니다. 참고로 한글은 합성 글꼴 기능이 적용되지 않습니다.

3) 크기

폰트 크기를 조절합니다.

4) 수평 비율

문자의 수평 비율을 설정합니다. 단위는 백분율입니다.

그림 10-13-5

5) 수직 비율

문자의 수직 비율을 설정합니다. 단위는 백분율입니다.

그림 10-13-6

6) 문자 간격

문자의 간격을 설정합니다.

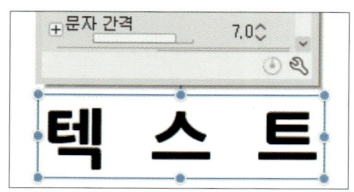 

그림 10-13-7

7) 문자 간격 조정
문자의 간격 비율(백분율)을 설정합니다. 값이 클수록 간격이 가까워집니다.

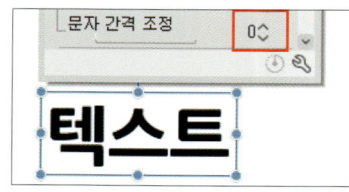 

그림 10-13-8

8) 스타일
문자에 볼드체, 이탤릭체, 밑줄, 취소선 등을 설정할 수 있습니다.

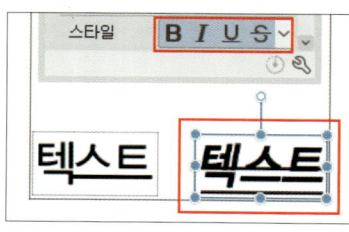

그림 10-13-9

9) 윤곽선 문자
윤곽선 문자로 변경합니다.

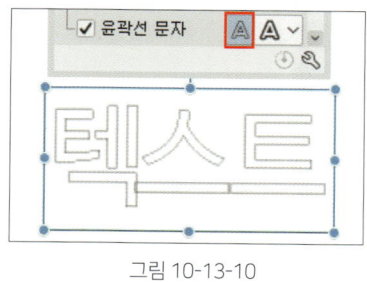

그림 10-13-10   그림 10-13-11

행간 / 맞춤

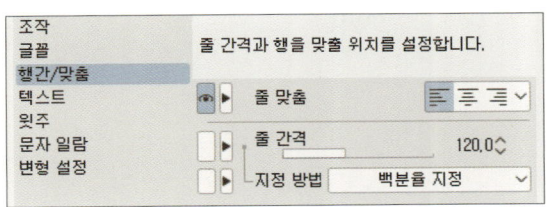

그림 10-13-12

1) 줄 맞춤

순서대로 왼쪽에 정렬, 가운데 정렬, 오른쪽 정렬입니다.

2) 줄 간격

줄과 줄 사이의 간격을 설정합니다.

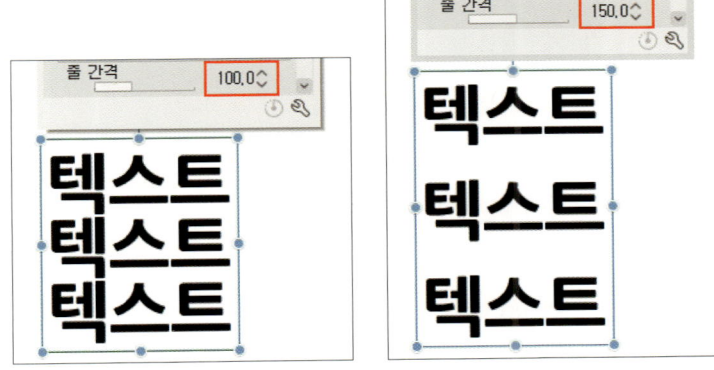

그림 10-13-13

3) 지정 방법

줄 간격 단위를 설정합니다.

그림 10-13-14

① 길이 지정

　　줄 간격을 길이로 지정합니다. 단위는 pt를 사용합니다.

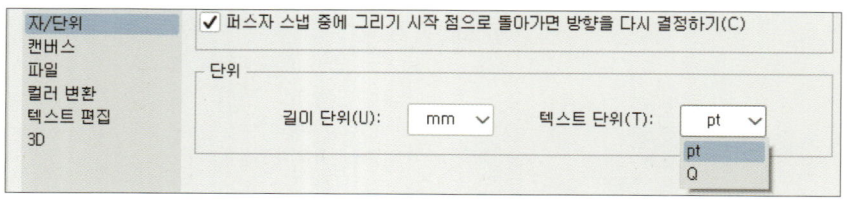

그림 10-13-15

② 백분율 지정

　　백분율로 줄 간격을 설정합니다.

텍스트

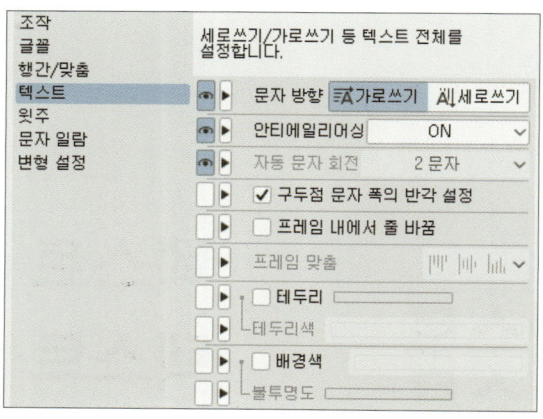

그림 10-13-16

1) 문자 방향

가로쓰기와 세로쓰기를 설정합니다.

2) 안티에일리어싱

안티에일리어싱을 켜고 끕니다. 캔버스의 [기본 표현 색상]이 모노크롬일 경우 비활성화됩니다.

3) 자동 문자 회전

세로쓰기로 텍스트를 입력할 때 반각 문자를 자동으로 회전시킵니다.

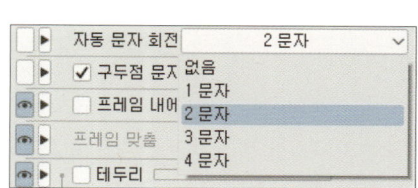
그림 10-13-17

그림 10-13-18

[자동 문자 회전]을 [2문자]로 설정하면 연속된 두 개의 반각 문자는 자동으로 가로로 표시됩니다. 연속된 반각 문자가 연속으로 3개일 때는 적용되지 않습니다.

4) 구두점 문자 폭의 반각 설정
전각과 반각이란?
① 전각: 전각은 반각의 두 배 정도의 폭을 갖고 있습니다.

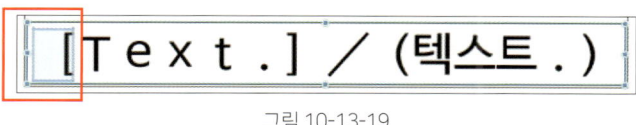
그림 10-13-19

② 반각

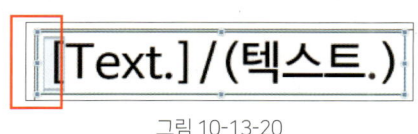
그림 10-13-20

반각은 전각보다 1/2 정도의 폭으로 표시됩니다. 반각으로 표기되는 문자는 숫자(123), 로마자(ABC), 구두점(."()[]) 등이 있습니다.

[구두점 문자 폭의 반각 설정]이란 ()[]., 이런 기호를 전각으로 표시할지 반각으로 표시할지를 설정하는 것입니다. CLIP STUDIO PAINT가 일본 소프트웨어다 보니 한글판 윈도우에서 제대로 반영되지 않습니다. 그래서 CLIP STUDIO PAINT에서는 자동으로 반각으로 표시됩니다.

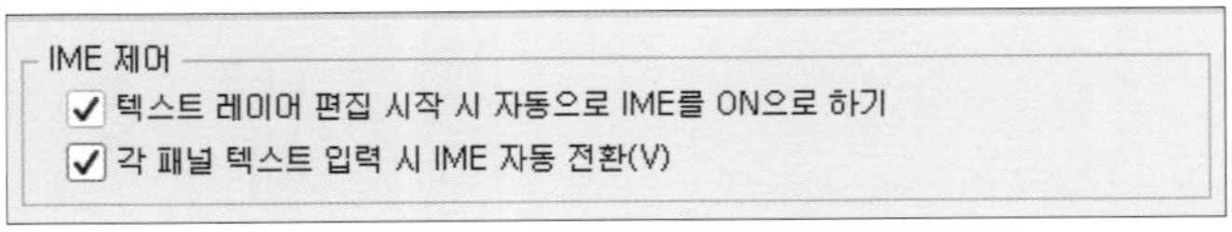

그림 10-13-21

[환경 설정>인터페이스>IME 제어]에서 두 옵션(또는 한 개)을 체크하면 전각으로 표시됩니다. 이것도 오류가 있어서 전각이 반각으로 전환되지 않고 단축키도 잠깁니다. 두 옵션을 체크 해제하고 재실행해야 반각으로 전환됩니다. 따라서 CLIP STUDIO PAINT에서는 반각만 사용한다고 보면 됩니다.

5) 프레임 내에서 줄 바꿈
① OFF일 때

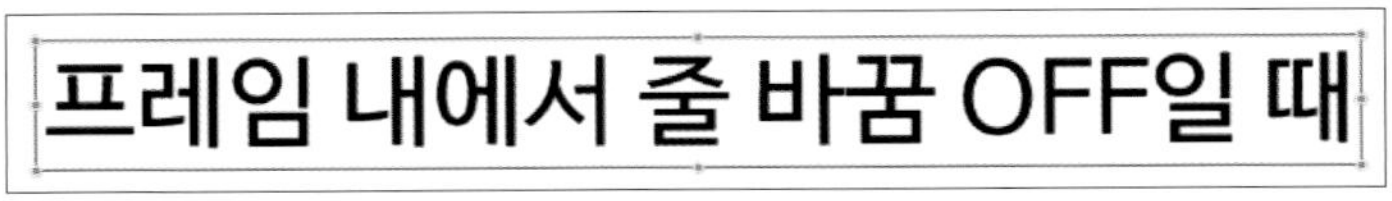

그림 10-13-22

Enter를 입력하기 전까지 줄이 바뀌지 않습니다.

② ON일 때

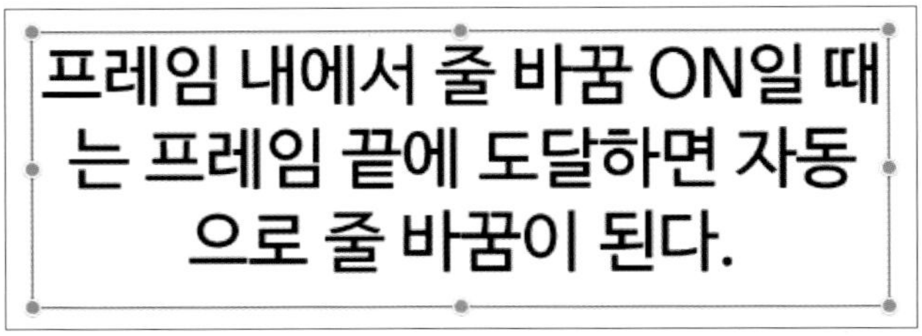

그림 10-13-23

프레임에 의해서 줄 바꿈이 됩니다.

또 다른 점

[프레임 내에서 줄 바꿈]이 꺼져 있을 때 프레임 크기를 조절하면 문자의 크기도 같이 변경됩니다.

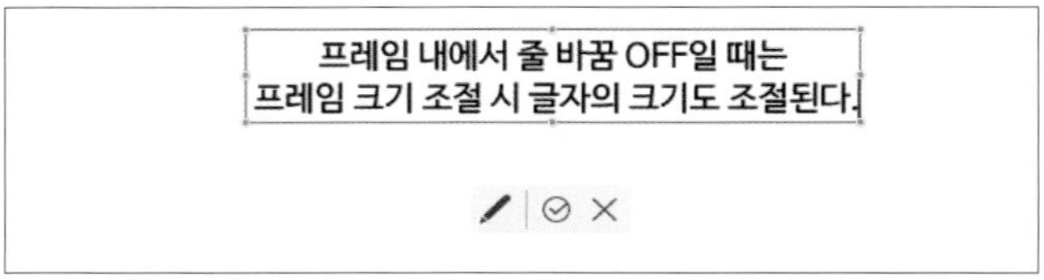

그림 10-13-24

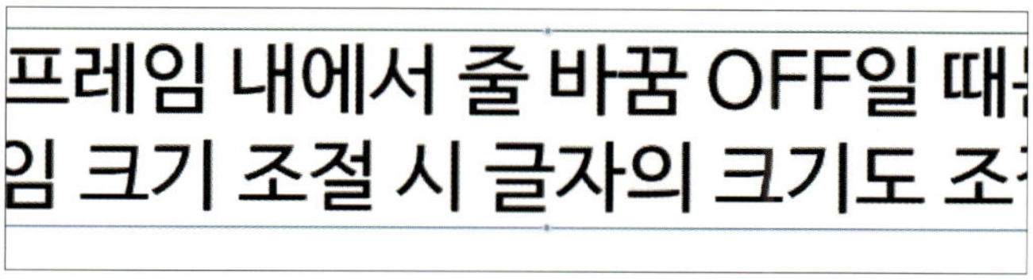

그림 10-13-25

[프레임 내에서 줄 바꿈]이 켜져 있을 때 프레임 크기를 조절하면 문자의 크기는 유지되고 프레임 크기에 맞게 줄이 변경됩니다.

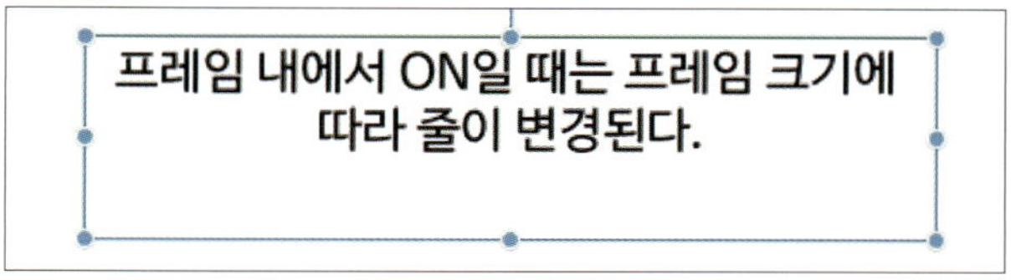

그림 10-13-26 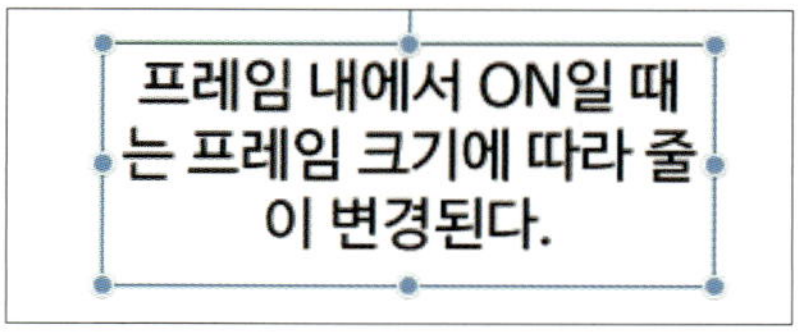 　　　　　그림 10-13-27

그림 10-13-28

[프레임 내에서 줄 바꿈]이 켜져 있을 때 프레임 크기가 작게 설정되어 있으면 글자가 보이지 않게 됩니다. 글자가 안 보일 경우 프레임의 크기를 조절합니다.

6) 프레임 맞춤
① 위

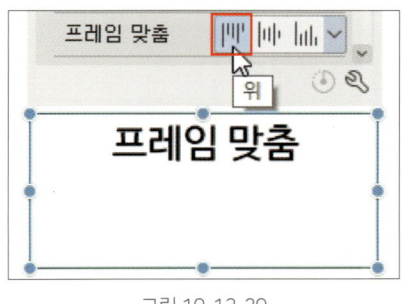

그림 10-13-29

② 가운데

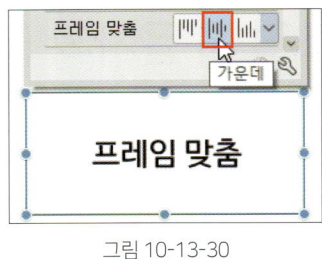

그림 10-13-30

③ 아래

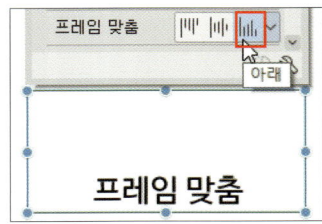

그림 10-13-31

7) 테두리/테두리색

문자에 테두리와 테두리색을 설정합니다.

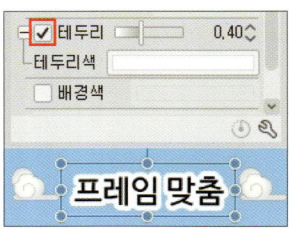

그림 10-13-32

8) 배경색

문자에 배경색을 설정합니다.

그림 10-13-33

9) 불투명도

배경색의 불투명도를 설정합니다.

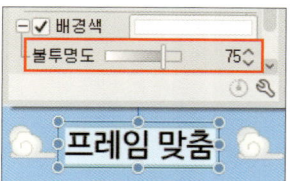

그림 10-13-34

윗주

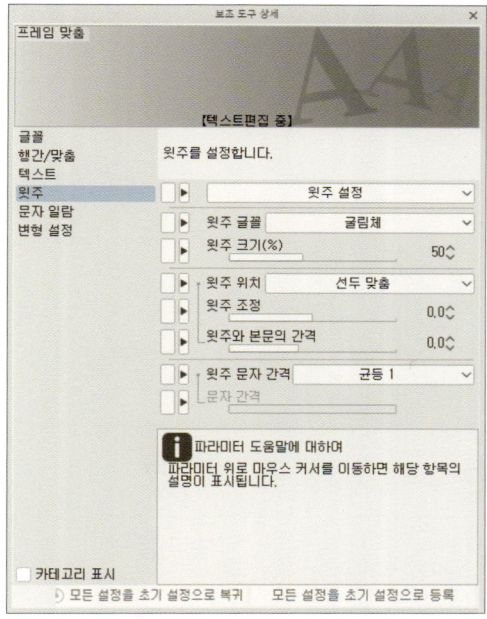

그림 10-13-35

그림 10-13-36

1) 윗주 설정

한자를 쓰고 선택하면 [윗주 설정]이 활성화됩니다.

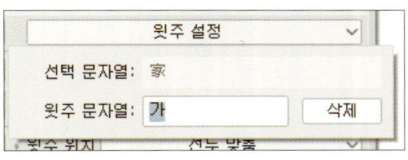

그림 10-13-37

윗주 문자열에 '가'를 입력합니다.

그림 10-13-38

한자에 윗주가 표시됩니다.

2) 윗주 글꼴
윗주의 폰트를 설정합니다.

그림 10-13-39

3) 윗주 크기
윗주의 크기를 설정합니다.

그림 10-13-40 그림 10-13-41

4) 윗주 위치
윗주의 위치를 설정합니다.

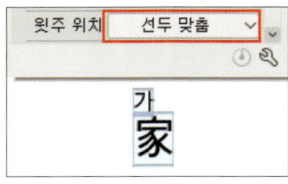 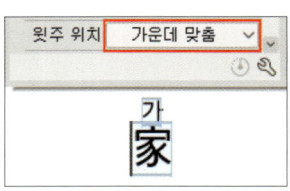 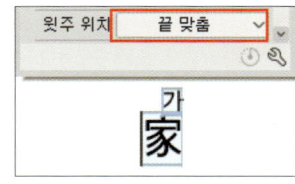

그림 10-13-42 그림 10-13-43 그림 10-13-44

5) 윗주 조정

윗주의 위치를 설정합니다.

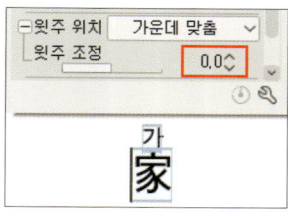
그림 10-13-45

그림 10-13-46

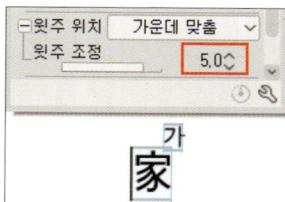
그림 10-13-47

6) 윗주와 본문의 간격

한자와 윗주의 간격을 설정합니다.

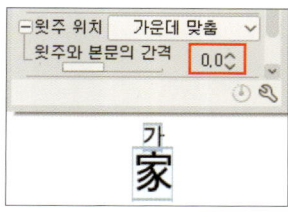
그림 10-13-48

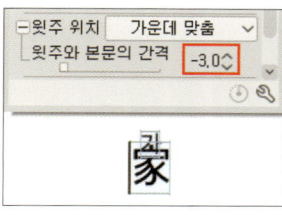
그림 10-13-49

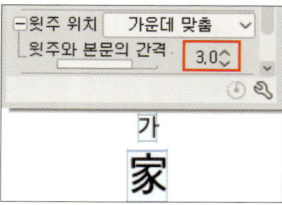
그림 10-13-50

7) 윗주 문자 간격

윗주 문자 간의 간격을 설정합니다.

① 선두 맞춤

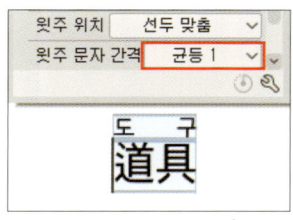
그림 10-13-51

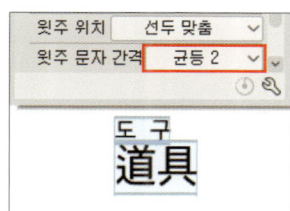
그림 10-13-52

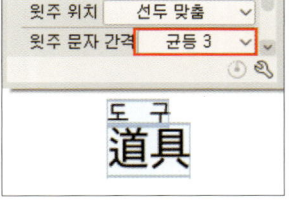
그림 10-13-53

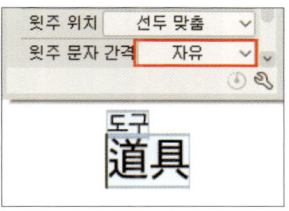
그림 10-13-54

② 가운데 맞춤

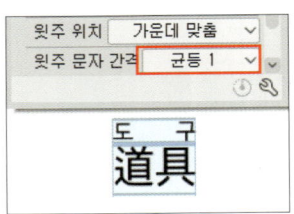

그림 10-13-55

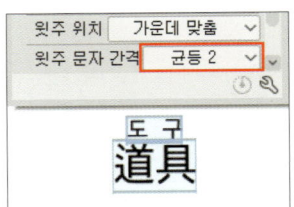

그림 10-13-56

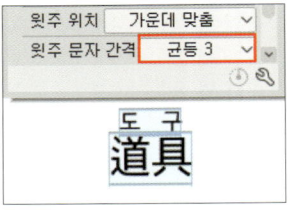

그림 10-13-57

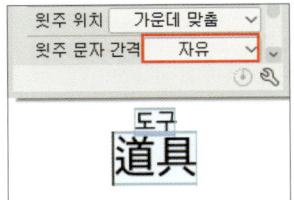

그림 10-13-58

③ 끝 맞춤

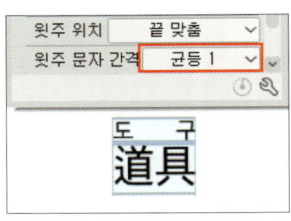

그림 10-13-59

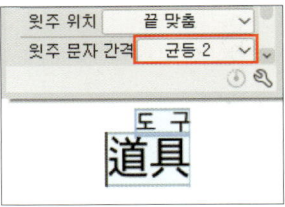

그림 10-13-60

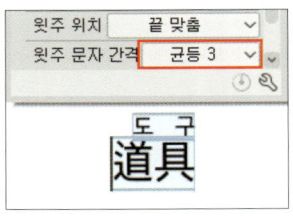

그림 10-13-61

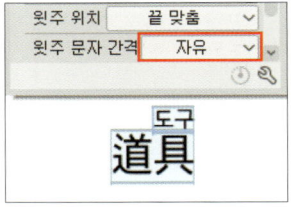

그림 10-13-62

8) 문자 간격

윗주 문자 간격을 [자유]로 설정 시 문자 간격을 설정할 수 있습니다.

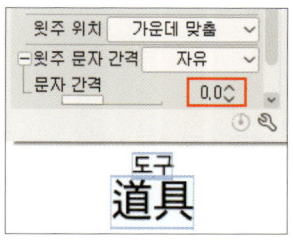 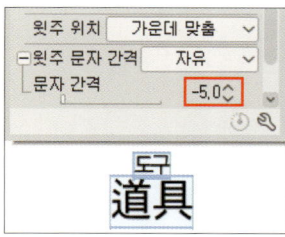 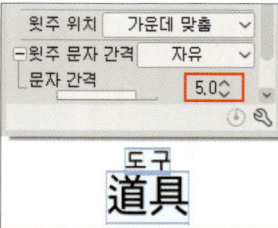

그림 10-13-63   그림 10-13-64   그림 10-13-65

편집 설정

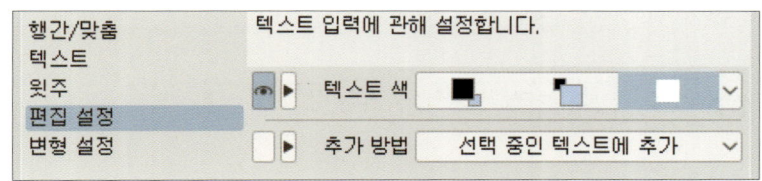

그림 10-13-66

1) 텍스트 색
① 메인 컬러: 메인 컬러로 텍스트가 작성됩니다.
② 서브 컬러: 서브 컬러로 텍스트가 작성됩니다.
③ 사용자 컬러: 사용자가 지정한 색으로 텍스트가 작성됩니다.

2) 추가 방법
① 항상 레이어를 작성: 텍스트를 입력할 때마다 신규 텍스트 레이어를 작성합니다.
② 선택 중인 텍스트에 추가: 선택 중인 레이어에 텍스트를 추가합니다.
③ 삽입 위치 자동 판별: 텍스트가 입력되는 위치에 따라 신규 텍스트 레이어를 작성합니다. 말풍선 내부, 선택한 텍스트 근처에 입력하면 기존 레이어에 텍스트를 추가합니다.

변형 설정

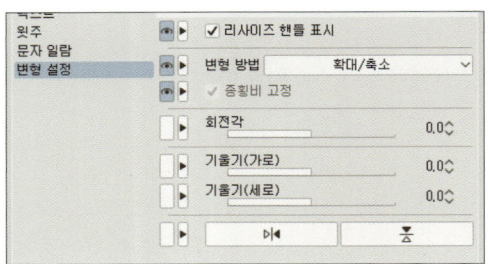

그림 10-13-67

1) 리사이즈 핸들 표시

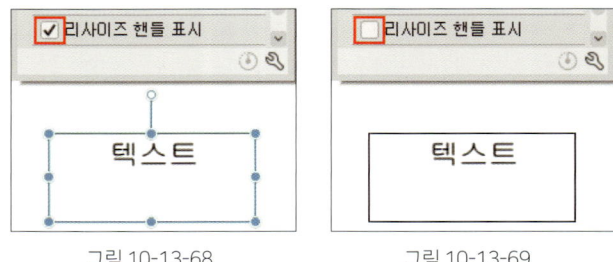

그림 10-13-68   그림 10-13-69

2) 변형 방법

텍스트 변형 방법을 선택합니다.

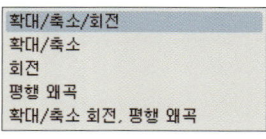

그림 10-13-70

3) 종횡비 고정

체크하면 텍스트의 비율을 고정합니다.

4) 회전각

텍스트를 회전합니다.

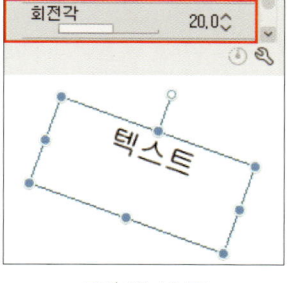

그림 10-13-71

5) 기울기(가로)

가로축을 움직여 기울기를 줍니다.

6) 기울기(세로)

세로축을 이동해서 기울기를 줍니다.

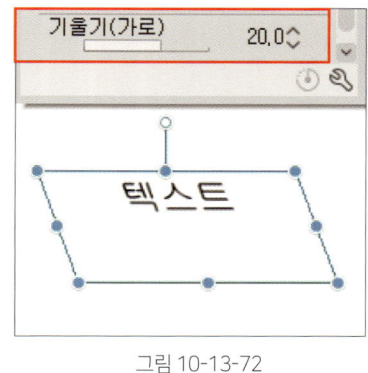

그림 10-13-72   그림 10-13-73

7) 텍스트 좌우 반전

8) 텍스트 상하 반전

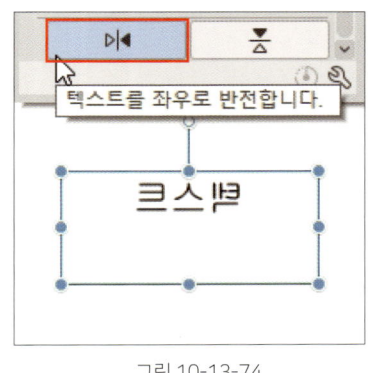

그림 10-13-74   그림 10-13-75

14. 말풍선

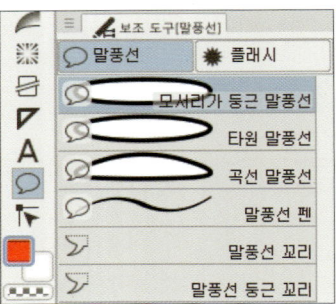

그림 10-14-1

말풍선 보조 도구 상세

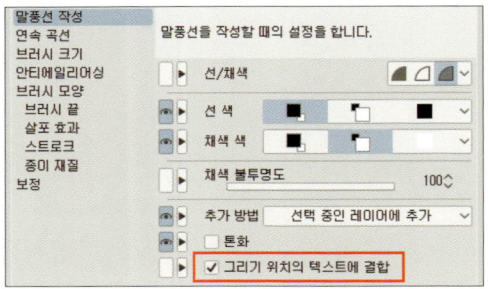

그림 10-14-2

[그리기 위치의 텍스트에 결합]에 체크하면 말풍선 레이어와 텍스트 레이어가 같은 레이어에 있을 때 말풍선과 텍스트가 같이 이동합니다.

브러시 모양

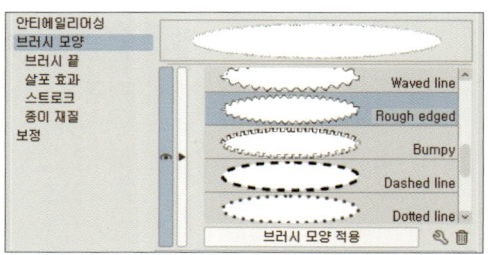

그림 10-14-3

브러시 모양을 자유롭게 적용할 수 있습니다. 브러시 모양을 선택하고 [브러시 모양 적용]을 클릭합니다.

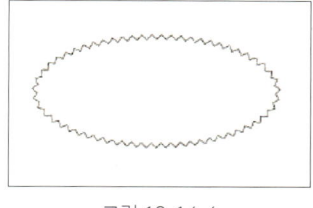

그림 10-14-4

적용한 브러시 모양으로 말풍선을 작성할 수 있습니다.

15. 선 수정

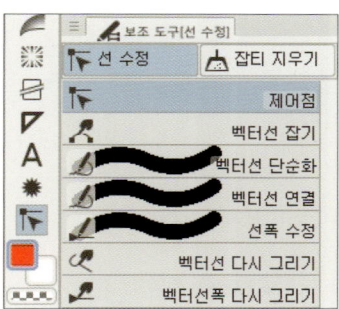

그림 10-15-1

선 수정 보조 도구 상세

제어점

벡터 레이어, 컷선, 말풍선 등 제어점이 있는 오브젝트의 제어점을 수정하거나 여러 가지 효과를 낼 수 있습니다. 보조 도구에서 [제어점]을 선택하면 활성화되는 옵션입니다.

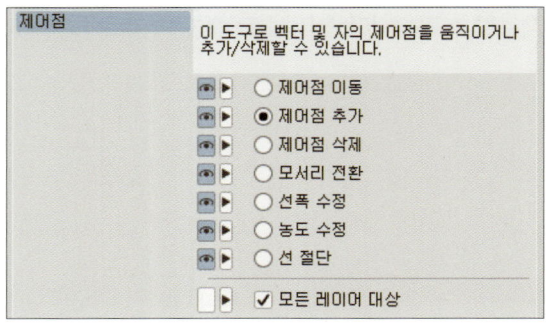

그림 10-15-2

1) 제어점 이동

말풍선, 컷 테두리, 벡터 레이어 등 제어점이 있는 오브젝트의 제어점을 이동합니다.

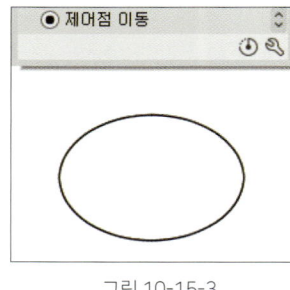   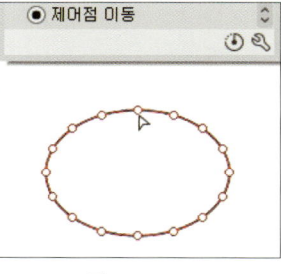

그림 10-15-3   그림 10-15-4

말풍선 위에 커서를 올려놓으면 제어점이 표시됩니다.

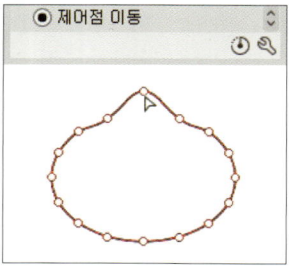

그림 10-15-5

드래그로 제어점을 이동할 수 있습니다.

2) 제어점 추가

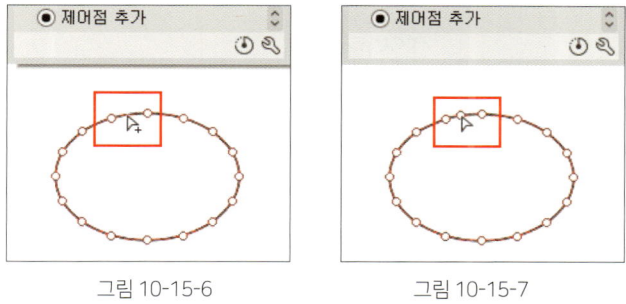

그림 10-15-6   그림 10-15-7

제어점이 없는 곳에 커서를 올려놓으면 커서 옆에 (+) 표시가 생깁니다. 클릭하면 제어점이 추가됩니다.

3) 제어점 삭제

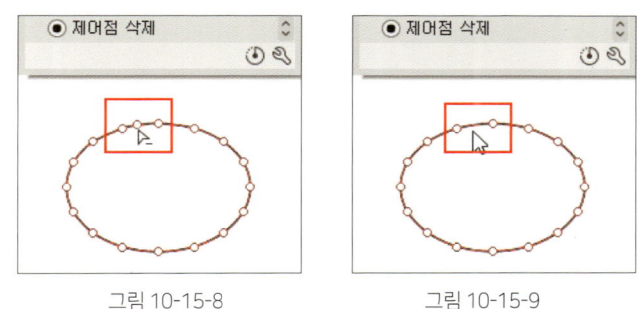

그림 10-15-8   그림 10-15-9

제어점 추가와 같은 방식으로 제어점을 삭제합니다.

4) 모서리 전환

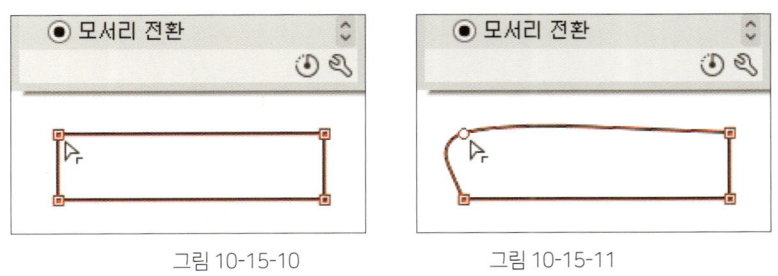

그림 10-15-10   그림 10-15-11

모서리 모양을 전환합니다. 직각 모서리를 곡선으로 전환합니다.

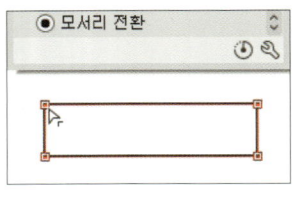

그림 10-15-12

한 번 더 클릭하면 직각으로 전환됩니다.

5) 선폭 수정

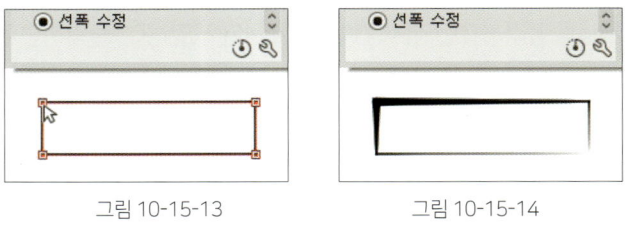

그림 10-15-13   그림 10-15-14

제어점을 드래그하면 선폭이 수정됩니다.

6) 농도 수정

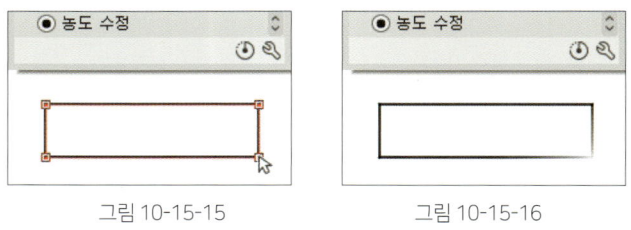

그림 10-15-15   그림 10-15-16

제어점을 드래그하면 선의 농도를 수정할 수 있습니다.

7) 선 절단

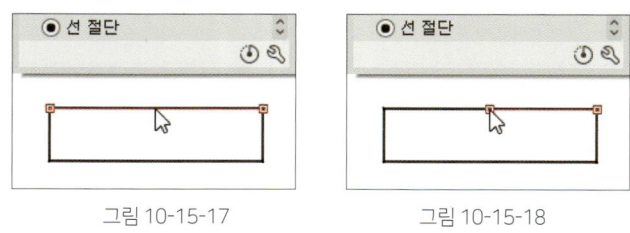

그림 10-15-17   그림 10-15-18

선을 클릭하면 선이 절단됩니다.

8) 모든 레이어 대상

체크하면 편집 중인 레이어가 아닌 다른 레이어의 선도 수정할 수 있습니다.

선 잡기

보조 도구에서 (벡터선 잡기)를 선택하면 활성화됩니다.

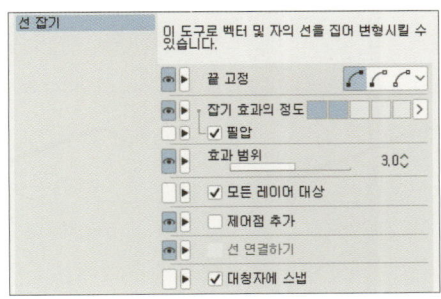

그림 10-15-19

1) 끝 고정

① 양 끝 고정: 예시는 모두 [벡터 레이어]입니다.

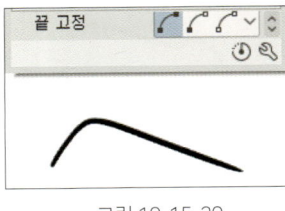

그림 10-15-20

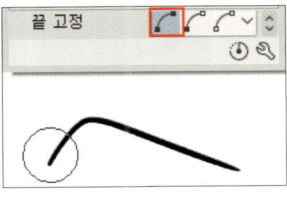

그림 10-15-21

시작점과 끝점을 고정합니다.

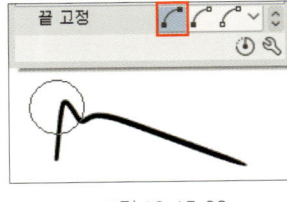

그림 10-15-22

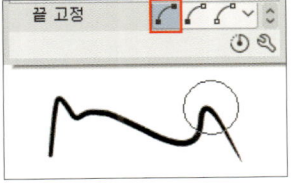

그림 10-15-23

드래그해도 시작점과 끝점이 이동하지 않습니다.

② 한쪽 끝을 고정

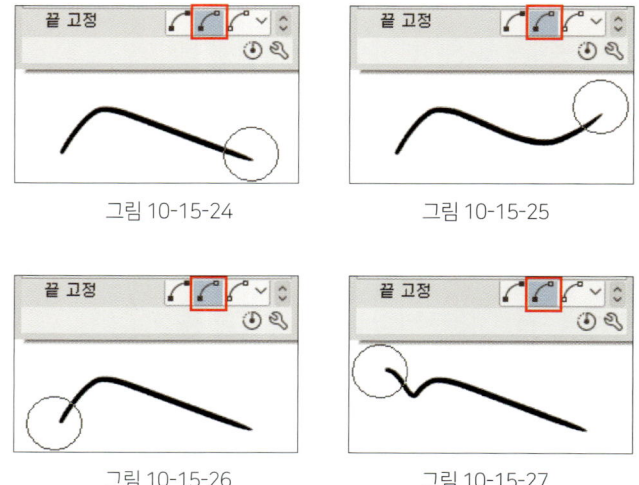

그림 10-15-24   그림 10-15-25

그림 10-15-26   그림 10-15-27

시작점과 끝점 모두 이동할 수 있습니다.

③ 양 끝 자유

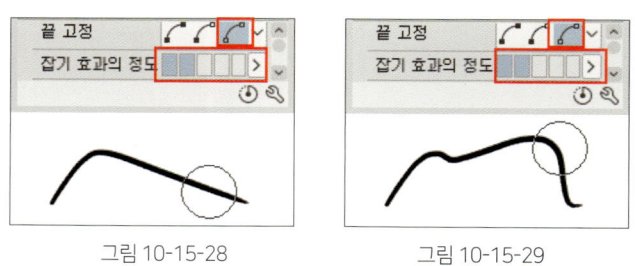

그림 10-15-28   그림 10-15-29

양 끝이 고정되지 않습니다. [잡기 효과의 정도] 값이 낮으면 [한쪽 끝을 고정]과 크게 다르지 않습니다. [잡기 효과의 정도]를 최대로 했을 때 각각의 움직임은 다음과 같습니다.

④ 양 끝 고정

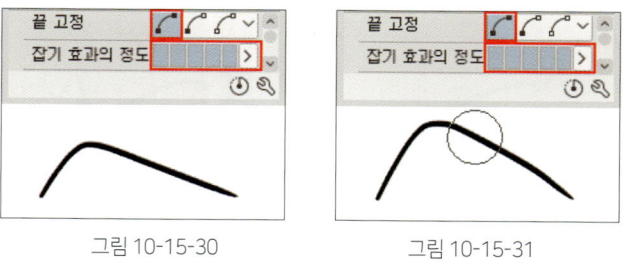

그림 10-15-30   그림 10-15-31

양 끝은 고정되고 가운데 부분만 이동합니다.

⑤ 한쪽 끝을 고정

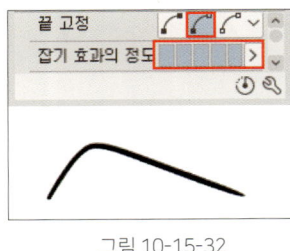 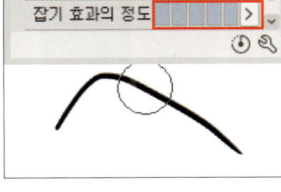

그림 10-15-32　　　　　　　그림 10-15-33

비교적 먼 곳의 점이 고정됩니다.

⑥ 양 끝 자유

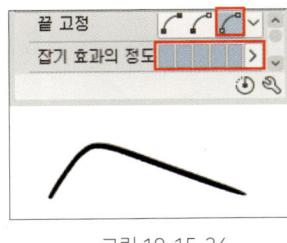 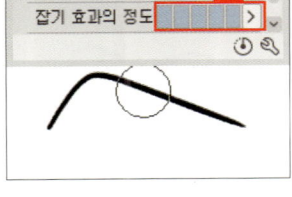

그림 10-15-34　　　　　　　그림 10-15-35

시작점과 끝점이 모두 이동됩니다.

2) 잡기 효과의 정도
값이 높을수록 잡아당기는 범위가 넓어집니다.

3) 필압
필압에 따라 [잡기 효과의 정도]를 조절할 수 있습니다.

4) 효과 범위
선을 잡아당길 때 영향을 받는 범위를 설정합니다. 값이 클수록 효과가 먼 곳까지 도달합니다.

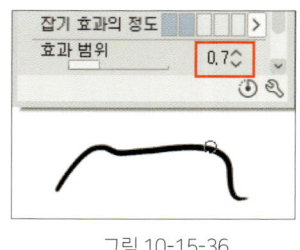
그림 10-15-36

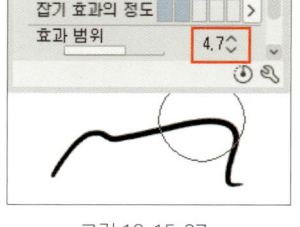
그림 10-15-37

5) 모든 레이어 대상
다른 레이어에 있는 선도 수정이 가능합니다.

6) 제어점 추가
제어점을 추가하면서 선 잡기를 합니다.

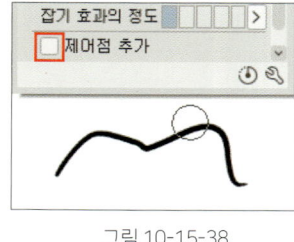
그림 10-15-38

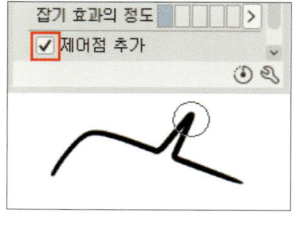
그림 10-15-39

7) 선 연결하기
선 끝을 다른 선 끝 가까이 이동하면 선이 연결됩니다. 두 선의 색, 각도 등이 동일한 설정이어야 합니다.

8) 대칭자에 스냅
켜면 대칭자에서 그린 선을 같이 조작할 수 있습니다.

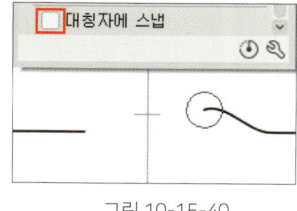
그림 10-15-40

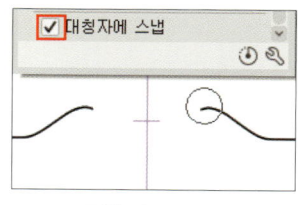
그림 10-15-41

조건은 대칭자를 작성하고 벡터 레이어에서 그린 선만 적용됩니다.

선 편집

벡터 또는 자의 제어점을 조작할 수 있습니다. [도구>벡터선 단순화]를 선택합니다.

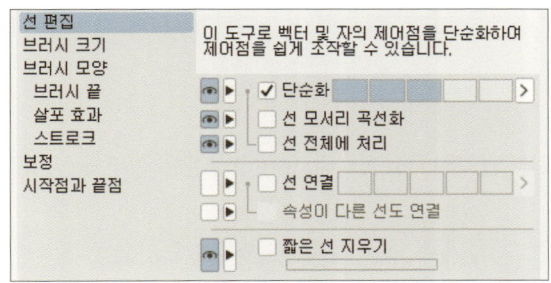

그림 10-15-42

1) 단순화

벡터선을 드래그하면 제어점의 수를 줄입니다.

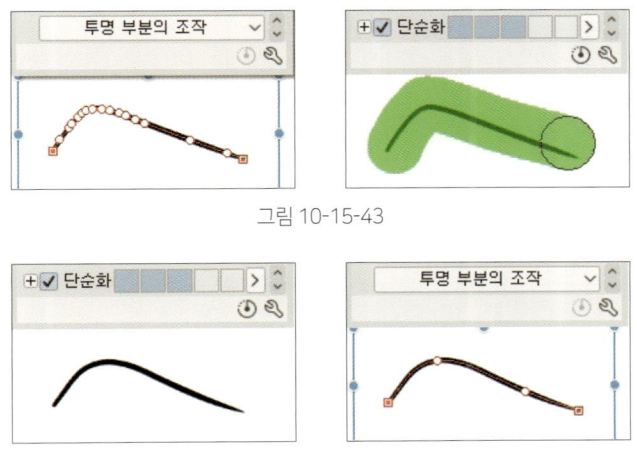

그림 10-15-43

그림 10-15-44

제어점이 감소하고 선 모양이 단순하고 매끄러워집니다. 벡터선 단순화 도구를 사용해서 벡터선을 드래그하면 제어점의 양이 줄어들면서 구불구불했던 선이 정리되는 효과를 볼 수 있습니다. 값이 클수록 더 많은 제어점이 제거됩니다.

2) 선 모서리에 곡선화

모서리를 곡선으로 처리합니다.

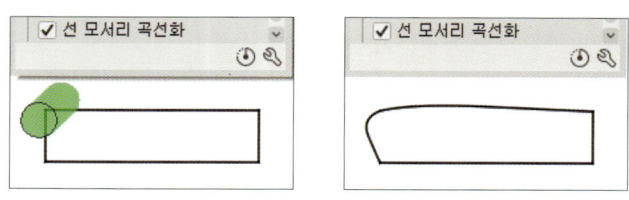

그림 10-15-45

3) 선 전체에 처리
선의 일부분만 드래그해도 선 전체에 적용됩니다. 모서리 부분이 전부 곡선으로 변경됩니다.

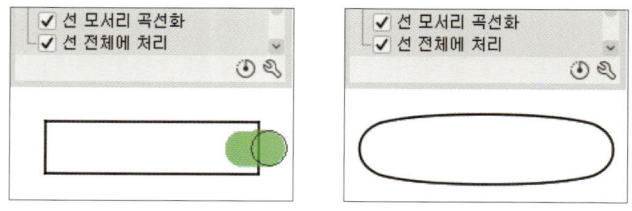

그림 10-15-46

4) 선 연결
끊어져 있는 선을 연결합니다. 떨어져 있던 선이 연결됩니다.

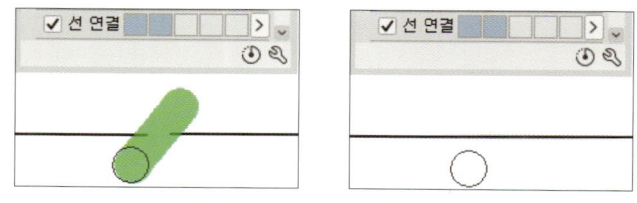

그림 10-15-47

5) 속성이 다른 선도 연결
선 색, 브러시 모양 등이 달라도 선을 연결합니다. 색은 한 가지로 통일됩니다.

6) 짧은 선 지우기
드래그한 범위 내에서 길이가 짧은 선을 지웁니다. 슬라이더로 지울 선의 길이를 설정할 수 있습니다.

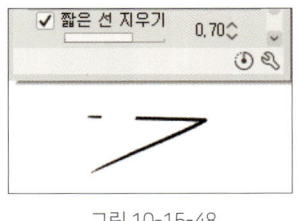
그림 10-15-48

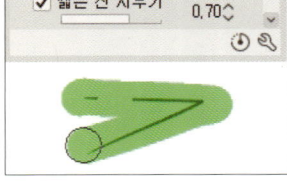
그림 10-15-49

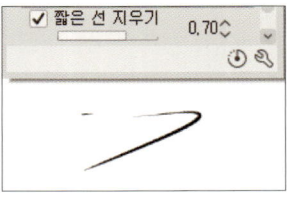
그림 10-15-50

선폭 수정

이미 그려진 선의 두께를 수정할 수 있습니다. 이 기능을 제대로 사용하려면 벡터 레이어에 그리는 편이 좋습니다. [도구>선폭 수정]을 선택합니다. 래스터와 벡터 레이어 둘 다 적용됩니다.

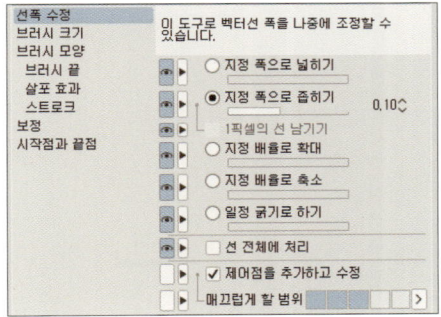
그림 10-15-51

1) 지정 폭으로 넓히기
설정한 픽셀값만큼 선이 두꺼워집니다.

2) 지정 폭으로 좁히기
설정한 픽셀값만큼 선이 얇아집니다.

3) 1픽셀의 선 남기기
최소 1픽셀의 선은 남깁니다. 벡터 레이어에서만 적용되는 옵션입니다.

4) 지정 배율로 확대
설정한 배율로 선이 두꺼워집니다.

5) 지정 배율로 축소
설정한 배율로 선폭이 가늘어집니다.

6) 일정 굵기로 하기
선 굵기를 설정하고 드래그하면 설정한 굵기로 변경합니다.

7) 선 전체에 처리
선 전체의 굵기를 변경합니다. 컷선, 말풍선 등 벡터선의 선폭을 수정할 때 사용하면 좋습니다.

8) 제어점을 추가하고 수정
제어점을 추가하면서 선폭을 수정합니다. [선 전체에 처리]가 켜져 있으면 비활성화됩니다.

9) 매끄럽게 할 범위
값이 높을수록 완만한 선이 됩니다.

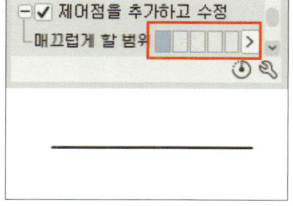 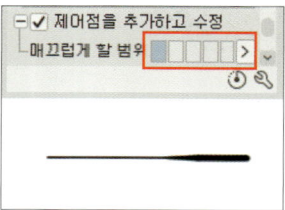 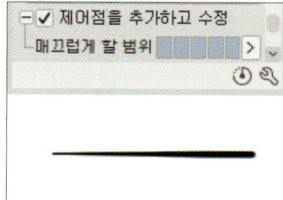

그림 10-15-52   그림 10-15-53   그림 10-15-54

잡티 지우기 보조 도구 상세

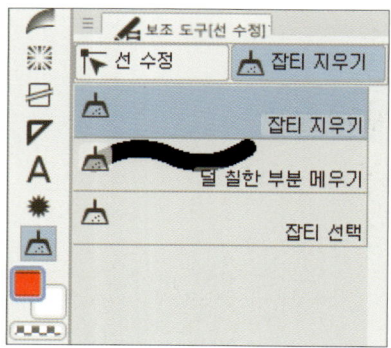

그림 10-15-55

잡티 지우기

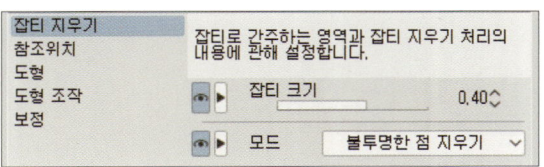

그림 10-15-56

1) 잡티 크기
지정한 크기보다 작은 점을 잡티로 인식합니다.

2) 모드

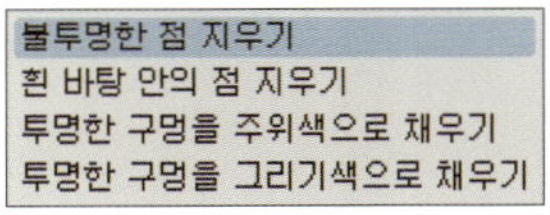

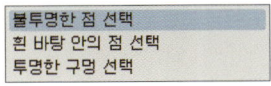

그림 10-15-57

① 불투명한 점 지우기: 그림이 그려지지 않은 영역의 점을 지웁니다.
② 흰 바탕 안의 점 지우기: 흰색으로 칠해진 영역의 점을 지웁니다.
③ 투명한 구멍을 주위색으로 채우기: 색이 칠해진 영역의 투명한 점을 주변색으로 채웁니다.
④ 투명한 구멍을 그리기색(메인 컬러)으로 채우기: 채색된 영역의 투명한 점을 (메인 컬러)로 채웁니다.
3) [도구>잡티 선택] 시 모드

그림 10-15-58

① 불투명한 점 선택: 투명 영역의 점을 먼지로 인식합니다.
② 흰 바탕 안의 점 선택: 흰색으로 칠해진 영역의 점을 먼지로 인식합니다.
③ 투명한 구멍 선택: 색이 칠해진 영역의 투명한 점을 먼지로 인식합니다.

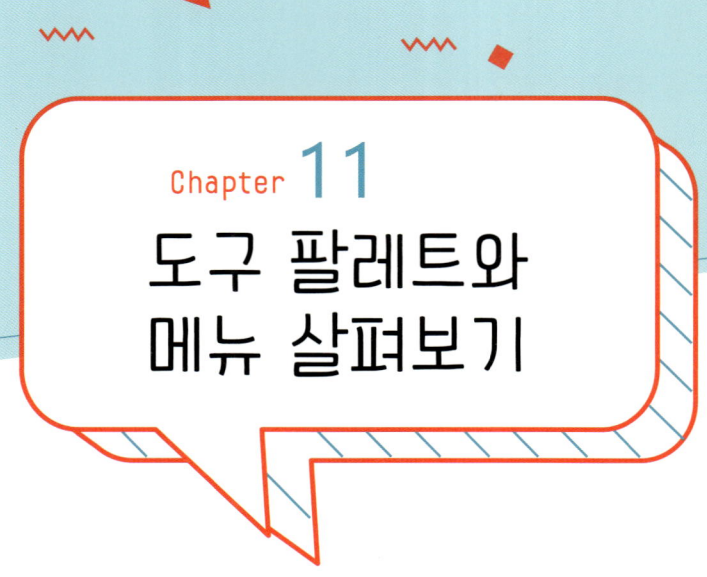

Chapter 11
도구 팔레트와 메뉴 살펴보기

1. 도구 팔레트 메뉴

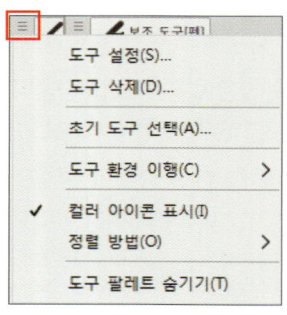

그림 11-1-1

1) 도구 설정

도구 이름을 변경할 수 있습니다.

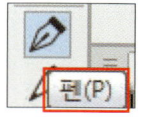

그림 11-1-2

펜 툴 위에 커서를 올려놓으면 도구 이름과 단축키가 표시됩니다. 이때 표시되는 도구의 이름을 변경할 수 있습니다.

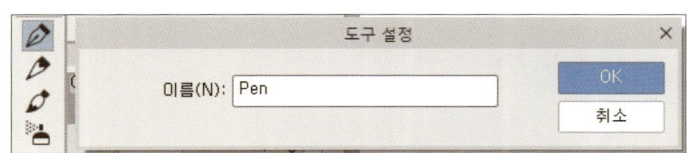

그림 11-1-3

도구 이름을 Pen으로 변경해 봅니다. [펜]으로 표시됐던 도구의 이름이 [Pen]으로 표시됩니다.

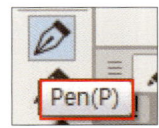

그림 11-1-4

2) 도구 삭제

도구를 삭제할 수 있습니다. 펜 툴을 삭제해 봅니다.

그림 11-1-5

도구 삭제를 실행하면 계속 진행할 것인지 확인 창이 나옵니다. [OK]를 클릭해서 진행해 봅니다.

그림 11-1-6

펜 툴이 목록에서 없어집니다.

3) 초기 도구 선택

도구 목록에서 삭제된 도구를 복구할 수 있습니다.

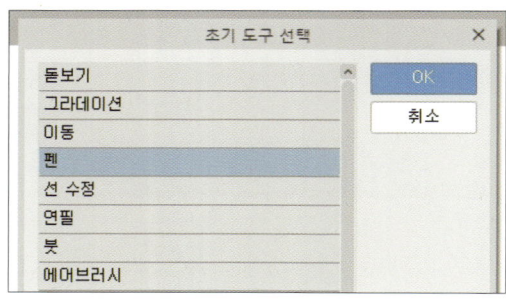

그림 11-1-7

목록에서 [펜]을 선택한 후 OK를 클릭합니다.

그림 11-1-8

[펜]이 다시 생성됩니다. 도구를 다시 복구할 때 현재 선택된 도구 바로 밑에 생성됩니다. 펜을 복구할 때 스포이트를 선택하고 펜을 복구하면 스포이트 밑에 생성됩니다. 도구 위치는 드래그로 옮길 수 있습니다.

4) 도구 환경 이행

IllustStudio, ComicStudio 4.0의 설정을 불러올 수 있습니다.

5) 컬러 아이콘 표시

컬러 아이콘의 표시 여부를 선택할 수 있습니다. 컬러 휠을 선택하면 컬러 아이콘이 표시되므로 표시를 해제해도 상관없지만 다른 색상 탭을 선택하면 안 보이게 되니 참고하도록 합니다.

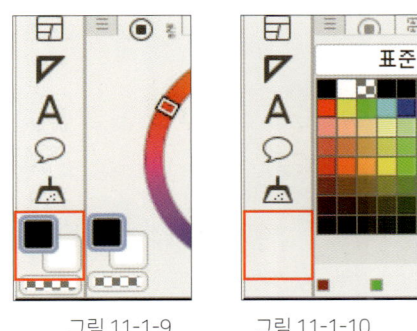

그림 11-1-9   그림 11-1-10

6) 정렬 방법

도구의 위치를 변경할 때 드래그로 할 것인지 Ctrl+드래그로 할 것인지 설정합니다.

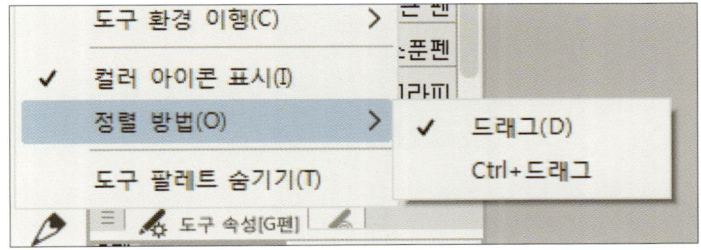

그림 11-1-11

2. 보조 도구 팔레트 메뉴

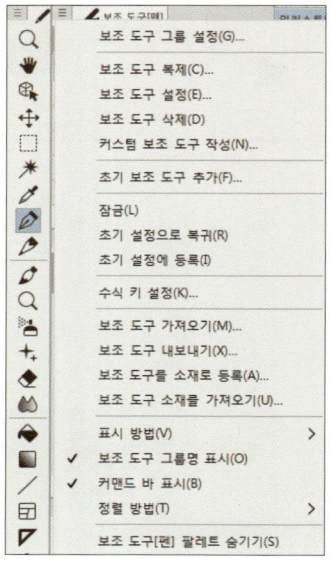

그림 11-2-1

1) 보조 도구 그룹 설정

보조 도구의 이름을 변경할 수 있습니다.

그림 11-2-2

2) 보조 도구 복제

선택한 보조 도구를 복제합니다.

3) 보조 도구 설정

도구의 이름, 아이콘, 배경색 등을 변경할 수 있습니다.

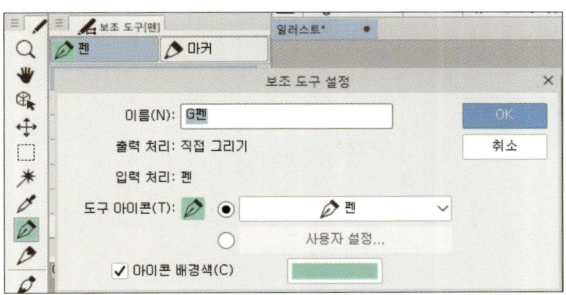

그림 11-2-3

4) 보조 도구 삭제

보조 도구를 삭제합니다.

5) 커스텀 보조 도구 작성

펜, 지우개, 오브젝트 등 보조 도구를 작성합니다.

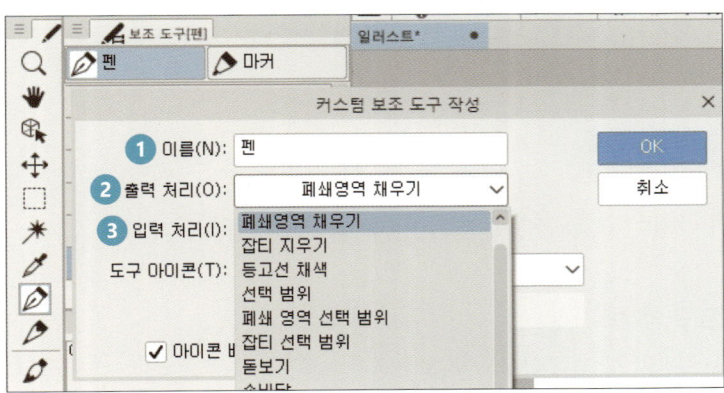

그림 11-2-4

① 이름을 입력합니다.

② 출력 처리를 선택합니다.

③ 입력 처리를 선택합니다.

　　출력 처리를 설정하면 자동으로 입력 처리가 설정되는 보조 도구들도 있습니다.

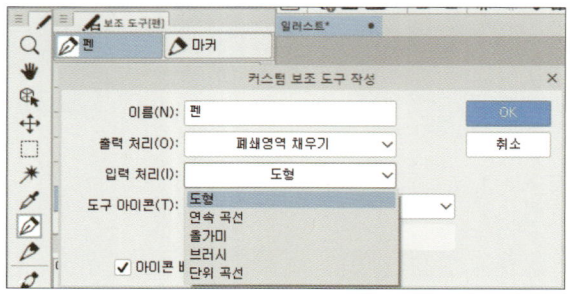

그림 11-2-5

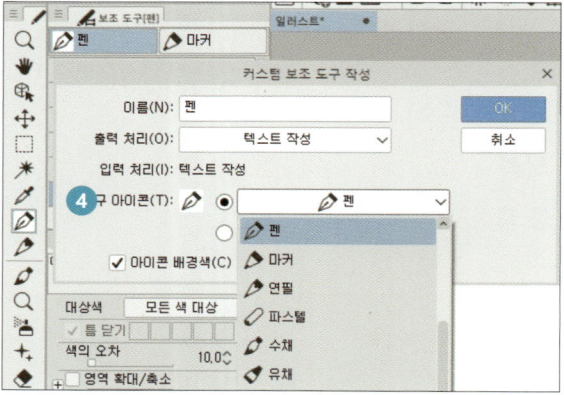

그림 11-2-6

❹ **도구에 맞게 아이콘 설정:** [OK]를 클릭하면 새 도구가 작성됩니다.

6) 초기 보조 도구 추가

보조 도구가 사라졌을 때 복구할 수 있습니다.

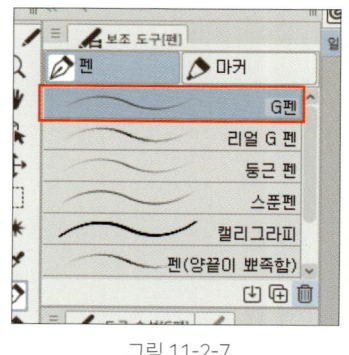
그림 11-2-7

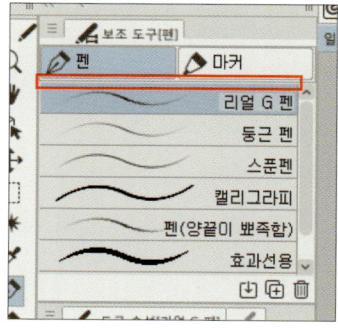
그림 11-2-8

먼저 G펜을 삭제해 봅니다. G펜을 선택하고 휴지통 아이콘을 클릭해서 G펜을 지웁니다. G펜이 삭제됩니다.

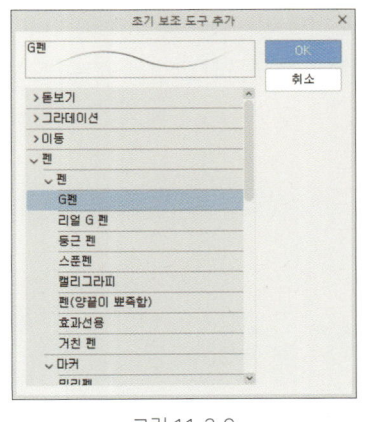

그림 11-2-9

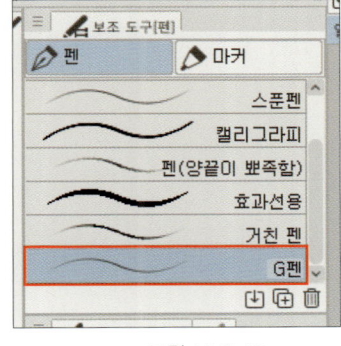

그림 11-2-10

[초기 보조 도구 추가]를 실행하면 그림 11-2-9와 같은 창이 열립니다. 펜에서 G펜을 선택하고 [OK]를 클릭하면 G펜이 복구됩니다.

7) 잠금

도구를 잠그면 브러시 크기, 불투명도 등 여러 설정을 변경해도 저장되지 않습니다. 다른 도구를 선택하고 다시 해당 도구를 선택하면 잠금 전 설정으로 사용할 수 있습니다.

8) 초기 설정으로 복귀

도구를 선택하고 실행하면 설정이 초기화됩니다.

9) 초기 설정에 등록

현재 설정을 초기 설정으로 설정합니다. [초기 설정으로 복귀]를 실행하면 이제는 초기 설정이 아닌 지금 설정한 상태로 복귀됩니다.

10) 수식 키 설정

Ctrl, Alt, Shift, Space bar 등에 일시적으로 다른 기능을 부여합니다. Space bar를 누르는 동안 손 모양으로 바뀌면서 캔버스 이동을 하거나 Ctrl 키를 누르면 그림을 이동시킬 수 있거나 하는 기능입니다.

수식 키 설정하는 법

펜, 붓, 채우기 등 색을 사용하는 도구는 Alt 키에 스포이트가 등록되어 있습니다. [G펜]을 사용 중에 Alt 키를 누르면 스포이트 아이콘으로 바뀝니다. 이때 스포이트 기능을 사용할 수 있습니다. [G펜] Alt 키에 설정된 스포이트를 지우개로 변경해 봅니다. 처음 설정으로 되돌리고 싶을 때는 [초기화 버튼]을 클릭하면 초기화할 수 있습니다.

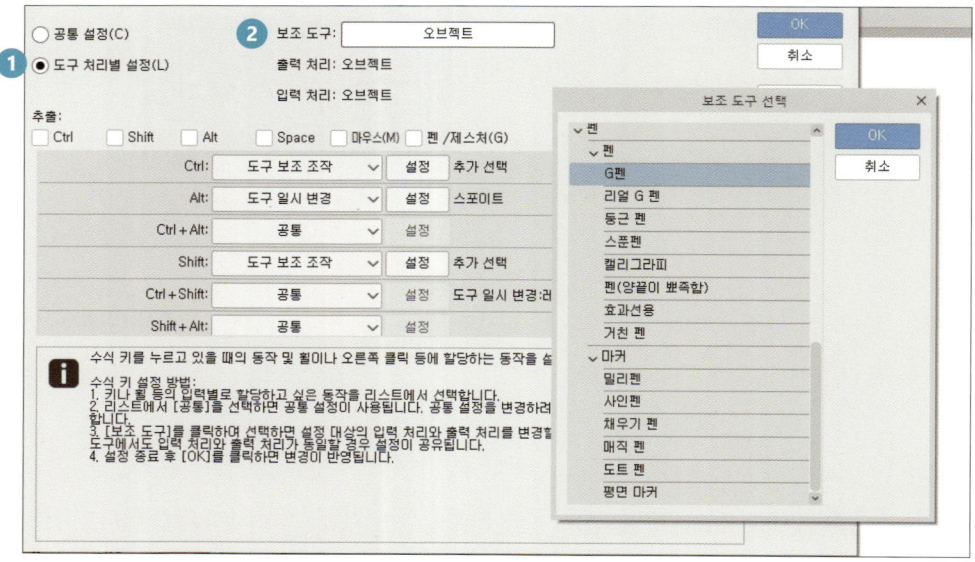

그림 11-2-11

1) **도구 처리별 설정을 선택합니다.** (그림 11-2-11 ①)
2) **[보조 도구]에서 [G펜]을 선택하고 확인을 클릭합니다.** 꼭 [G펜]이 아닌 아무 펜이나 선택해도 됩니다. (그림 11-2-11 ②)

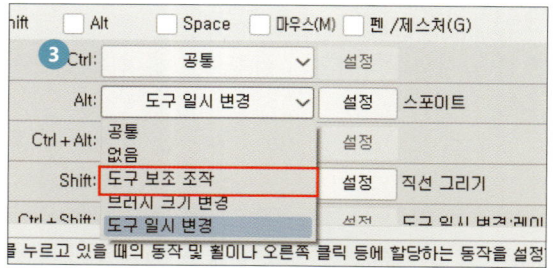

그림 11-2-12

3) Alt의 옵션 목록을 클릭합니다. (그림 11-2-11 ③)

① 공통: 공통으로 선택하면 공통 설정에서 선택한 기능이 표시됩니다. (나중에 설명)
② 없음: G펜 사용 중 Alt 키를 눌러도 아무 변화가 없습니다.
③ 도구 보조 조작: 이 옵션을 선택하면 G펜에서 사용할 수 있는 보조 조작을 선택할 수 있습니다.

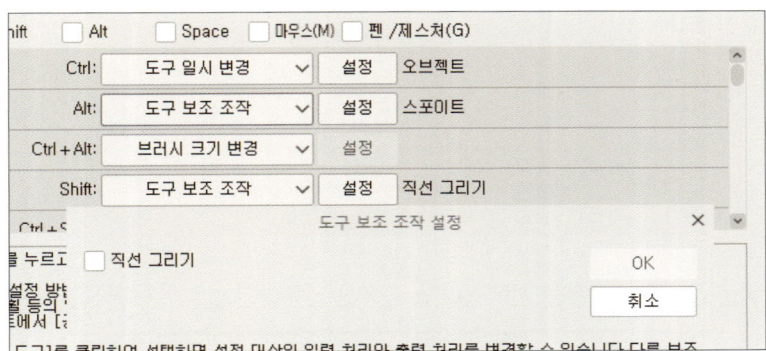

그림 11-2-13

G펜에서 선택할 수 있는 보조 조작은 [직선 그리기]입니다. [직선 그리기]는 Shift 키에 이미 지정되어 있습니다. Shift 키를 누르면 직선을 그릴 수 있는 이유입니다.

④ 브러시 크기 변경: 펜 사용 시 Alt 키를 누른 채 드래그하면 브러시 크기를 조절할 수 있습니다.
⑤ 도구 일시 변경: Alt 키를 누르는 동안 일시적으로 다른 도구를 사용할 수 있게 해 줍니다. [도구 일시 변경]을 선택합니다.

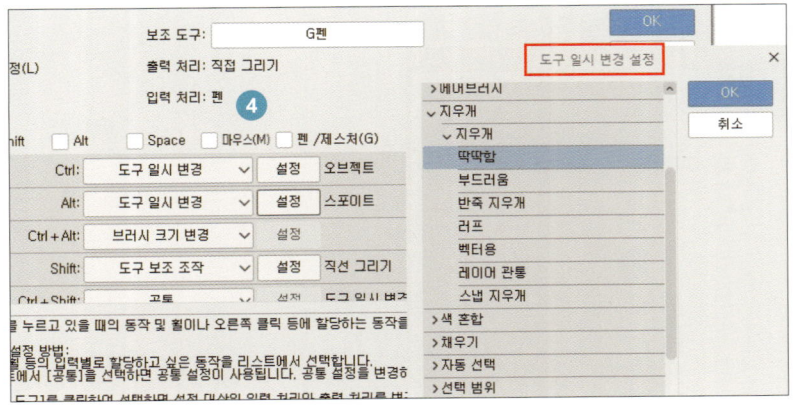

그림 11-2-14

4) 설정을 클릭하면 [도구 일시 변경 설정] 창이 열립니다. (그림 11-2-11 ④)

지우개를 선택한 후 원하는 종류의 지우개를 선택하고 [OK]를 클릭합니다. 설정이 완료됩니다. 이제 펜 계열의 보조 도구를 사용할 때 Alt 키를 누르면 지우개로 전환됩니다. 초기 설정으로 되돌리고 싶으면 초기화를 실행합니다.

공통 설정

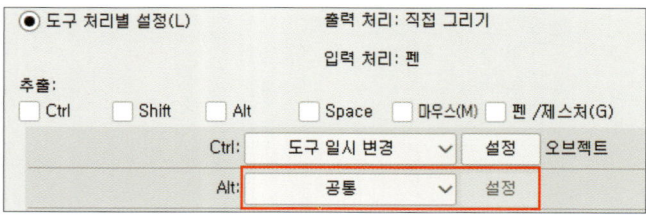

그림 11-2-15

1) Alt 옵션 항목을 클릭해서 공통을 선택합니다. 공통을 선택하면 설정이 비활성화되어 있습니다.

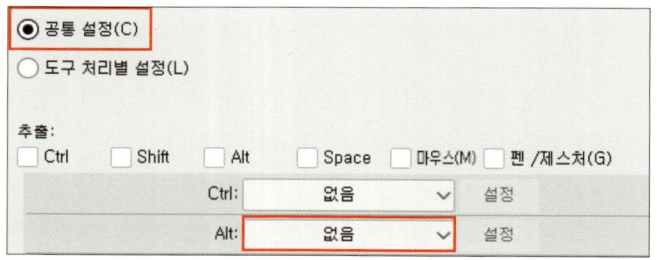

그림 11-2-16

공통 설정에서 Alt에 아무것도 설정하지 않았기 때문입니다.

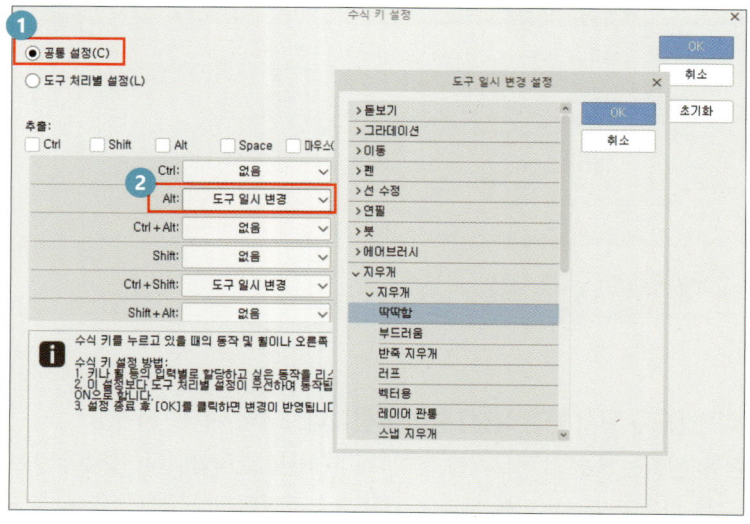

그림 11-2-17

[도구 처리별 설정]에서 했던 것처럼 ❶ 공통 설정을 선택하고, ❷ Alt(도구 일시 변경)를 선택하면 앞서 했던 과정으로 도구를 설정할 수 있습니다.

추출 항목에서 찾으려는 수식키를 체크하면 설정된 수식 키 목록이 나타납니다.

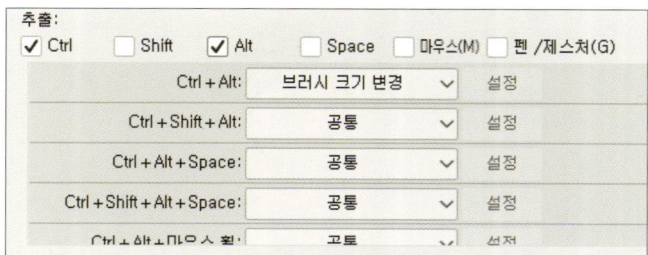

그림 11-2-18

11) 보조 도구 가져오기

확장자 .sut로 된 도구 파일을 불러옵니다. 또 IllustStudio 및 ComicStudio의 도구 세트를 가져올 수 있습니다. (확장자 .tos)

12) 보조 도구 내보내기

선택한 보조 도구를 파일로 저장할 수 있습니다. (확장자 .sut)

13) 보조 도구를 소재로 등록

보조 도구를 소재로 등록합니다.

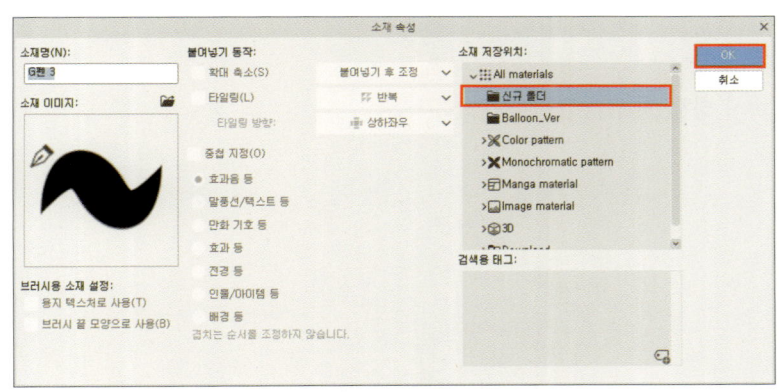

그림 11-2-19

Chapter 11. 도구 팔레트와 메뉴 살펴보기   **429**

소재 저장 위치를 선택한 후 [OK]를 클릭합니다.

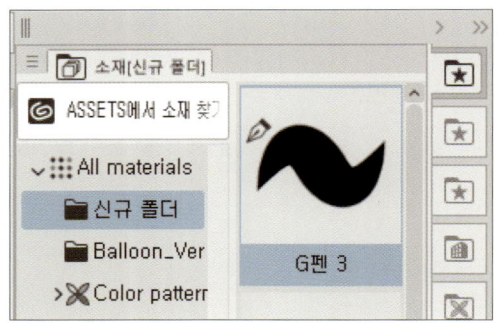

그림 11-2-20

소재로 등록됩니다.

14) 보조 도구 소재를 가져오기

보조 도구 소재를 가져올 수 있습니다. 등록된 소재를 [보조 도구 팔레트]로 드래그하면 보조 도구로 등록됩니다.

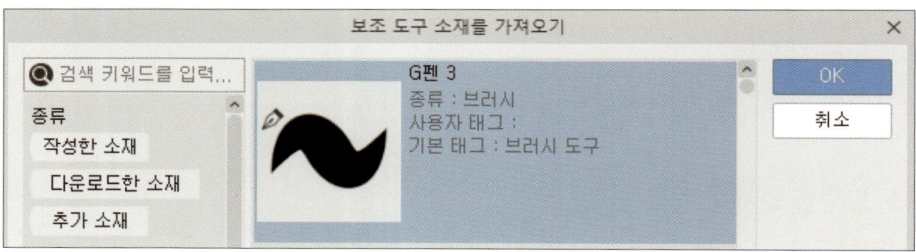

그림 11-2-21

15) 표시 방법

보조 도구의 표시 방법을 설정합니다.

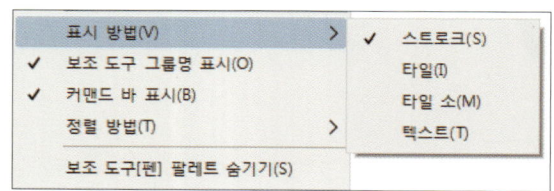

그림 11-2-22

① 스트로크

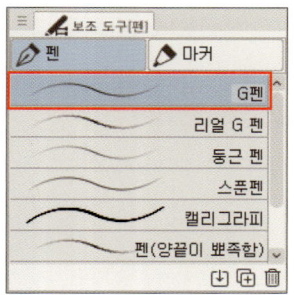

그림 11-2-23

② 타일

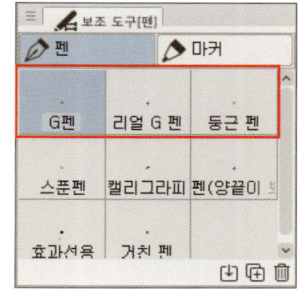

그림 11-2-24

③ 타일 소

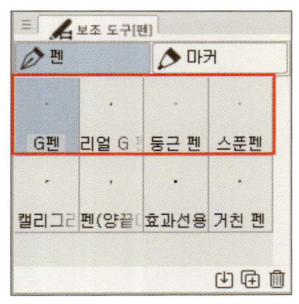

그림 11-2-25

④ 텍스트

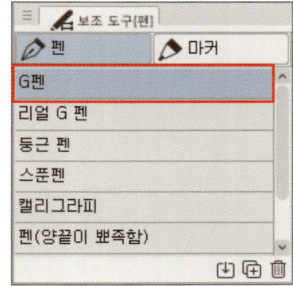

그림 11-2-26

16) 보조 도구 그룹명 표시

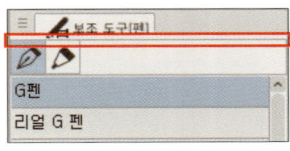

그림 11-2-27

체크 해제한 모습입니다. 그룹명 없이 아이콘만 표시됩니다.

17) 커맨드 바 표시

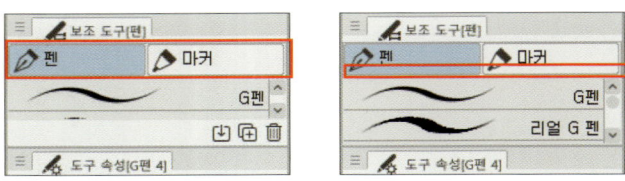

그림 11-2-28

체크 해제 시 커맨드 바가 표시되지 않습니다.

18) 정렬 방법

도구 위치를 이동할 때 드래그로 할 것인지, Ctrl+드래그로 할 것인지 결정합니다.

19) 보조 도구[펜] 팔레트 숨기기

보조 도구 팔레트를 닫습니다. 다시 보이게 하려면 [메뉴>창>보조 도구]에 체크합니다.

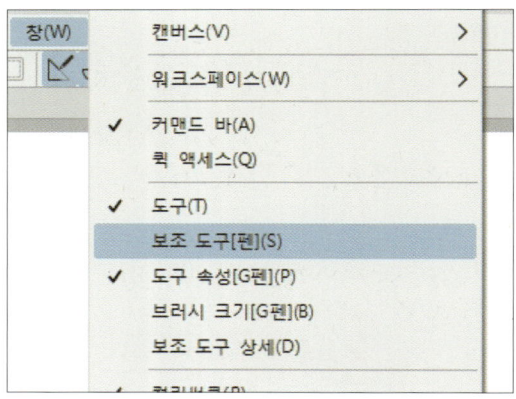

그림 11-2-29

3. 도구 속성 팔레트 메뉴

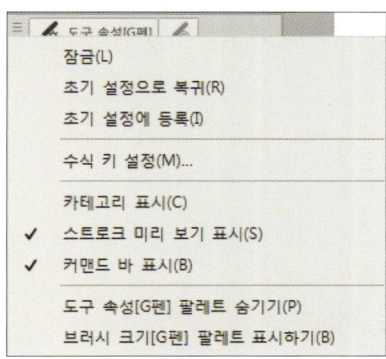

그림 11-3-1

1) 잠금
도구를 잠급니다.

2) 초기 설정으로 복귀
보조 도구를 초기화합니다.

3) 초기 설정에 등록
현재 설정을 초기 설정으로 등록하면 [초기 설정으로 복귀] 시 현재 설정을 불러옵니다.

4) 수식 키 설정
수식 키를 참조합니다.

5) 카테고리 표시
카테고리를 표시합니다.

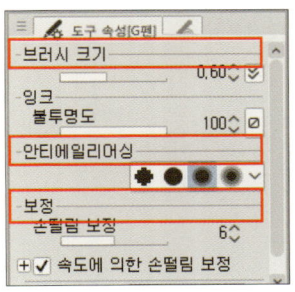

그림 11-3-2

6) 스트로크 미리 보기 표시

스트로크 미리 보기를 켜고 끕니다.

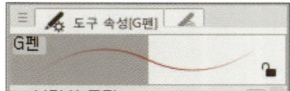 

그림 11-3-3

4. 브러시 크기 팔레트 메뉴

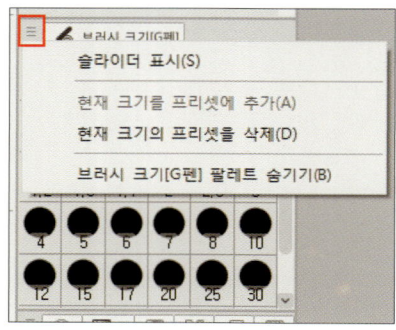

그림 11-4-1

1) 슬라이더 표시

브러시 크기를 조절할 수 있는 슬라이더를 표시합니다.

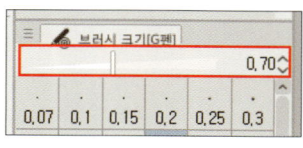

그림 11-4-2

2) 현재 크기를 프리셋에 추가

추가하고 싶은 브러시 크기로 설정 후 실행하면 프리셋에 브러시 크기가 추가됩니다.

3) 현재 크기의 프리셋을 삭제

현재 크기의 프리셋을 삭제합니다.

5. 컬러 서클 팔레트 메뉴

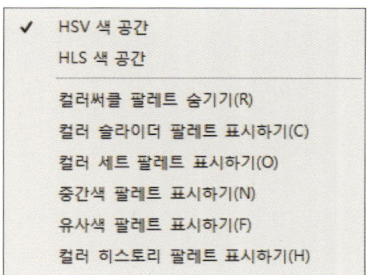

그림 11-5-1

1) HSV 색 공간

HSV로 전환합니다. Hue, Saturation, Value를 뜻합니다.

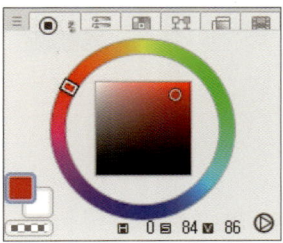

그림 11-5-2

2) HLS 색 공간

HLS로 전환합니다. Hue, Luminosity, Saturation을 뜻합니다.

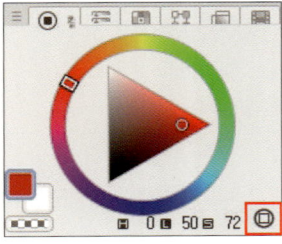

그림 11-5-3

오른쪽 하단의 아이콘을 클릭해도 전환할 수 있습니다.

6. 컬러 슬라이더 팔레트 메뉴

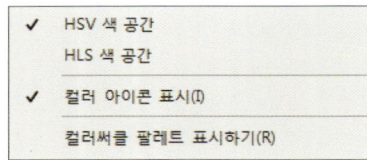

그림 11-6-1

1) HSV, HLS 색 공간

HSV, HLS로 전환합니다. 탭을 클릭해서 RGB, CMYK 등으로 전환할 수 있습니다.

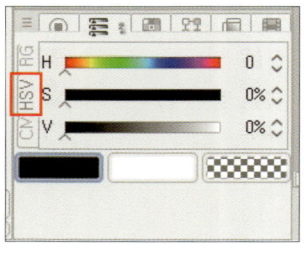 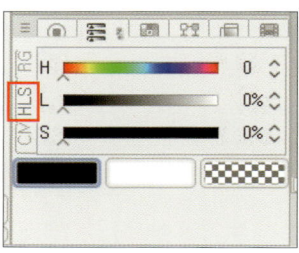

그림 11-6-2　　　　　　　　그림 11-6-3

2) 컬러 아이콘 표시

컬러 아이콘 표시 유무를 설정합니다.

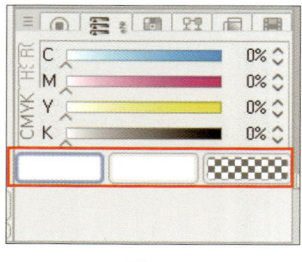 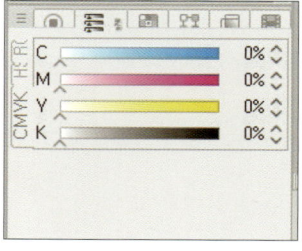

그림 11-6-4　　　　　　　　그림 11-6-5

체크 해제 시 컬러 아이콘이 표시되지 않습니다.

7. 컬러 세트 팔레트

그림 11-7-1

1) 컬러 세트 목록
컬러 세트를 선택할 수 있습니다.

2) 컬러 세트 편집
컬러 세트를 편집합니다.

그림 11-7-2

❶ **신규 설정 추가** 새로운 컬러 세트를 만듭니다.
❷ **기본 설정 추가** [표준 컬러 세트]를 추가합니다.

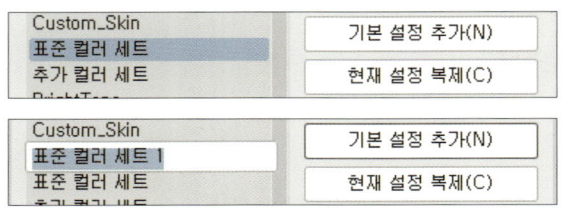

그림 11-7-3

③ **현재 설정 복제** 현재 선택된 컬러 세트를 복제합니다.
④ **삭제** 컬러 세트를 삭제합니다.
⑤ **설정명 변경** 컬러 세트의 이름을 변경합니다.
⑥ **위로/아래로** 컬러 세트의 위치를 변경합니다.

3) 소재에서 컬러 세트 불러오기

소재에서 컬러 세트를 불러옵니다. 소재는 ASSETS에서 다운로드받을 수 있습니다.

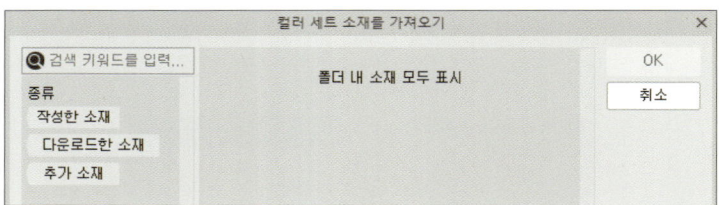

그림 11-7-4

4) 색 바꾸기

그림 11-7-5

변경하고 싶은 색을 선택합니다.

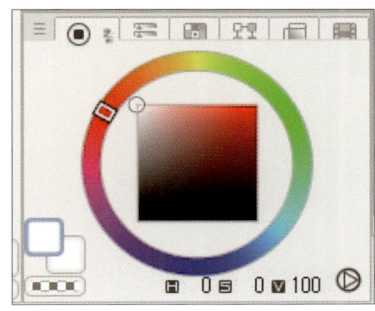

그림 11-7-6

컬러 서클에서 흰색을 선택해 봅니다.

그림 11-7-7   그림 11-7-8

다시 컬러 세트 팔레트로 돌아온 다음에 색 바꾸기 아이콘을 클릭합니다. 흰색으로 변경됩니다.

5) 색 추가
현재 사용 중인 색을 추가합니다.

6) 색 삭제
선택한 색을 삭제합니다.

8. 컬러 세트 팔레트 메뉴

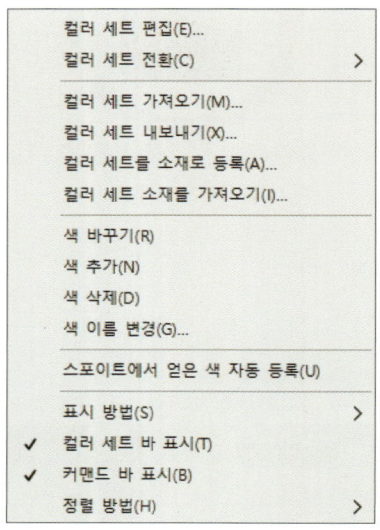

그림 11-8-1

1) 컬러 세트 편집

컬러 세트를 편집합니다.

2) 컬러 세트 전환

선택할 수 있는 컬러 세트 목록이 나열됩니다.

3) 컬러 세트 가져오기

파일로 저장된 컬러 세트를 가져옵니다.

4) 컬러 세트 내보내기

컬러 세트를 파일로 저장합니다.

5) 컬러 세트를 소재로 등록

컬러 세트를 소재를 등록합니다.

6) 컬러 세트 소재를 가져오기

소재로 저장된 컬러 세트를 가져옵니다.

7) 색 바꾸기, 8) 색 추가, 9) 색 삭제

커맨드와 동일합니다.

10) 색 이름 변경

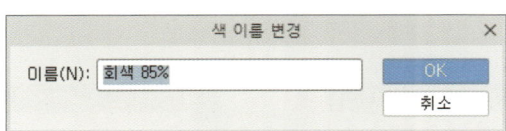

그림 11-8-2

색 이름을 변경합니다. 색 이름은 색 위에 커서를 올려놓으면 표시됩니다.

그림 11-8-3

11) 스포이트에서 얻은 색 자동 등록

체크하면 스포이트로 색을 얻을 때마다 [표준 컬러 세트]에 추가됩니다.

12) 표시 방법

표시 방법을 설정합니다.

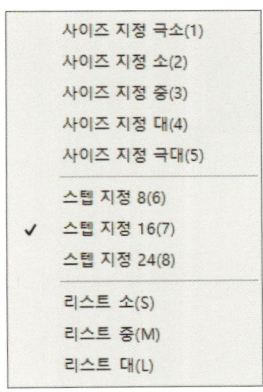

그림 11-8-4

13) 컬러 세트 바 표시

세트 바 표시 여부를 선택합니다.

그림 11-8-5   그림 11-8-6

14) 커맨드 바 표시

커맨드 바 표시 여부를 선택합니다.

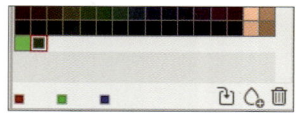 

그림 11-8-7   그림 11-8-8

9. 중간색 팔레트

네 모서리에 지정한 색상들의 중간색을 나타냅니다.

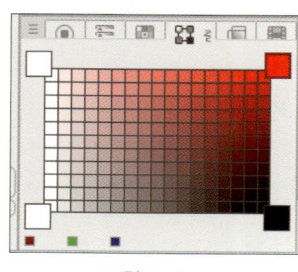 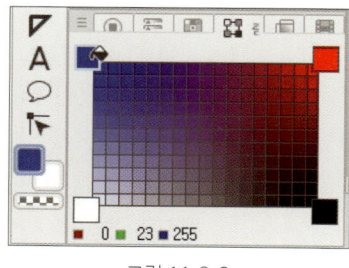

그림 11-9-1   그림 11-9-2

모서리에 커서를 올려놓으면 채우기 아이콘으로 변경됩니다. 원하는 색을 선택한 후 적용할 수 있습니다. 파란색을 추가해 봅니다.

10. 중간색 팔레트 메뉴

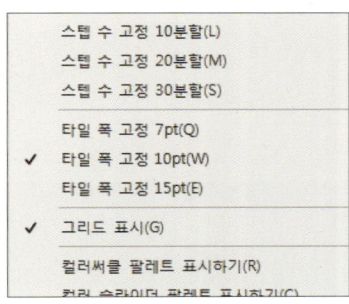

그림 11-10-1

1) 스텝 수 고정 10, 20, 30분할

타일 수를 지정합니다. 20분할 선택 시 가로 20, 세로 20으로 표시됩니다.

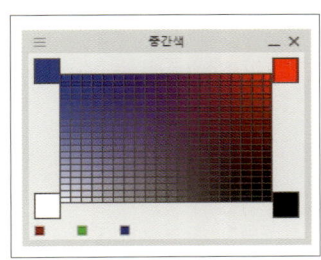

그림 11-10-2

스텝 수 20분할로 설정합니다.

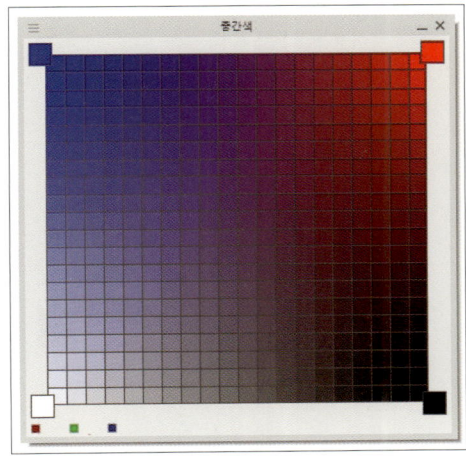

그림 11-10-3

팔레트를 확대하면 스텝 수가 고정되어 있어 타일의 크기가 확대됩니다.

2) 타일 폭 고정 7, 10, 15pt
타일의 크기를 설정한 크기로 고정합니다.

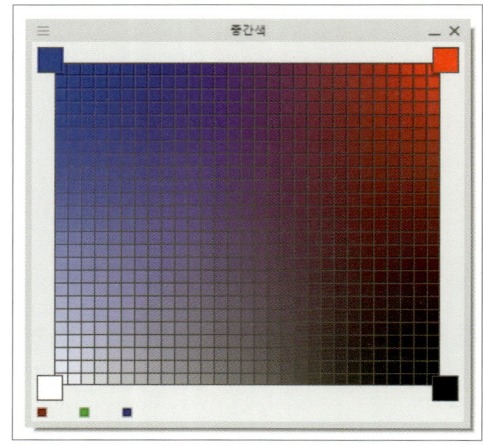

그림 11-10-4

타일의 크기를 고정해 팔레트를 확대하면 타일의 개수가 늘어납니다.

3) 그리드 표시
그리드 표시 여부를 설정합니다. 그리드 표시를 해제한 모습입니다.

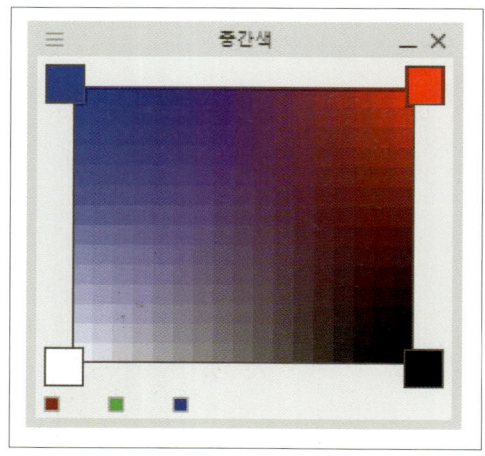

그림 11-10-5

11. 유사색 팔레트

선택한 색의 주변색을 표시합니다. 선택한 색의 가장 근접한 색이 표시됩니다. 컬러 서클, 컬러 세트 등 컬러 팔레트에서 색을 선택한 후 유사색 팔레트를 선택하면 선택한 색이 중앙에 표시됩니다. 슬라이더를 이동시키거나 슬라이더 옆에 있는 문자열을 클릭해서 구성 요소를 선택할 수 있습니다.

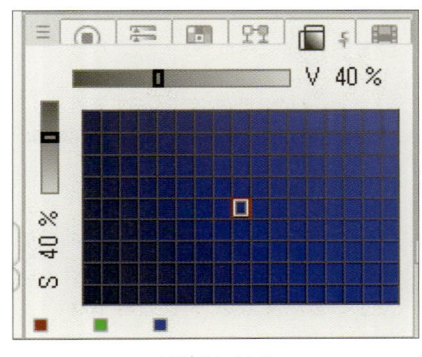
그림 11-11-1

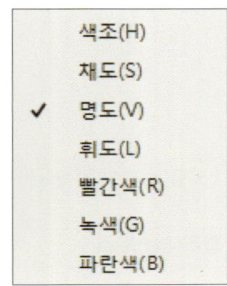
그림 11-11-2

12. 컬러 히스토리 팔레트와 메뉴

지금까지 사용한 색들이 표시됩니다.

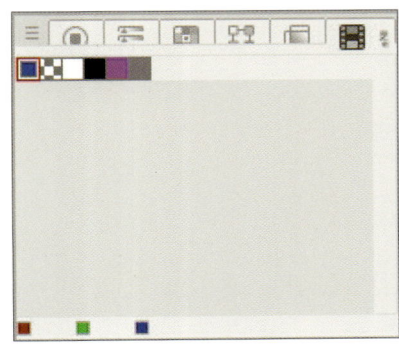
그림 11-12-1

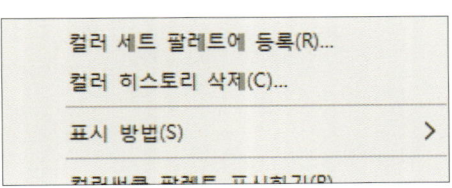
그림 11-12-2

1) 컬러 세트 팔레트에 등록

컬러 히스토리에 등록된 색상을 컬러 세트로 저장할 수 있습니다. 컬러 세트 팔레트에 목록이 생성된 모습입니다.

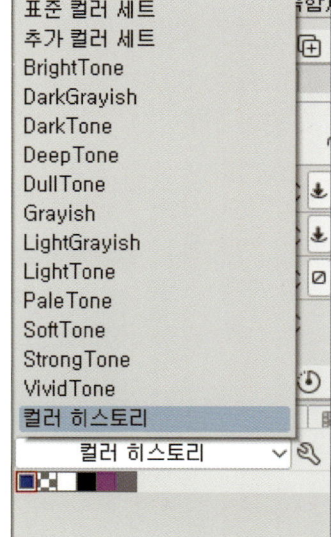

그림 11-12-3   그림 11-12-4

2) 컬러 히스토리 삭제

컬러 히스토리에 표시된 색을 모두 삭제합니다.

3) 표시 방법

표시 방법을 선택합니다.

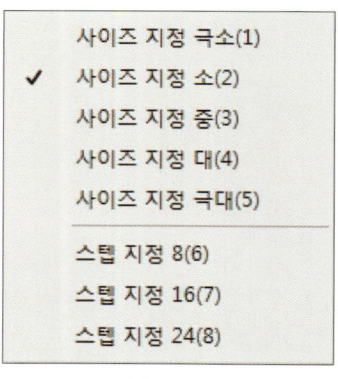

그림 11-12-5

① **타일의 크기를 선택합니다.**

ㄱ. 사이즈 지정(극소)

ㄴ. 사이즈 지정(극대)

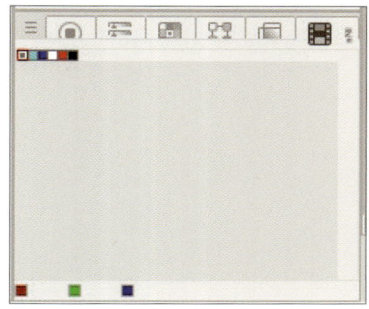
그림 11-12-6

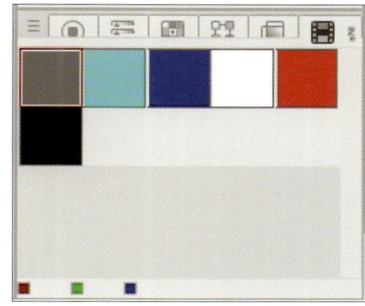
그림 11-12-7

② **스텝 지정 8, 16, 24** 행당 표시 개수를 지정합니다.

그림 11-12-8

스텝 지정 16으로 설정 시입니다.

그림 11-12-9

스텝 지정 시 팔레트의 가로 크기를 확대하면 타일의 크기도 같이 확대됩니다.

Chapter 11. 도구 팔레트와 메뉴 살펴보기

13. 퀵 액세스

자주 사용하는 도구, 컬러, 오토 액션, 메뉴 등을 등록해서 사용할 수 있습니다.

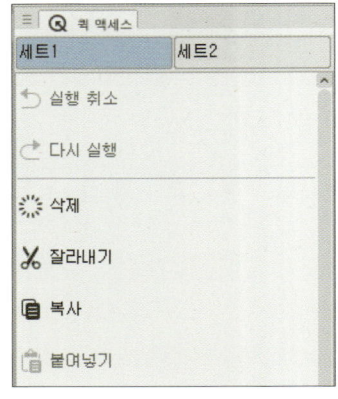

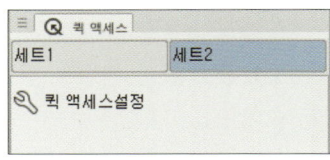

그림 11-13-1   그림 11-13-2

세트1에 기본 도구들이 등록되어 있습니다. 세트2에 도구, 메뉴 등을 등록해 봅니다.

1) 퀵 액세스 설정을 클릭합니다.

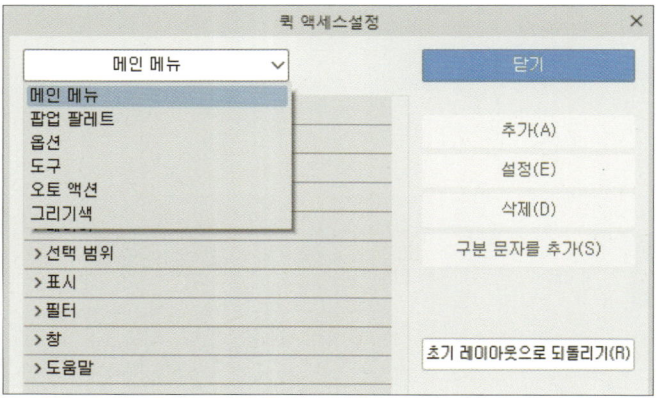

그림 11-13-3

2) 메뉴 항목을 클릭해서 추가하려는 메뉴를 선택합니다.

448

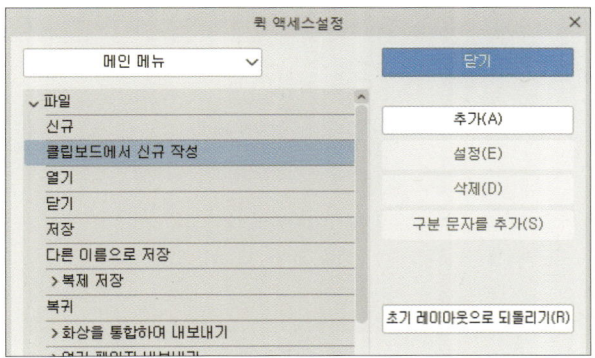

그림 11-13-4

3) [파일>클립보드에서 신규 작성]을 선택하고 [추가]를 클릭합니다.

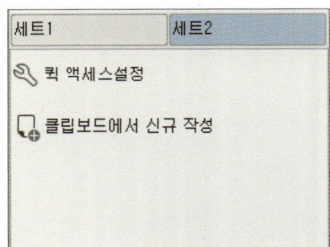

그림 11-13-5

세트2에 [클립보드에서 신규 작성]이 추가됩니다.

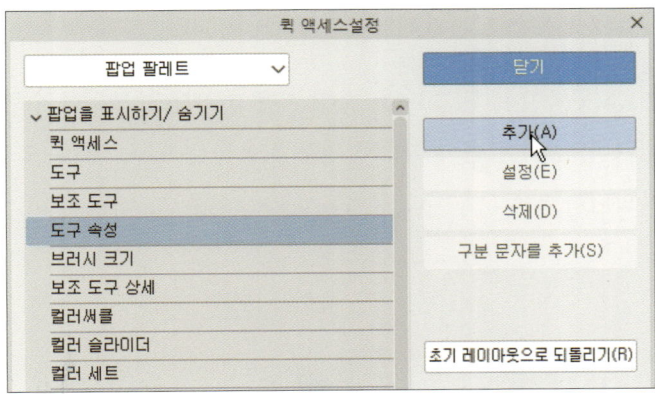

그림 11-13-6

팝업 팔레트에서 [도구 속성]을 추가할 수 있습니다.

Chapter 11. 도구 팔레트와 메뉴 살펴보기

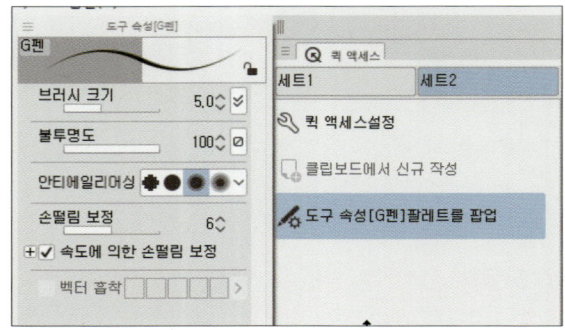

그림 11-13-7

[도구 속성]을 등록한 후 퀵 액세스에서 실행하면 [도구 속성] 창이 팝업됩니다.

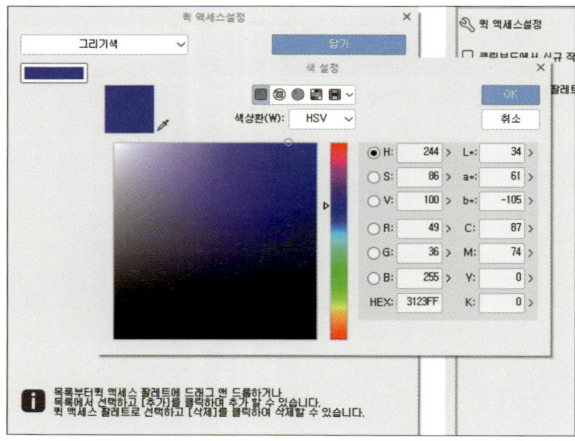

그림 11-13-8

그리기색(메인 컬러)을 등록할 수 있습니다. 자주 사용하는 색을 등록할 수 있습니다. 퀵 액세스에 색상이 추가됩니다. 위와 같은 방식으로 자주 사용하는 도구, 메뉴, 오토 액션, 그리기색 등을 등록해서 사용합니다.

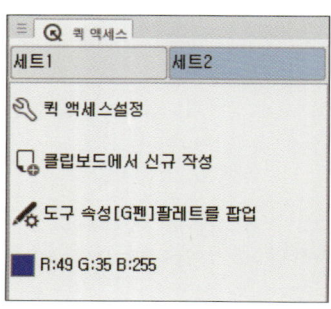

그림 11-13-9

14. 퀵 액세스 팔레트 메뉴

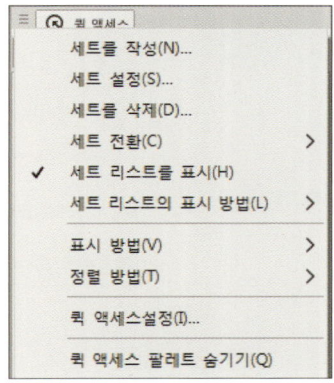

그림 11-14-1

1) 세트를 작성
새로운 세트를 작성합니다.

2) 세트 설정
세트의 이름을 수정할 수 있습니다.

3) 세트를 삭제
선택된 세트를 삭제합니다.

4) 세트 전환
다른 세트로 전환합니다.

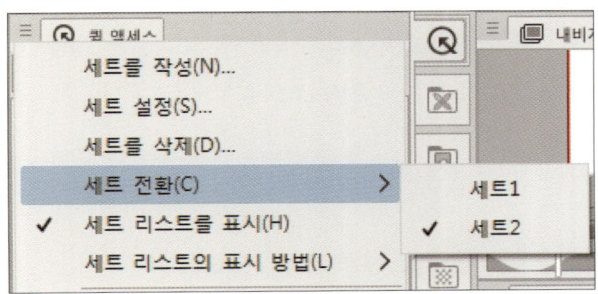

그림 11-14-2

5) 세트 리스트를 표시

체크 해제하면 세트 리스트가 표시되지 않습니다.

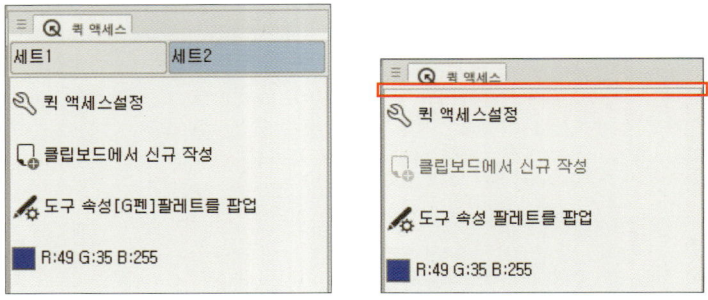

그림 11-14-3

6) 세트 리스트의 표시 방법

세트 리스트의 표시 방법을 변경합니다.

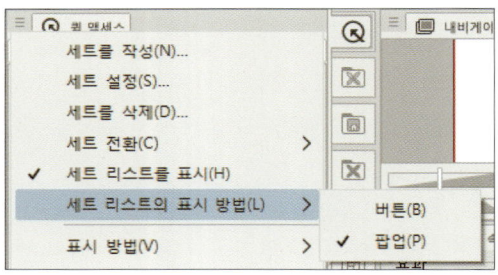

그림 11-14-4

기본 설정은 버튼입니다. 팝업으로 변경해 봅니다.

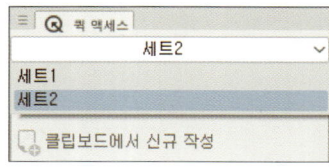

그림 11-14-5

팝업으로 변경하면 세트 리스트를 클릭해서 리스트를 변경할 수 있습니다.

7) 표시 방법

표시 방법을 설정합니다.

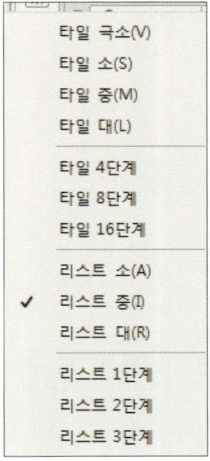

그림 11-14-6

① 타일 크기

ㄱ. 타일 극소   ㄴ. 타일 소

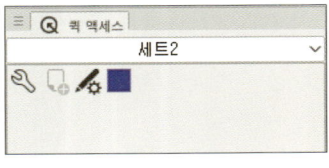   

그림 11-14-7   그림 11-14-8

ㄷ. 타일 중

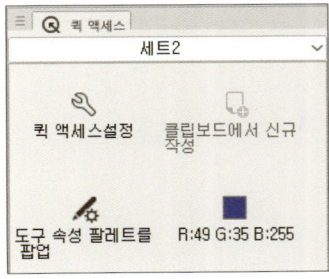

그림 11-14-9

팔레트를 확대해도 타일의 크기는 바뀌지 않습니다.

② **타일 개수**

ㄱ. 타일 4단계

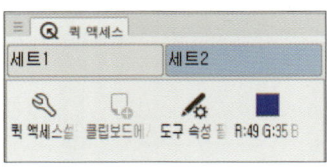

그림 11-14-10

ㄴ. 타일 8단계

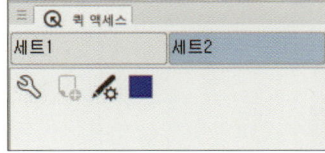

그림 11-14-11

③ **리스트 크기**

ㄱ. 리스트 소

ㄴ. 리스트 대: 표시 방법이 (리스트)일 때 너비를 확대하면 가로줄에 나열되는 타일의 개수가 변경됩니다.

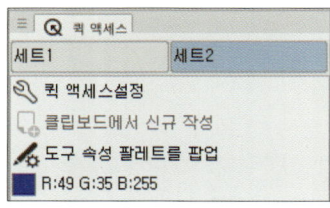

그림 11-14-12

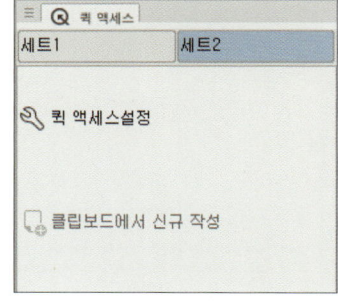

그림 11-14-13

④ **리스트 개수** 리스트 1, 2, 3단계 가로줄에 표시되는 타일의 개수를 설정합니다. 1단계는 1개, 3단계는 3개입니다. 팔레트의 너비를 확대해도 가로줄에 표시되는 타일의 개수는 변하지 않습니다.

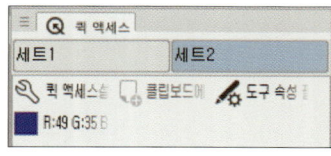

그림 11-14-14

8) 정렬 방법

타일의 순서 변경을 드래그, Ctrl+드래그 중에서 선택합니다.

9) 퀵 액세스 설정

메뉴, 도구 등을 추가합니다.

15. 소재 팔레트

그림 11-15-1

1) Assets을 실행 (그림 11-15-1 ①)

2) 카테고리별로 소재가 정리 (그림 11-15-1 ②)

3) 소재 폴더 아이콘 (그림 11-15-1 ③)

그림 11-15-2

ⓐ 새로운 소재 폴더를 생성

ⓑ 선택한 폴더를 삭제

ⓒ 소재 폴더의 이름을 변경

Chapter 11. 도구 팔레트와 메뉴 살펴보기

4) 소재 검색창 (그림 11-15-1 ④)

소재를 검색할 수 있습니다.

5) 태그 리스트 (그림 11-15-1 ⑤)

소재에 등록된 태그가 표시됩니다.

6) 소재 리스트 (그림 11-15-1 ⑥)

소재 목록이 표시됩니다.

7) 소재 상세 정보 (그림 11-15-1 ⑦)

소재의 정보가 표시됩니다.

8) 커맨드 바(Command Bar) (그림 11-15-1 ⑧)

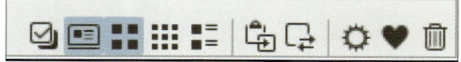

그림 11-15-3

① **체크 박스를 표시**

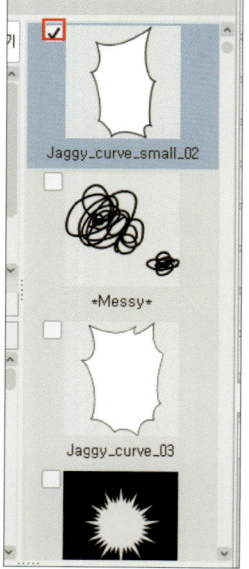

그림 11-15-4

② 소재 상세 정보의 표시 여부를 설정

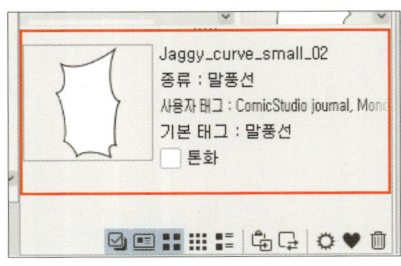
그림 11-15-5

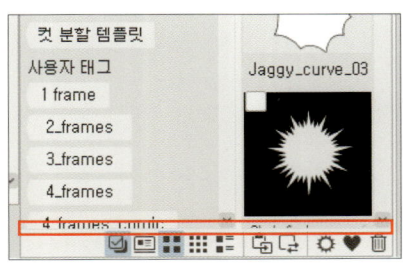
그림 11-15-6

③ 소재 섬네일을 크게 표시
④ 소재 섬네일을 작게 표시

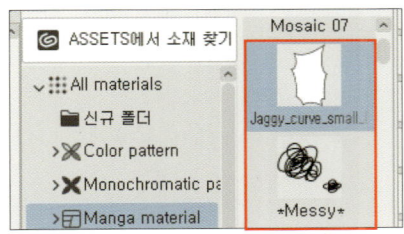
그림 11-15-7

⑤ 소재 섬네일과 정보를 함께 표시

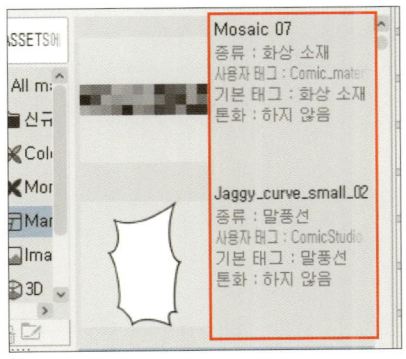
그림 11-15-8

⑥ **선택한 소재를 캔버스로 붙여넣기** 캔버스로 소재를 드래그하는 것과 동일합니다.
⑦ **소재를 교체** 캔버스 위에 소재가 있을 경우 변경을 원하는 소재로 교체할 수 있습니다.

Chapter 11. 도구 팔레트와 메뉴 살펴보기   **457**

⑧ 소재 속성 창 열기

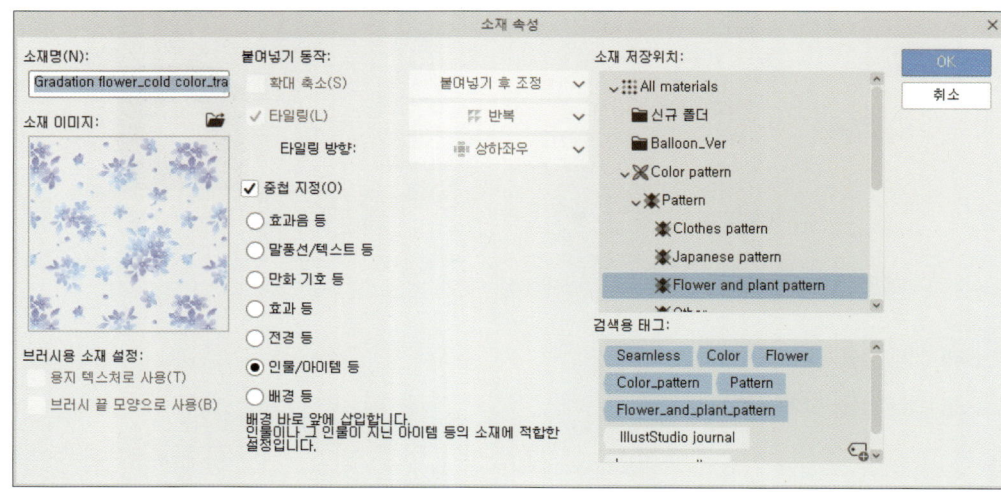

그림 11-15-9

⑨ 즐겨찾기 추가/해제 즐겨찾기 목록에 추가하거나 삭제합니다.

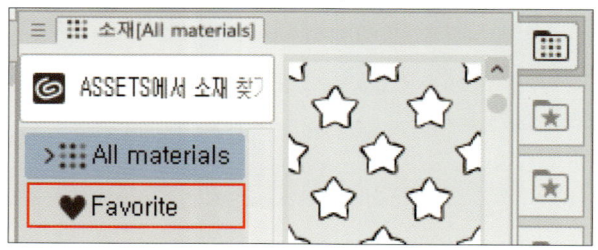

그림 11-15-10

⑩ 선택한 소재를 삭제

16. 소재 팔레트 메뉴

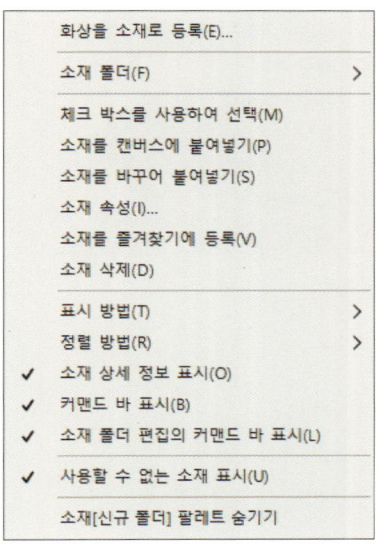

그림 11-16-1

1) 화상(이미지)을 소재로 등록

이미지를 소재로 등록합니다.

2) 소재 폴더

소재 폴더를 작성, 삭제, 이름 변경을 할 수 있습니다.

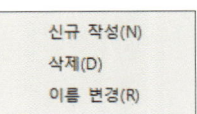

그림 11-16-2

3) 체크 박스를 사용하여 선택

소재에 체크 박스가 표시됩니다.

그림 11-16-3

4) 소재를 캔버스에 붙여넣기

선택한 소재를 캔버스에 붙여 넣습니다.

5) 소재를 바꾸어 붙여넣기

캔버스 위에 있는 소재를 다른 소재로 교체합니다.

6) 소재 속성

소재 속성 창을 엽니다.

7) 소재를 즐겨찾기에 등록

체크하면 즐겨찾기에 등록, 체크 해제 시 즐겨찾기 목록에서 삭제합니다.

8) 소재 삭제

선택한 소재를 삭제합니다.

9) 표시 방법

섬네일 보기 방식을 상세, 섬네일 대, 섬네일 소 중에서 선택합니다.

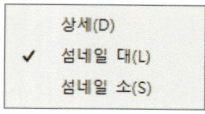

그림 11-16-4

10) 정렬 방법

정렬 방법을 선택합니다.

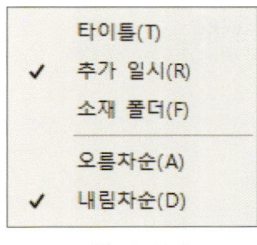

그림 11-16-5

11) 소재 상세 정보 표시

소재 팔레트 하단에 상세 정보를 표시합니다.

12) 커맨드 바 표시

커맨드 바 표시 여부를 설정합니다.

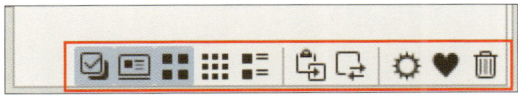

그림 11-16-6

13) 소재 폴더 편집의 커맨드 바 표시

소재 폴더 커맨드 바의 표시 여부를 설정합니다.

그림 11-16-7

14) 사용할 수 없는 소재 표시

현재 버전에서 사용할 수 없는 소재의 표시 여부를 설정합니다.

17. 내비게이션 팔레트

캔버스의 위치, 크기, 각도 등을 조작할 수 있습니다.

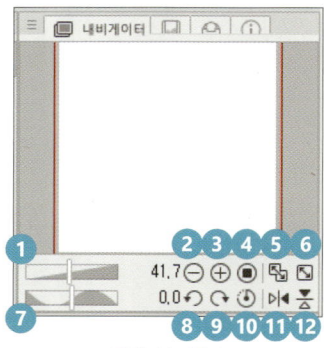

그림 11-17-1

❶ **스케일 슬라이더:** 슬라이더를 움직여서 캔버스의 크기를 확대/축소할 수 있습니다. 오른쪽으로 움직이면 확대, 왼쪽으로 움직이면 축소됩니다.

❷ **줌 아웃:** 캔버스를 축소합니다.

❸ **줌 인:** 캔버스를 확대합니다.

❹ **100%:** 보기 배율이 100%로 표시됩니다.

❺ **피팅:** 캔버스의 크기가 화면에 맞게 변경됩니다.

❻ **전체 표시:** 캔버스가 가려지는 부분이 없도록 전체를 표시합니다.

❼ **회전 슬라이더:** 슬라이더를 좌우로 움직여서 캔버스를 회전시킵니다. 오른쪽으로 이동하면 시계 방향으로, 왼쪽으로 이동하면 시계 반대 방향으로 회전합니다.

❽ **왼쪽 회전:** 캔버스를 왼쪽으로 회전합니다. 각도 단위는 [환경 설정>캔버스]에서 변경 가능합니다.

❾ **오른쪽 회전:** 캔버스를 오른쪽으로 회전합니다.

❿ **회전 리셋:** 회전된 캔버스를 초기화합니다.

⓫ **좌우 반전:** 캔버스의 좌우를 반전시킵니다.

⓬ **상하 반전:** 이미지의 아래위를 반전시킵니다.

18. 내비게이션 팔레트 메뉴

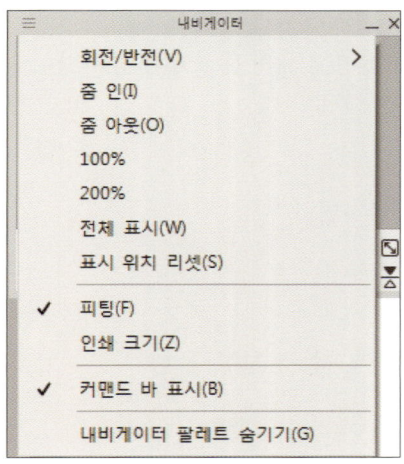

그림 11-18-1

1) 회전/반전

회전, 반전 메뉴들이 모여 있습니다.

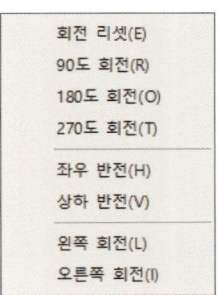

그림 11-18-2

2, 3) 줌 인/줌 아웃

캔버스 표시를 확대 또는 축소합니다.

4, 5) 100%, 200%

캔버스의 표시 배율을 100%, 200%로 변경합니다.

6) 전체 표시

캔버스 전체가 보이도록 합니다.

7) 표시 위치 리셋

캔버스의 회전, 반전 등을 초기화하고 캔버스 전체가 표시되도록 합니다.

8) 피팅

캔버스의 크기가 화면에 맞게 변경됩니다.

9) 인쇄 크기

캔버스를 인쇄 크기로 변경합니다. (환경 설정 참조)

10) 커맨드 바 표시

커맨드 바의 표시를 켜고 끕니다.

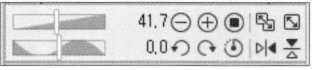

그림 11-18-3

19. 서브 뷰 팔레트

그림 11-19-1

① **스케일 슬라이더:** 좌우로 움직여서 이미지의 크기를 조절합니다.
② **줌 아웃:** 이미지 크기를 축소합니다.
③ **줌 인:** 이미지 크기를 확대합니다.
④ **피팅:** 이미지를 서브 뷰 창 크기에 맞춥니다. 서브 뷰 창 크기를 확대하면 이미지도 같이 확대됩니다.
⑤ **자동으로 스포이트 전환:** 이 기능을 켜고 이미지를 클릭하면 색을 추출합니다.
⑥ **회전 슬라이더:** 슬라이더를 움직여서 이미지를 회전시킵니다.
⑦ **왼쪽 회전:** 이미지를 왼쪽으로 회전합니다.
⑧ **오른쪽 회전:** 이미지를 오른쪽으로 회전합니다.
⑨ **회전 리셋:** 회전된 이미지를 초기화합니다.
⑩ **좌우 반전:** 이미지를 좌우로 반전합니다.
⑪ **상하 반전:** 이미지를 상하로 반전합니다.
⑫ **〈 〉:** 이미지가 여러 장일 때 이미지를 전환합니다.
⑬ **가져오기:** 이미지를 불러옵니다.
⑭ **클리어:** 이미지를 삭제합니다.

20. 서브 뷰 팔레트 메뉴

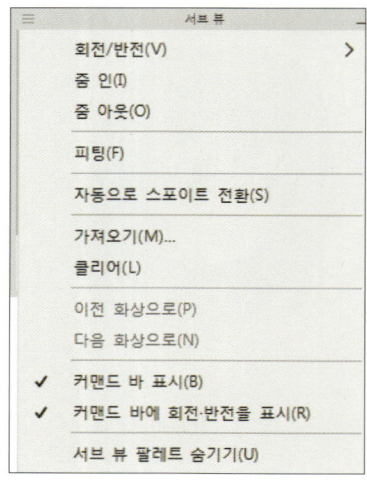

그림 11-20-1

1) 회전/반전
[회전], [반전] 메뉴들이 모여 있습니다.

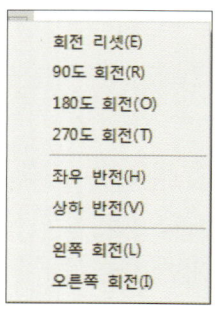

그림 11-20-2

2) 줌 인, 줌 아웃, 피팅, 자동으로 스포이트 전환, 가져오기, 클리어 등
서브 뷰 커맨드 바의 기능과 동일합니다.

3) 커맨드 바 표시
커맨드 바 표시 여부를 설정합니다.

그림 11-20-3

커맨드 바를 비표시로 했을 때 모습입니다.

4) 커맨드 바에 회전, 반전을 표시

체크 해제 시 커맨드 바에 회전과 반전 관련 아이콘을 표시하지 않습니다.

21. 아이템 뱅크

여러 가지 소재를 등록해서 사용할 수 있습니다.

그림 11-21-1

1) 등록

열기 대화 상자가 열리면 파일을 선택해서 불러옵니다.

그림 11-21-2

등록할 수 있는 파일 형식입니다.

그림 11-21-3

등록된 소재는 캔버스로 드래그해서 사용할 수 있습니다.

그림 11-21-4

소재가 캔버스로 로드됩니다.

2) 설정

아이템 뱅크에 등록된 소재의 이름을 변경합니다.

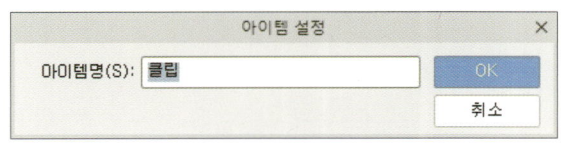

그림 11-21-5

3) 삭제

소재를 삭제합니다.

22. 정보 팔레트

시스템 메모리 사용률, 좌표 등을 표시합니다.

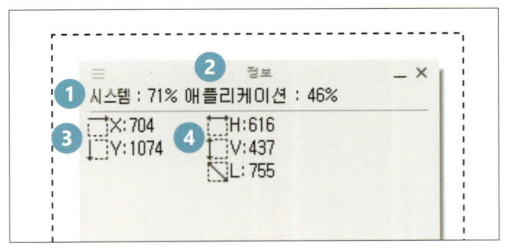

그림 11-22-1

① **시스템:** 전체 시스템에서 사용하고 있는 메모리의 비율을 표시합니다. (환경 설정 참조)
② **애플리케이션:** CLIP STUDIO PAINT에 할당된 메모리 용량 비율을 나타냅니다. (환경 설정 참조)
③ 캔버스의 마우스 커서 좌표를 표시합니다.
④ 선택 범위로 사각형 또는 동그라미 등을 그리면 그 크기를 표시합니다.
 H: 너비, V: 높이, L: 대각선의 길이입니다. 선택 범위뿐만 아니라 컷선, 도형, 말풍선 등에서 도형을 그릴 때 그 크기가 표시됩니다.

23. 정보 팔레트 메뉴

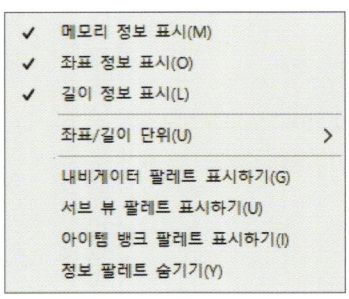

그림 11-23-1

1) 메모리 정보 표시, 좌표 정보 표시, 길이 정보 표시

각각의 정보를 정보창에서 표시할지 여부를 설정합니다.

2) 좌표/길이 단위

좌표 및 도형의 크기를 나타내는 단위를 설정합니다.

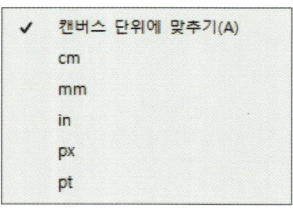

그림 11-23-2

24. 레이어 속성 팔레트

아래 래스터 레이어뿐만 아니라 레이어의 종류에 따라 나열되는 도구가 다르게 표시됩니다.

그림 11-24-1

1) 벡터 레이어

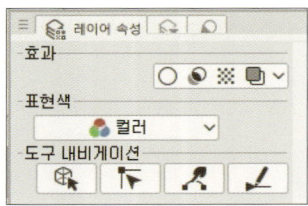

그림 11-24-2

2) 그라데이션, 채우기 레이어

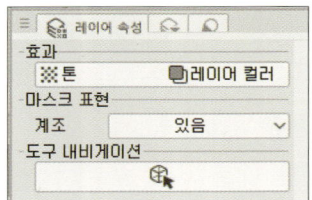

그림 11-24-3

3) 톤 레이어

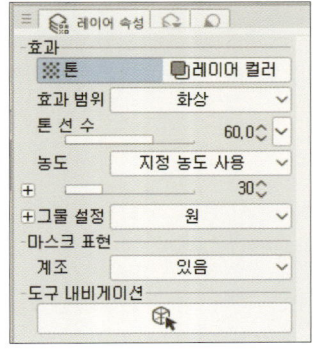

그림 11-24-4

4) 컷 폴더 레이어

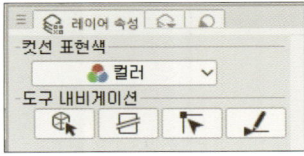

그림 11-24-5

5) 말풍선 레이어

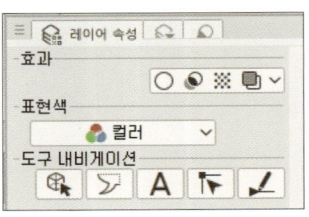

그림 11-24-6

6) 3D 레이어

그림 11-24-7

레이어의 표현색을 변경할 수 있습니다. 래스터, 벡터, 말풍선일 때 공통으로 사용할 수 있는 기능입니다.

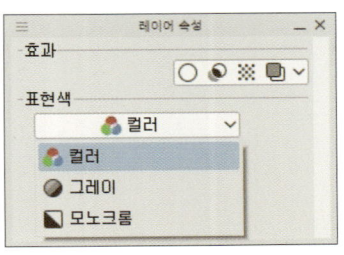

그림 11-24-8

효과

경계 효과

그림에 경계 효과를 넣습니다.

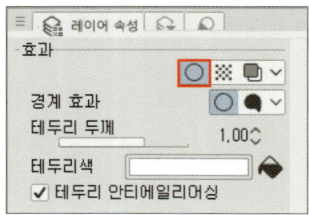

그림 11-24-9

1) 경계 효과

① 테두리를 선택하면 테두리 효과를 줍니다.

그림 11-24-10

② 테두리 두께: 테두리의 두께를 설정합니다.

③ 테두리색: 테두리의 색을 설정합니다.

④ 테두리 안티에일리어싱: 테두리의 안티에일리어싱을 켜고 끕니다.

2) 수채 경계

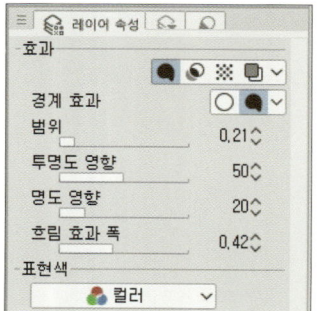

그림 11-24-11

선에 수채 경계 효과를 줍니다.

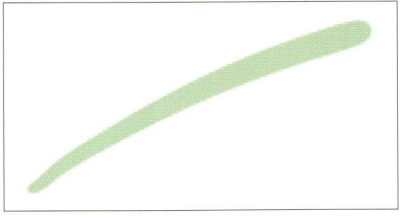 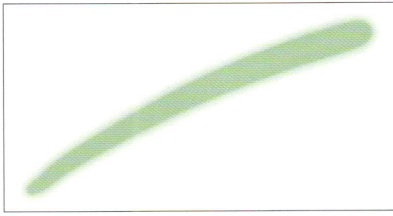

그림 11-24-12

① 범위: 경계선의 폭을 설정합니다. 수치가 높을수록 경계폭이 더 넓게 표시됩니다. 테두리 효과와 달리 바깥쪽으로 넓어지는 게 아니라 안쪽으로 넓어집니다.
② 투명도 영향: 경계선의 투명도를 조절합니다. 높을수록 진하게 보이고, 낮을수록 투명하게 보입니다.
③ 명도 영향: 경계선의 명도를 조절합니다. 높을수록 어두워집니다.
④ 흐림 효과폭: 경계선의 외곽 흐림폭을 조절합니다. 높을수록 외곽으로 퍼지는 효과를 줍니다. 값을 낮추면 외곽선의 폭이 줄어들며 진하게 표시됩니다.

라인 추출

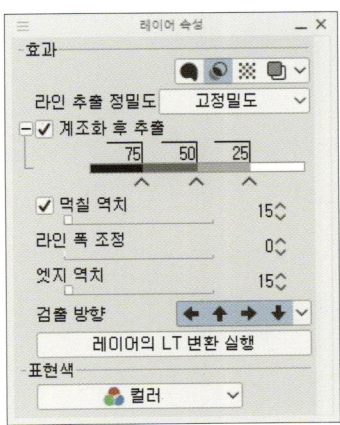

그림 11-24-13

1) 라인 추출 정밀도

정밀도의 강도는 고속<고정밀도<최고 정밀도 순입니다. 정밀도가 높을수록 추출된 선의 품질이 좋아집니다.

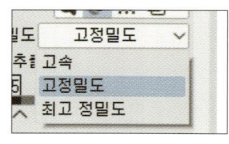

그림 11-24-14

2) 계조화 후 추출

선을 추출할 때 원본에서 바로 추출하지 않고 계조화 후 추출합니다. 계조화란 영어로 posterize에 해당합니다. 색의 수를 줄여 나가면 선 그라데이션 효과를 준다고 생각하면 될 것 같습니다. 색을 줄여 나가다 보면 같은 색은 아니지만 비슷한 색들끼리 모이게 되면서 그라데이션처럼 표현됩니다.

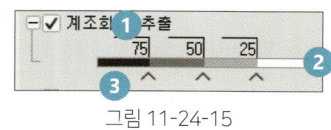

그림 11-24-15

❶ **농도**: 회색 농도 값을 표시합니다. 숫자를 클릭해서 직접 입력할 수 있습니다. 값이 높을수록 검은색에 가까워지고, 값이 낮을수록 흰색에 가까운 색이 됩니다.

그림 11-24-16

❷ **미리 보기**: 계조화 미리 보기입니다.

❸ **노드**

ㄱ. 노드 조절: 노드를 좌우로 움직여서 농도의 범위를 조절할 수 있습니다.

ㄴ. 노드 삭제: 노드를 영역 바깥쪽으로 드래그하면 삭제됩니다.

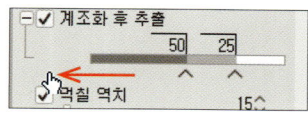

그림 11-24-17

ㄷ. 노드 생성: 빈 영역을 클릭하면 추가됩니다.

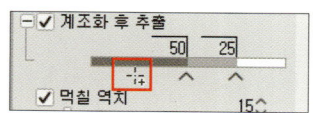 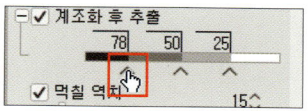

그림 11-24-18

3) 먹칠 역치

검은색으로 채워질 영역을 설정합니다. 값이 높을수록 검은색 영역이 넓어집니다.

그림 11-24-19

그림 11-24-20

먹칠 역치 15일 때와 100일 때 검은색이 많이 들어간 모습입니다.

4) 라인폭 조정

추출하는 선의 폭을 설정합니다.

그림 11-24-21

그림 11-24-22

라인폭 조정 0일 때와 2일 때, 전체적으로 선이 두꺼워진 모습입니다.

5) 엣지 역치

회색조의 한계치를 설정합니다. 값이 낮을수록 더 많은 선을 찾아내서 표현합니다.

그림 11-24-23

그림 11-24-24

엣지 역치 15일 때와 90일 때 15일 때보다 자잘한 선들을 생략한 모습입니다.

6) 검출 방향

검출 방향 상하는 가로선에 영향을 주고 좌우는 세로선에 영향을 줍니다. 검출 방향을 켜고 끔에 따라서 선 추출을 좀 더 섬세하게 설정할 수 있습니다.

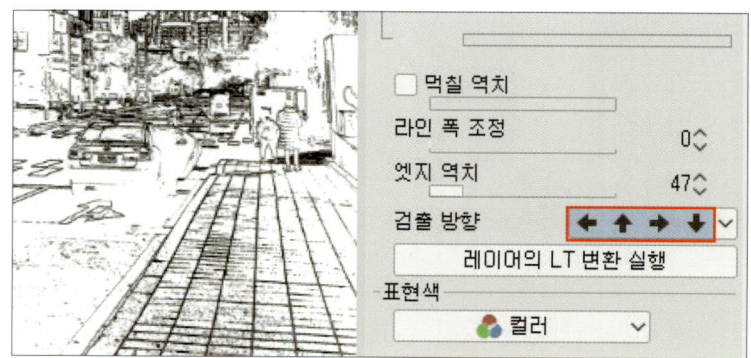

그림 11-24-25

검출 방향 4개 다 켠 상태입니다.

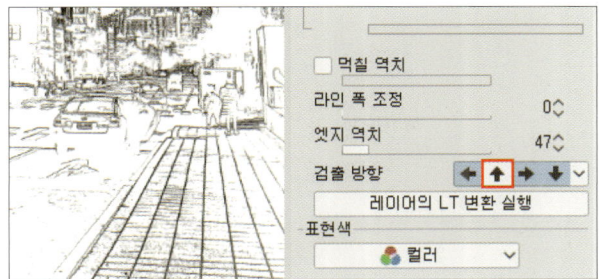

그림 11-24-26

위 방향을 클릭해서 끈 상태입니다. 보도블록의 가로선이 희미해집니다.

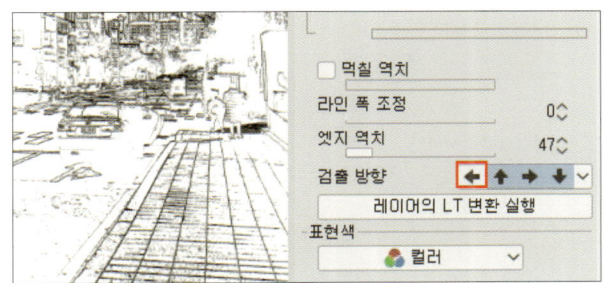

그림 11-24-27

왼쪽 방향을 끈 상태입니다. 보도블록의 세로선이 얇아졌습니다.

7) 레이어의 LT 변환 실행

레이어를 선과 톤으로 변환합니다.

그림 11-24-28

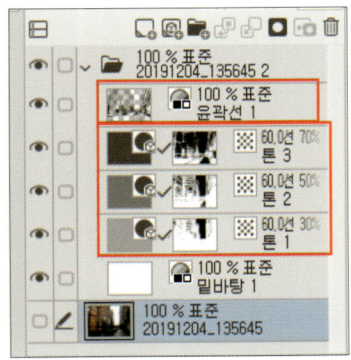

그림 11-24-29

사진을 LT 변환 실행한 모습입니다. LT 변환을 실행하면 선 레이어와 톤 레이어로 나뉩니다.

레이어의 LT 변환 상세 설정

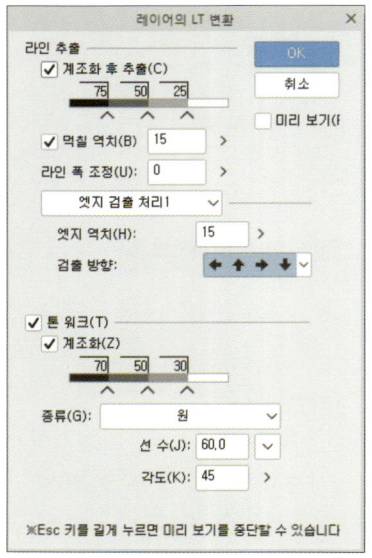

그림 11-24-30

라인 추출은 앞에서 설명한 것과 동일합니다.

1) 엣지 검출 처리1

[엣지 역치]와 [검출 방향]을 기준으로 라인을 추출합니다. 라인 추출과 동일합니다.

2) 엣지 검출 처리2

[엣지 높이 역치]와 [변화량 기울기 역치]를 기준으로 라인을 추출합니다. 좀 더 섬세한 표현을 할 때 적합합니다.

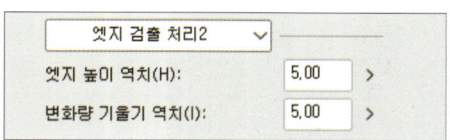

그림 11-24-31

① 엣지 높이 역치: 가장자리의 높이를 조절하고 라인을 감지합니다.

② 변화량 기울기 역치: 두께 변화에 따라 감지된 라인의 연속성을 조절합니다. 실제로 역치 값을 바꿔 가면서 감각을 익혀 보도록 합니다.

③ 톤 워크: 체크하면 톤을 조절할 수 있습니다.
④ 계조화: 앞서 설명과 동일합니다.
⑤ 종류: 톤의 모양을 설정합니다.

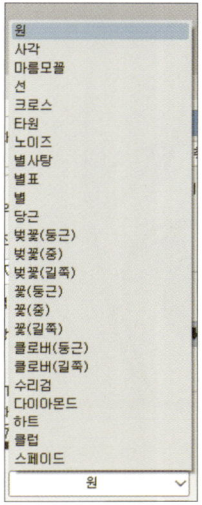

그림 11-24-32

⑥ 선 수: 톤의 선 수를 설정합니다.
⑦ 각도: 톤의 각도를 설정합니다.

톤

그림 11-24-33

채색된 레이어에 톤 기능을 적용하면 색이 톤으로 변합니다. 톤 기능을 켜고 채색해도 됩니다.

그림 11-24-34

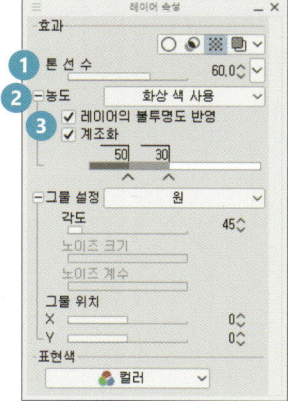

그림 11-24-35

1) 톤 선 수
톤을 구성하는 선 수를 설정합니다.

2) 농도
톤 농도를 구성하는 방법을 설정합니다.
① 화상 색 사용: 이미지 색상을 기준으로 톤 농도를 설정합니다.
② 이미지 휘도 사용: 이미지 밝기를 기준으로 톤 농도를 설정합니다.

3) 레이어의 불투명도
반영 체크하면 레이어의 불투명도가 톤 크기에 반영됩니다.

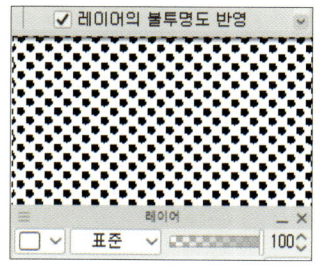

그림 11-24-36

그림 11-24-37

체크하고 투명도를 낮추면 톤의 크기가 줄어듭니다.

그림 11-24-38

체크 해제하고 투명도를 낮추면 톤의 크기는 변하지 않고 투명도가 낮아집니다.

4) 계조화(참조)

5) 그물(톤) 설정

톤 모양을 설정합니다.

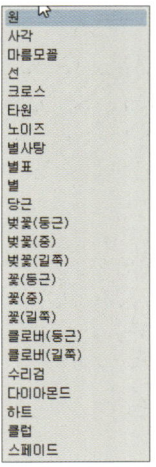

그림 11-24-39

6) 각도

톤 각도를 설정합니다.

7) 노이즈 크기

노이즈 크기를 설정합니다. [그물 설정]에서 [노이즈]를 선택하면 활성화됩니다.

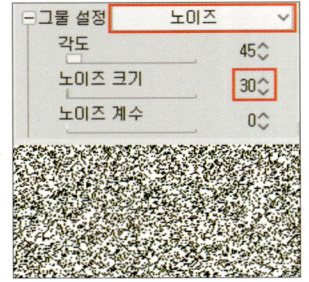 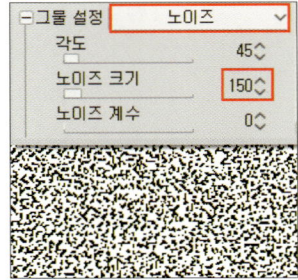

그림 11-24-40

8) 노이즈 계수

노이즈 계수를 설정합니다.

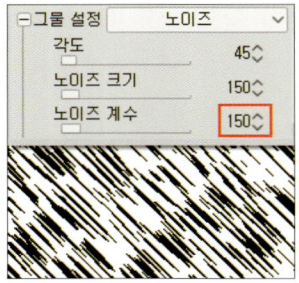

그림 11-24-41

9) 그물(톤) 위치

톤의 망점을 이동합니다.

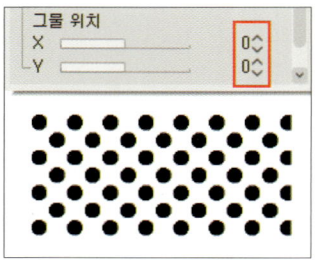 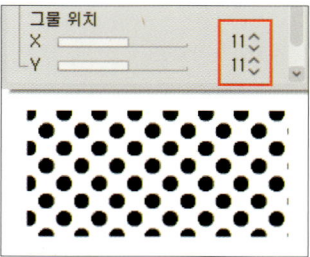

그림 11-24-42

레이어 컬러

레이어 색을 변경할 수 있습니다. 단축키는 Ctrl+B입니다.

그림 11-24-43

25. 레이어 속성 팔레트 메뉴

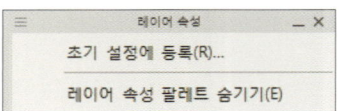

그림 11-25-1

1) 초기 설정에 등록

레이어 컬러의 기본색은 파란색으로 되어 있습니다. 이 기본 설정을 분홍색으로 등록해 봅니다. 레이어 컬러 박스를 클릭하고 [색 설정] 팔레트가 열리면 분홍색을 선택합니다. 또는 컬러 서클 팔레트에서 분홍색을 선택한 후 페인트 아이콘을 클릭해서 분홍색으로 변경합니다.

그림 11-25-2

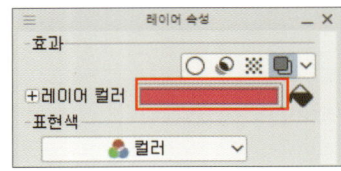

그림 11-25-3

위와 같이 분홍색으로 변경한 후, 메뉴에서 [초기 설정에 등록]을 실행합니다. 그러면 다음과 같은 창이 열립니다. 레이어 컬러 항목에 체크하고 OK를 클릭합니다. 이 과정을 마치고 [레이어 컬러]를 실행하면 파란색이었던 레이어 컬러가 분홍색으로 변경됩니다.

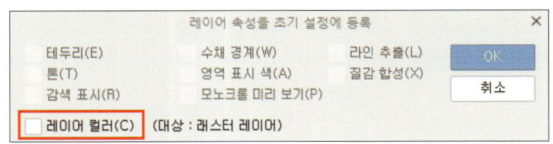

그림 11-25-4

26. 레이어 검색

조건 지정에 따라 레이어를 찾고 관리할 수 있습니다.

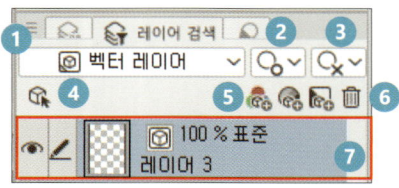

그림 11-26-1

① **표시 대상 레이어:** 찾고 싶은 레이어 종류를 선택합니다.

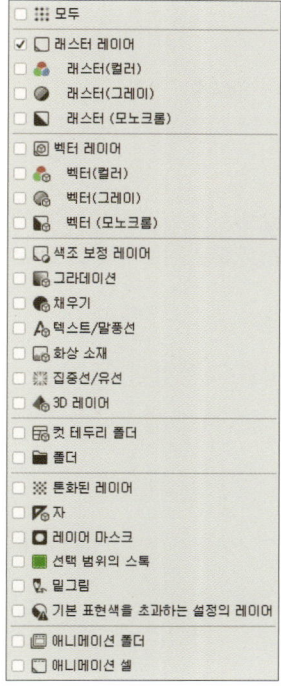

그림 11-26-2

❷ **추출 조건:** 추출 조건을 체크해서 레이어 목록을 더 압축합니다.

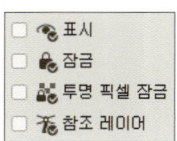

그림 11-26-3

❸ **제외 대상 조건:** 레이어 목록에서 제외하고 싶은 조건에 체크합니다.

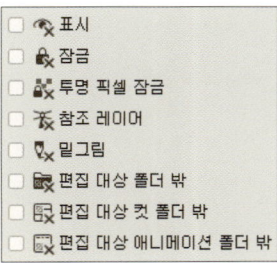

그림 11-26-4

❹ **툴 내비게이션:** 선택한 레이어를 편집할 수 있는 도구들이 표시됩니다. 레이어 종류에 따라 표시되는 도구가 다릅니다.

 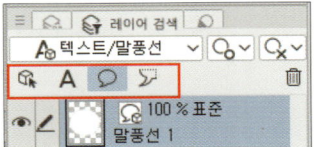

그림 11-26-5

❺ **신규 레이어 작성:** 신규 레이어를 작성합니다. 각각 컬러, 그레이, 모노크롬입니다. 레이어 종류에 따라 표시되지 않는 레이어도 있습니다.

그림 11-26-6

❻ **삭제:** 레이어를 삭제합니다.
❼ **레이어 목록:** 검색 조건에 맞는 레이어를 표시합니다. 순서는 변경할 수 없습니다.

27. 레이어 검색 팔레트 메뉴

레이어 메뉴와 대부분 동일합니다. 레이어 검색 팔레트에만 해당하는 메뉴는 다음과 같습니다.

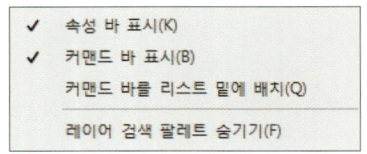

그림 11-27-1

1) 속성 바 표시

체크 해제 시 속성이 표시되지 않습니다.

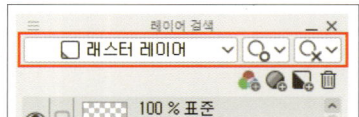 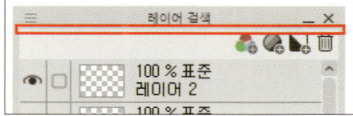

그림 11-27-2

2) 커맨드 바 표시

커맨드 바 표시 여부를 설정합니다.

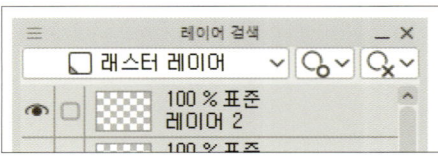

그림 11-27-3

3) 커맨드 바를 리스트 밑에 배치

커맨드 바를 팔레트 하단에 배치합니다.

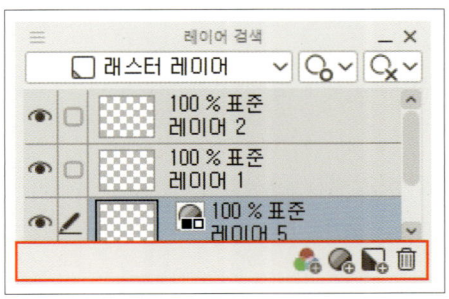

그림 11-27-4

28. 레이어 팔레트

레이어를 관리하는 팔레트입니다.

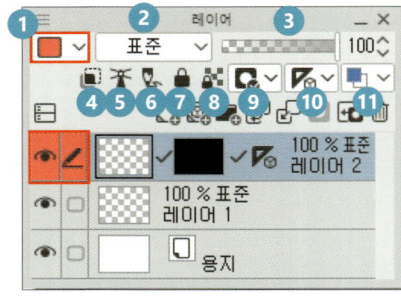
그림 11-28-1

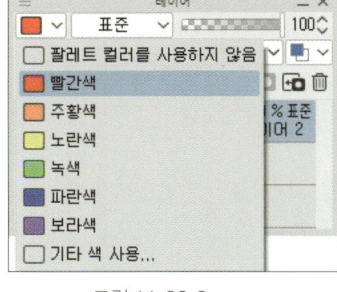
그림 11-28-2

① **레이어에 컬러 표시** 표시가 필요한 레이어에 사용합니다.

② **레이어 합성 모드** 합성 모드를 적용해서 여러 가지 효과를 낼 수 있습니다.

③ **레이어의 투명도 설정** 레이어의 투명도를 설정합니다.

④ **아래 레이어에 클립** 아래 레이어에 클립을 적용합니다.

⑤ **참조 레이어로 설정** 참조 레이어로 설정합니다.

⑥ **밑그림 레이어로 설정** 밑그림 레이어로 설정합니다.

⑦ **레이어 잠금** 레이어를 잠그면 해당 레이어는 편집할 수 없게 됩니다.

⑧ **투명 픽셀 잠금** 투명한 영역에 색이 칠해지지 않습니다.

⑨ **마스크 유효화** 마스크 유효화, 범위 옵션이 있습니다.

⑩ **자의 표시 범위 설정** 자가 표시되는 범위를 설정합니다.

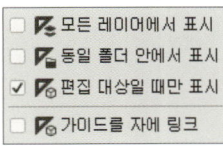

그림 11-28-3

⑪ **레이어 컬러 변경** 레이어 컬러를 변경합니다. 단축키는 Ctrl+B입니다.

⑫ **신규 래스터 레이어** 신규 래스터 레이어를 작성합니다.

⑬ **신규 벡터 레이어** 신규 벡터 레이어를 작성합니다.

⑭ **신규 레이어 폴더** 신규 레이어 폴더를 작성합니다.

⑮ **아래 레이어에 전사** 레이어의 그림을 바로 아래 레이어로 전송합니다.

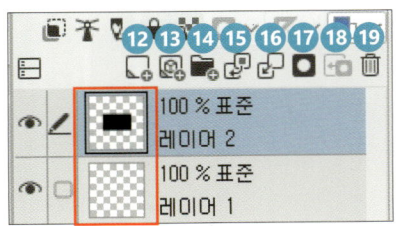 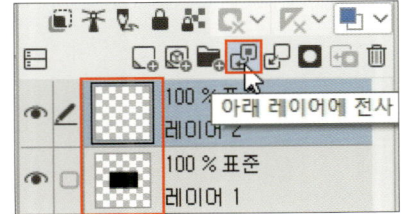

그림 11-28-4

⑯ **아래 레이어와 결합** 아래 있는 레이어와 결합합니다.

⑰ **레이어 마스크 작성** 레이어 마스크를 작성합니다.

⑱ **마스크를 레이어에 적용** 레이어 마스크를 레이어에 적용합니다.

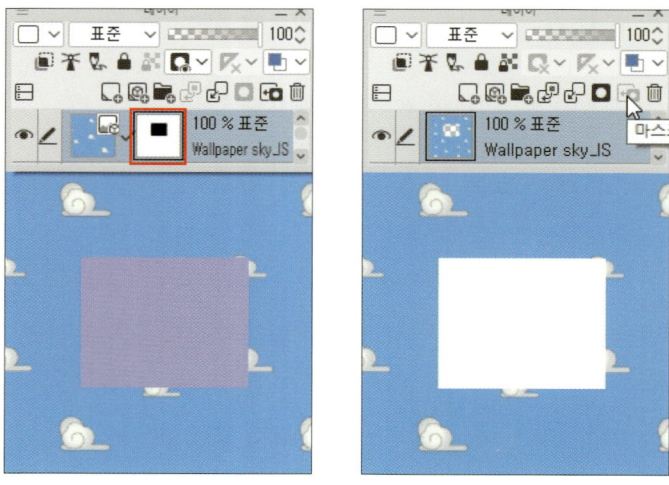

그림 11-28-5

마스크를 레이어에 적용하면 마스크 했던 영역이 지워지고 마스크는 사라집니다.

⑲ **레이어 삭제** 레이어를 삭제합니다.

⑳ **레이어를 2페인으로 표시** 레이어 목록이 두 줄로 표시됩니다.

㉑ **레이어 리스트**

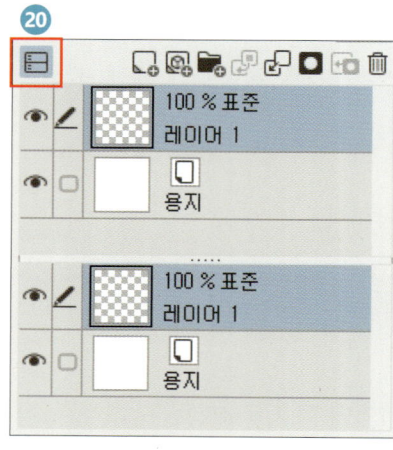

그림 11-28-6

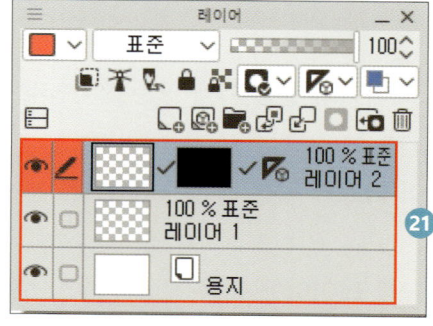

그림 11-28-7

레이어 리스트

1) 레이어 표시/비표시

눈 아이콘을 클릭해서 레이어 표시와 비표시를 전환할 수 있습니다. 눈 아이콘을 우클릭하면 메뉴가 열립니다.

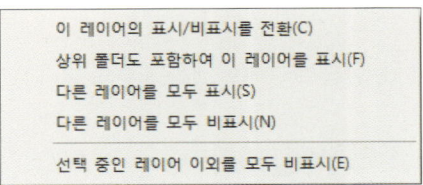

그림 11-28-8

① 이 레이어의 표시/비표시를 전환: 눈 아이콘을 클릭한 것과 동일한 기능입니다.

② 상위 폴더도 포함하여 이 레이어를 표시

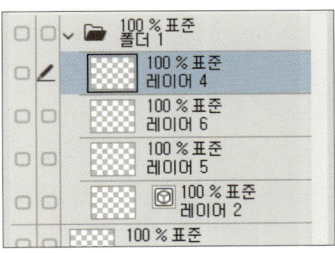

그림 11-28-9

그림 11-28-9와 같이 폴더와 폴더에 포함된 모든 레이어를 비표시로 했을 때, 해당 메뉴를 선택합니다.

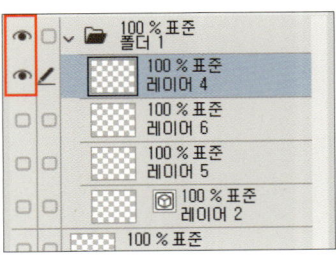

그림 11-28-10

해당 레이어와 해당 폴더를 표시로 전환합니다.

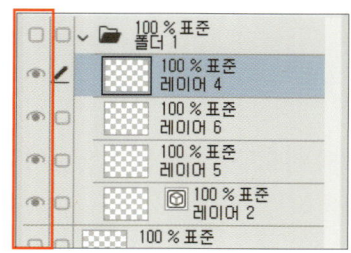

그림 11-28-11

위 보기처럼 폴더만 비표시로 되어 있을 경우에 실행하면 모두 표시로 전환됩니다.

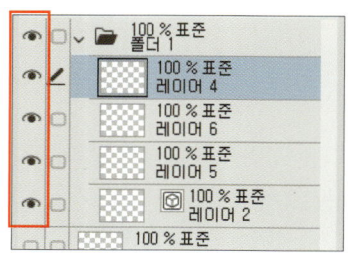

그림 11-28-12

폴더의 눈 아이콘을 클릭해서 전환한 것과 같은 기능입니다.
③ 다른 레이어를 모두 표시: 비표시로 되어 있는 레이어를 모두 표시로 전환합니다.
④ 다른 레이어를 모두 비표시: 표시로 되어 있는 레이어를 모두 비표시로 전환합니다.
⑤ 선택 중인 레이어 이외를 모두 비표시: 레이어 다중 선택 시 선택하지 않은 레이어를 모두 비표시로 전환합니다.

2) 펜 아이콘 표시
편집 중인 레이어에 펜 아이콘이 표시됩니다.

3) 레이어의 다중 선택
체크 칸을 체크하면 레이어 다중 선택이 가능합니다.

4) 레이어 아이콘
레이어에 그려진 그림을 표시합니다. Ctrl+클릭 시 그림이 그려진 부분에 선택 범위가 작성됩니다.

5) 레이어 이름 필드
레이어의 투명도, 합성 모드, 레이어 이름 등이 표시되며, 더블 클릭 시 이름을 변경할 수 있습니다.

29. 레이어 팔레트 메뉴

레이어 메뉴는 8부에서 자세히 설명했습니다. 여기서는 레이어 팔레트와 관련된 메뉴만 살펴 보겠습니다.

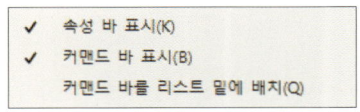

그림 11-29-1

1) [속성 바 표시], [커맨드 바 표시]

[속성 바], [커맨드 바]의 표시 여부를 설정합니다.

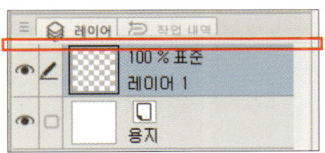

그림 11-29-2

둘 다 비표시일 때입니다.

2) 커맨드 바를 리스트 밑에 배치

커맨드 바를 팔레트 하단에 표시합니다.

그림 11-29-3

Chapter 12
전체 메뉴 살펴보기

1. 파일

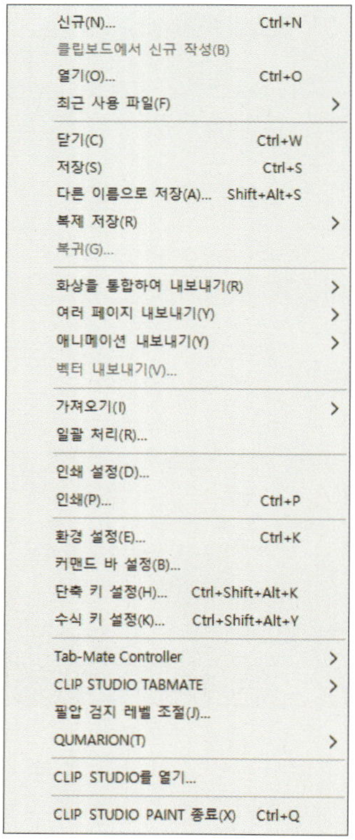

그림 12-1-1

1) 신규

새로운 캔버스를 만듭니다.

2) 클립보드에서 신규 작성

이미지가 클립보드에 저장되었을 때, 이 메뉴를 사용하면 클립보드에 있는 이미지로 캔버스를 만듭니다. 구글에서 이미지 검색을 하는 경우를 예로 들어보겠습니다.

그림 12-1-2

이미지 카테고리에서 [도구] 클릭 후 [사용권]을 클릭합니다.

그림 12-1-3

사용권을 클릭하면 위와 같은 옵션들이 나옵니다. 재사용 가능을 선택하면 무료로 쓸 수 있는 이미지가 표시됩니다.

그림 12-1-4

이미지를 우클릭한 후 [이미지 복사]를 실행하면 윈도우 클립보드로 이미지가 복사됩니다. 다시 CLIP STUDIO PAINT로 돌아와서 [클립보드에서 신규 작성]을 실행합니다. 그러면 바로 캔버스로 불러올 수 있습니다.

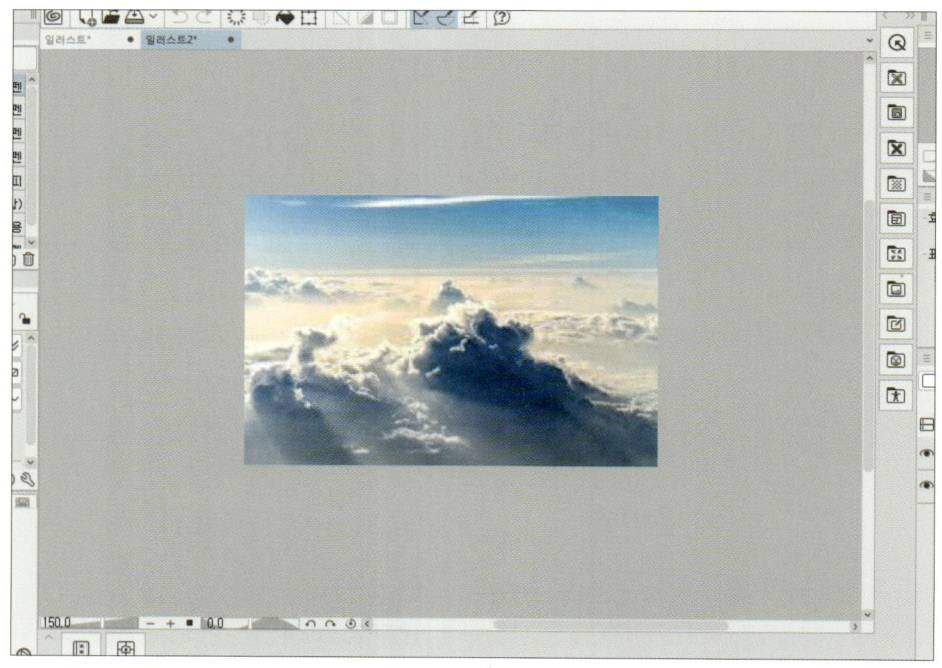

그림 12-1-5

3) 열기

CLIP STUDIO PAINT 파일, 이미지 파일 등을 불러옵니다.

그림 12-1-6

4) 최근 사용 파일

최근에 사용했던 파일들이 목록에 나타납니다.

5) 닫기

열려 있는 캔버스를 닫습니다. 단축키는 Ctrl+W입니다.

6) 저장

작업한 파일을 저장합니다. 단축키는 Ctrl+S입니다.

7) 다른 이름으로 저장

현재 파일을 다른 이름으로 저장하거나 다른 포맷으로 저장할 때도 사용합니다.

8) 복제 저장

현재 파일을 유지한 채 다른 포맷으로 저장합니다. 클립이 지원하는 포맷 형식입니다.

그림 12-1-7

Chapter 12. 전체 메뉴 살펴보기

#〔다른 이름으로 저장〕과 〔복제 저장〕의 차이점

작업 중인 Clip 파일을 psd로 저장 시
① 다른 이름으로 저장: 현재 작업 중인 파일이 psd로 변경되면서 저장됩니다.
② 복제 저장: 작업 중인 Clip 파일은 그대로 유지되고 psd로 따로 저장됩니다.

9) 복귀
작업 내용을 버리고 마지막 저장된 상태로 복귀합니다.

10) 이미지를 통합하여 내보내기
다른 포맷으로 내보내기(Export)를 합니다.

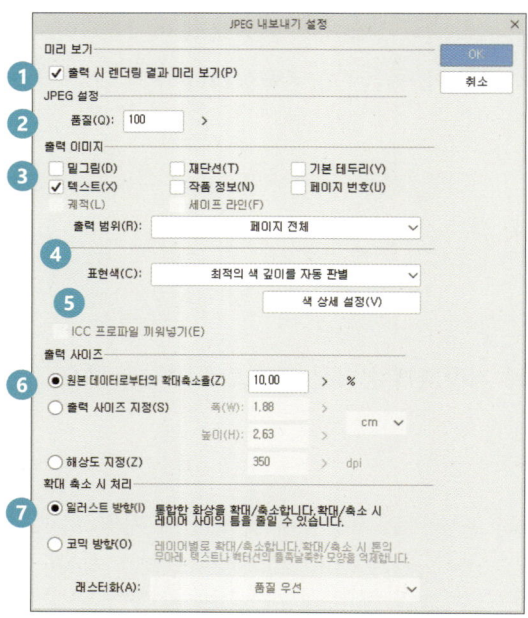

그림 12-1-8

① **미리 보기**: 체크하면 미리 보기 대화 상자가 열립니다.

그림 12-1-9

❷ **JPEG 설정/품질**: 내보내기 품질을 설정합니다.
❸ **출력 이미지**: 내보내기 파일에 추가할 옵션을 설정합니다.

그림 12-1-10

재단선, 기본 테두리에 체크하면 내보내기 이미지에 재단선과 기본 테두리가 표시됩니다.
❹ **출력 범위**: 출력 범위를 설정합니다.

그림 12-1-11

Chapter 12. 전체 메뉴 살펴보기 **499**

⑤ **표현색**: 내보내기 이미지의 표현색을 설정합니다.

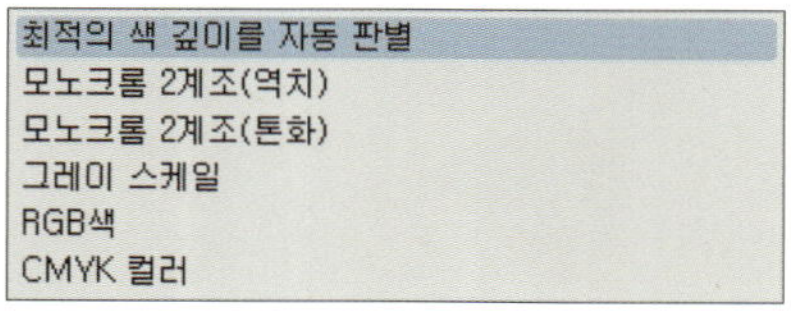

그림 12-1-12

⑥ **출력 사이즈**: 확대 및 축소를 비율, 길이, 해상도 중에서 선택할 수 있습니다.
⑦ **확대 및 축소 시 처리**: [코믹]을 선택하면 [품질 우선]과 [고속] 중에서 선택할 수 있습니다. [일러스트]를 선택하면 항상 [품질 우선]으로 내보내기를 합니다.

---

11) 여러 페이지 내보내기

EX에서 페이지로 제작된 파일을 내보내기 할 수 있습니다.

① **일괄 내보내기** 페이지를 한 번에 내보낼 수 있습니다. (EX)
② **제본 3D 미리 보기** 완성한 작품을 3D로 확인할 수 있습니다. (EX)

그림 12-1-13

12) 애니메이션 내보내기

애니메이션 기능입니다.

13) 가져오기

현재 작업 중인 캔버스로 이미지를 불러옵니다.

14) 일괄 처리

페이지가 많이 열려 있을 때 일괄 처리할 동작을 설정합니다.

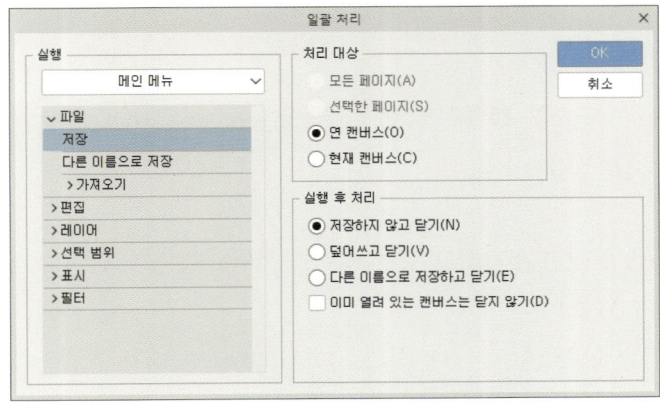

그림 12-1-14

[실행]에서 처리할 동작을 선택하고 [처리 대상]에서 대상을 선택합니다. 마지막으로 [실행 후 처리]에서 동작이 처리된 후 캔버스를 닫을지 등을 선택합니다.

15) 인쇄 설정

인쇄 설정을 할 수 있습니다.

16) 인쇄

작품을 인쇄합니다.

17) 환경 설정

환경 설정을 할 수 있습니다.

18) 커맨드 바 설정

커맨드 바를 설정합니다. [커맨드 바 설정]을 실행하면 [커맨드 바 설정] 창이 열립니다.

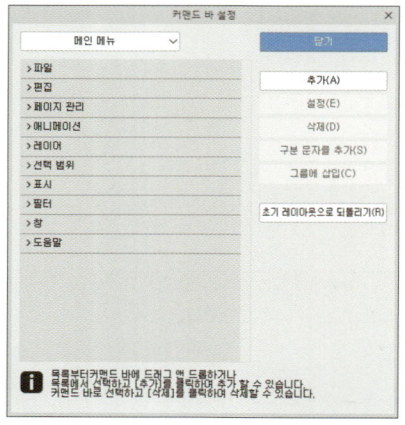

그림 12-1-15

① **추가** 메뉴 목록을 열어서 추가하고 싶은 메뉴를 선택합니다.

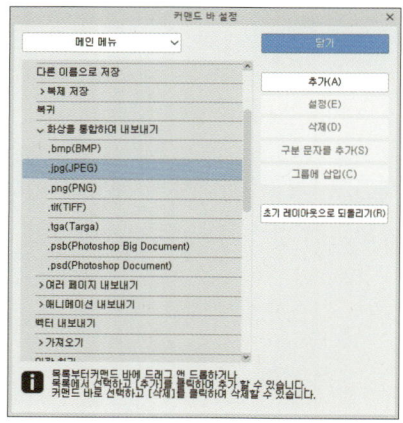

그림 12-1-16

자주 사용하는 jpg로 내보내기를 추가해 봅니다. 파일/화상을 통합하여 내보내기/.jpg(JPEG)를 선택한 후 [추가]를 클릭합니다.

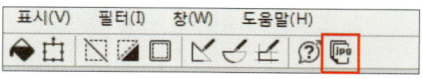

그림 12-1-17

맨 오른쪽에 아이콘이 등록되었습니다. Ctrl+드래그로 순서를 변경할 수 있습니다.

② **설정** 커맨드 바의 아이콘 설정을 변경할 수 있습니다. 방금 추가한 jpg 아이콘을 클릭합니다.

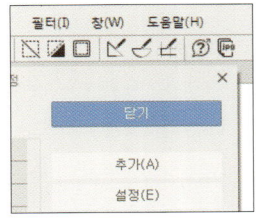

그림 12-1-18

Jpg 아이콘을 클릭하면 [설정] 버튼이 활성화됩니다.

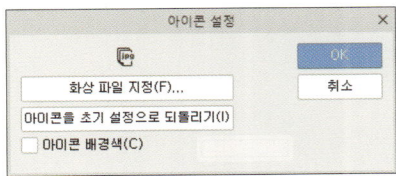

그림 12-1-19

ㄱ. 화상 파일 지정: 원하는 이미지를 선택해서 아이콘으로 사용할 수 있습니다.
ㄴ. 아이콘을 초기 설정으로 되돌리기: 아이콘을 초기 설정으로 되돌립니다.
ㄷ. 아이콘 배경색: 아이콘에 배경색을 지정할 수 있습니다.

그림 12-1-20

③ **삭제** 지우려는 아이콘을 클릭한 후 [삭제] 버튼을 클릭하면 삭제됩니다.

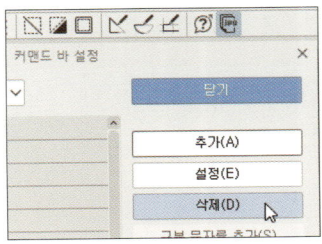

그림 12-1-21

④ **구분 문자를 추가(구분선 추가)** 구분하고 싶은 구간에 구분선을 추가합니다. 물음표 아이콘을 선택한 후 [구분 문자를 추가]를 실행합니다.

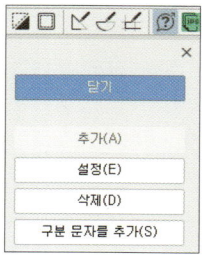

그림 12-1-22

구분선을 삭제하려면 구분선을 클릭한 뒤 메뉴에서 [삭제]를 클릭합니다.

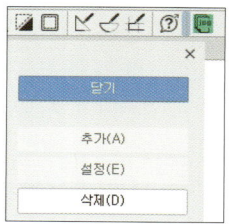

그림 12-1-23

⑤ **그룹에 삽입** 카테고리별로 정리할 수 있습니다.

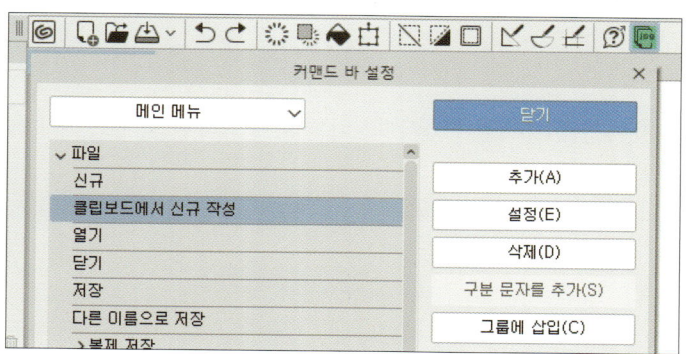

그림 12-1-24

커맨드 바에 있는 Jpg 아이콘을 선택합니다. 메뉴 목록에서 [클립보드에서 신규 작성]을 선택하고 [그룹에 삽입]을 클릭합니다.

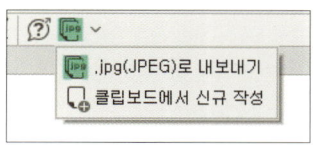

그림 12-1-25

Jpg 아이콘 옆에 화살표가 표시되면서 같은 그룹으로 포함됩니다.

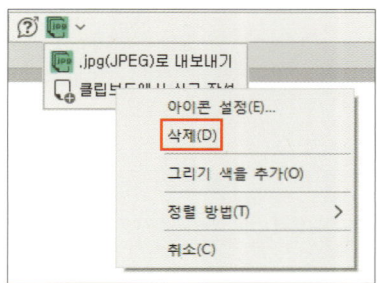

그림 12-1-26

그룹에 추가된 커맨드를 삭제하려면 삭제할 커맨드를 우클릭한 뒤 메뉴에서 [삭제]를 클릭합니다.

⑥ **초기 레이아웃으로 되돌리기** 설정을 초기화합니다.

그림 12-1-27

위와 같은 안내 메시지가 열립니다.

19) 단축키 설정
단축키를 설정합니다.

20) 수식 키 설정
7부를 참조하도록 합니다.

21) Tab-Mate Controller

CLIP STUDIO PAINT의 동작을 Tab-Mate Controller에 할당할 수 있습니다.

22) CLIP STUDIO TABMATE

Tab-Mate Controller에 CLIP STUDIO PAINT의 기능을 할당할 수 있습니다. 툴 로테이션 설정을 할 수 있습니다.

23) 필압 검지 레벨 조절

필압 설정을 할 수 있습니다.

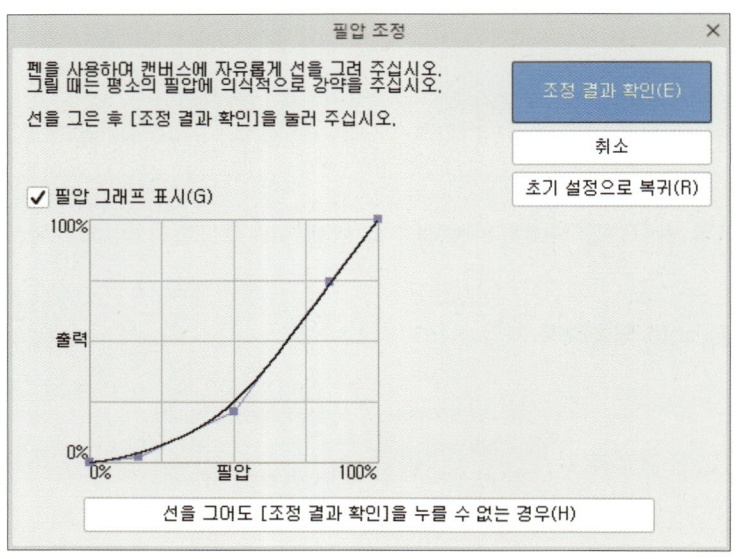

그림 12-1-28

[필압 조정]을 켜고 선을 그리면 필압이 표시됩니다. [초기 설정으로 복귀]로 초기 설정으로 복귀할 수 있습니다.

24) QUMARION

QUMARION 관련 설정 메뉴입니다. QUMARION으로 3D 인형을 조작할 수 있습니다.

그림 12-1-29

25) CLIP STUDIO를 열기

CLIP STUDIO portal application을 실행합니다.

그림 12-1-30

26) CLIP STUDIO PAINT 종료

CLIP STUDIO PAINT를 종료합니다.

2. 편집

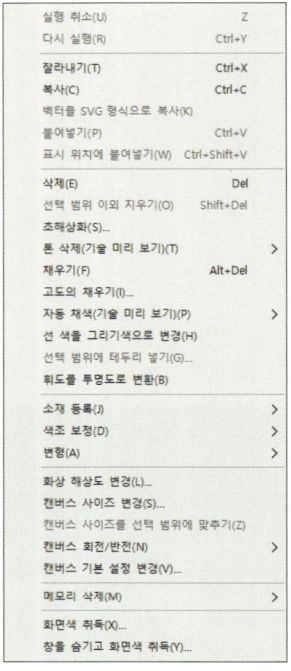

그림 12-2-1

1) 실행 취소

작업한 내용을 실행 취소합니다.

2) 다시 실행

실행 취소했던 작업을 다시 되돌립니다.

3) 잘라내기

윈도우에서 사용하는 잘라내기와 같은 기능입니다. 선택한 오브젝트나 그림을 잘라내서 클립보드에 저장합니다.

4) 복사

복사 역시 윈도우에서 사용하는 복사와 동일합니다. 선택한 내용이나 영역을 클립보드에 저장합니다.

5) 붙여넣기

클립보드에 복사된 내용을 캔버스에 붙여 넣습니다.

6) 표시 위치에 붙여넣기

표시되는 캔버스 창의 가운데에 붙여넣기가 됩니다. 캔버스를 확대하고 이동해도 똑같이 캔버스 창의 가운데에 붙여넣기가 됩니다.

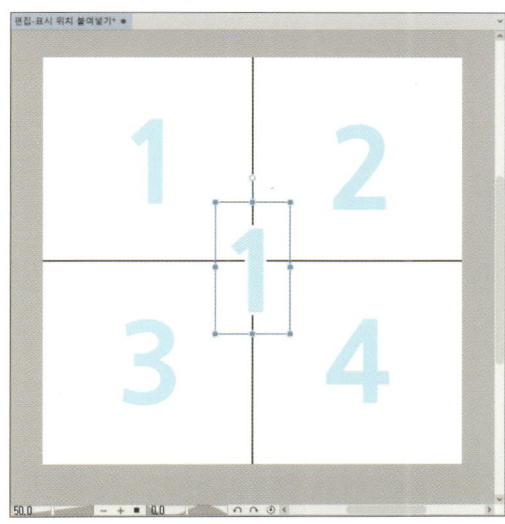

그림 12-2-2

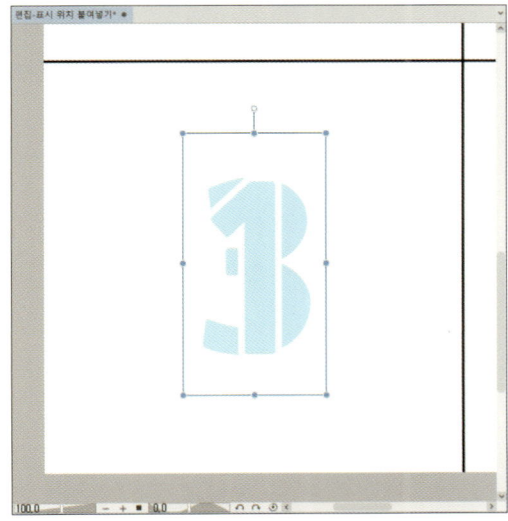

그림 12-2-3

7) 삭제

키보드의 Delete 키와 동일합니다. 레이어의 오브젝트와 그림 등을 삭제합니다.

8) 선택 범위 이외 지우기

올가미 툴로 선택되지 않은 부분을 지웁니다.

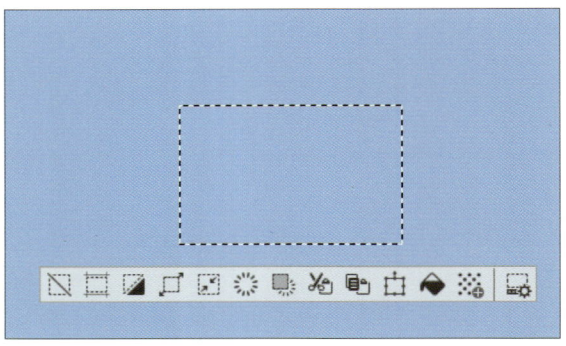

그림 12-2-4

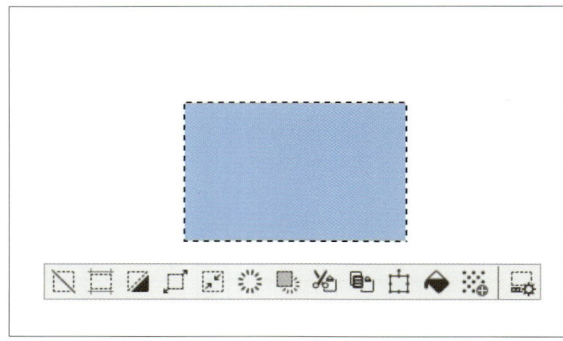

그림 12-2-5

9) 초해상화

이미지를 부드럽게 하고 이미지 확대로 인한 픽셀 노이즈를 줄이는 기능입니다. 다음과 같은 상황에 유용합니다.

① 해상도 변경 후

② 편집/(변형)을 사용한 후

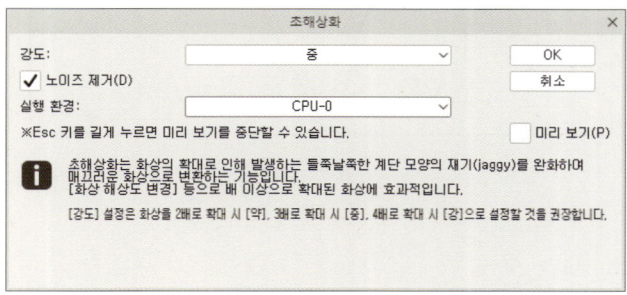

그림 12-2-6

ㄱ. 강도: 초해상화의 강도를 설정합니다. 이미지 확대 배율에 따라 [강도]를 변경하면 더 좋은 효과를 낼 수 있습니다.

　약-크기를 두 배로 확대한 이미지

　중-크기를 세 배로 확대한 이미지

　강-크기를 네 배로 확대한 이미지

ㄴ. 이미지의 노이즈를 제거합니다.

ㄷ. 실행 환경: CPU, 그래픽 카드 등을 설정합니다.

ㄹ. 미리 보기: 초해상화 결과를 미리 볼 수 있습니다.

10) 톤 삭제

그림에서 톤을 인식하고 톤을 삭제합니다. 출판 만화 그리기에서 작업한 그림을 jpg로 저장한 후 실행하면 톤이 삭제됩니다.

그림 12-2-7

그림 12-2-8

11) 채우기

레이어 전체에 색을 넣거나 선택 영역에 색을 넣을 수 있습니다. 단축키는 Alt+Del입니다.

12) 고도의(고급) 채우기

채우기를 할 때 고급 설정을 할 수 있습니다.

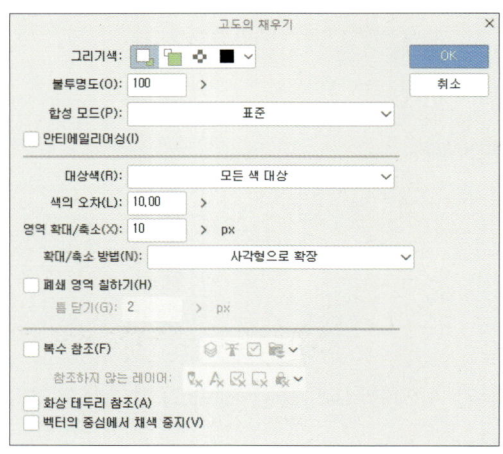

그림 12-2-9

고도의 채우기

1) 그리기색

왼쪽부터 클릭하면 메인 그리기색, 보조 그리기색, 투명색, 지정색 설정 팔레트를 각각 열 수 있습니다.

2) 불투명도

불투명도를 설정합니다.

3) 합성 모드
채우기에 합성 모드를 적용합니다.

4) 안티에일리어싱
안티에일리어싱을 켜고 끕니다.

5) 대상 색
채우기를 실행할 영역이 색으로 결정됩니다.

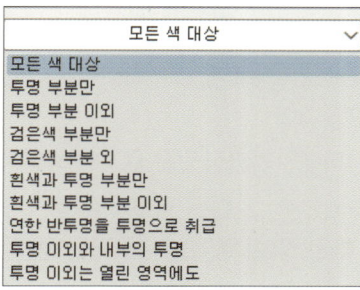

그림 12-2-10

① 모든 색 대상: 채우기와 같습니다. 선택 범위를 지정하지 않는 이상 레이어 전체에 채우기를 실행합니다.
② 투명 부분만: 색이 안 칠해진 부분에 채우기를 실행합니다.

그림 12-2-11   그림 12-2-12

색이 칠해지지 않은 흰색 영역에 채우기가 진행됩니다.
③ 투명 부분 이외: 색이 채워져 있는 부분에 채우기를 실행합니다.

그림 12-2-13

검은색으로 된 영역만 그리기 색으로 채워졌습니다.

④ 검은색 부분만: 레이어에 검은색으로 그려진 부분에만 채우기가 실행됩니다.

⑤ 검은색 부분 외: 검은색을 제외한 부분에 채우기가 됩니다. [폐쇄 영역 칠하기]가 꺼져 있을 때 표시됩니다.

검은색으로 둘러싸인 부분: 검은색으로 둘러싸인 영역에 색을 채웁니다. [폐쇄 영역 칠하기]가 켜져 있을 때 표시됩니다.

⑥ 흰색과 투명 부분만: 흰색과 투명 부분만 채우기를 합니다.

⑦ 흰색과 투명 부분 이외: 채우기를 할 때 흰색과 투명한 부분을 제외합니다. [폐쇄 영역 칠하기]가 꺼져 있을 때 표시됩니다.

흰색과 투명으로 둘러싸인 부분: 흰색과 투명으로 둘러싸인 부분만 채웁니다. [폐쇄 영역 칠하기]가 켜져 있을 때 표시됩니다. 다음 옵션들은 [폐쇄 영역 칠하기]가 켜져 있을 때와 꺼져 있을 때 결과가 다릅니다. 설명은 켜져 있을 경우입니다.

⑧ 연한 반투명을 투명으로 취급: 안티에일리어싱 같은 효과로 생성된 연한 반투명을 투명으로 인식하고 채우기를 합니다.

⑨ 투명 이외와 내부(닫힌 영역)의 투명: 닫힌 영역을 채우지만 닫힌 영역이 투명할 경우 채우지 않습니다.

⑩ 투명 이외는 열린 영역에도: 닫힌 영역을 채웁니다. 투명한 영역도 채웁니다.

6) 색의 오차

채우기를 할 때 영역으로 인식하기 위한 오차 범위를 설정합니다. 값이 클수록 더 많은 색을 포함합니다.

7) 영역 확대/축소

채우기 범위를 확대하거나 축소합니다. 단위는 픽셀입니다. (채우기 참조)

8) 확대/축소 방법

영역을 확대/축소할 때 모서리의 모양을 설정합니다. (채우기 참조)

9) 폐쇄 영역 칠하기

선택한 영역의 닫힌 영역이 채워집니다. (채우기 참조)

10) 틈 닫기

틈이 있으면 틈을 닫습니다. (채우기 참조)

11) 복수 참조

참조할 레이어를 선택합니다. (채우기 참조)

12) 참조하지 않는 레이어

참조하지 않는 레이어를 선택합니다. (채우기 참조)

13) 화상(이미지) 테두리 참조

체크하면 캔버스의 외부 둘레를 경계선으로 처리합니다.

14) 벡터의 중심에서 채색 중지

벡터의 중심선을 인식하고 채웁니다. (채우기 참조)

15) 자동 채색

AI 기술을 사용해서 자동으로 채색합니다.

① 전자동 채색

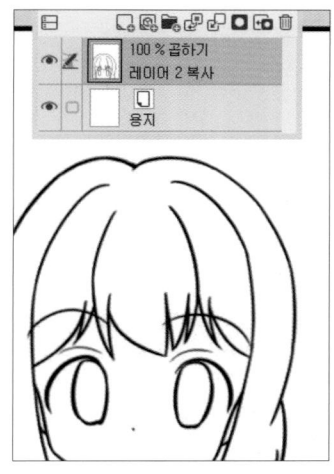

그림 12-2-14

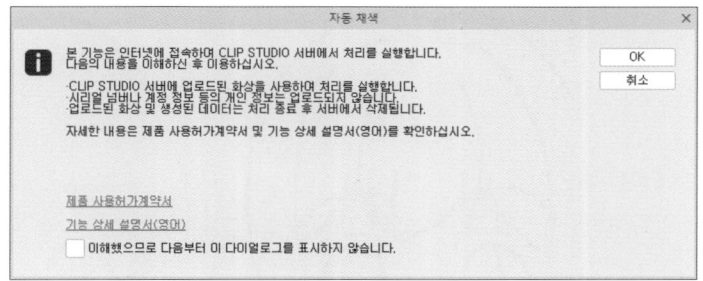

그림 12-2-15

채색되지 않은 그림을 준비하고 [자동 채색]을 실행합니다. 창이 열리면 [OK}를 클릭합니다.

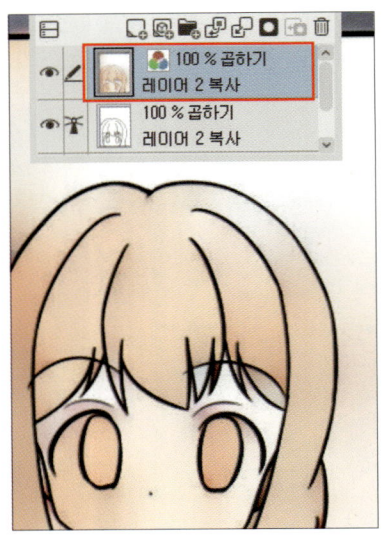

그림 12-2-16

새 레이어에 자동 채색됩니다.

② 힌트 화상(이미지)을 사용하여 채색

그림 12-2-17

그림 12-2-18

선화가 그려져 있는 레이어를 [참조 레이어]로 설정합니다. 선화 레이어 밑에 새 레이어를 작성하고 채색합니다. 부분 채색만 해도 됩니다.

그림 12-2-19

[힌트 화상을 사용하여 채색]을 실행하면 자동 채색이 됩니다.

③ 더욱 고도(고급)의 설정 사용: 좀 더 세밀한 설정을 할 수 있습니다.

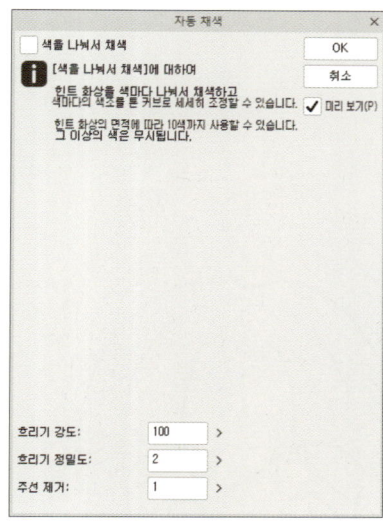

그림 12-2-20

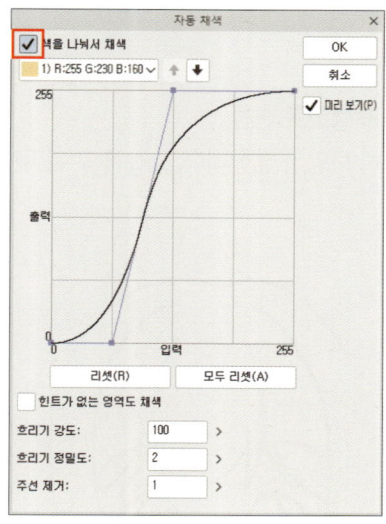

그림 12-2-21

[색을 나눠서 채색]을 켜면 12-2-21과 같은 대화 상자가 열립니다.

16) 선 색을 그리기색으로 변경

레이어에 그려져 있는 그림의 색을 메인 컬러로 변경합니다.

17) 선택 범위에 테두리 넣기

선택 영역 기준으로 테두리를 작성합니다.

그림 12-2-22

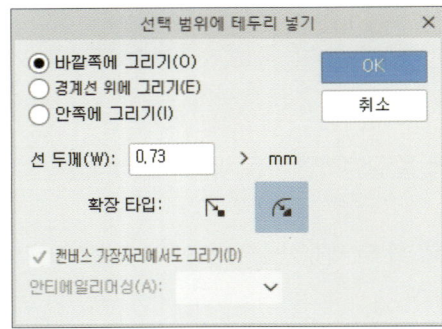

그림 12-2-23

18) 휘도를 투명도로 변환

밝은색일수록 투명하게 합니다. Jpg 등의 이미지를 선화로 변경할 수 있습니다.

그림 12-2-24

그림 12-2-25

19) 소재 등록

소재를 등록합니다.

20) 색조 보정

레이어에 그려진 색을 보정할 수 있습니다.

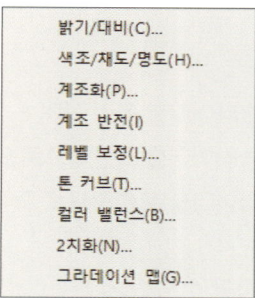

그림 12-2-26

① 밝기/대비

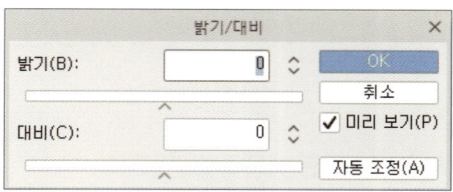

그림 12-2-27

ㄱ. 밝기: 밝기를 조절합니다. 슬라이더를 왼쪽으로 옮기면 어두워지고 오른쪽으로 이동하면 밝아집니다.

ㄴ. 대비: 대비(콘트라스트)를 조절합니다. 슬라이더를 왼쪽으로 드래그하면 대비(콘트라스트)가 감소하고, 오른쪽으로 드래그하면 증가합니다. 실제로 슬라이더를 옮겨 보면서 느낌을 파악해 보도록 합니다.

ㄷ. 미리 보기: 이 기능을 켜면 슬라이더로 조절할 때 색 보정을 실시간으로 확인할 수 있습니다.

ㄹ. 자동 조정: 불러온 이미지에 따라서 자동으로 조절합니다.

② 색조/채도/명도

색 보정 시 자주 사용하는 기능입니다. 단축키는 Ctrl+U입니다.

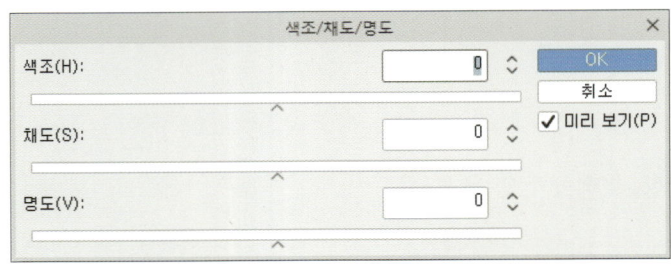

그림 12-2-28

ㄱ. 색조: 색조를 조절합니다. 실제로 슬라이더를 옮겨 가며 느낌을 파악해 가는 것이 좋습니다.
ㄴ. 채도: 색의 선명도를 조절합니다. 슬라이더를 오른쪽으로 드래그할수록 색이 선명해집니다.
ㄷ. 명도: 색의 밝기를 조절합니다. 슬라이더를 오른쪽으로 드래그하면 밝아집니다.

③ 계조화: 계조화 수를 2~20까지 설정할 수 있습니다. 높을수록 부드러운 효과가 나타납니다.

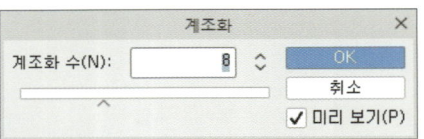

그림 12-2-29

④ 계조 반전: 컬러 휠에서 보색으로 이동한 색으로 변경됩니다.
⑤ 레벨 보정: 막대그래프를 이용해서 밝기를 조절합니다.

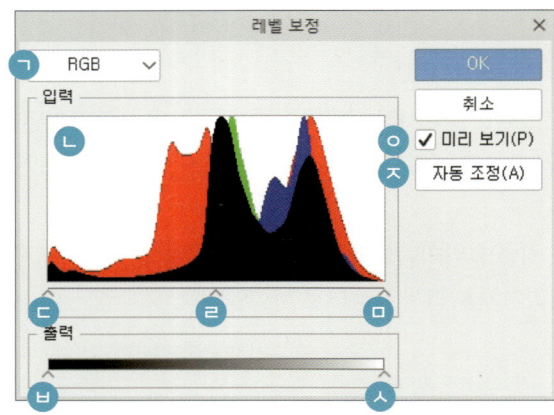

그림 12-2-30

ㄱ **채널**: 레벨을 조절할 채널을 선택합니다.

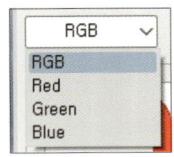

그림 12-2-31

- **ㄴ 그래프**: 이 그래프는 어두운 영역(왼쪽)과 밝은 영역(오른쪽)의 볼륨을 나타냅니다.
- **ㄷ Shadow**: 이미지의 가장 어두운 부분을 조작합니다. 제어점을 오른쪽으로 드래그하면 밝아지고, 왼쪽으로 드래그하면 어두워집니다. 그림자 제어점을 오른쪽으로 이동하면 중간 톤 제어점도 오른쪽으로 이동합니다.
- **ㄹ 중간 톤**: 이미지의 중간 톤을 조작합니다. 그림자, 하이라이트 제어점과 달리 중간 톤 제어점을 이동해도 그림자, 하이라이트 제어점에 영향을 주지 않습니다.
- **ㅁ 하이라이트**: 가장 밝은 부분을 조작합니다. 왼쪽으로 드래그하면 밝아지고, 오른쪽으로 이동하면 어두워집니다. 그림자와 반대입니다.
- **ㅂ Shadow 출력**: Shadow 입력과 동일합니다.
- **ㅅ 하이라이트 출력**: 입력 하이라이트와 동일합니다.
- **ㅇ 미리 보기**: 설정 내용을 미리 보기 합니다.
- **ㅈ 자동 조정**: 자동으로 조정합니다.

⑥ 톤 커브: 그래프를 이용해서 밝기 조절을 할 수 있습니다.

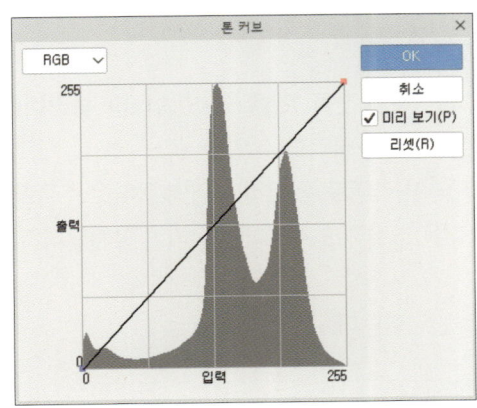

그림 12-2-32

ㄱ. 채널: 채널을 선택합니다.

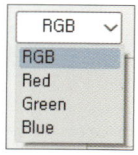

그림 12-2-33

ㄴ. 톤 커브: 이미지의 대비를 조절하는 그래프입니다. 제어점을 드래그해서 대비를 조절합니다. 가로축은 입력값이고 세로축은 출력값입니다. 입력은 원래 밝기이고, 출력은 조절 후 값입니다. 그래프 영역을 클릭하면 제어점이 생성되고, 제어점을 지우려면 그래프 밖으로 드래그합니다.

ㄷ. 미리 보기: 미리 보기가 가능합니다.

ㄹ. 리셋: 모든 조작을 초기화합니다.

⑦ 컬러 밸런스: RGB 값을 조절해서 이미지의 색을 조절할 수 있습니다.

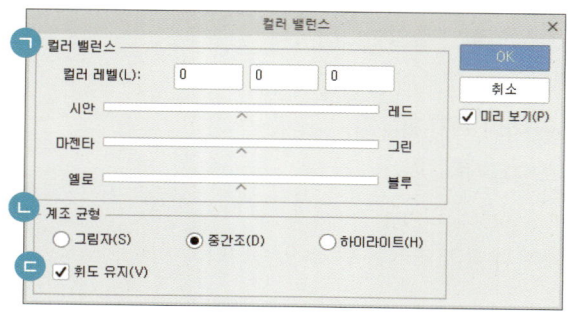

그림 12-2-34

ㄱ **컬러 밸런스**: 슬라이더를 움직여서 값을 조절할 수 있습니다. 슬라이더를 조절하면 컬러 레벨에 값이 표시됩니다. 클릭하면 값을 직접 입력할 수 있습니다.

ㄴ **계조 균형**: 그림자, 중간조, 하이라이트 등 각각의 영역을 따로 조절할 수 있습니다.

ㄷ **휘도(밝기) 유지**: 계조 균형을 조절해도 체크하면 밝기가 유지됩니다.

⑧ 2치화: 이미지를 흑백으로 변경합니다.

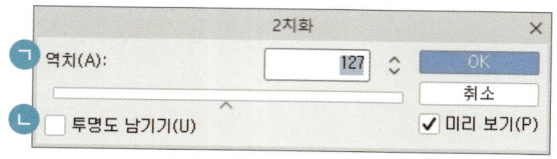

그림 12-2-35

ㄱ **역치**: 설정값보다 어두운색은 검은색이 되고, 설정값보다 밝은색은 흰색으로 변합니다.

Ⓛ **투명도 남기기**: 원본 이미지의 투명도가 유지됩니다.

⑨ 그라데이션 맵: 그라데이션 맵을 엽니다.

21) 변형
이미지를 변형할 수 있습니다.

① 확대/축소/회전: 모서리 제어점을 움직여서 확대/축소/회전할 수 있습니다.

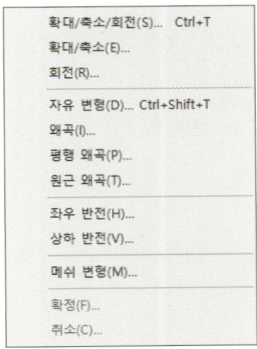

그림 12-2-36

기본 동작

그림 12-2-37

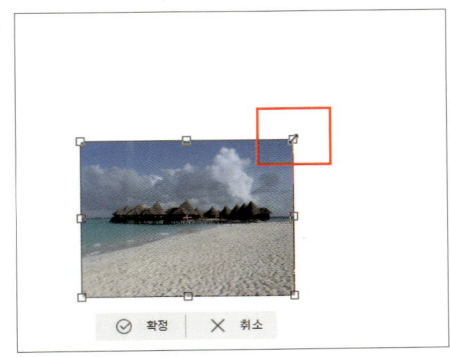

그림 12-2-38

가운데 제어점도 동일하게 동작합니다.

그림 12-2-39

그림 12-2-40

Chapter 12. 전체 메뉴 살펴보기

모서리 제어점으로 회전할 수 있습니다.

그림 12-2-41

추가 동작

1) Alt

Alt 키를 누르고 제어점을 조작하면 십자선을 중심으로 확대/축소됩니다. 드래그로 십자선의 위치를 이동할 수 있습니다.

그림 12-2-42

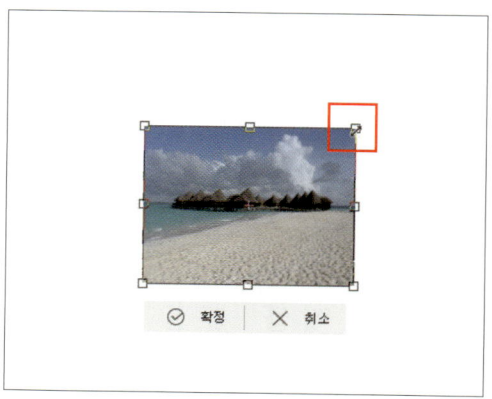
그림 12-2-43

2) Ctrl

Ctrl 키를 누르고 모서리 제어점을 움직이면 자유롭게 변형할 수 있습니다.

그림 12-2-44

Ctrl 키를 누르면 가운데 제어점을 자유롭게 조작할 수 있습니다.

그림 12-2-45 그림 12-2-46

3) Ctrl+Shift

Ctrl+Shift 키를 누르면 가운데 제어점을 상하 또는 좌우로만 조작할 수 있습니다.

그림 12-2-47 그림 12-2-48

Ctrl+Shift를 누르면 모서리 제어점을 상하 또는 좌우로만 조작할 수 있습니다.

그림 12-2-49   그림 12-2-50

4) Shift

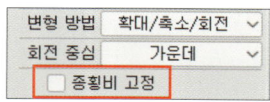

그림 12-2-51

[종횡비 고정]이 꺼져 있을 때 Shift 키를 누르면 종횡비를 고정하고 확대/축소합니다.

① 확대/축소: 확대와 축소만 할 수 있습니다. 추가 동작이 동일하게 적용됩니다.
② 회전: 회전만 가능합니다.
③ 자유 변형: 이미지를 자유롭게 변형할 수 있습니다. Ctrl 키를 누르고 조작하는 것과 동일합니다.
④ 왜곡: Ctrl+Shift 키를 누르고 조작하는 것과 동일합니다.
ㄱ. 평형 왜곡: 이미지에 기울기를 줄 수 있습니다.

그림 12-2-52

ㄴ. 원근 왜곡: 원근 효과를 적용합니다.

그림 12-2-53

⑤ 좌우 반전: 이미지의 좌우를 반전합니다. 십자선을 드래그로 이동할 수 있습니다. Alt 키를 누른 채 클릭하면 클릭한 곳에 십자선이 위치합니다.

⑥ 상하 반전: 이미지의 상하를 반전합니다.

⑦ 메쉬 변형: 제어점을 추가해서 변형할 수 있습니다.

그림 12-2-54

Chapter 12. 전체 메뉴 살펴보기　527

변형 보조 도구 상세

변형 설정

1) **변형 설정**: 왼쪽 아이콘부터 이미지를 초기화, 좌우 반전, 상하 반전, 변형 확정, 취소합니다.

2) **회전 중심**: 이미지를 회전할 때 그림 12-2-56 과 같이 설정할 수 있습니다. 중심은 십자선으로 표시됩니다.

3) **벡터 두께 변경**: 벡터 레이어에서 크기를 변경할 때 선의 굵기도 같이 변경됩니다.

4) **원본 이미지 남기기**: 원본 이미지는 그대로 두고 새로 복사된 이미지를 변형합니다.

5) **오토 액션 설정**: 변형에서 작업했던 내용을 오토 액션으로 기록할 때 기록 방식을 설정합니다.
① 이동량 기록: 핸들의 변형 전에서 변형 후까지의 이동량을 기록합니다.
② 변형 후 좌표 기록: 변형 완료 후의 핸들 좌푯값을 기록합니다.

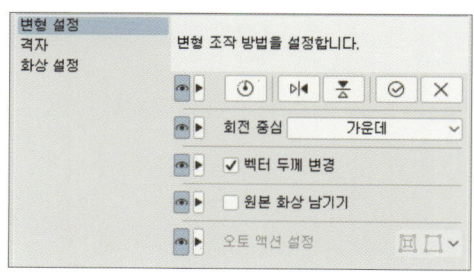

그림 12-2-55

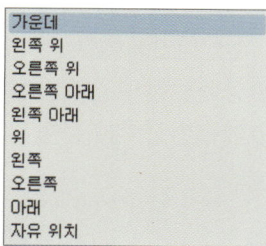

그림 12-2-56

그림 12-2-57

그림 12-2-58

먼저 오토 액션 팔레트에서 새로운 오토 액션을 작성합니다. [90도 회전]이라는 오토 액션 목록을 작성합니다. [기록] 버튼을 클릭하고 변형(Ctrl+T)를 실행하면 [도구 속성] 팔레트에서 [오토 액션 설정]이 활성화됩니다.

그림 12-2-59

이때 오토 액션 설정을 할 수 있습니다.

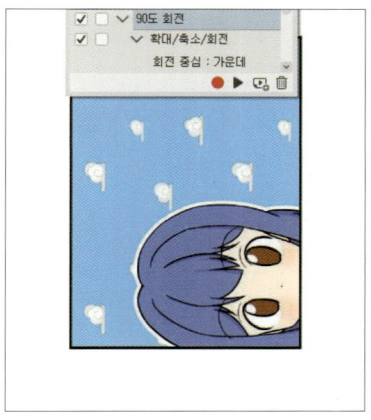

그림 12-2-60

이미지를 90도로 회전한 후 변형을 확정하면 오토 액션에 변형 기록이 저장됩니다. 이제 오토 액션을 실행할 때마다 선택 범위로 선택한 이미지가 90도로 회전합니다.

메쉬 변형 격자

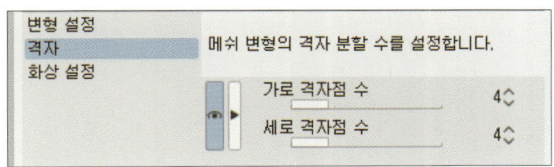

그림 12-2-61

1) 가로 격자점 수, 세로 격자점 수
격자점 수를 설정합니다.

메쉬 변형 화상 설정

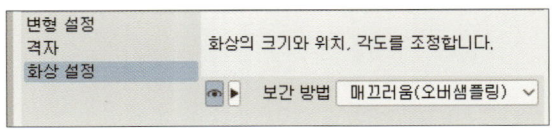

그림 12-2-62

1) 보간 방법
① 매끄러움(오버 샘플링): 각 픽셀은 여러 픽셀로 분할되고 변환 전에 원본 픽셀 색상의 평균으로 계산됩니다. 이 방법은 윤곽을 매끄럽게 만들지만 처리하는 데 시간이 오래 걸릴 수 있습니다.
② 하드 윤곽(최단입점): 색상 테두리의 윤곽선이 인접한 픽셀의 색상과 혼합되어 부드럽게 됩니다. 윤곽선 주위에 화이트 노이즈가 나타날 수 있습니다.

20) 이미지 해상도 변경

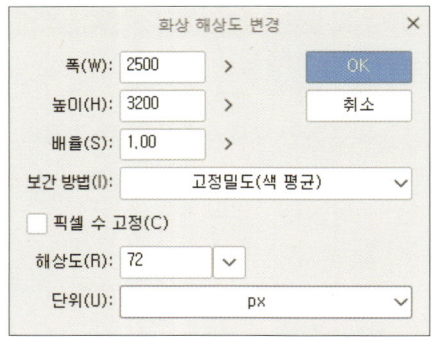

그림 12-2-63

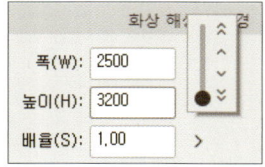

그림 12-2-64

캔버스의 폭과 높이를 설정하고, >를 클릭해서 슬라이더를 열 수 있습니다. 작은 화살표는 1씩 변화하고, 큰 화살표는 10씩 변합니다.

③ **배율** 배율로 캔버스의 크기를 변경합니다.
④ **보간 방법**

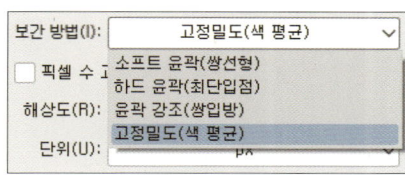

그림 12-2-65

ㄱ. 소프트 윤곽(쌍선형): 인접한 픽셀의 색을 혼합하여 부드러운 경계를 만듭니다. 이미지에 따라 윤곽이 흐려질 수 있습니다.

ㄴ. 하드 윤곽(최단입점): 이미지를 보간할 때 이미지의 픽셀이 복제됩니다. 인접 픽셀의 영향을 받지 않아 경계가 선명하게 유지됩니다. 이미지에 따라 윤곽이 들쭉날쭉해질 수 있습니다.

ㄷ. 윤곽 강조(쌍입방): 인접 픽셀의 색을 혼합해서 부드러운 경계를 만듭니다. [소프트 윤곽]보다 경계가 강해집니다. 이미지에 따라 노이즈가 발생할 수 있습니다.

ㄹ. 고정밀도(색 평균): 원본 픽셀의 평균을 계산하고 유지합니다. 확대하면 선이 더 선명해지고 축소하면 선이 더 부드러워집니다.

⑤ **픽셀 수 고정** 픽셀 수를 고정하고 dpi를 변경하면 픽셀 수는 고정되고 dpi만 변경됩니다. (dpi 참조)
⑥ **해상도** 해상도를 변경합니다.
⑦ **단위** 단위를 설정합니다.

21) 캔버스 사이즈 변경

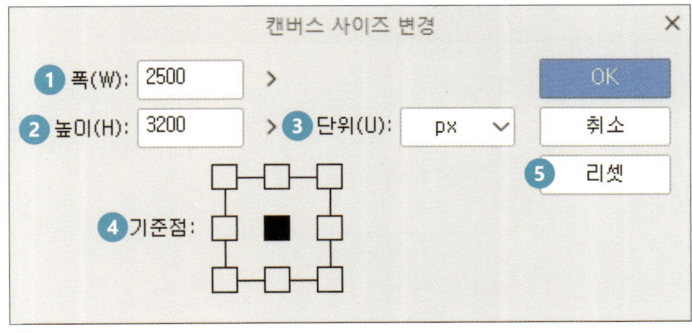

그림 12-2-66

❶ **폭** 캔버스의 폭을 설정합니다.

❷ **높이** 캔버스의 높이를 설정합니다.

❸ **단위** 단위를 설정합니다.

❹ **기준점** 캔버스 크기 변경 시 기준점을 설정합니다.

❺ **리셋** 변경 사항을 초기화합니다.

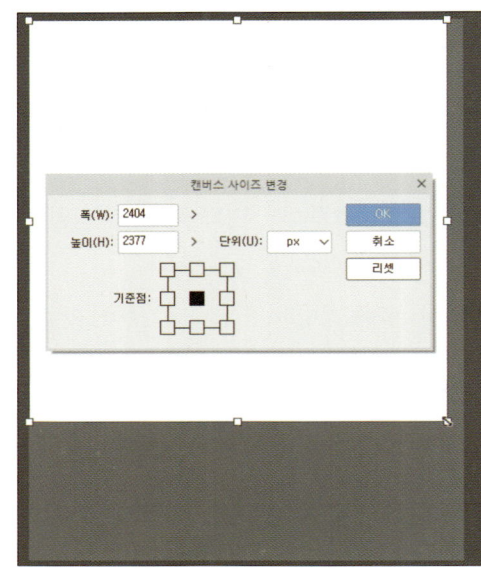
그림 12-2-67

그림 12-2-68

제어점을 드래그해서 크기를 변경할 수 있습니다. Shift를 누른 채 드래그하면 비율을 유지합니다. Alt 키를 누른 채 크기를 변경하면 기준점을 기준으로 크기를 변경할 수 있습니다. 드래그해서 영역을 옮길 수도 있습니다.

22) 캔버스 사이즈를 선택 범위에 맞추기

선택 범위를 지정하고 실행하면 선택 범위가 캔버스 사이즈로 적용됩니다.

23) 캔버스 회전/반전

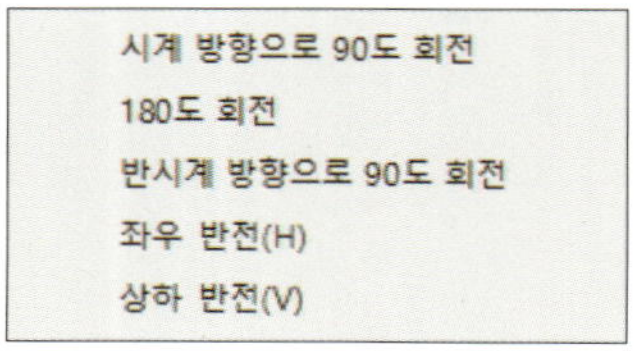

시계 방향으로 90도 회전
180도 회전
반시계 방향으로 90도 회전
좌우 반전(H)
상하 반전(V)

그림 12-2-69

캔버스를 회전 또는 반전시킵니다. 보기를 위한 일시적인 회전이 아니라 캔버스가 완전히 회전됩니다.

24) 캔버스 기본 설정 변경

캔버스의 기본 설정을 변경합니다.

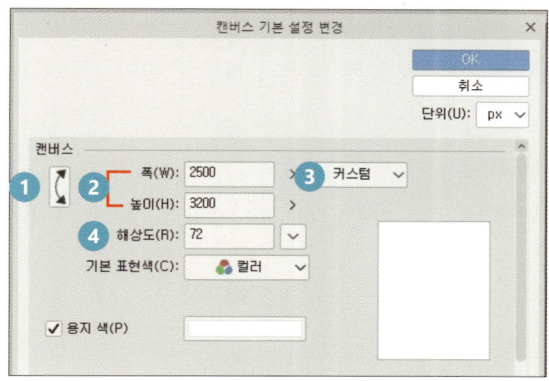

그림 12-2-70

① 캔버스의 폭과 높이를 반전
② 캔버스의 폭과 높이를 설정
③ 프리셋 용지 프리셋 목록입니다.

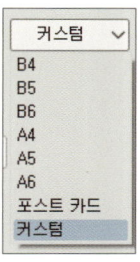

그림 12-2-71

④ 해상도를 설정합니다.

25) 메모리 삭제

작업 내역을 삭제합니다. 삭제한 후에는 실행 취소(undo)를 할 수 없습니다.

그림 12-2-72

26) 화면색 취득

CLIP STUDIO PAINT뿐만 아니라 그 외 영역의 색도 추출이 가능합니다.

27) 창을 숨기고 화면색 취득

클립을 전체 화면으로 사용 중이라면 클립을 최소화한 후 화면 뒤에 있는 색을 추출할 수 있습니다.

3. 페이지 관리 [EX]

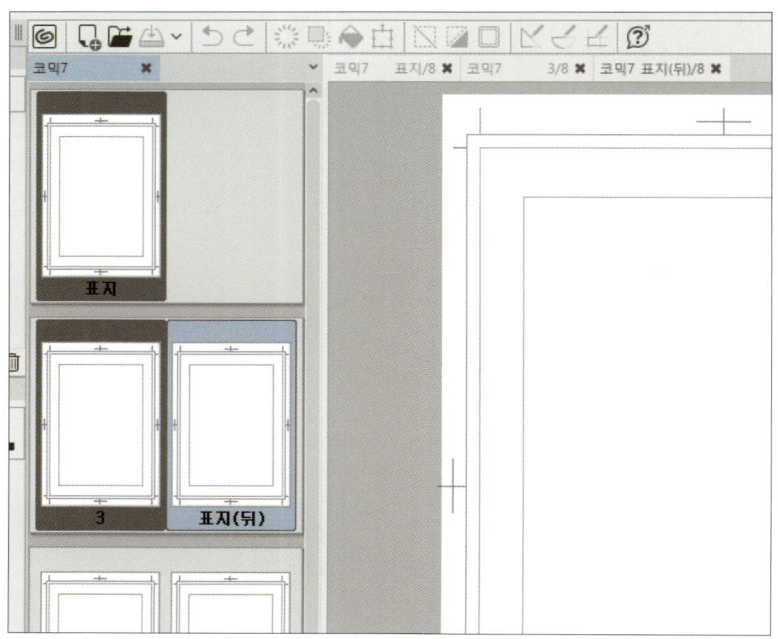

그림 12-3-1

페이지 관리 창에서는 더블 클릭으로 페이지를 불러오거나 전환합니다. [환경 설정>파일]에서 설정할 수 있습니다. 열려 있는 페이지는 진하게 표시되고, 열려 있는 캔버스는 탭으로 표시됩니다.

페이지를 우클릭해도 [페이지 관리] 메뉴를 열 수 있습니다.

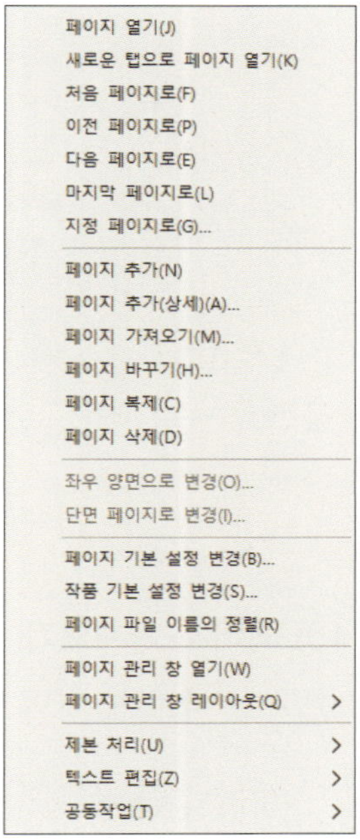

1) 페이지 열기
페이지를 선택하고 실행하면 해당 페이지를 불러옵니다. 열려 있는 탭이 있으면 해당 탭을 사용합니다.

2) 새로운 탭으로 페이지 열기
새 탭으로 페이지를 불러옵니다. 페이지를 더블 클릭한 것과 동일한 기능입니다. 실행할 때마다 새 탭을 생성합니다.

3) 처음 페이지로
첫 페이지로 전환합니다.

4) 이전 페이지로
이전 페이지로 전환합니다.

그림 12-3-2

5) 다음 페이지로
다음 페이지로 전환합니다.

6) 마지막 페이지로
마지막 페이지로 전환합니다.

7) 지정 페이지로
이동하고 싶은 페이지를 입력합니다.

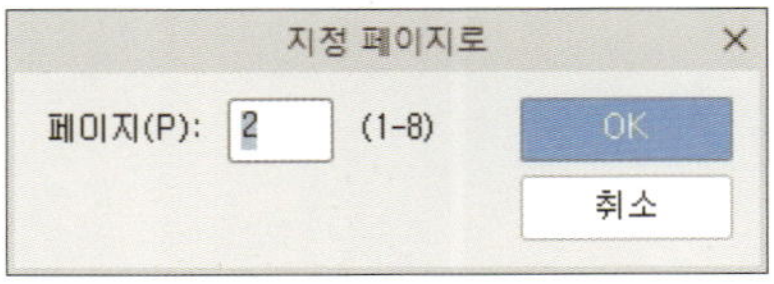

그림 12-3-3

8) 페이지 추가
페이지를 추가합니다. 새로 작성된 페이지는 맨 마지막 페이지로 작성됩니다.

9) 페이지 추가(상세)
다음과 같은 대화창이 열립니다. 설정이 다른 페이지를 작성할 수 있습니다.

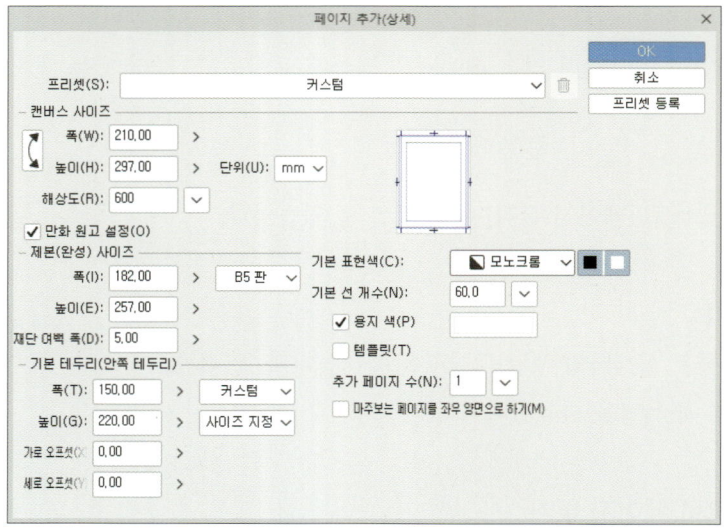

그림 12-3-4

10) 페이지 가져오기

클립이 지원하는 이미지 파일을 가져올 수 있습니다.

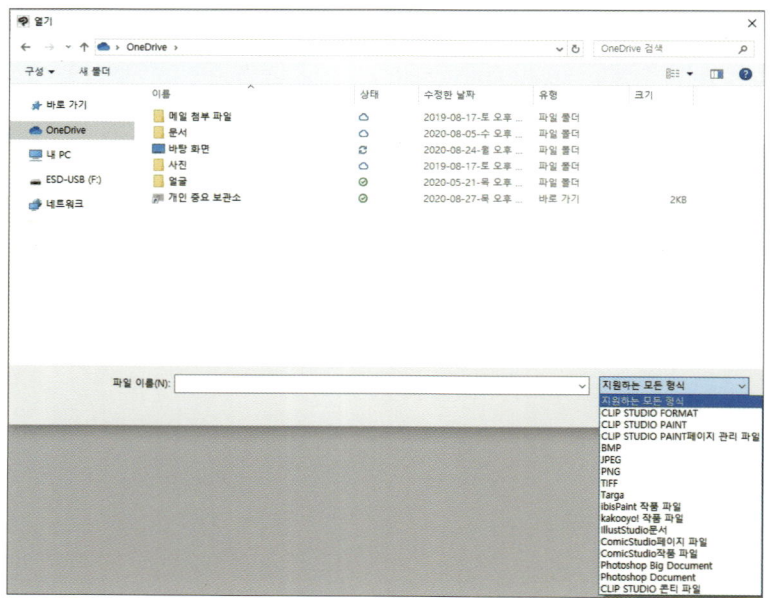

그림 12-3-5

11) 페이지 바꾸기

현재 선택된 페이지를 다른 파일로 교체할 수 있습니다.

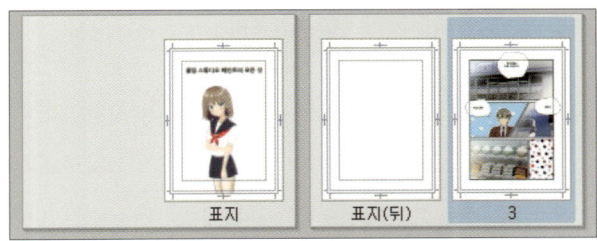

그림 12-3-6

3페이지를 교체해 봅니다. 3페이지를 선택하고 [페이지 바꾸기]를 실행합니다.

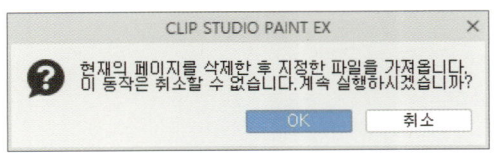

그림 12-3-7

위와 같은 대화창이 열립니다. 교체를 원하면 [OK]를 클릭합니다. 페이지를 교체하면 이전으로 되돌릴 수 없습니다. 페이지를 교체하기 전에 꼭 [다른 이름으로 저장]으로 저장하도록 합니다.

 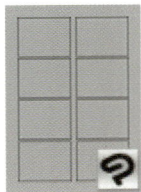 

그림 12-3-8

윈도우 [열기] 창에서 교체할 파일을 더블 클릭합니다.

그림 12-3-9

3페이지가 교체됩니다.

그림 12-3-10

현재 작업 중인 원고와 설정이 다르면 위와 같은 메시지가 나옵니다.

12) 페이지 복제
선택한 페이지를 복제합니다.

그림 12-3-11

그림 12-3-12

그림 12-3-12와 같은 메시지가 나옵니다. [OK]를 클릭합니다.

그림 12-3-13

3페이지를 복제합니다.

13) 페이지 삭제

선택한 페이지를 삭제합니다. 페이지를 생성하면 페이지 수를 맞춰야 해서 두 페이지씩 생성됩니다. 따라서 지울 때도 두 페이지씩 지워야 합니다. 한 페이지만 지울 수 없습니다. 페이지를 추가하거나 삭제하는 건 종이 한 장을 추가하거나 빼는 것이므로 두 페이지씩 추가/삭제해야 합니다.

그림 12-3-14

그림 12-3-15

지우려고 하는 페이지와 빈 페이지를 선택합니다.

그림 12-3-16

위와 같은 메시지가 나옵니다. [OK]를 클릭합니다.

14) 좌우 양면으로 변경

양면 페이지로 설정할 수 있습니다. 양면 페이지로 변경하고 싶은 페이지를 선택합니다. 4페이지와 5페이지를 양면으로 설정해 봅니다. 둘 중 아무 페이지나 선택하고 [좌우 양면으로 변경]을 실행합니다.

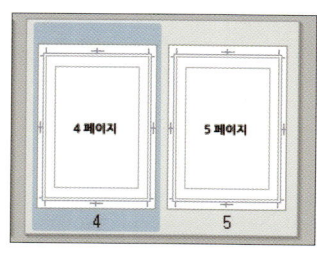

그림 12-3-17

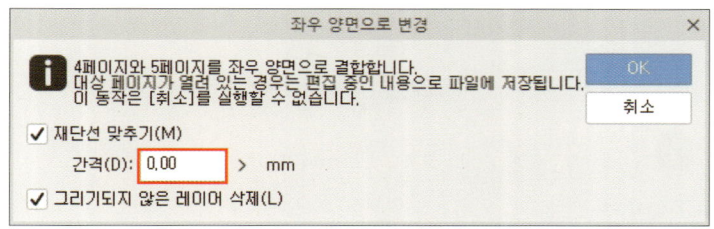

그림 12-3-18

위와 같은 창이 열립니다. [OK]를 클릭합니다.

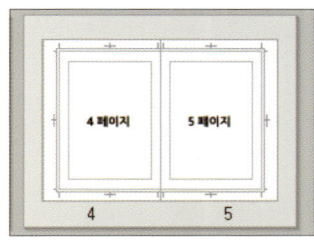

그림 12-3-19

4, 5페이지가 양면 페이지로 변경됩니다.

① **재단선 맞추기** 페이지를 양면으로 결합할 때 재단선의 간격을 설정할 수 있습니다.

그림 12-3-20

Chapter 12. 전체 메뉴 살펴보기 **541**

확인을 위해 재단선을 빨간색으로 표시합니다.

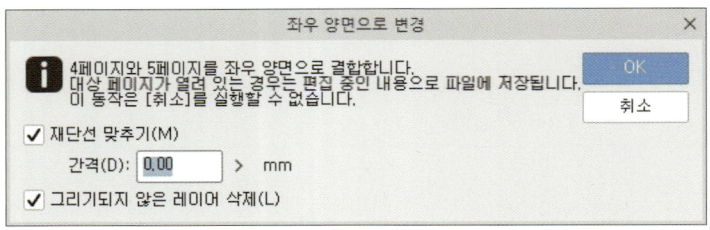

그림 12-3-21

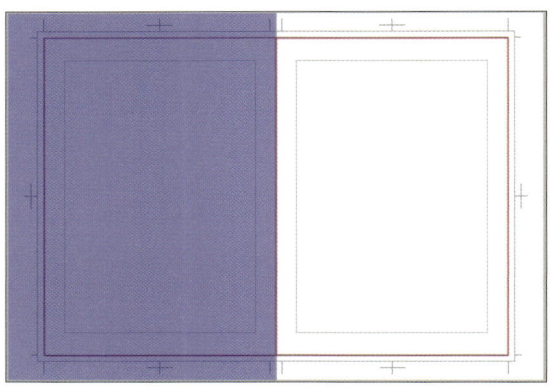

그림 12-3-22

간격 0.00mm일 때 재단선이 붙어 있습니다.

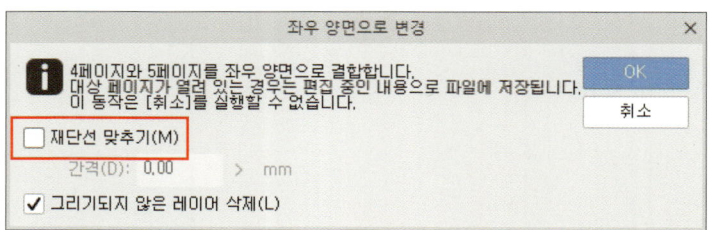

그림 12-3-23

[재단선 맞추기]를 껐을 때입니다.

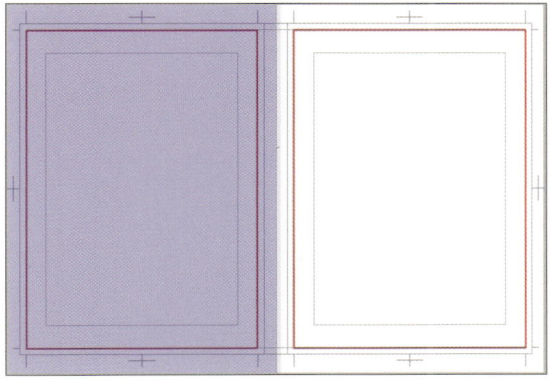

그림 12-3-24

재단선의 간격이 넓어집니다.

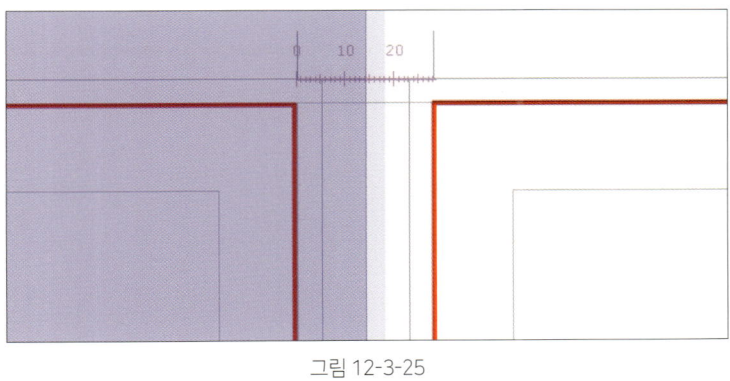

그림 12-3-25

위와 같은 간격이 생깁니다. 단위는 mm입니다.

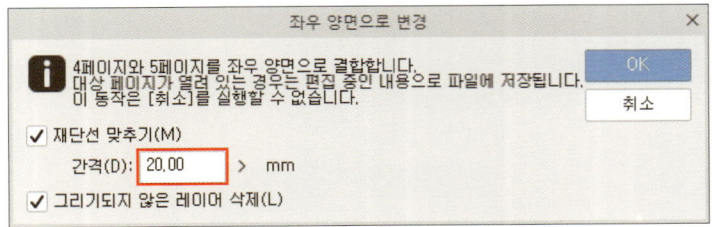

그림 12-3-26

재단선 맞추기 20.00mm일 때입니다.

Chapter 12. 전체 메뉴 살펴보기

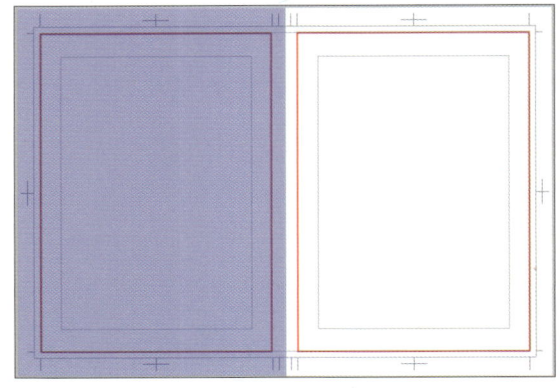

그림 12-3-27

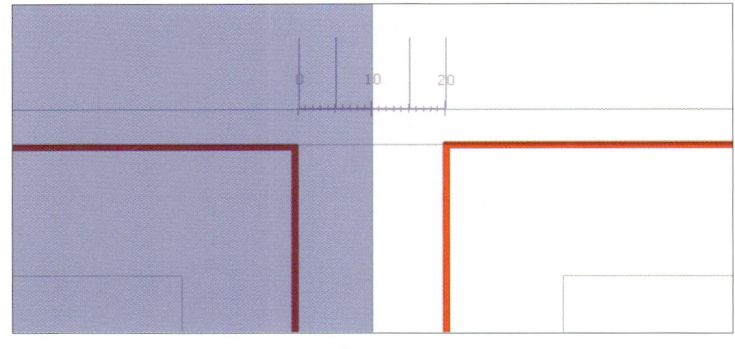

그림 12-3-28

재단선의 간격이 20.00mm로 설정됩니다.

② **그리기 되지 않은 레이어 삭제** 빈 레이어를 삭제합니다.

15) 단면 페이지로 변경

합쳐진 페이지를 단면 페이지로 변경합니다.

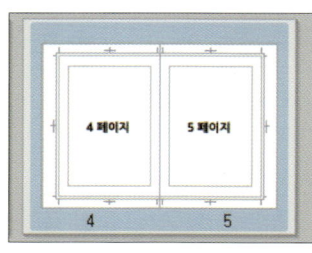

그림 12-3-29

페이지를 선택한 후 [단면 페이지로 변경]을 실행합니다.

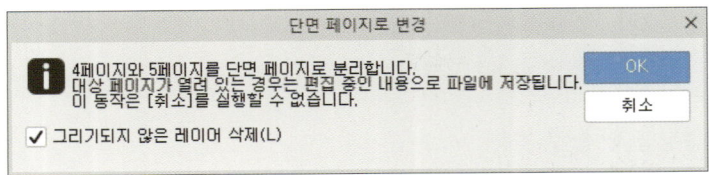

그림 12-3-30

위와 같은 메시지가 나오고, 그림이 그려져 있지 않은 레이어를 삭제할지 선택할 수 있습니다. [OK]를 클릭하면 단면 페이지로 나뉩니다.

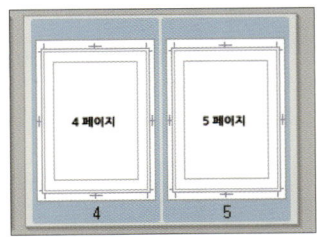

그림 12-3-31

16) 페이지 기본 설정 변경

선택한 페이지의 기본 설정을 변경할 수 있습니다.

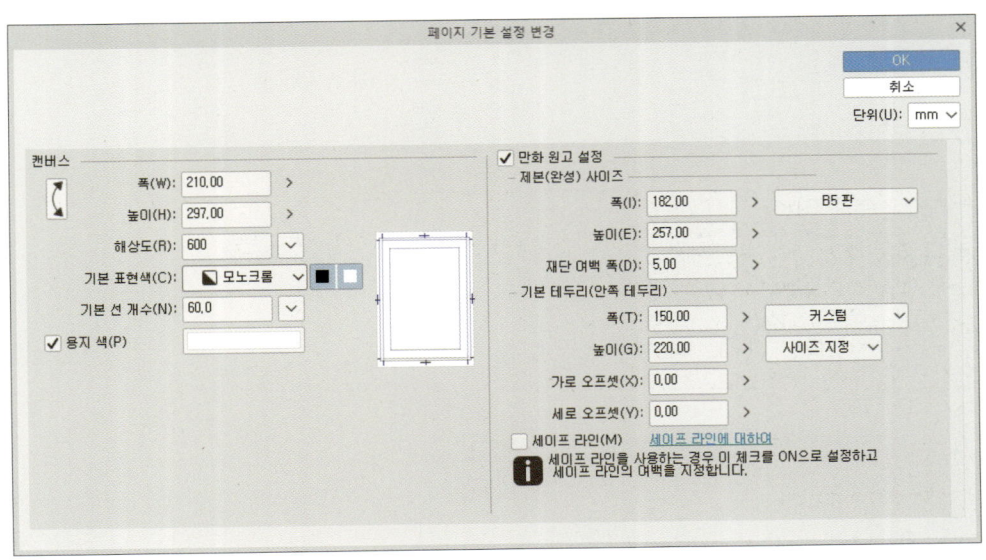

그림 12-3-32

그림 12-3-32와 같은 창이 열립니다. 페이지 전체에 적용되지 않고 선택한 페이지만 적용됩니다.

17) 작품 기본 설정 변경

작품 전체 기본 설정을 변경합니다.

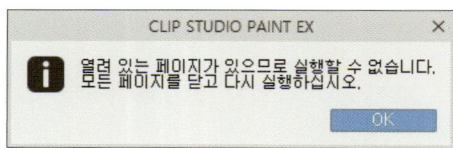

그림 12-3-33

전체 설정을 변경하므로 열려 있는 페이지가 있으면 실행되지 않습니다. 모든 캔버스를 닫고 실행합니다.

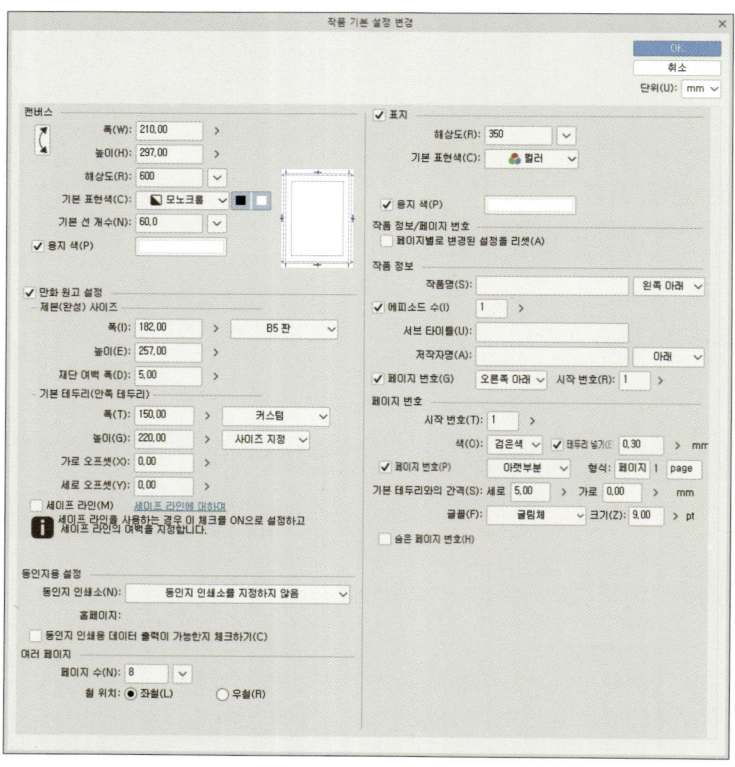

그림 12-3-34

캔버스 기본 설정 창이 열립니다.

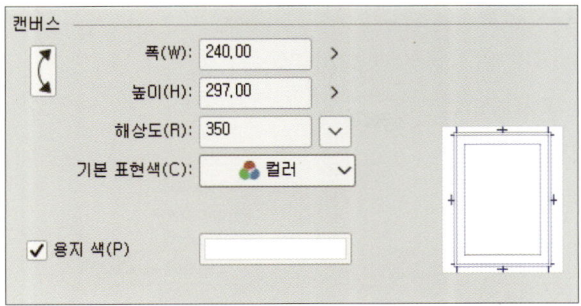

그림 12-3-35

캔버스의 폭을 전체 페이지에 걸쳐 캔버스가 확대됩니다.

그림 12-3-36

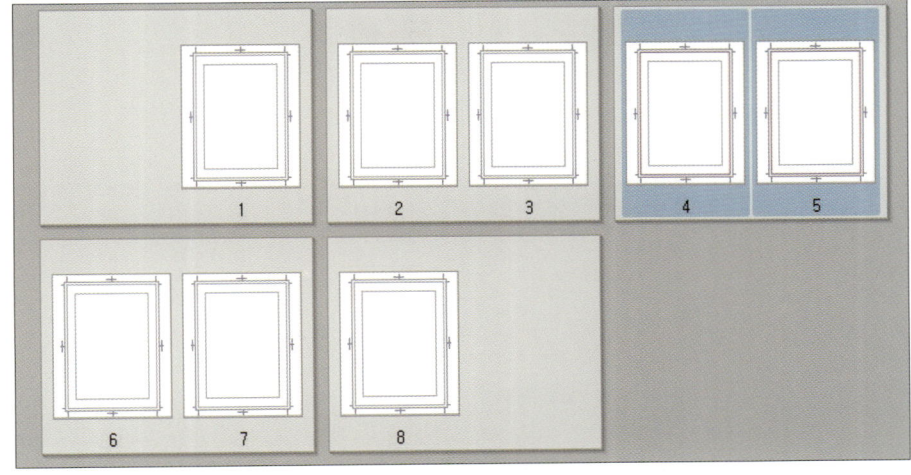

그림 12-3-37

18) 페이지 파일 이름의 정렬

페이지 관리 창에서 페이지 위치를 이동해서 페이지 순서가 바뀌었을 경우 실행하면 페이지 순서에 맞게 파일명이 변경됩니다.

그림 12-3-38

양면 페이지로 변경하면 각각의 페이지가 합쳐져서 5페이지가 사라집니다. [페이지 파일 이름으로 정렬]을 실행하면 양면 페이지는 page0004~page0005 형식으로 변경됩니다. 또, 페이지를 추가하거나 삭제, 순서 변경 등으로 페이지 파일의 이름과 순서가 맞지 않을 때 실행하면 파일 이름이 페이지 순서대로 변경됩니다.

19) 페이지 관리 창 열기

페이지 관리 창을 엽니다.

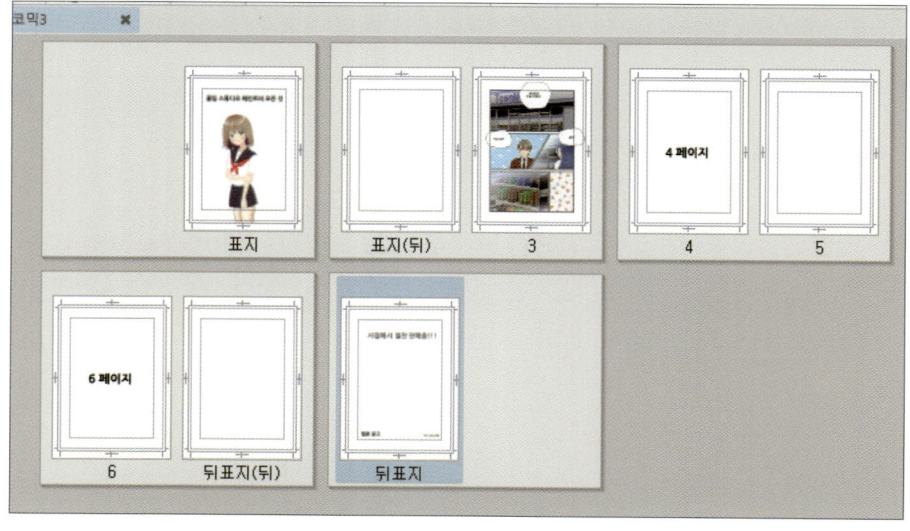

그림 12-3-39

20) 페이지 관리 창 레이아웃

페이지 관리 창의 위치를 설정합니다. [아래]로 선택한 후, 페이지 관리 창을 닫고 다시 엽니다. 페이지 관리 창을 닫을 때는 페이지를 열어 놓은 상태에서 닫습니다. 안 그러면 원고 전체가 닫힙니다.

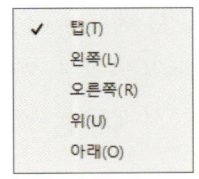

그림 12-3-40

그림 12-3-41

페이지 관리 창 위치가 하단으로 변경됩니다.

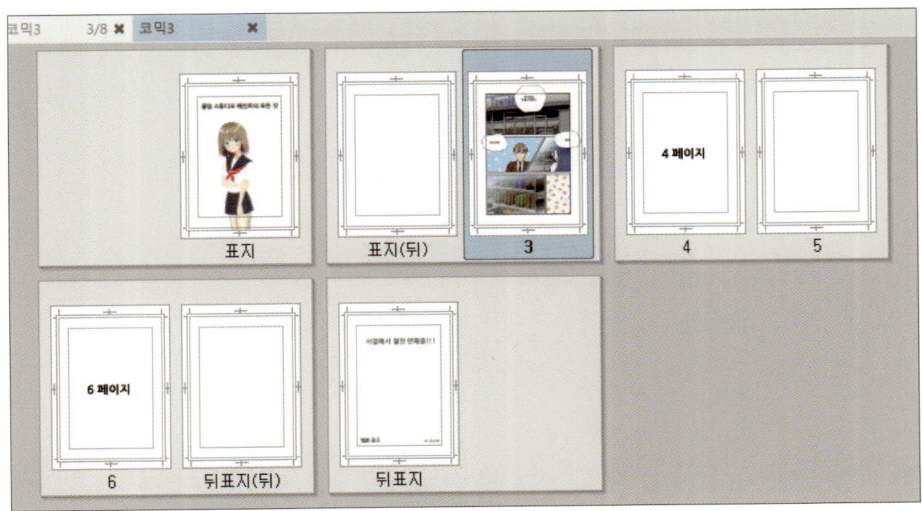

그림 12-3-42

[탭]을 선택하면 탭에 표시됩니다.

21) 제본 처리

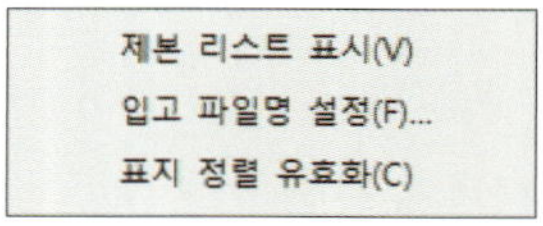

그림 12-3-43

① 제본 리스트 표시

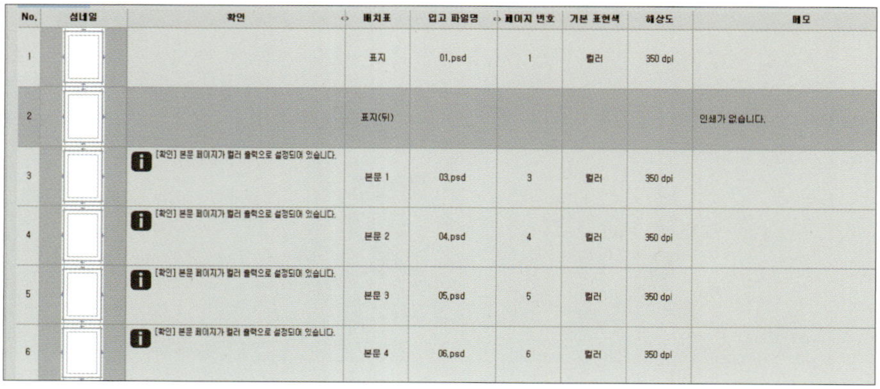

No.	섬네일	확인	배치표	입고 파일명	페이지 번호	기본 표현색	해상도	메모
1			표지	01.psd	1	컬러	350 dpi	
2			표지(뒤)					인쇄가 없습니다.
3		[확인] 본문 페이지가 컬러 출력으로 설정되어 있습니다.	본문 1	03.psd	3	컬러	350 dpi	
4		[확인] 본문 페이지가 컬러 출력으로 설정되어 있습니다.	본문 2	04.psd	4	컬러	350 dpi	
5		[확인] 본문 페이지가 컬러 출력으로 설정되어 있습니다.	본문 3	05.psd	5	컬러	350 dpi	
6		[확인] 본문 페이지가 컬러 출력으로 설정되어 있습니다.	본문 4	06.psd	6	컬러	350 dpi	

그림 12-3-44

ㄱ. 전체적인 작업 순서를 표시합니다.

ㄴ. 섬네일: 페이지의 섬네일을 표시합니다.

ㄷ. 문제가 있는 페이지에 확인 메시지가 표시됩니다.

ㄹ. 배치표: 표지 본문 등 전체적인 레이아웃을 확인할 수 있습니다.

ㅁ. 입고 파일명: 동인지 인쇄 데이터를 내보낼 때 각 페이지의 파일 이름입니다.

ㅂ. 페이지 번호입니다.

ㅅ. 기본색 표현: 각 페이지의 기본 표현색을 보여 줍니다.

ㅇ. 해상도: 각 페이지의 해상도입니다.

ㅈ. 메모: 메모 영역을 더블 클릭해서 메모를 입력할 수 있습니다.

② 입고 파일명 설정

입고 파일명을 설정할 수 있습니다. [입고 파일명 설정]을 실행하면 [제본 리스트 표시] 모드로 전환됩니다. [입고 파일명 설정]을 완료한 후 메뉴에서 [제본 리스트 표시]를 체크 해제하면 됩니다.

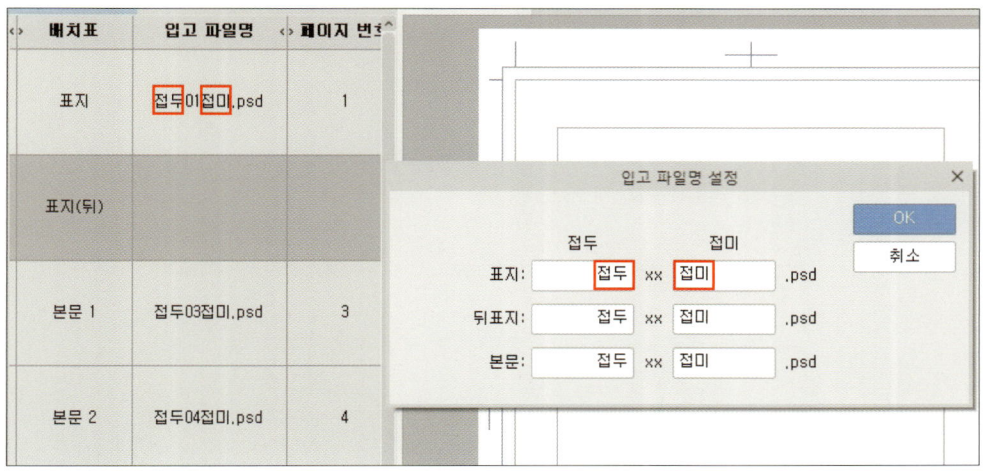

그림 12-3-45

③ **표지 정렬 유효화** 작품의 페이지 번호입니다.

22) [텍스트 편집]

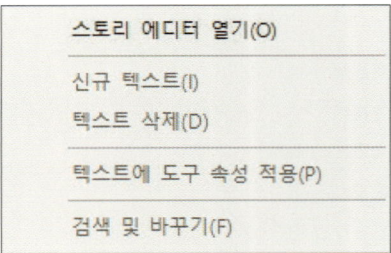

그림 12-3-46

① **스토리 에디터 열기**

그림 12-3-47

위와 같은 메시지가 열립니다. [네]를 클릭합니다. 스토리 에디터 화면입니다.

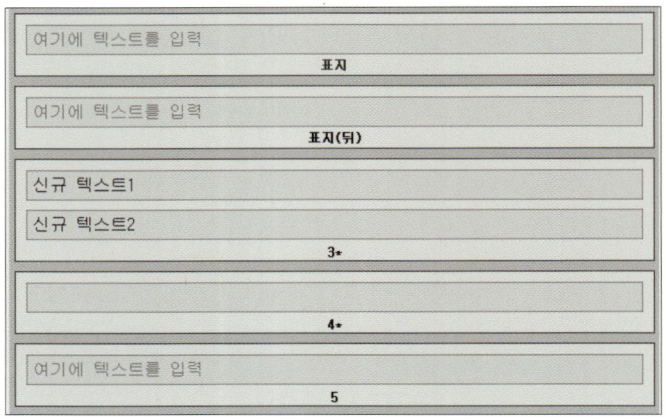

그림 12-3-48

② **신규 텍스트** 실행하면 텍스트 입력 칸이 생성됩니다.

③ **텍스트 삭제** Ctrl+클릭으로 텍스트를 선택하고 실행하면 삭제됩니다.

④ **텍스트에 도구 속성 적용** 선택한 텍스트에 [텍스트 도구 속성]의 설정을 적용합니다.

23) 공동작업

그림 12-3-49

❶ 공동작업을 위한 작품을 불러오기

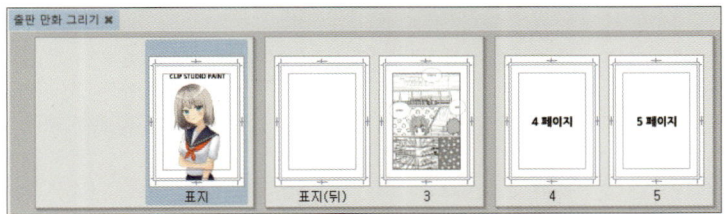

그림 12-3-50

❷ [공동작업 데이터 준비]를 실행

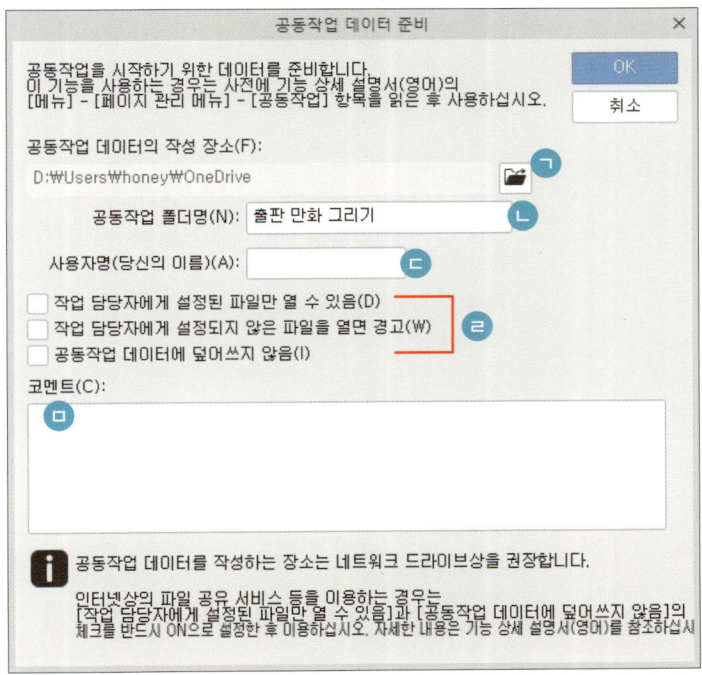

그림 12-3-51

㉠ 공동작업 데이터 작성 장소를 설정합니다.

㉡ 공동작업 폴더명을 입력합니다.

㉢ 사용자 이름을 입력합니다.

㉣ 공동작업의 세부 사항을 설정합니다.

㉤ 코멘트를 입력합니다.

[OK]를 클릭합니다.

그림 12-3-52

위와 같은 확인 창이 열립니다. [OK]를 클릭합니다.

그림 12-3-53

처리가 완료되었다는 메시지가 나옵니다.

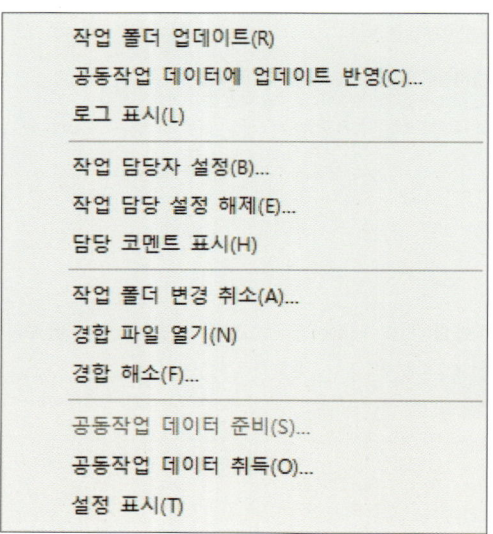

그림 12-3-54

공동작업 메뉴가 활성화됩니다.

① **작업 폴더 업데이트** 작업 폴더를 업데이트합니다.
② **공동작업 데이터에 업데이트 반영**

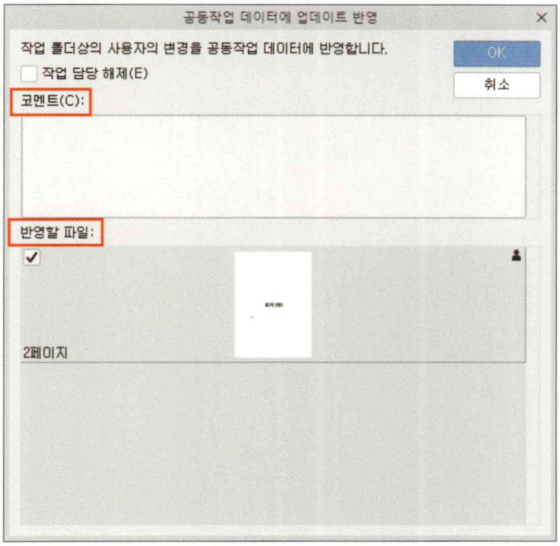

그림 12-3-55

코멘트 란에 메시지를 입력할 수 있습니다. 업데이트에 반영할 파일이 표시됩니다.

❸ 로그 표시

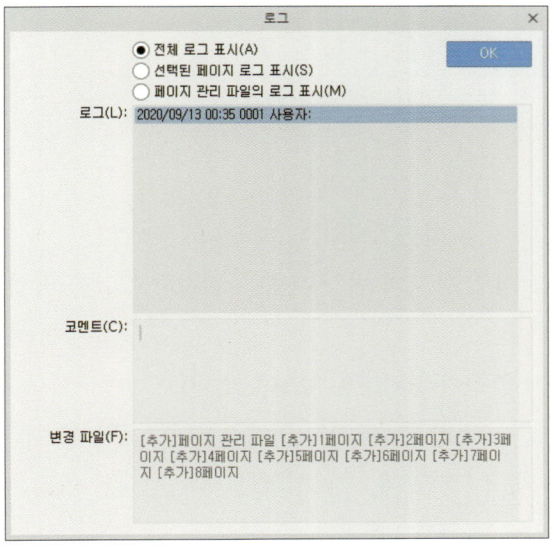
그림 12-3-56

ㄱ. 전체 로그 표시: 모든 로그 기록을 표시합니다.

ㄴ. 선택된 페이지 로그 표시: 선택된 페이지의 로그 기록을 표시합니다.

ㄷ. 페이지 관리 파일의 로그 표시: 페이지 관리 파일의 로그 기록을 표시합니다.

❹ **작업 담당자 설정** [작업 담당자에게 설정된 파일만 열 수 있음]에 체크했다면 페이지를 열 때 담당자 설정을 해야 합니다. [자신을 담당으로 설정]하고 실행하면 페이지를 열 수 있습니다.

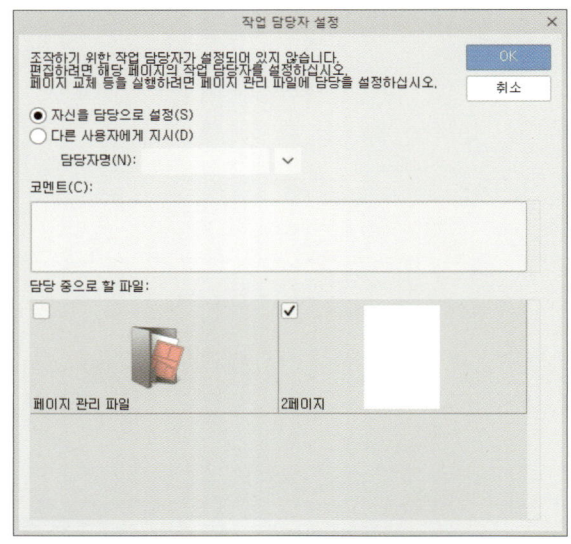

그림 12-3-57

❺ **작업 담당 설정 해제** 작업 담당을 해제합니다.
❻ **담당 코멘트 표시** 코멘트를 확인합니다.
❼ **작업 폴더 변경 취소** 작업 폴더의 변경 사항을 취소하고 그룹 작업 데이터에서 가져온 상태로 내용을 복원합니다.
❽ **경합(충돌) 파일 열기** 충돌이 일어나는 파일을 엽니다.
❾ **경합(충돌) 해소** 충돌이 일어나는 페이지를 해결합니다. [페이지 관리] 창에서 충돌이 일어나는 페이지를 선택하고 [경합 해소]를 실행합니다. 선택된 파일은 유지되고 다른 파일은 삭제됩니다.
❿ **공동작업 데이터 취득** [공동작업 데이터 준비]에서 작성한 공동작업 데이터를 다운로드합니다.
⓫ **설정 표시** 공동작업 데이터의 설정을 확인할 수 있습니다.

4. 레이어

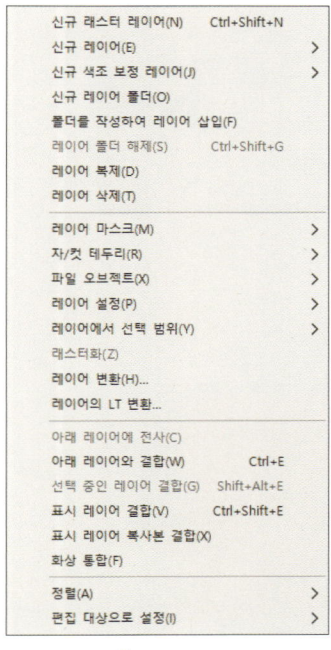

그림 12-4-1   그림 12-4-2

1) 신규 래스터 레이어

신규 래스터 레이어를 생성합니다. (그림 12-4-1)

2) 신규 레이어

위와 같은 레이어를 작성합니다. (그림 12-4-2)

① **래스터 레이어** 래스터 레이어를 작성합니다.

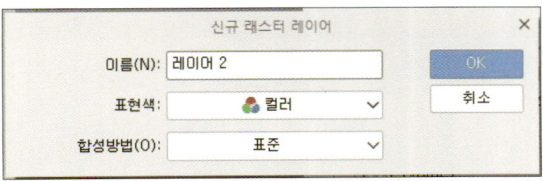

그림 12-4-3

메뉴를 통해서 레이어를 만들면 이름, 표현색, 합성방법 등의 옵션을 설정할 수 있습니다.

② **벡터 레이어** 벡터 레이어를 작성합니다.

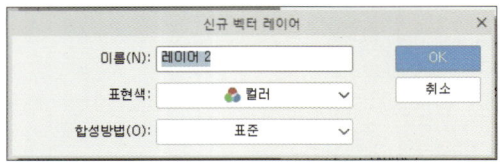

그림 12-4-4

③ **그라데이션** 그라데이션 레이어를 작성합니다.

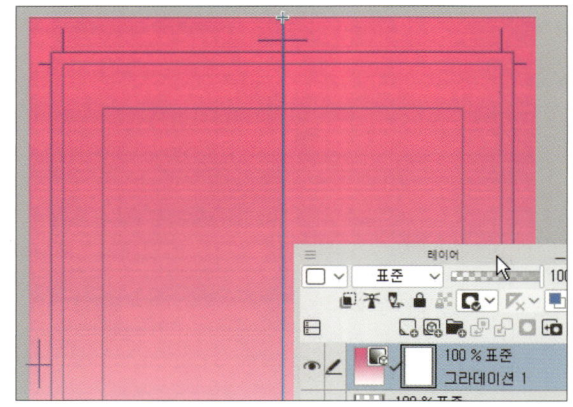 

그림 12-4-5   그림 12-4-6

메인 컬러와 서브 컬러가 그라데이션으로 적용됩니다. 그라데이션 레이어를 작성한 후에는 컬러 팔레트에서 수정할 수 있습니다.

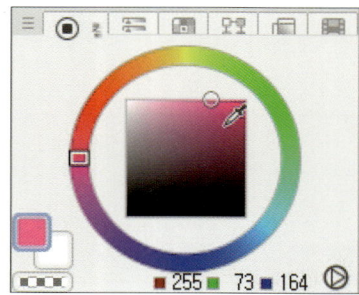

그림 12-4-7

④ **채우기** 채우기 레이어를 작성합니다.

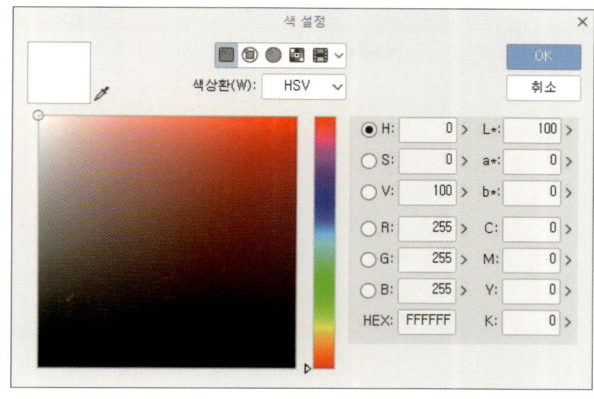

그림 12-4-8

[채우기 레이어]를 실행하면 [색 설정] 팔레트가 열립니다. 채우려는 색을 선택하고 [OK]를 클릭합니다.

⑤ **톤** 톤 레이어를 작성합니다.

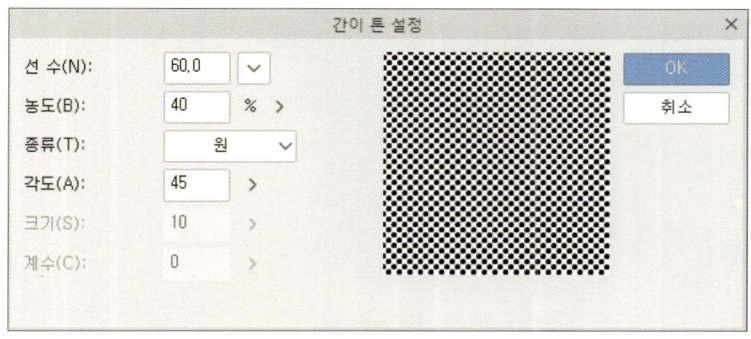

그림 12-4-9

ㄱ. 선 수: 인치 당 선 수를 설정합니다.

ㄴ. 농도: 농도를 설정합니다. 값이 낮을수록 톤의 크기가 작아지고, 높을수록 커집니다.

ㄷ. 종류: 톤의 모양을 설정합니다.

ㄹ. 각도: 톤의 각도를 설정합니다.

ㅁ. 크기: [종류]에서 [노이즈] 선택 시 활성화됩니다.

ㅂ. 계수: 마찬가지로 [노이즈] 선택 시 설정할 수 있습니다.

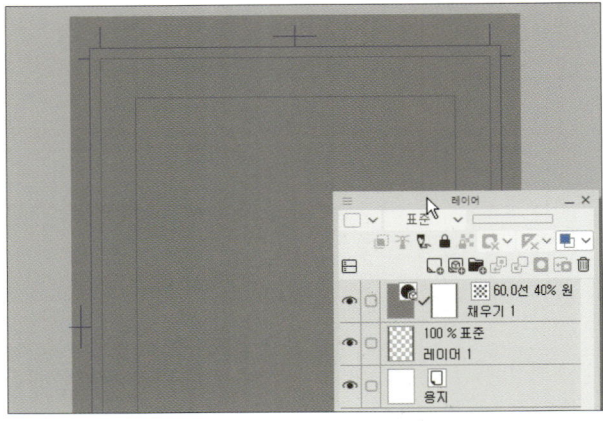

그림 12-4-10

톤 레이어가 작성된 모습입니다. 톤 레이어 작성 후에는 [레이어 속성] 팔레트에서 톤 설정을 할 수 있습니다.

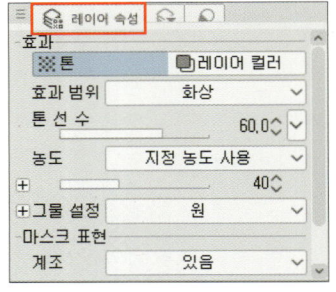

그림 12-4-11

⑥ 컷 테두리 폴더

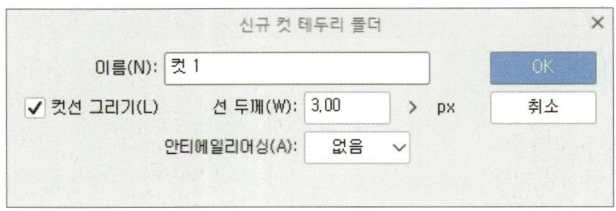

그림 12-4-12

ㄱ. 이름: 이름을 입력합니다.

ㄴ. 컷선 그리기: 컷선을 그릴지 여부를 선택합니다.

 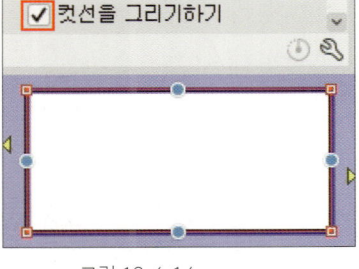

그림 12-4-13 　　　　　　　그림 12-4-14

컷선을 그리지 않으면 자만 표시됩니다.

[오브젝트 O] 도구 속성 창에서 [컷선을 그리기하기]에 체크하면 컷선이 작성됩니다.

ㄷ. 선 두께: 컷선 두께를 설정합니다.

ㄹ. 안티에일리어싱: 컷선은 안티에일리어싱을 적용하지 않는 것이 보통입니다.

⑦ **3D 레이어** 3D 레이어를 작성합니다.

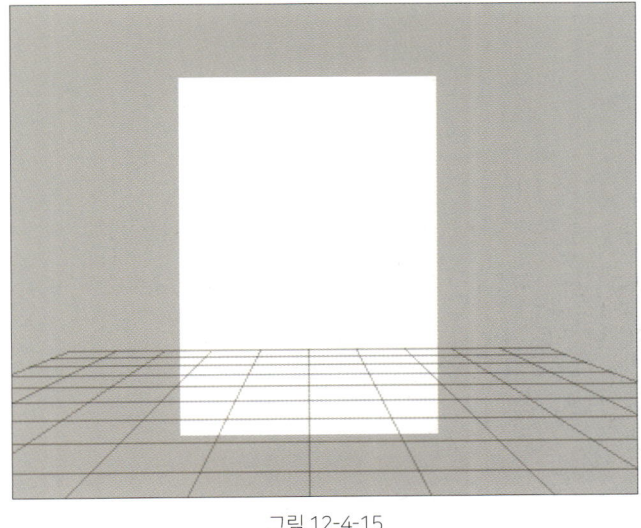

그림 12-4-15

⑧ **용지** 용지를 작성합니다. 용지가 지웠을 때 용지 레이어를 작성할 수 있습니다.

해당 메뉴를 실행하면 [색 설정] 팔레트가 열립니다. 원하는 색을 선택하고 [OK]를 클릭합니다.

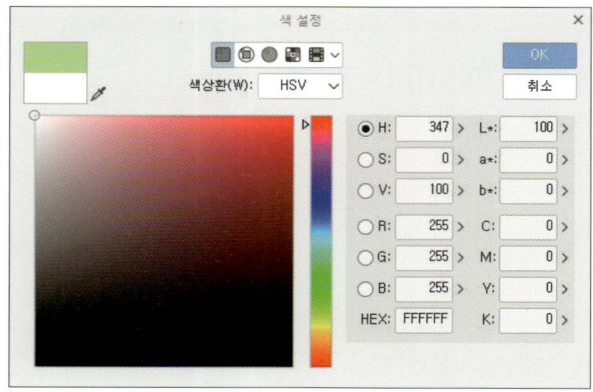

그림 12-4-16

⑨ **CLIP STUDIO SHARE/광택 레이어** 3D 뷰어에서 광택 효과를 낼 수 있습니다.

3) 신규 색조 보정 레이어

실행하면 선택한 레이어 위에 신규 색조 보정 레이어를 만듭니다. 색조 보정 레이어는 하단에 위치한 레이어 전체에 색 보정 효과를 줍니다.

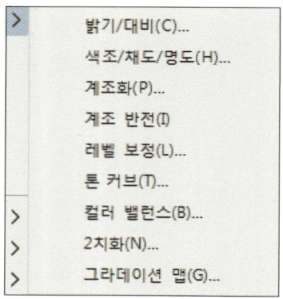

그림 12-4-17

① **밝기/대비** 밝기와 대비를 보정합니다.

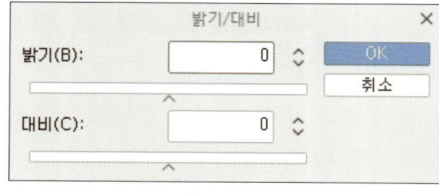

그림 12-4-18

그림 12-4-19

레이어 섬네일의 아이콘을 더블 클릭하면 다시 설정 창을 열 수 있습니다.

② **색조/채도/명도** 색조/채도/명도를 설정할 수 있습니다.

③ **계조화** [계조화 수]를 설정해서 색조를 변경합니다.

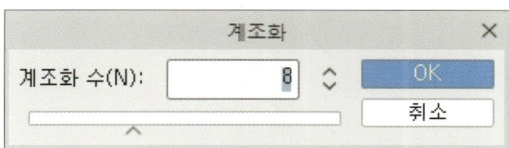

그림 12-4-20

④ **계조 반전** 이미지의 색을 반전합니다.

그림 12-4-21   그림 12-4-22

⑤ **레벨 보정** 그래프를 이용해서 이미지의 대비를 조절합니다.

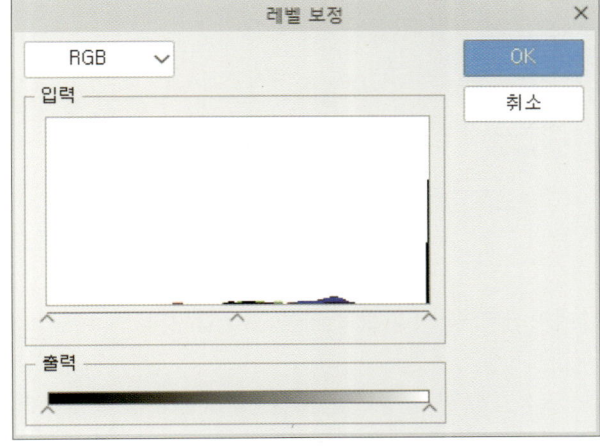

그림 12-4-23

⑥ **톤 커브** 톤 커브를 사용해서 이미지의 대비를 조절합니다.

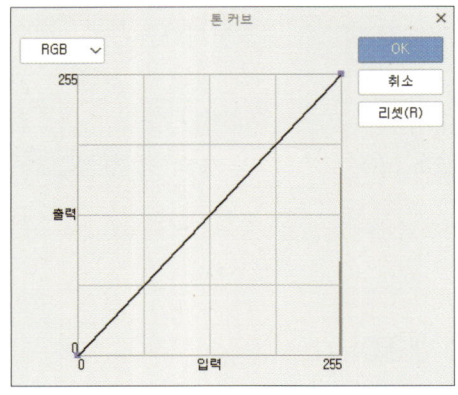
그림 12-4-24

⑦ **컬러 밸런스** RGB 색상의 균형을 조정해서 톤을 조절합니다.

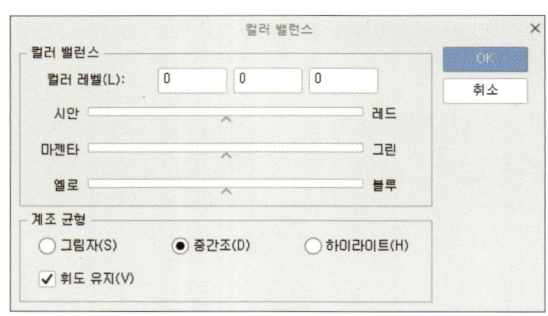
그림 12-4-25

⑧ **2치화** 이미지를 흑백으로 변경합니다.

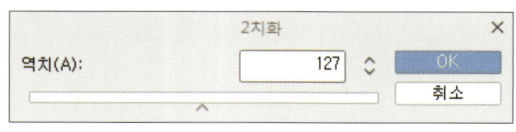
그림 12-4-26

⑨ **그라데이션 맵** 그라데이션 맵을 사용해서 색을 보정합니다.

4) 신규 레이어 폴더
레이어 폴더를 생성합니다.

5) 폴더를 작성하여 레이어 삽입

레이어를 선택한 후 실행하면 폴더를 작성하고 폴더 안에 선택한 레이어를 넣습니다.

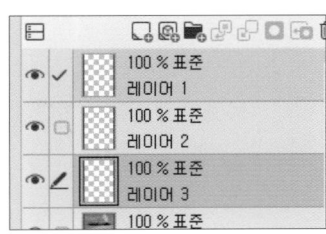 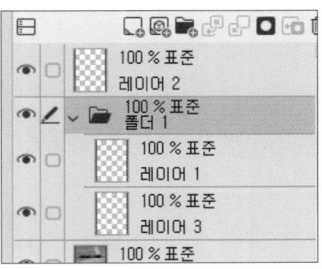

그림 12-4-27   그림 12-4-28

이웃하지 않은 레이어를 선택해도 폴더 안으로 들어갑니다.

6) 레이어 폴더 해제

레이어 폴더를 해제하고 폴더는 삭제됩니다.

7) 레이어 복제

선택한 레이어를 복제합니다.

8) 레이어 삭제

선택한 레이어를 삭제합니다.

9) 레이어 마스크

레이어 마스크를 작성합니다.

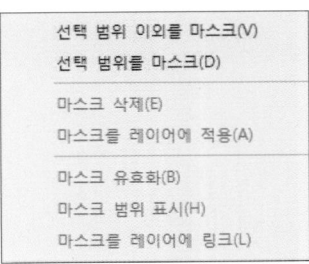

그림 12-4-29

① **선택 범위 이외를 마스크**

그림 12-4-30

그림 12-4-31

선택 범위를 작성하고 [선택 범위 이외를 마스크]를 실행합니다. 선택하지 않은 부분을 마스킹해서 보이지 않게 됩니다.

② **선택 범위를 마스크** 선택한 영역을 마스킹합니다.

그림 12-4-32

③ **마스크 삭제** 레이어 마스크를 삭제합니다.
④ **마스크를 레이어에 적용** 마스크를 레이어에 적용합니다. 마스크를 레이어에 적용하면 마스킹한 부분은 지워집니다.
⑤ **마스크 유효화** 체크 해제하면 일시적으로 마스킹을 해제합니다.

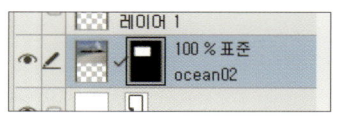
그림 12-4-33

그림 12-4-34

⑥ **마스크 범위 표시** 마스크가 적용된 범위를 표시합니다.

그림 12-4-35

⑦ **마스크를 레이어에 링크** 이 기능이 켜져 있으면 레이어를 이동할 때 마스크 레이어도 같이 이동합니다. 보이는 부분이 항상 같습니다. 이 기능을 끄고 레이어를 이동하면 마스크 레이어는 제자리에 있고 레이어만 이동합니다.

10) 자/컷 테두리

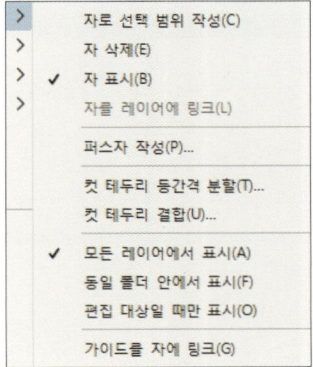
그림 12-4-36

① **자로 선택 범위 작성** 도형자, 컷선처럼 틈이 닫혀 있는 자를 선택 범위로 작성합니다.

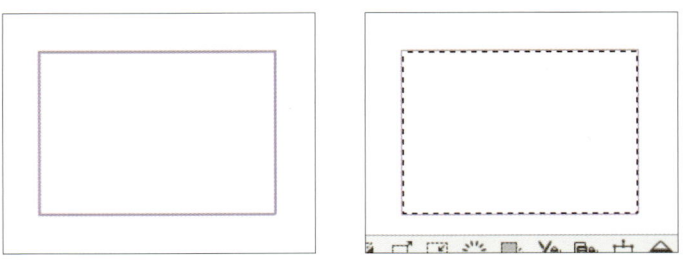

그림 12-4-37

선택한 레이어에 직사각형 등의 자가 있으면 선택 범위가 작성됩니다.

그림 12-4-38

컷선을 나눕니다.

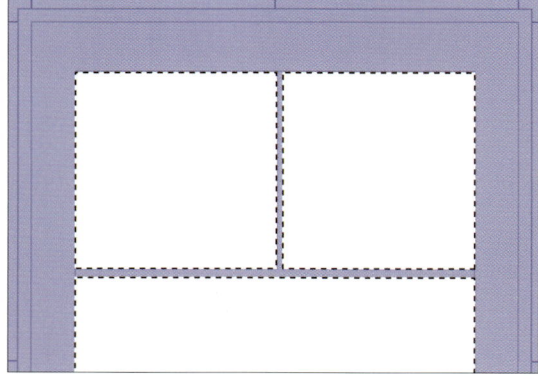

그림 12-4-39

실행하면 컷선을 선택 범위로 작성합니다.

② **자 삭제** 레이어에 작성된 자를 삭제합니다.
③ **자 표시** 체크 해제하면 레이어에 표시된 자를 안 보이게 합니다.

그림 12-4-40

컷선은 자와 같이 표시됩니다.

그림 12-4-41

[자 표시]를 체크 해제하면 자가 표시되지 않습니다.
④ **자를 레이어에 링크** 체크하면 레이어 이동 시 자도 같이 이동됩니다..
⑤ **퍼스자 작성** 퍼스자를 작성합니다.

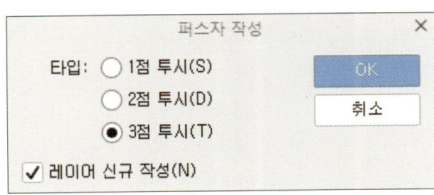
그림 12-4-42

ㄱ. 타입: 1, 2, 3점 투시를 선택합니다.

ㄴ. 레이어 신규 작성: 체크하면 새 레이어에 퍼스자를 작성합니다. 기존 레이어에 퍼스자를 작성하고 싶다면 체크 해제합니다.

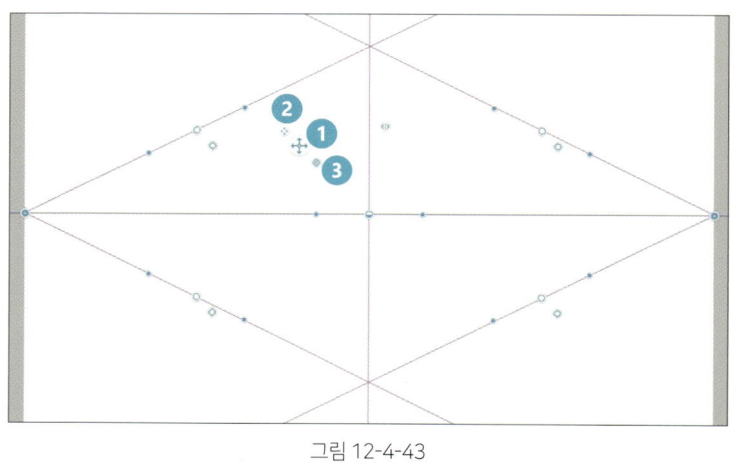

그림 12-4-43

① 퍼스자 전체 이동 핸들을 클릭합니다.

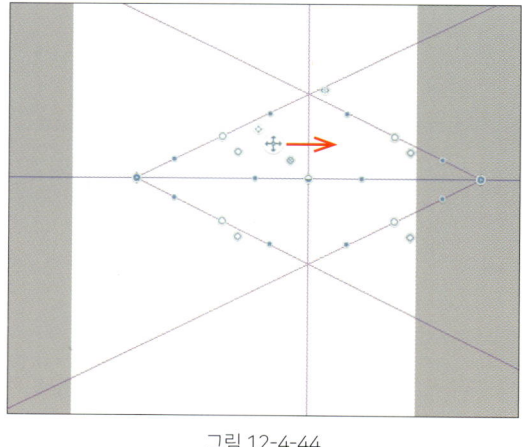

그림 12-4-44

핸들을 드래그해서 퍼스자 전체를 이동할 수 있습니다.

② 퍼스자 전체 이동 핸들의 위치를 이동할 수 있습니다.

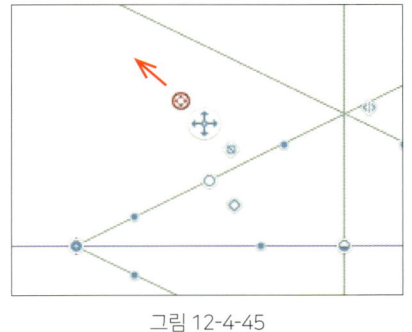

그림 12-4-45

③ 퍼스자 스냅: 퍼스자의 스냅을 켜고 끕니다.

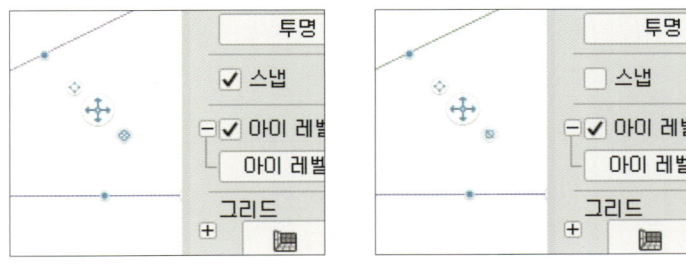

그림 12-4-46

핸들이 작아서 잘 보이지 않습니다. [오브젝트(단축키 O) 팔레트)스냅]에서도 확인할 수 있습니다.

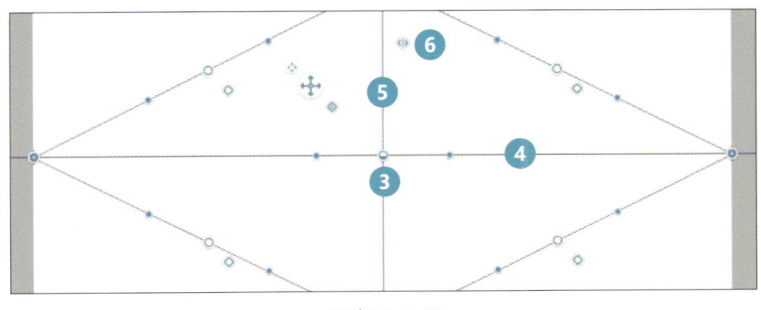

그림 12-4-47

④ 눈높이: 눈높이를 나타내는 선입니다.
⑤ 눈높이와 직각으로 연동되는 선: 1점 투시와 2점 투시에서만 표시됩니다.
⑥ 눈높이 직각선의 스냅 핸들: 직각선의 스냅을 켜고 끕니다.

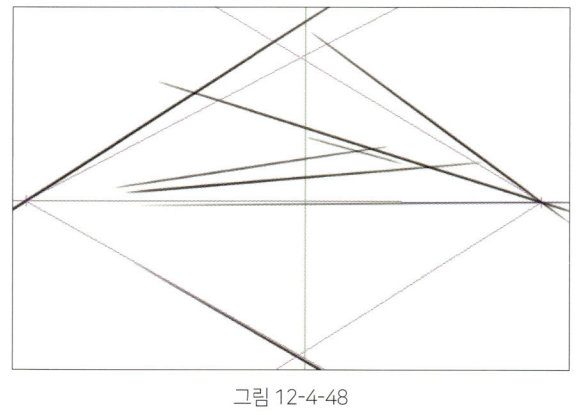

그림 12-4-48

직각선의 스냅을 끄면 직각선을 그릴 수 없습니다.

❼ 눈높이 핸들: 드래그해서 눈높이를 이동할 수 있습니다.

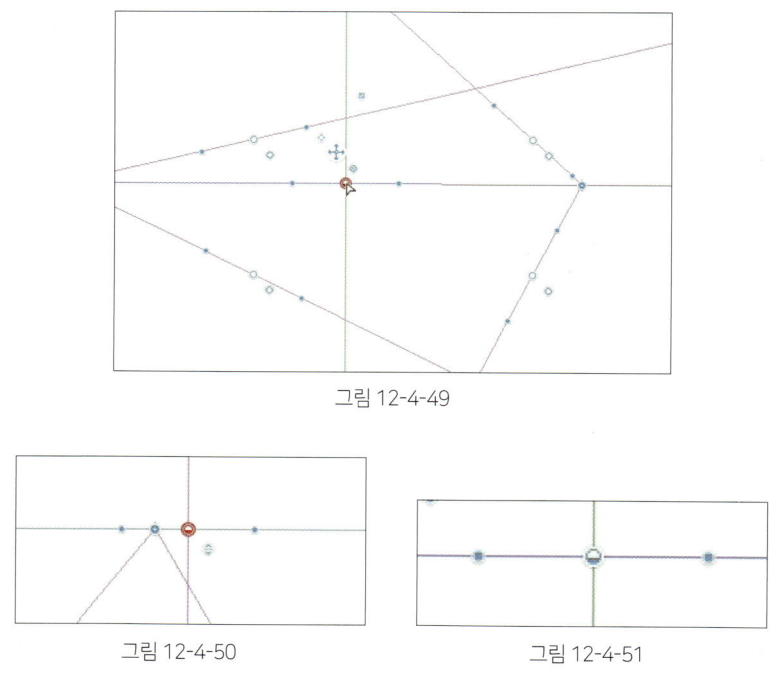

그림 12-4-49

그림 12-4-50   그림 12-4-51

1점 투시에는 눈높이 스냅 핸들이 표시되고, 2점과 3점 투시에는 스냅 핸들이 표시되지 않습니다.

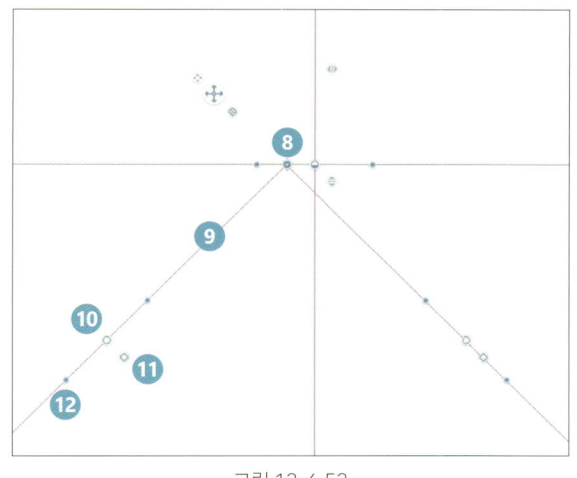

그림 12-4-52

⑧ 소실점

⑨ 가이드선

⑩ 가이드선 핸들: 드래그로 가이드선을 조작할 수 있습니다. (소실점은 고정)

⑪ 가이드선 스냅: 가이드 선의 스냅을 켜고 끕니다.

⑫ 소실점 이동 핸들: 가이드선의 각도와 소실점을 조정합니다.

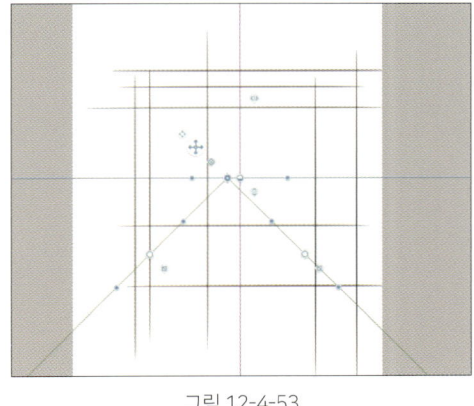

그림 12-4-53

가이드선의 스냅을 끄면 [눈높이] 선과 직각선만 남아 수평/수직선만 그려집니다. 1점 투시일 경우입니다.

⑥ **컷 테두리 등간격 분할** 컷을 일정한 크기로 나눌 수 있습니다.

ㄱ. [레이어〉신규 레이어〉컷 테두리 폴더]를 실행합니다.

Chapter 12. 전체 메뉴 살펴보기 **573**

그림 12-4-54

컷 테두리가 작성됩니다.

ㄴ. [컷 테두리 등간격 분할]을 실행합니다.

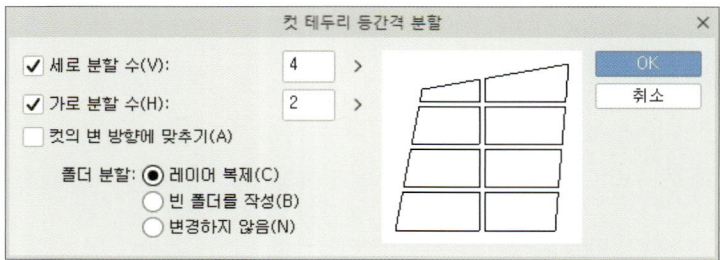

그림 12-4-55

세로, 가로 분할 수를 입력하고, [폴더 분할] 설정을 마친 후 [OK]를 클릭합니다. 컷이 일정한 크기로 분할됩니다.

그림 12-4-56

⑦ **컷 테두리 결합** 나뉜 칸을 다시 결합합니다.

그림 12-4-57

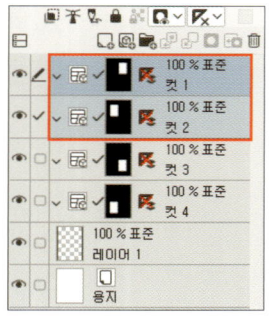

그림 12-4-58

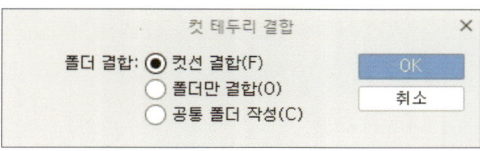

그림 12-4-59

결합할 컷을 선택합니다. 컷1과 컷2를 선택합니다. 다중 선택하는 법은 Ctrl+클릭입니다. [컷 테두리 결합]을 실행합니다. [OK]를 클릭합니다.

그림 12-4-60

컷 1, 2의 컷선이 결합합니다.

ㄱ. 컷선 결합: 1, 2번 컷 폴더가 결합해서 새로운 컷 폴더인 컷 5가 생성됩니다.

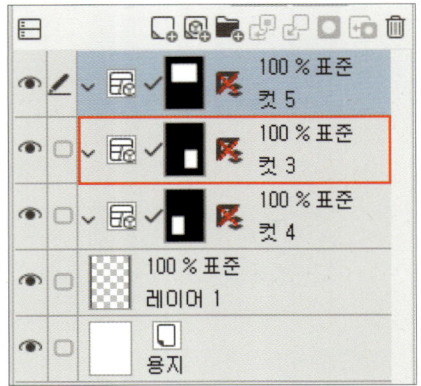

그림 12-4-61

ㄴ. 폴더만 결합: 컷선은 유지한 채 폴더만 결합합니다.

그림 12-4-62

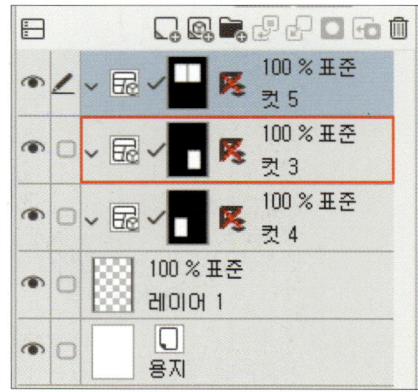

그림 12-4-63

컷 폴더 1, 2가 지워지고 새로운 컷 폴더 컷 5가 작성됩니다.

ㄷ. 공통 폴더 작성: 기존 컷 폴더는 유지한 채 새로운 공통 폴더를 작성합니다.

 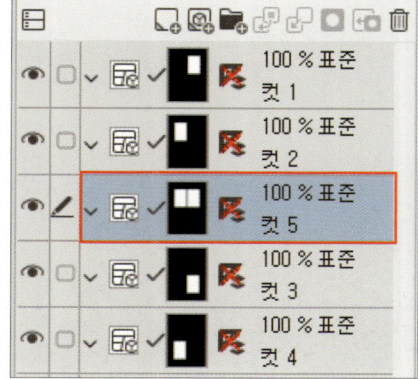

그림 12-4-64   그림 12-4-65

컷 폴더 1, 2는 유지되고 컷 폴더 1, 2를 포함한 새로운 컷 폴더 컷 5가 생성됩니다. 컷 5 폴더를 선택하면 컷 1, 2가 동시에 선택됩니다.

⑧ **모든 레이어에 표시** 체크하면 자를 모든 레이어에 표시합니다.

⑨ **동일 폴더 안에서만 표시** 폴더 안에 있는 레이어에서만 표시됩니다.

⑩ **편집 대상일 때만 표시** 자가 있는 레이어에서만 표시됩니다.

그 외 방법들

1) 레이어 팔레트에서 자 아이콘을 우클릭하면 메뉴를 열 수 있습니다.

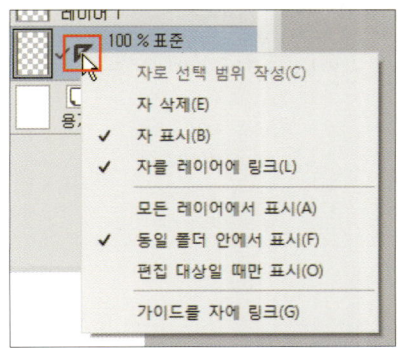

그림 12-4-66

2) 레이어 팔레트 커맨드 바에서 자 옵션을 클릭해도 됩니다.

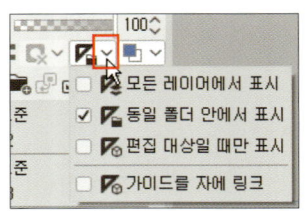

그림 12-4-67

3) 레이어 팔레트 메뉴에서도 확인할 수 있습니다.

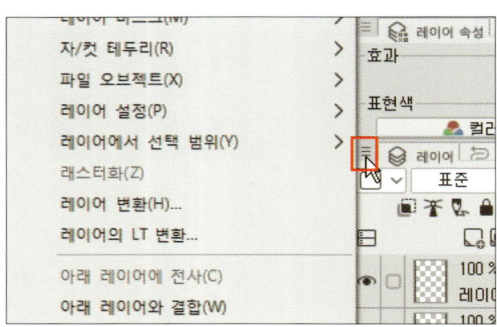

그림 12-4-68

⑪ **가이드를 자에 링크** 레이어 이동 시 가이드도 같이 이동됩니다.

11) 파일 오브젝트

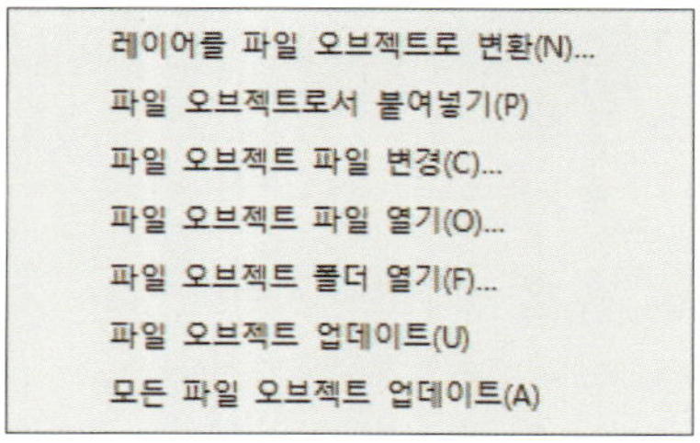

그림 12-4-69

① **레이어를 파일 오브젝트로 변환** 선택한 레이어를 파일 오브젝트로 변환합니다. 변환과 함께 CLIP 파일로 저장합니다.

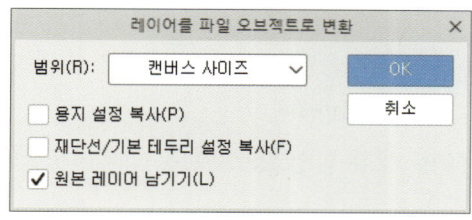

그림 12-4-70

ㄱ. 범위

그림 12-4-71

- 캔버스 사이즈–캔버스와 동일한 크기로 내보냅니다.
- 그리기 영역–그림이 그려진 부분만 내보냅니다.
- 선택 범위–선택 범위를 내보내기 합니다.

ㄴ. 용지 설정 복사: 캔버스의 용지 설정을 내보내기 파일에 적용합니다.

ㄷ. 재단선/기본 테두리 설정 복사: (재단선/기본 테두리 설정)을 내보내기 파일에 적용합니다.

ㄹ. 원본 레이어 남기기: 원본 레이어를 유지합니다.

② **파일 오브젝트로서 붙여넣기** 클립 보드에 저장된 파일(이미지 파일, CLIP 파일 등)을 파일 오브젝트로 붙여 넣습니다. 붙여넣기 하는 방법은 레이어를 복사해서 붙여 넣을 수 있습니다. 윈도우 탐색기에서 CLIP 파일을 복사한 후 붙여넣기 할 수 있습니다. 붙여넣기 한 레이어나 파일은 파일 오브젝트 아이콘이 표시됩니다.

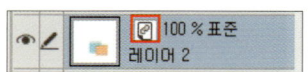

그림 12-4-72

③ **파일 오브젝트 파일 변경** 다른 파일로 파일 오브젝트를 변경합니다. 파일 오브젝트 레이어를 선택하고 실행하면 윈도우 [파일 변경] 창이 열립니다. 파일을 선택하고 불러오면 선택한 오브젝트 레이어가 새로 불러온 파일로 교체됩니다.

④ **파일 오브젝트 파일 열기** 파일 오브젝트 레이어를 선택하고 실행하면 원본 파일이 열립니다. 원본 파일이 CLIP 포맷일 경우 캔버스의 새 탭으로 열리고, 열린 원본 파일의 변경 사항을 저장하면 [파일 오브젝트 레이어]로 등록된 파일도 연동되어 적용됩니다.

⑤ **파일 오브젝트 폴더 열기** 파일 오브젝트로 등록된 파일의 폴더가 열립니다.
⑥ **파일 오브젝트 업데이트** 캔버스로 불러온 원본 파일의 변경 사항을 저장하지 않아도 [파일 오브젝트]에 변경 사항을 적용합니다.
⑦ **모든 파일 오브젝트 업데이트** 모든 파일 오브젝트를 업데이트합니다.

12) 레이어 설정

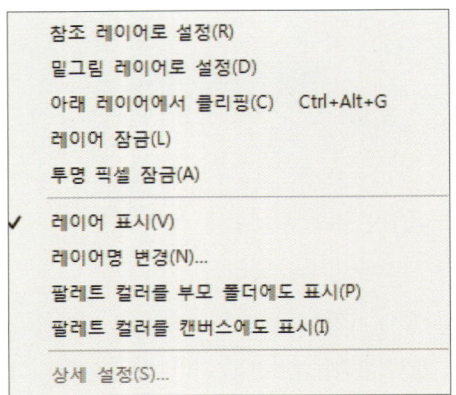

그림 12-4-73

① **참조 레이어로 설정** 참조 레이어로 설정합니다.
② **밑그림 레이어로 설정** 밑그림 레이어로 설정합니다.
③ **아래 레이어에서 클리핑** 아래 레이어에 클리핑을 합니다.
④ **레이어 잠금** 레이어를 잠급니다.
⑤ **투명 픽셀 잠금** 레이어의 투명한 부분에 그림이 그려지지 않습니다.
⑥ **레이어 표시** 레이어를 표시/비표시로 전환합니다. 레이어 팔레트에 눈 아이콘을 클릭한 것과 동일합니다.
⑦ **레이어명 변경** 레이어명을 변경할 수 있습니다.

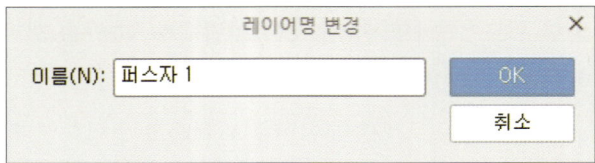

그림 12-4-74

⑧ **팔레트 컬러를 부모 폴더에도 표시** 레이어 컬러 표시를 폴더에도 표시합니다.

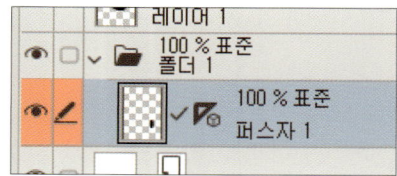 

그림 12-4-75　　　　　　　　　그림 12-4-76

⑨ **팔레트 컬러를 캔버스에도 표시** 팔레트 컬러를 캔버스에도 표시합니다.

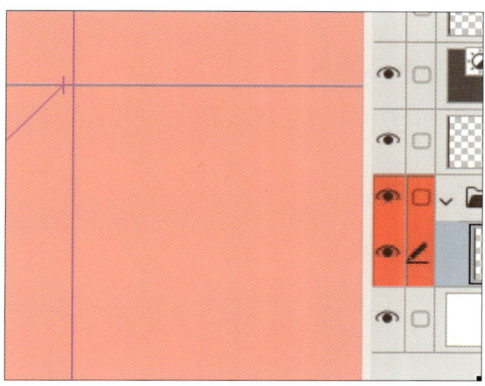

그림 12-4-77

캔버스에 표시된 [팔레트 컬러]는 본래 색보다 투명도 50%로 흐리게 표시됩니다. 레이어 투명도의 영향을 받으며 실제로 칠해진 색이 아니어서 내보내기 한 파일에는 표시되지 않습니다.

⑩ **상세 설정** 상세 설정은 색조 보정 레이어와 채우기 레이어를 선택하면 활성화됩니다.

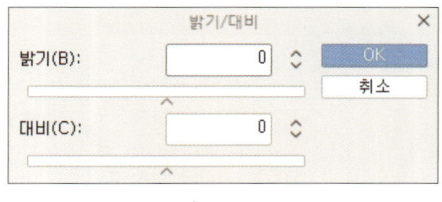 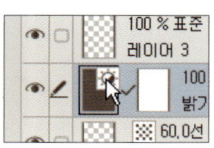

그림 12-4-78　　　　　　　　　그림 12-4-79

색조 보정 창을 띄웁니다. 레이어 섬네일의 색조 보정 아이콘을 더블 클릭해도 됩니다.

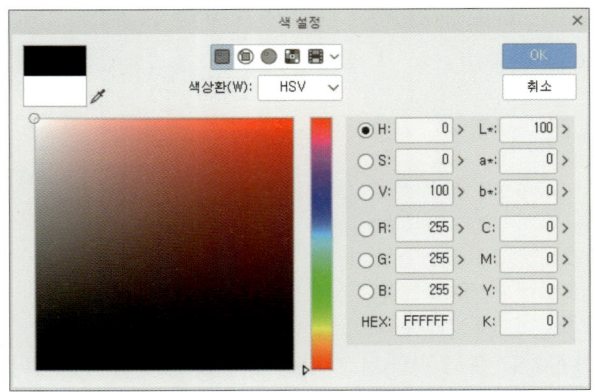

그림 12-4-80

채우기 레이어에서 [상세 설정]을 실행하면 [색 설정] 팔레트가 열립니다. 마찬가지로 레이어 섬네일에서 채우기 아이콘을 더블 클릭해도 됩니다.

13) 레이어에서 선택 범위

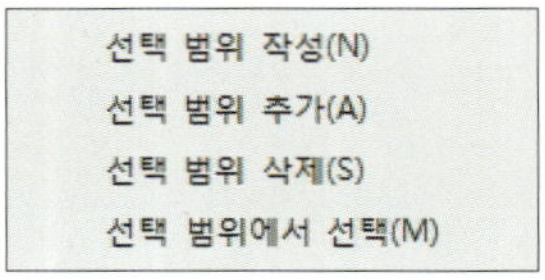

그림 12-4-81

① **(선택 범위 작성)을 실행하면 그림이 그려진 부분을 선택 범위로 작성합니다.** 레이어 팔레트에서 Ctrl 섬네일 클릭해도 선택 범위를 작성할 수 있습니다.

이 기능은 여러 가지로 활용할 수 있는데, 해당 레이어에 어떤 그림이 그려져 있는지 확인할 때 사용할 수 있습니다. 또는 선택 범위를 작성한 후 채색하면 [투명 픽셀 보호]처럼 투명 부분에는 채색되지 않습니다.

그림 12-4-82

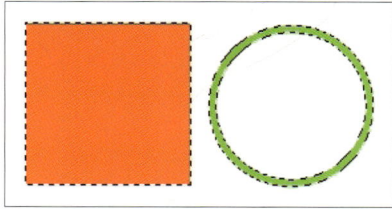

그림 12-4-83

② **선택 범위 추가** 선택 범위가 작성되어 있을 때 그림이 그려진 부분을 선택 범위로 추가할 수 있습니다. Ctrl+Shift+레이어 섬네일 클릭으로도 가능합니다.

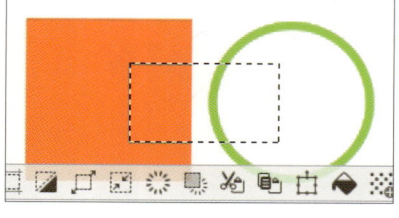
그림 12-4-84

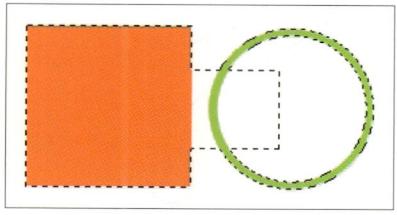
그림 12-4-85

그림 위에 선택 범위를 작성합니다. 실행하면 그림이 그려진 영역이 추가됩니다.

③ **선택 범위 삭제** 그림이 그려져 있는 영역의 선택 범위를 삭제합니다. 그림이 그려진 영역만 선택 범위에서 삭제됩니다.

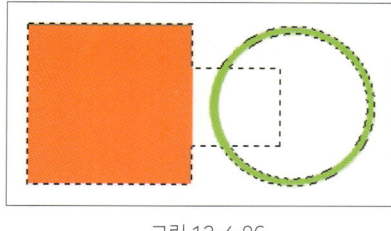
그림 12-4-86

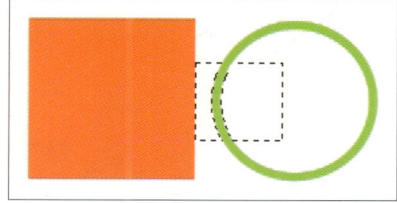
그림 12-4-87

④ **선택 범위에서 선택** 그림이 그려진 영역에 선택 범위를 작성한 후 실행하면 미리 작성한 선택 범위와 그림이 그려진 영역이 겹치는 부분만 선택 범위로 작성됩니다. Ctrl+Shift+Alt+섬네일 클릭도 동일합니다.

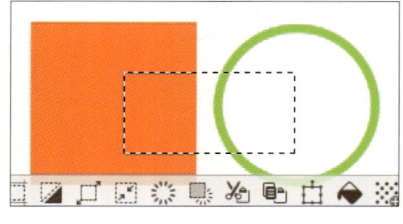

그림 12-4-88

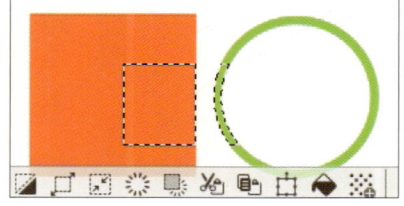
그림 12-4-89

14) 래스터화

레이어를 래스터화합니다.

15) 레이어 변환

레이어를 변환합니다.

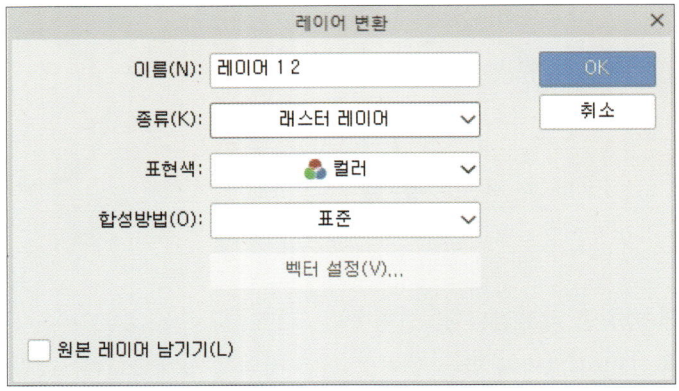

그림 12-4-90

레이어의 종류, 표현색, 합성방법 등을 설정할 수 있습니다.

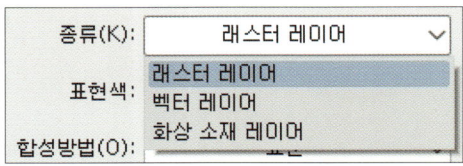

그림 12-4-91

① **종류** 레이어의 종류를 설정합니다.

그림 12-4-92

② **표현색** 표현색을 변경할 수 있습니다.
③ **합성 방법** 레이어 합성 모드를 변경할 수 있습니다.
④ **원본 레이어 남기기** 원본 레이어를 남깁니다.

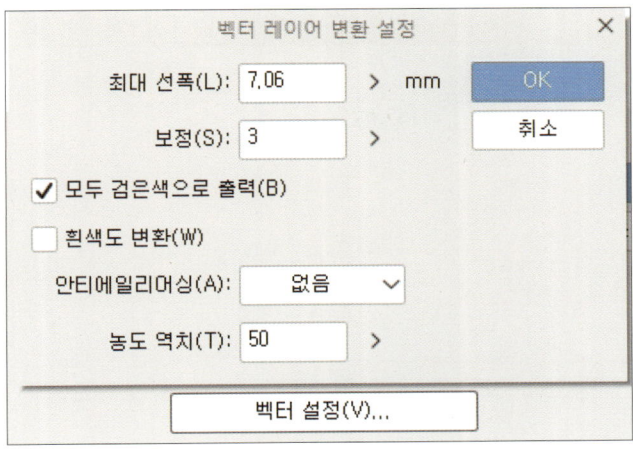

그림 12-4-93

벡터 레이어로 변환하면 [벡터 레이어 변환 설정] 창이 열립니다.

16) 레이어의 LT 변환

사진, 3D 등을 선과 톤으로 변환합니다. 흑백 만화에 유용한 기능입니다.

17) 아래 레이어에 전사

선택된 레이어의 그림을 아래 레이어로 보냅니다. 선택된 레이어는 빈 레이어가 됩니다.

18) 아래 레이어와 결합

선택한 레이어와 아래 위치한 레이어가 결합합니다.

19) 선택 중인 레이어 결합

결합하고 싶은 레이어들을 선택해서 모두 결합합니다. 이웃한 레이어만 가능합니다. 떨어져 있는 레이어는 결합할 수 없습니다. 결합할 때 벡터 레이어, 말풍선 레이어 등이 래스터 레이어와 결합하면 래스터 레이어로 변환됩니다. 말풍선과 텍스트 레이어만 결합하면 원래 속성을 유지합니다.

20) 표시 레이어 결합

표시 레이어를 결합합니다. 표시 레이어란 눈 표시가 켜져 있는 레이어입니다.

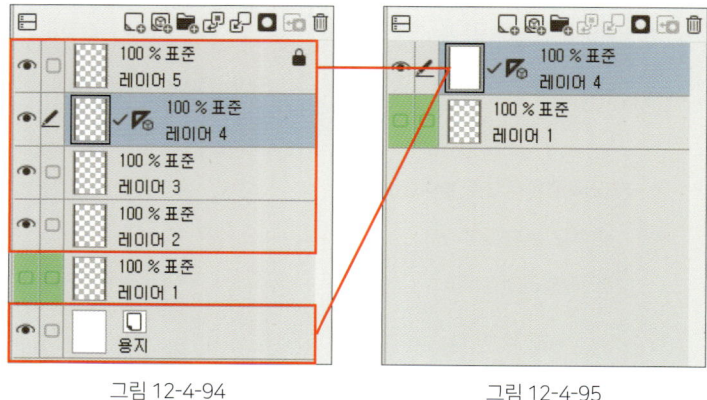

그림 12-4-94　　　　　　　　그림 12-4-95

비표시로 되어 있는 레이어 1을 제외한 모든 레이어가 결합합니다. 용지 레이어도 결합하고 자도 그대로 유지됩니다.

21) 표시 레이어 복사본 결합
눈 표시가 켜져 있는 레이어인 표시 레이어를 모두 복사해서 하나의 레이어로 결합합니다. 잠금 레이어, 용지 레이어를 포함합니다.

22) 화상(이미지) 통합
모든 레이어를 결합합니다.

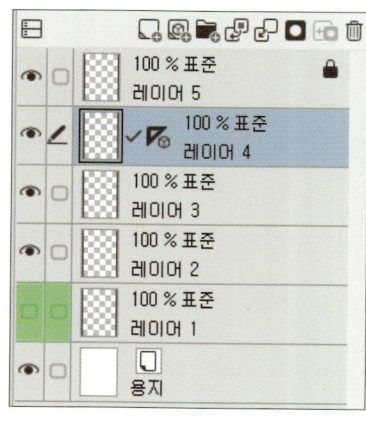 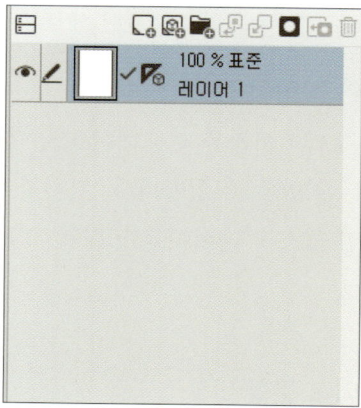

그림 12-4-96　　　　　　　　그림 12-4-97

23) 정렬

레이어 순서를 변경합니다.

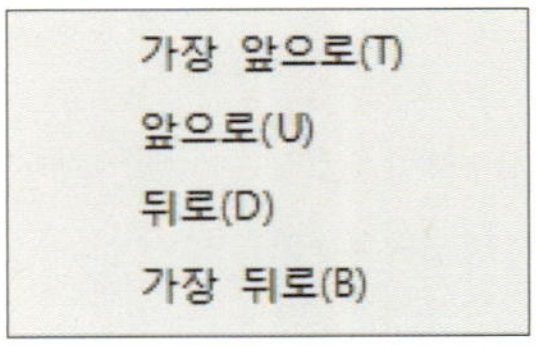

```
가장 앞으로(T)
앞으로(U)
뒤로(D)
가장 뒤로(B)
```

그림 12-4-98

① **가장 앞으로(맨 위로)** 선택한 레이어를 맨 위로 옮깁니다.
② **앞으로(위로)** 레이어를 한 칸 위로 옮깁니다.
③ **뒤로(아래로)** 레이어를 한 칸 아래로 옮깁니다.
④ **가장 뒤로(맨 아래로)** 선택한 레이어를 맨 아래로 옮깁니다.

24) 편집 대상으로 설정

이웃한 레이어로 선택 전환합니다.

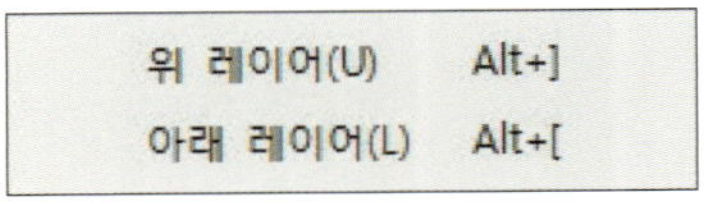

```
위 레이어(U)    Alt+]
아래 레이어(L)  Alt+[
```

그림 12-4-99

5. 선택 범위

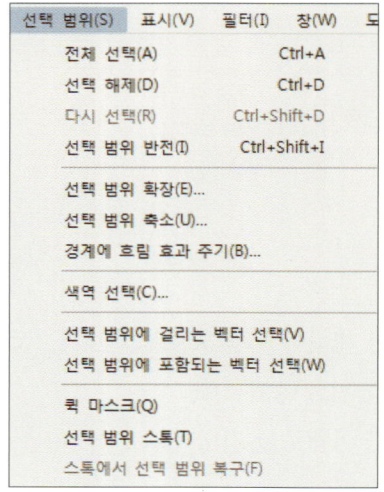

그림 12-5-1

1) 전체 선택

캔버스 전체를 선택합니다.

그림 12-5-2

2) 선택 해제

선택 범위를 해제합니다. 단축키는 Ctrl+D입니다.

3) 다시 선택

해제했던 선택 범위를 다시 작성합니다.

4) 선택 범위 반전
선택 범위를 반전합니다.

5) 선택 범위 확장
선택 범위를 확장합니다.

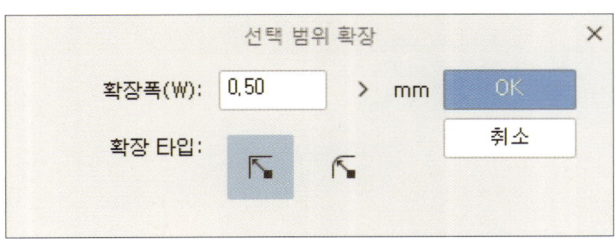

그림 12-5-3

위와 같은 창이 열립니다. [확장폭]을 설정합니다. 단위는 [환경 설정>자>단위]에서 설정할 수 있습니다. [확장 타입]을 설정해서 선택 범위 모서리를 각지게 할 것인지 동그랗게 할 것인지 설정합니다.

6) 선택 범위 축소
선택 범위를 축소합니다. [캔버스 가장자리에서도 축소]를 체크 해제하면 캔버스 전체가 선택 범위로 작성되어 있을 시 축소가 실행되지 않습니다.

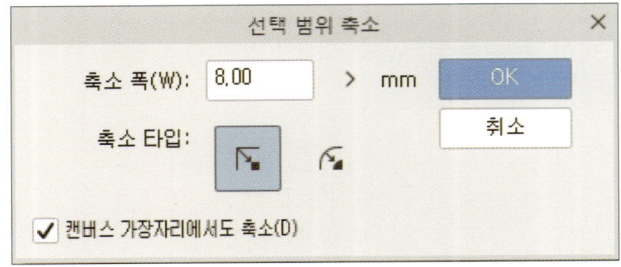

그림 12-5-4

7) 경계에 흐림 효과 주기
경계면을 흐리게 합니다.

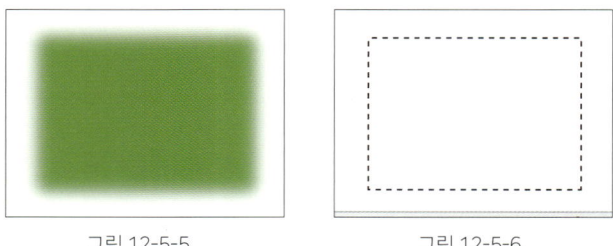

그림 12-5-5　　　　　　　　　　그림 12-5-6

선택 범위를 작성합니다.

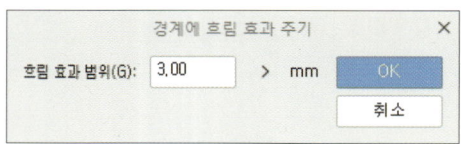

그림 12-5-7

흐림 효과 범위를 설정하고 [OK]를 클릭합니다.

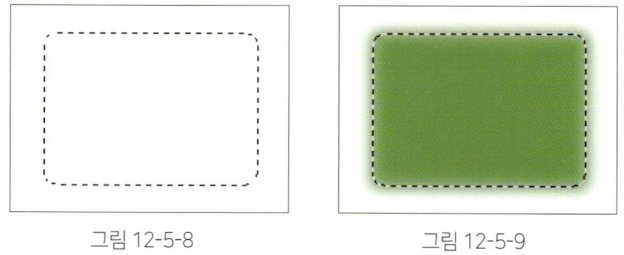

그림 12-5-8　　　　　　　　　　그림 12-5-9

선택 범위에 채우기(Alt+Delete)를 실행하면 경계면이 흐리게 채워집니다.

선택 범위 런처에 대해서 알아보자

앞에 설명한 메뉴들은 런처에서도 실행할 수 있습니다.

그림 12-5-10

커서를 올려놓으면 이름이 표시됩니다.

그림 12-5-11

[선택 범위 런처 설정]을 통해서 런처에 메뉴를 추가할 수 있습니다.

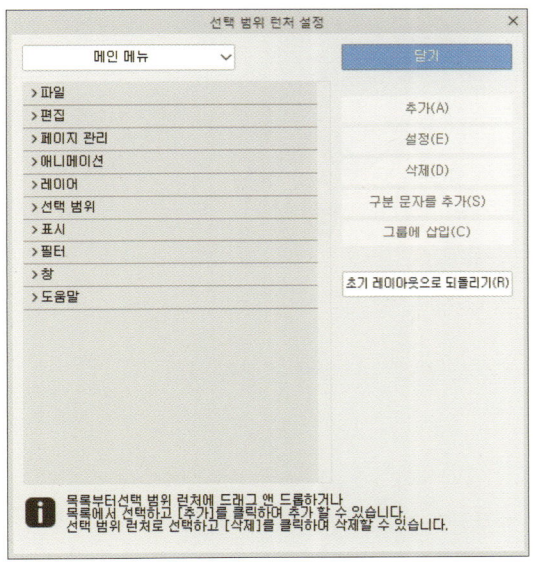

그림 12-5-12

[런처 설정]을 실행하면 위와 같은 설정 창이 열립니다. 추가하려는 메뉴를 선택하고 [추가]를 클릭합니다. [초기 레이아웃으로 되돌리기]를 실행하면 초기화됩니다.

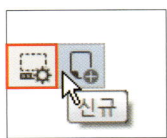

그림 12-5-13

[파일>신규]를 추가해 봅니다. 런처 설정 옆에 [신규] 메뉴가 생성됩니다.

8) [색역 선택] 색을 기준으로 선택 범위를 작성

메뉴를 실행하고 캔버스에서 파란색을 클릭하면 파란색 영역이 선택 범위가 됩니다.

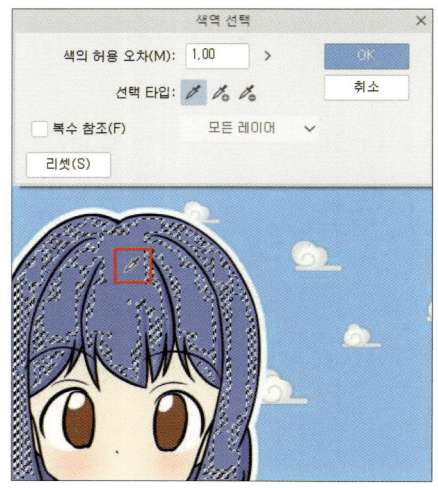

그림 12-5-14

① **색의 허용 오차** 값이 클수록 색을 더 많이 포함합니다.

② **선택 타입**

ㄱ. 신규로 선택: 새로운 선택 범위를 작성합니다.

ㄴ. 선택에 추가: 기존 선택 범위에 선택한 영역을 추가합니다.

ㄷ. 선택에서 삭제: 기존 선택 범위에서 선택한 영역을 지웁니다.

③ **복수 참조** 다른 레이어를 참조합니다.

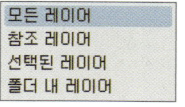

그림 12-5-15

④ **리셋** 선택 범위를 초기화합니다.

9) 선택 범위에 걸리는 벡터 선택

벡터 레이어에 그려진 선을 선택합니다.

그림 12-5-16

벡터 레이어에 그려진 선을 선택 범위로 지정합니다. 전체가 아닌 일부만 선택해도 됩니다. [선택 범위에 걸리는 벡터 선택]을 실행합니다. 벡터선이 선택되면서 오브젝트 도구로 변경됩니다.

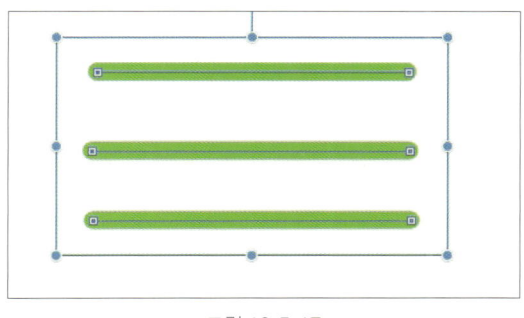

그림 12-5-17

10) 선택 범위에 포함되는 벡터 선택

선택 범위 안에 완전히 포함된 선만 선택합니다. 중간까지만 선택되었던 두 번째 선은 선택되지 않습니다.

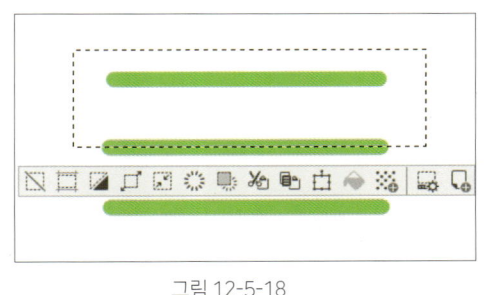

그림 12-5-18

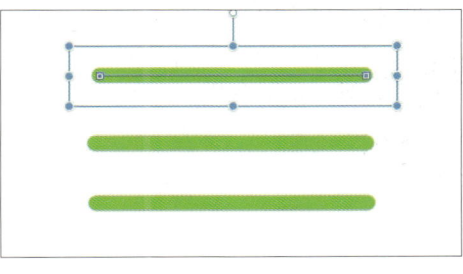

그림 12-5-19

11) 퀵 마스크

퀵 마스크는 펜으로 그림을 그리듯이 선택 범위를 작성할 수 있습니다.

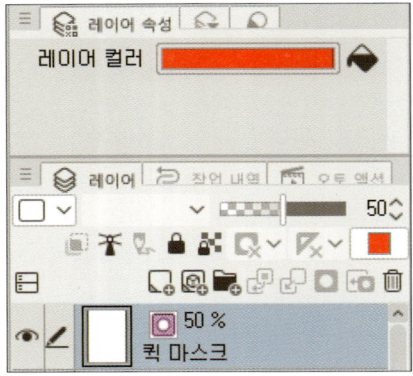

그림 12-5-20

[퀵 마스크]를 실행하면 퀵 마스크 레이어가 편집 레이어 위에 임시로 작성됩니다. 펜을 사용해서 선택할 영역을 그립니다. [퀵 마스크] 메뉴를 다시 실행하면 다음과 같이 그림을 그렸던 부분이 선택 범위로 변경되면서 퀵 마스크 레이어는 사라집니다.

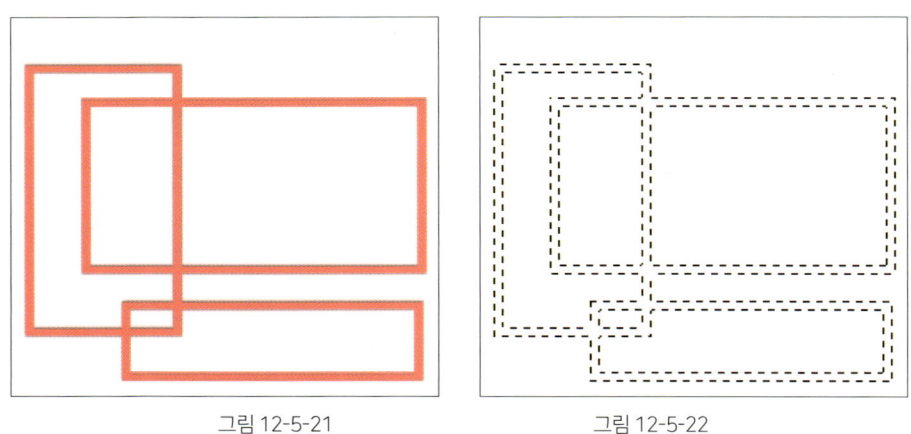

그림 12-5-21 그림 12-5-22

12) 선택 범위 스톡

선택 범위를 레이어로 저장할 수 있습니다. 선택 범위를 작성한 후 [선택 범위 스톡]을 실행합니다. 선택 범위 레이어가 생성됩니다. 이제 선택 범위가 사라져도 선택 범위를 불러올 수 있습니다.

그림 12-5-23

그림 12-5-24

13) 스톡에서 선택 범위 복구

12-5-25

선택 범위 레이어를 선택하고 [스톡에서 선택 범위 복구]를 실행하면 선택 범위가 나타납니다.

6. 표시

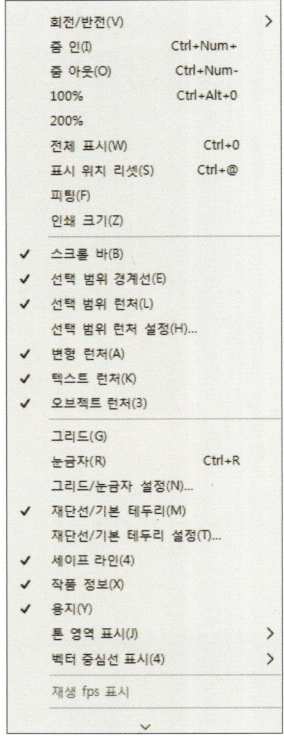

그림 12-6-1

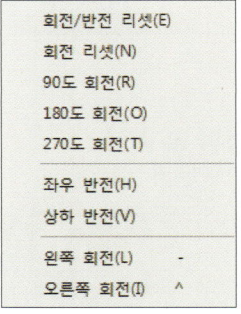

그림 12-6-2

1) 회전/반전
[회전/반전] 메뉴들이 모여 있습니다.

2) 줌 인
캔버스 표시를 확대합니다.

3) 줌 아웃
캔버스 표시를 축소합니다.

4) 100%
캔버스의 픽셀 크기와 스크린 픽셀의 크기를 1:1로 설정합니다.

5) 200%

원래 픽셀 크기보다 2배 확대합니다.

6) 전체 표시

캔버스 전체를 표시합니다.

7) 표시 위치 리셋

확대/축소, 회전, 반전 등을 초기화합니다.

8) 피팅

내비게이터 팔레트 화면을 창에 맞춥니다. 창의 크기를 조절하면 내비게이터 안의 캔버스 크기도 같이 연동됩니다.

9) 인쇄 크기

실제 인쇄 크기로 표시합니다. (환경 설정 참조)

10) 스크롤바

캔버스 스크롤바 표시 유무를 설정합니다.

11) 선택 범위 경계선

선택 범위 경계선의 표시 유무를 결정합니다. [선택 범위 경계선]을 체크 해제하면 선택 범위가 표시되지 않습니다.

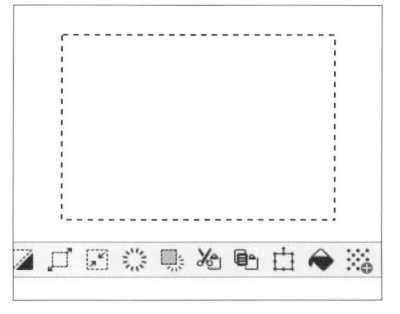

그림 12-6-3

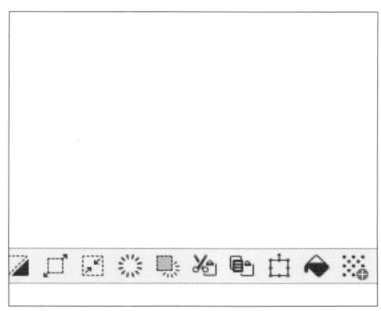

그림 12-6-4

12) 선택 범위 런처

선택 범위 런처 표시 유무를 설정합니다. 체크 해제 시 선택 범위 런처가 표시되지 않습니다.

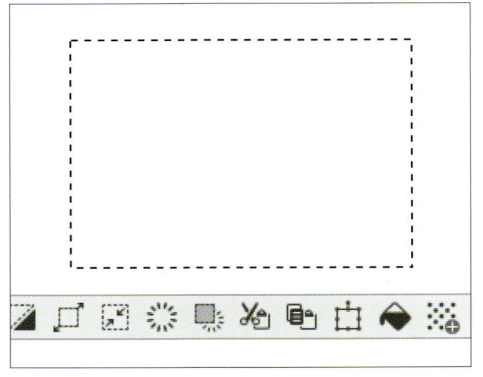
그림 12-6-5

그림 12-6-6

13) 선택 범위 런처 설정

선택 범위 런처에 메뉴를 추가할 수 있습니다.

14) 변형 런처

변형 런처의 표시 유무를 설정합니다. 단축키는 편집/변형 Ctrl+T입니다.

그림 12-6-7

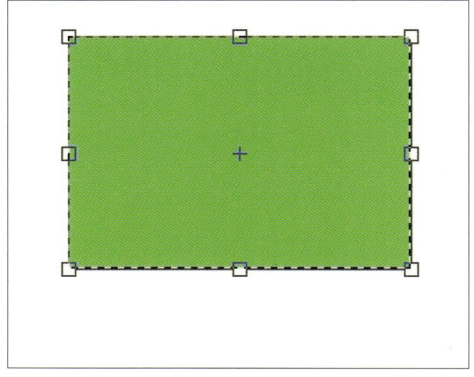
그림 12-6-8

15) 텍스트 런처

텍스트 런처 표시 유무를 설정합니다.

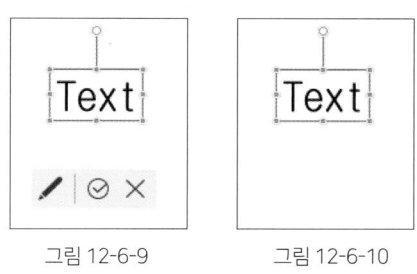

그림 12-6-9   그림 12-6-10

16) 오브젝트 런처

3D 소재의 런처 표시 유무를 설정합니다.

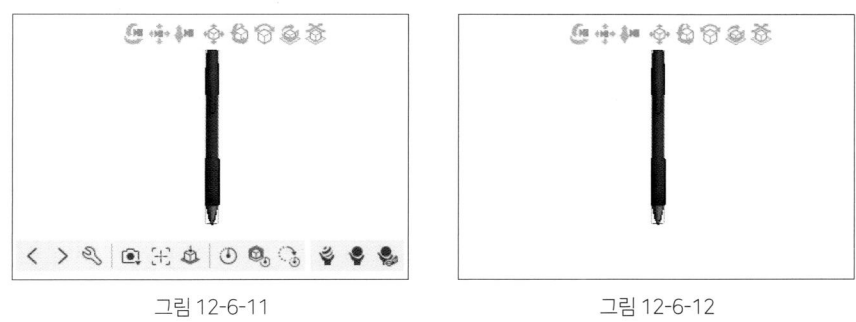

그림 12-6-11   그림 12-6-12

17) 그리드

캔버스에 그리드를 표시합니다.

그림 12-6-13

18) 눈금자

캔버스에 눈금자를 표시합니다.

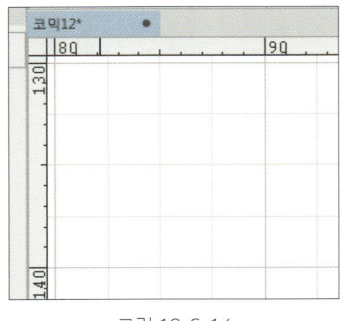
그림 12-6-14

19) 그리드/눈금자 설정

(그리드/눈금자)를 설정할 수 있습니다.

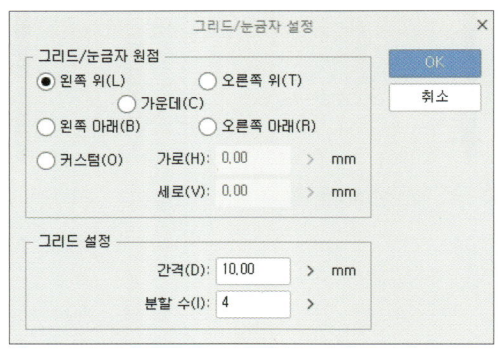
그림 12-6-15

① 그리드/눈금자 원점

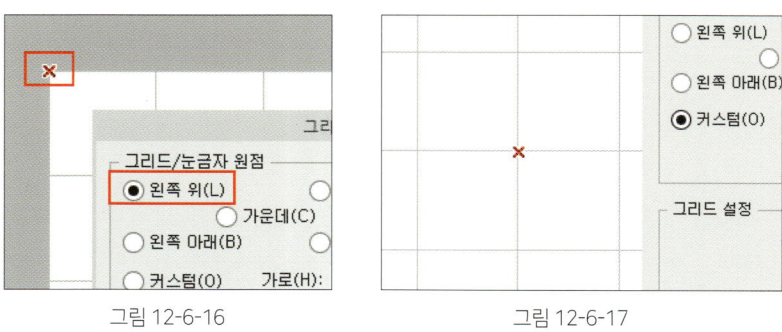
그림 12-6-16　　　　　그림 12-6-17

그리드의 기준점은 빨간색 X로 표시됩니다. [왼쪽 위] 선택 시 캔버스의 왼쪽 위로 이동합니다. 커스텀을 선택하면 기준점을 드래그로 이동할 수 있습니다.

② **그리드 설정** 그리드의 간격, 분할 수를 설정합니다.

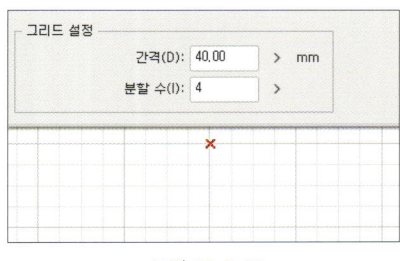
그림 12-6-18

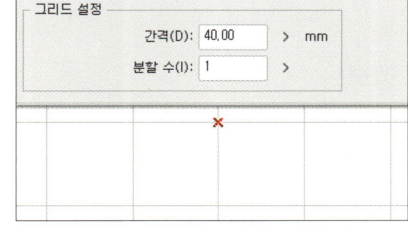
그림 12-6-19

20) 재단선/기본 테두리

[재단선/기본 테두리] 표시 유무를 설정합니다.

그림 12-6-20

그림 12-6-21

21) 재단선/기본 테두리 설정

[재단선/기본 테두리] 설정을 할 수 있습니다.

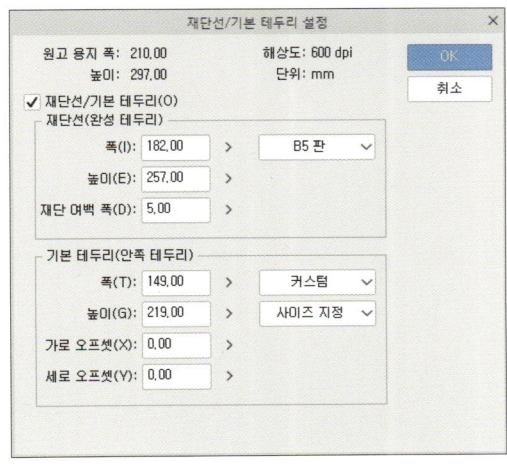
그림 12-6-22

22) 세이프 라인

세이프 라인을 표시합니다. (환경 설정 참조)

23) 작품 정보

작품 정보 표시 유무를 설정합니다.

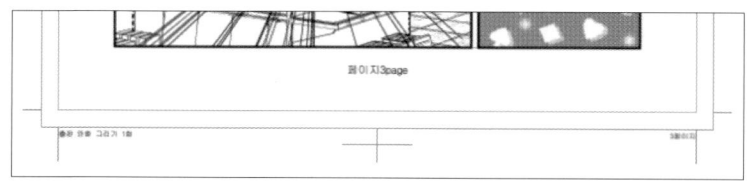

그림 12-6-23

체크 시입니다.

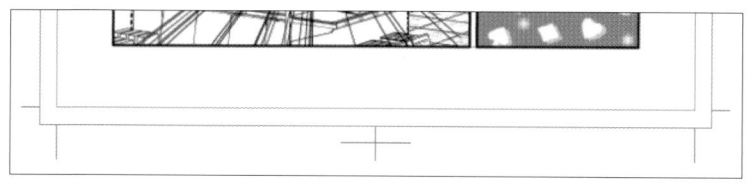

그림 12-6-24

체크 해제 시입니다.

24) 용지

용지 표시 여부를 설정합니다.

25) 톤 영역 표시

톤이 칠해진 영역을 컬러로 표시합니다.

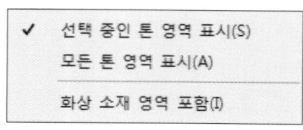

그림 12-6-25

① **선택 중인 톤 영역 표시** 톤 영역을 표시합니다.

그림 12-6-26　　　　　　　　　　　그림 12-6-27

톤이 있는 레이어를 선택했을 때만 표시되며 다른 레이어에 있는 톤은 해당되지 않습니다.

② **모든 톤 영역 표시** 모든 레이어의 톤 영역을 컬러로 표시합니다.

③ **화상(이미지) 소재 영역 포함** 소재 이미지에 등록된 톤을 사용했을 시 체크하면 컬러로 표시됩니다.

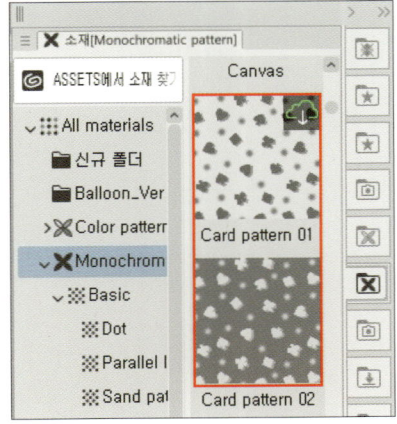

그림 12-6-28

26) 벡터 중심선 표시

그림 12-6-29

① **선택 중인 레이어의 중심선 표시** 벡터 레이어에 그려진 선의 중심선을 표시합니다.

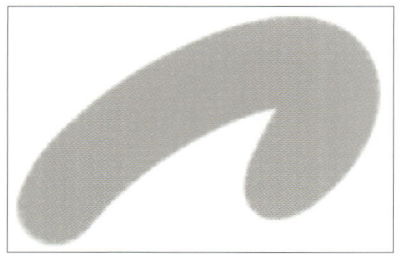
그림 12-6-30

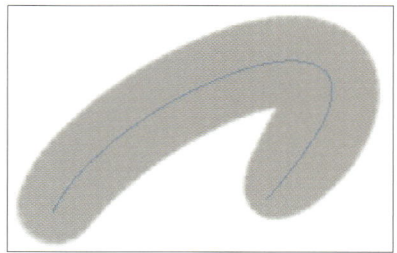
그림 12-6-31

② **모든 벡터 레이어의 중심선 표시** 모든 벡터 레이어에 그려진 선의 중심선을 표시합니다.
③ **가장자리 제어점 표시** 벡터 레이어 선의 가장자리 제어점을 표시합니다.

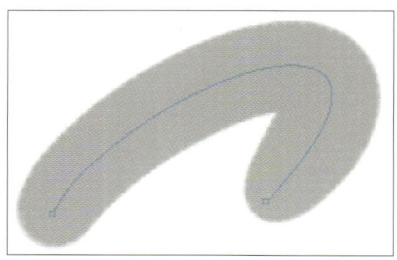
그림 12-6-32

④ **모든 제어점 표시** 벡터 레이어의 모든 제어점을 표시합니다.

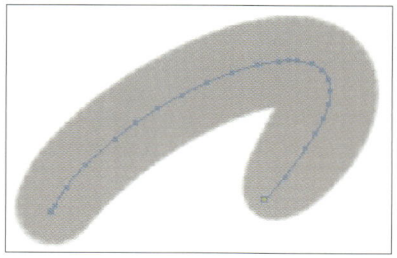
그림 12-6-33

27) 재생 fps 표시

애니메이션 기능입니다.

28) 자에 스냅

자 스냅을 켜고 끕니다.

29) 특수 자에 스냅

특수 자 스냅을 켜고 끕니다.

30) 그리드에 스냅

그리드 스냅을 켜고 끕니다.

31) 스냅할 특수 자 전환

특수 자가 여러 개 있을 때 스냅할 특수 자를 전환합니다.

32) 컬러 프로파일

컬러 프로파일을 설정합니다.

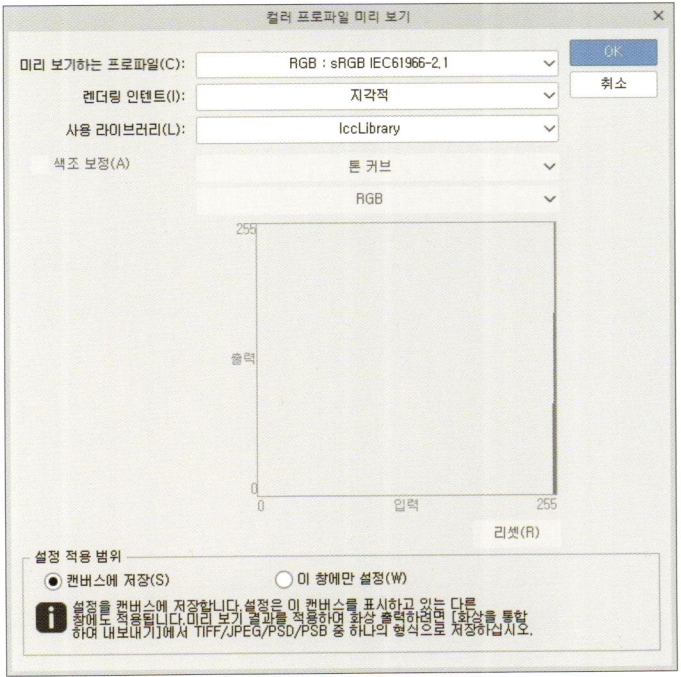

그림 12-6-34

7. 필터

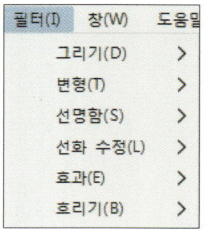

그림 12-7-1

1) 그리기/펄린 노이즈

구름, 화재와 같은 효과를 내기 위해 컴퓨터 그래픽에 사용되는 노이즈 효과입니다.

그림 12-7-2

이미지에 효과를 주기 위해 새 레이어를 작성한 다음에 펄린 노이즈를 실행합니다.

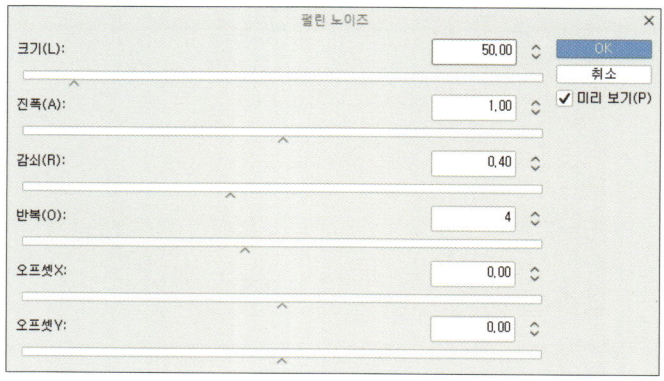

그림 12-7-3

펄린 노이즈 창이 열립니다.

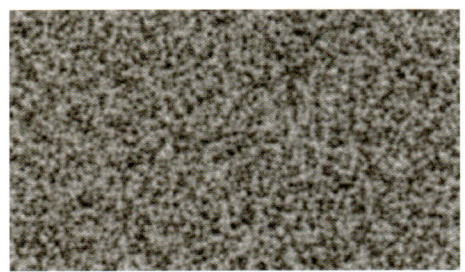

그림 12-7-4

필터가 적용되어 패턴이 생성됩니다. 설정을 적당하게 조절한 후 적용합니다.

그림 12-7-5

투명도를 낮추거나 필터를 적용합니다. 여기서는 투명도를 낮춥니다.

그림 12-7-6

① **크기** 패턴의 크기를 설정합니다. 값이 클수록 패턴의 크기가 커집니다.
② **진폭** 패턴의 진폭을 설정합니다. 값이 클수록 대비가 높아집니다.
③ **감쇠** 값이 클수록 패턴이 거칠어집니다.

④ **반복** 값이 클수록 블러 효과가 약해집니다.

⑤ **오프셋 X** 가로축의 패턴 시작 위치를 설정합니다.

⑥ **오프셋 Y** 세로축의 패턴 시작 위치를 설정합니다.

⑦ **미리 보기** 미리 보기를 켜고 끕니다.

2) 변형(Distort)

변형 필터를 사용해서 이미지를 변형할 수 있습니다. 래스터 레이어에서만 동작합니다.

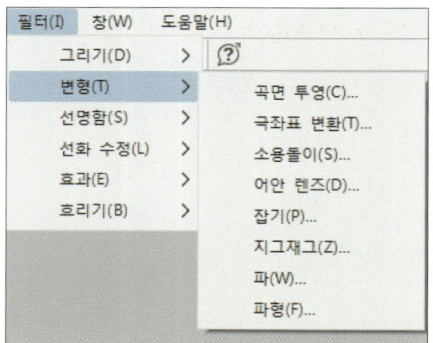

그림 12-7-7

① **곡면 투영** 이미지를 구형, 원통형 모양으로 변형합니다.

그림 12-7-8

그림 12-7-9

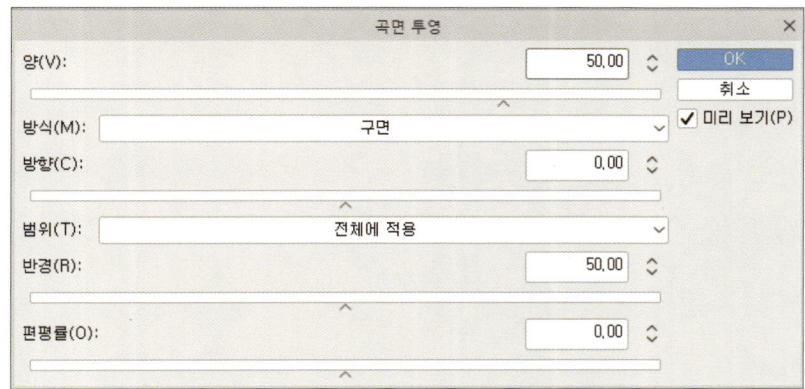

그림 12-7-10

ㄱ. 양: 이미지를 얼마나 변형할지 설정합니다. +는 볼록하게, -는 오목하게 변형합니다.

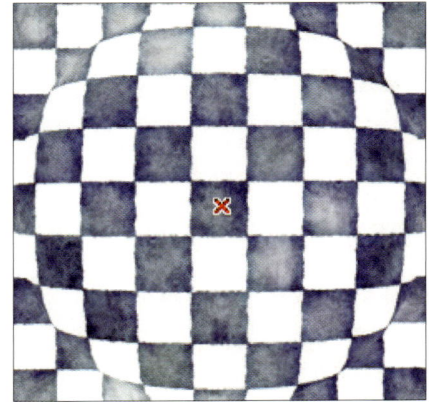

그림 12-7-11 50으로 설정 시

그림 12-7-12 -50으로 설정 시

ㄴ. 방식

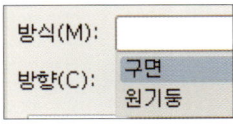

그림 12-7-13

- 구면–구형으로 변형합니다.
- 원기둥–이미지를 원기둥 모양으로 변형합니다.

Chapter 12. 전체 메뉴 살펴보기 **609**

그림 12-7-14   그림 12-7-15

ㄷ. 방향: 변형할 방향을 설정합니다.

그림 12-7-16 방향 0.00일 때(가로 방향으로 변형됩니다.)   그림 12-7-17 방향 90.00일 때(세로 방향으로 변형됩니다.)

ㄹ. 범위: 변형할 범위를 설정합니다.

그림 12-7-18

- 전체에 적용–이미지 전체에 변형이 적용됩니다.
- 사이즈 지정(반경, 편평률 사용)–사이즈 지정을 하면 [반경/편평률]을 조작해서 크기를 지정할 수 있습니다.

ㅁ. 반경: 변형할 크기를 설정합니다. (그림 12-7-19)

ㅂ. 편평률: 변형할 방향을 설정합니다. (그림 12-7-20)

그림 12-7-19   그림 12-7-20

② **극좌표 변환** 이 기능은 꽤 재미난 기능입니다. 이미지에 엄청난 변화를 줍니다.

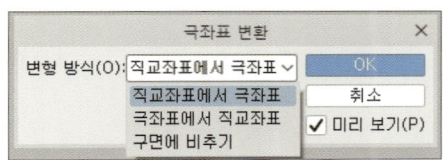

그림 12-7-21

ㄱ. 직교좌표에서 극좌표 (그림 12-7-22)

ㄴ. 극좌표에서 직교좌표 (그림 12-7-23)

ㄷ. 구면에 비추기 (그림 12-7-24)

그림 12-7-22   그림 12-7-23   그림 12-7-24

③ **소용돌이** 이미지를 소용돌이 모양으로 변형합니다.

 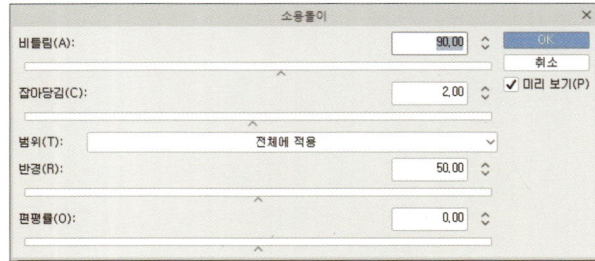

그림 12-7-25   그림 12-7-26

ㄱ. 비틀림: 얼마나 비틀 것인지 각도를 설정합니다.

ㄴ. 잡아당김: 잡아당길 정도를 설정합니다.

ㄷ. 범위, 반경, 편평률(곡면 투영 참조)

④ **어안 렌즈** 이미지를 볼록하게 합니다.

 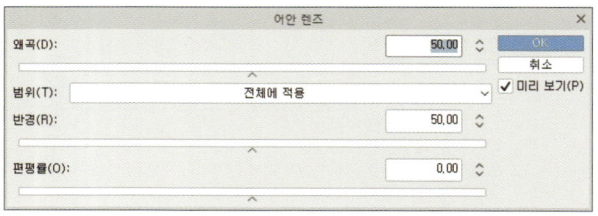

그림 12-7-27   그림 12-7-28

ㄱ. 왜곡: 값이 클수록 더 볼록해집니다.

⑤ **잡기** 이미지를 잡아끌거나 밀어내는 효과를 냅니다.

 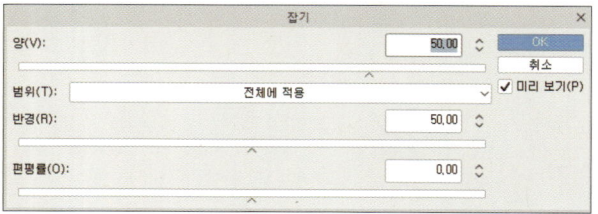

그림 12-7-29   그림 12-7-30

ㄱ. 양: 잡아끄는 정도를 설정합니다.

ㄴ. 범위, 반경, 편평률 (참조)

⑥ **지그재그** 이미지를 지그재그 웨이브 패턴으로 변형합니다.

 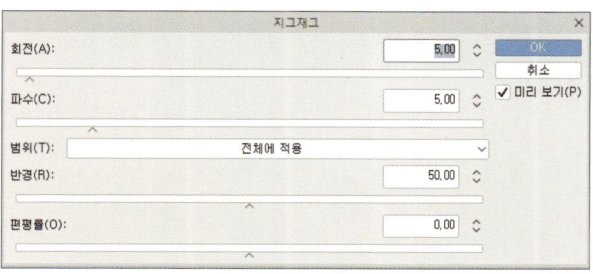

그림 12-7-31   그림 12-7-32

ㄱ. 회전: 회전 각도를 설정합니다.

ㄴ. 파수: 웨이브의 개수를 설정합니다.

그림 12-7-33   그림 12-7-34

⑦ **파** 이미지에 웨이브 효과를 줍니다.

그림 12-7-35   그림 12-7-36

Chapter 12. 전체 메뉴 살펴보기   **613**

ㄱ. 방향: 방향을 설정합니다. (그림 12-7-37)

ㄴ. 진폭: 진폭을 설정합니다. (그림 12-7-38)

ㄷ. 파수: 웨이브의 개수를 설정합니다. (그림 12-7-39)

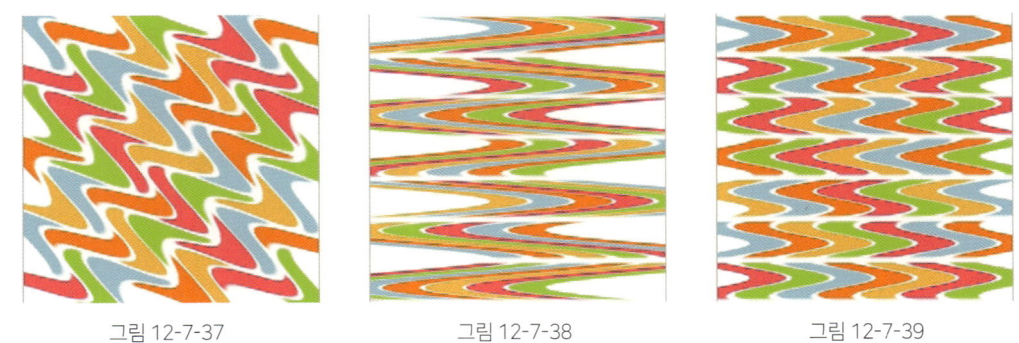

그림 12-7-37 　　　　　　　 그림 12-7-38 　　　　　　　 그림 12-7-39

⑧ [파형] 이미지를 웨이브 파형으로 변형합니다.

그림 12-7-40 　　　　　　　 그림 12-7-41

ㄱ. 파형

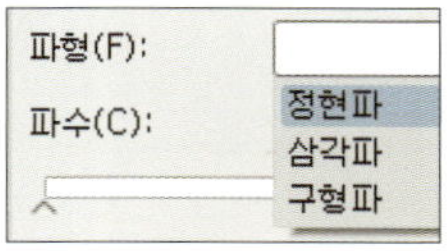

그림 12-7-42

- 정현파–이미지의 좌표를 사인파로 변환합니다.

그림 12-7-43

- 삼각파–이미지의 좌표를 삼각파로 변환합니다.

그림 12-7-44

- 구형파–이미지의 좌표를 직사각형으로 변환합니다.

그림 12-7-45

ㄴ. 파수: 웨이브의 개수를 설정합니다.
ㄷ. 파장(최소치): 파(정현, 삼각, 구형파)형의 종류에 따라 다르게 적용됩니다.
ㄹ. 파장(최대치): 파형의 종류에 따라 다르게 적용됩니다. 값을 변경하면서 감각을 익혀 보도록 합니다.
ㅁ. 진폭(최소치): 파형의 최소 진폭을 설정합니다.
ㅂ. 진폭(최대치): 파형의 최대 진폭을 설정합니다.
ㅅ. 수평 비율: 진폭의 수평 비율을 설정합니다.
ㅇ. 수직 비율: 진폭의 수직 비율을 설정합니다.

⑨ **영역 외 처리**

그림 12-7-46

ㄱ. 되감기: 반대쪽 가장자리의 이미지를 사용해서 이미지의 가장자리를 처리합니다.
ㄴ. 끝부분 색을 반복하여 채우기: 이미지의 가장자리를 그리기색으로 처리합니다.
ㄷ. 다시 생성: 파형을 다시 생성합니다. 파장과 진폭의 최솟값과 최댓값을 임의로 설정해서 다시 생성합니다.

3) 선명함

이미지를 선명하게 합니다.

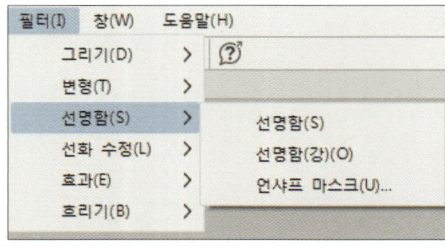

그림 12-7-47

① **선명함** 이미지 경계의 대비를 향상해 선명하게 합니다.
② **선명함(강)** 선명함을 더 강하게 합니다.

③ **언샤프 마스크** 이미지의 색상 경계의 대비를 높여서 선명하게 합니다.

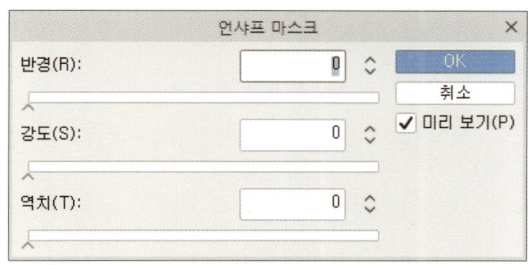

그림 12-7-48

ㄱ. 반경: 효과의 크기를 설정합니다.

ㄴ. 강도: 효과의 강도를 설정합니다.

ㄷ. 역치: 다른 색을 인식할 수 있게 인접한 영역의 최솟값을 설정합니다.

4) 선화 수정

선을 수정합니다. 래스터 레이어에서만 동작합니다.

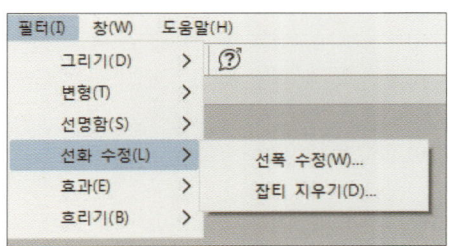

그림 12-7-49

① **선폭 수정**

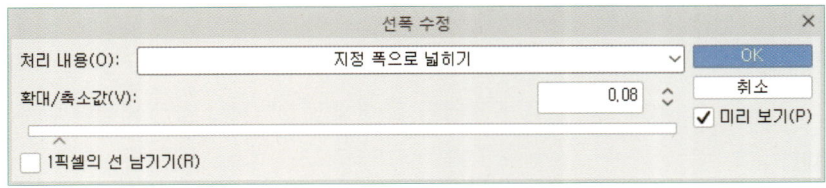

그림 12-7-50

ㄱ. 처리 내용: 선폭을 조절합니다.

그림 12-7-51

ㄴ. 확대/축소값: 선폭을 입력합니다.

ㄷ. 1픽셀의 선 남기기: 선폭을 줄일 때 최소 1픽셀을 남겨서 선이 사라지는 것을 방지합니다.

② **잡티 지우기** 잡티를 지웁니다. 래스터 레이어에서만 동작합니다.

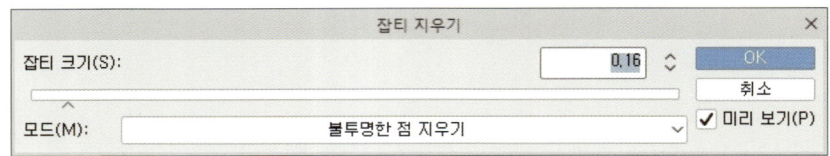

그림 12-7-52

ㄱ. 잡티 크기: 잡티의 크기를 설정합니다. 잡티로 인식할 크기를 설정합니다. 설정값보다 클 경우 잡티로 인식하지 않습니다.

ㄴ. 모드: 처리 방법을 선택합니다.

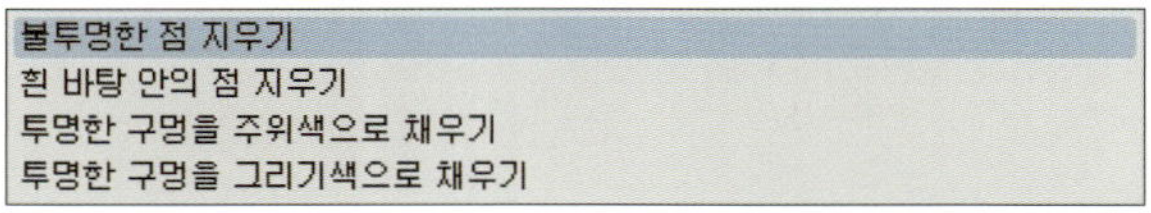

그림 12-7-53

- 불투명한 점 지우기–레이어의 투명한 부분(색으로 채워지지 않은 부분)의 잡티를 제거합니다. 레이어의 색이 칠해진 부분의 잡티는 지우지 않습니다.
- 흰 바탕 안의 점 지우기–바탕이 흰색으로 채워진 부분(레이어에 흰색이 칠해진 부분)의 잡티만 제거합니다.
- 투명한 구멍을 주위색으로 채우기–색이 채워진 부분의 투명한 잡티를 주변색으로 채웁니다.
- 투명한 구멍을 그리기색으로 채우기–투명한 잡티(색이 칠해지지 않은 투명한 부분)를 메인 컬러로 채웁니다.

5) 효과

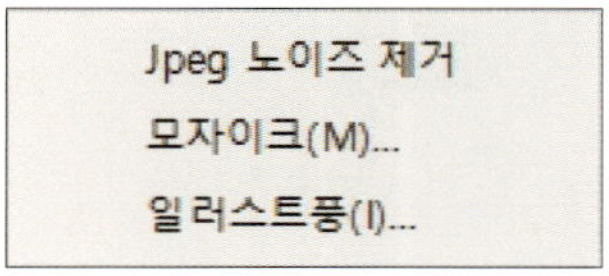

그림 12-7-54

① **Jpeg 노이즈 제거** 이미지를 jpeg로 저장할 때 나타나는 노이즈를 제거합니다.
② **모자이크** 블록 크기에서는 모자이크 타일의 크기를 설정합니다.

그림 12-7-55

③ **일러스트풍**

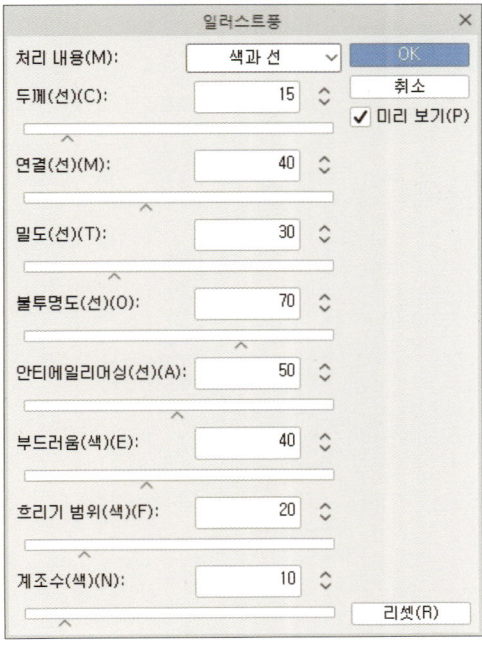

그림 12-7-56

ㄱ. 처리 내용

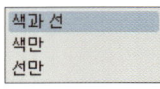

그림 12-7-57

- 색과 선–원본 이미지에서 선을 추출하고 색을 흐리게 합니다.
- 색만–원본 이미지에서 색만 흐리게 합니다.
- 선만–원본 이미지에서 선을 추출합니다.

[색만]을 선택하면 [선] 옵션들은 적용되지 않습니다. [선만]을 선택하면 [색] 옵션들은 적용되지 않습니다.

ㄴ. 두께: 추출할 선의 두께를 설정합니다.

ㄷ. 연결(선): 값이 클수록 선을 더 많이 연결합니다.

ㄹ. 밀도(선): 값이 높을수록 더 많은 선을 추출합니다.

ㅁ. 불투명도(선): 선의 불투명도를 설정합니다.

ㅂ. 안티에일리어싱(선): 값이 클수록 안티에일리어싱을 강하게 적용합니다.

ㅅ. 부드러움(색): 색상의 경계는 조절하지 않고 이미지를 흐리게 합니다. 값이 클수록 블러 효과가 강해집니다.

ㅇ. 흐리기 범위(색): 흐리게 할 범위를 설정합니다.

ㅈ. 계조수(색): 색상의 수를 설정합니다. 값이 클수록 그라데이션을 구성하는 데 더 많은 색을 사용합니다

ㅊ. 리셋: 모든 설정을 초기화합니다.

6) 흐리기

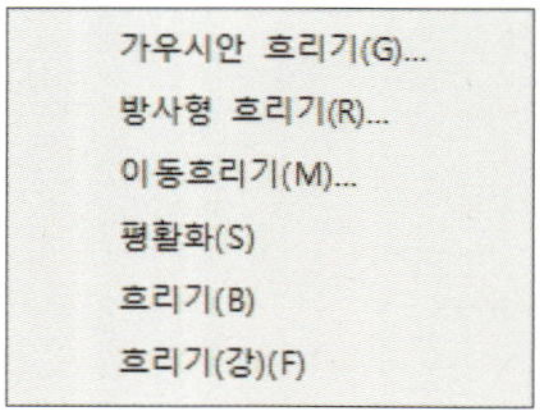

그림 12-7-58

① **가우시안 흐리기(Gaussian blur)** 흐림 효과 범위를 설정합니다.

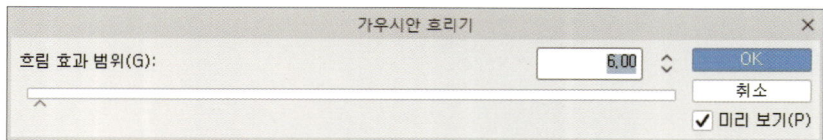

그림 12-7-59

② **방사형 흐리기(Radial blur)**

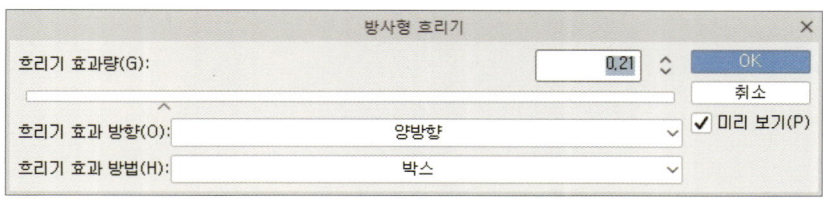

그림 12-7-60

ㄱ. 흐리기 효과량: 흐림 효과의 강도를 설정합니다.

ㄴ. 흐리기 효과 방향: 흐리기 방향을 설정합니다.

그림 12-7-61

그림 12-7-62

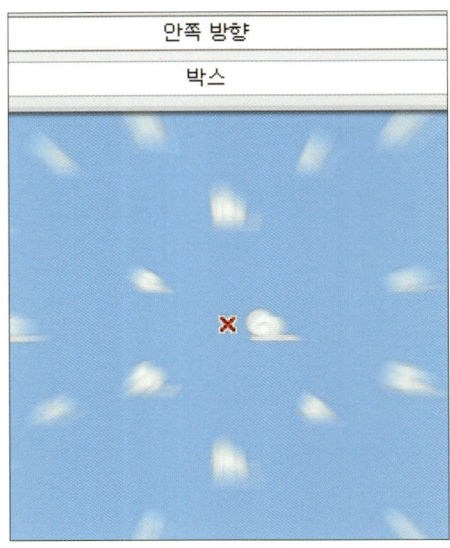

그림 12-7-63

ㄷ. 흐리기 효과 방법: 효과 방법을 설정합니다.

그림 12-7-64

그림 12-7-65

③ 이동 흐리기(Motion blur)

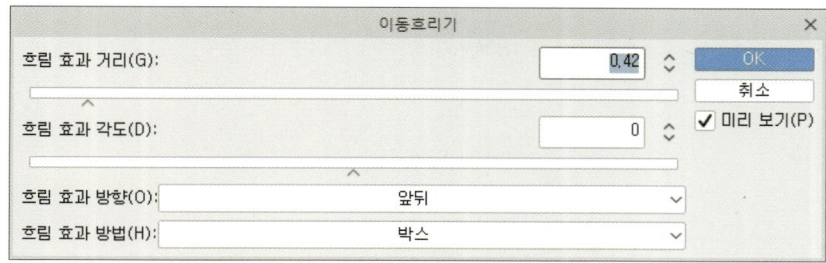

그림 12-7-66

ㄱ. 흐림 효과 거리: 흐리기의 강도를 설정합니다.

ㄴ. 흐림 효과 각도: 흐리기 각도를 설정합니다.

ㄷ. 흐림 효과 방향: 흐리기 방향을 설정합니다.

그림 12-7-67

ㄹ. 흐림 효과 방법

그림 12-7-68

④ **평활화(Smoothing)** 안티에일리어싱 효과를 적용합니다. 안티에일리어싱이 적용되지 않은 선에 적용하면 안티에일리어싱 효과를 줍니다. 래스터 레이어(그레이와 컬러)에만 적용됩니다.

⑤ **흐리기** 선과 색을 흐리게 합니다.

⑥ **흐리기(강) (Blur & Blur (Strong))** 흐림 효과가 강하게 적용됩니다.

8. 창

1) 캔버스

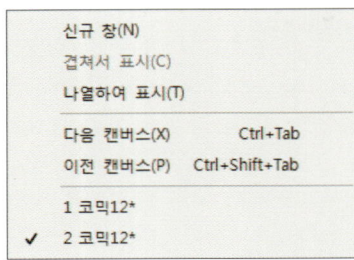

그림 12-8-1

① **신규 창** 동일한 캔버스를 새로운 창으로 불러옵니다. 새 탭에 동일한 캔버스를 띄웁니다.

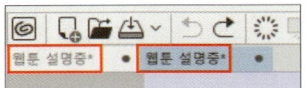

그림 12-8-2

② **겹쳐서 표시** 캔버스 창을 독립해서 띄웠을 때 활성화됩니다. 실행하면 캔버스가 겹쳐서 정렬됩니다.

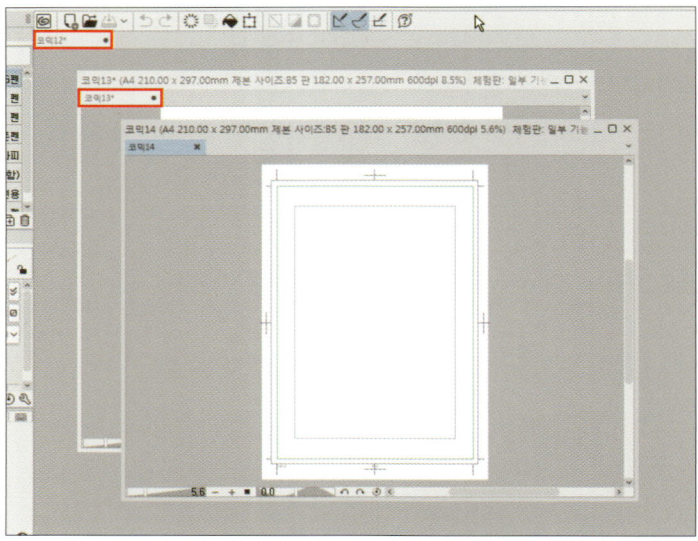

그림 12-8-3

캔버스가 독립된 창으로 띄워져 있을 때입니다. 실행하면 다음과 같이 정렬됩니다.

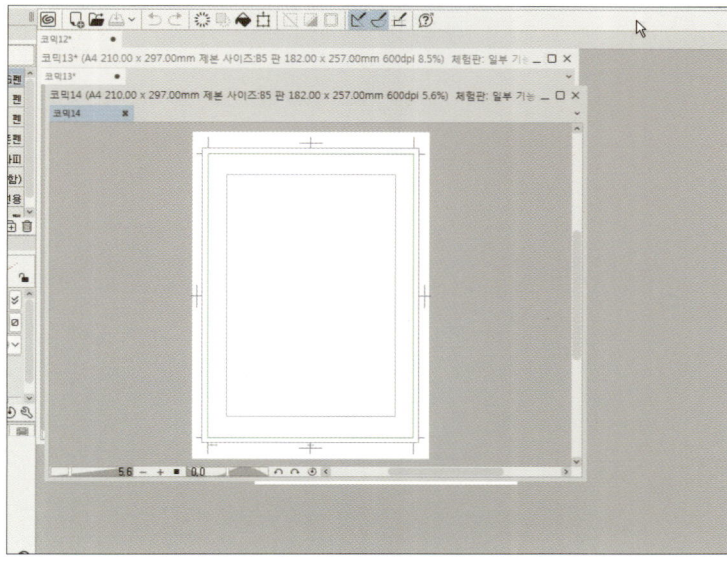

그림 12-8-4

③ **나열하여 표시** 열려 있는 캔버스를 모두 볼 수 있게 정렬됩니다.

그림 12-8-5

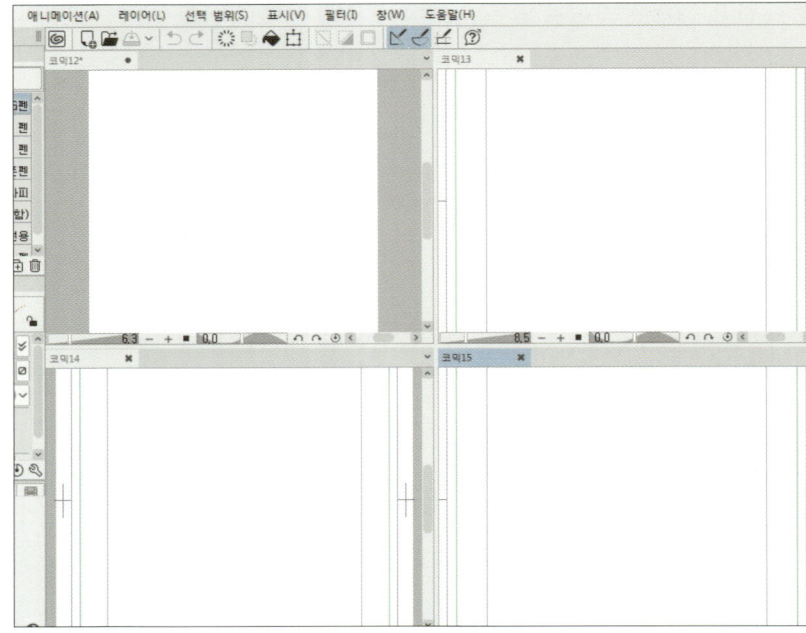

그림 12-8-6

그림 12-8-7

캔버스 탭을 옆으로 드래그합니다. 동일하게 동작합니다.

그림 12-8-8 그림 12-8-9

④ **다음 캔버스** 다음 캔버스로 전환합니다. 단축키는 Ctrl+Tab입니다.

⑤ **이전 캔버스** 이전 캔버스로 전환합니다.

⑥ **캔버스 목록** 캔버스 목록이 표시됩니다.

2) 워크스페이스

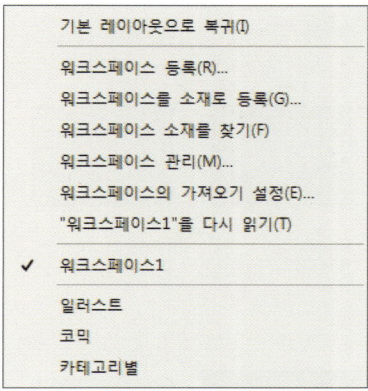

그림 12-8-10

① **기본 레이아웃으로 복귀** 레이아웃이 초기화됩니다. 다음과 같은 대화창이 열립니다.

그림 12-8-11

② **워크스페이스 등록** 현재 레이아웃 설정을 등록합니다.

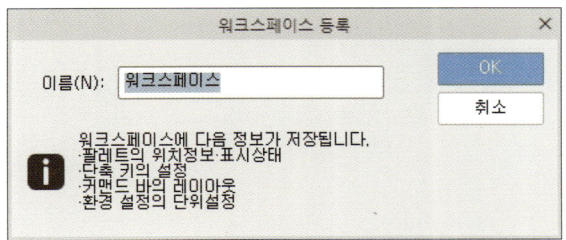

그림 12-8-12

③ **워크스페이스를 소재로 등록** 워크스페이스를 소재로 등록합니다. 소재 팔레트에서 등록된 [워크스페이스 소재]를 캔버스로 드래그하면 소재가 적용됩니다.

④ **워크스페이스 소재를 찾기** CLIP STUDIO ASSETS이 실행됩니다.

그림 12-8-13

⑤ **워크스페이스 관리** 사용자가 작성한 워크스페이스를 관리합니다.

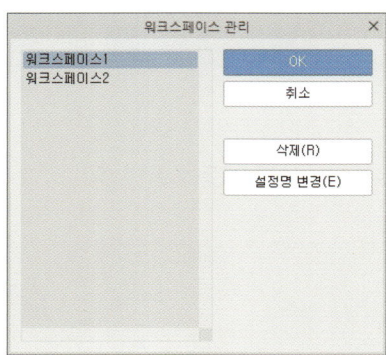

그림 12-8-14

ㄱ. 워크스페이스 목록: 내가 작성한 목록을 표시합니다.

ㄴ. 삭제: 선택한 워크스페이스 목록을 삭제합니다.

ㄷ. 설정명 변경: 목록의 이름을 변경합니다.

⑥ **워크스페이스의 가져오기 설정** 워크스페이스를 가져올 때의 옵션을 설정할 수 있습니다.

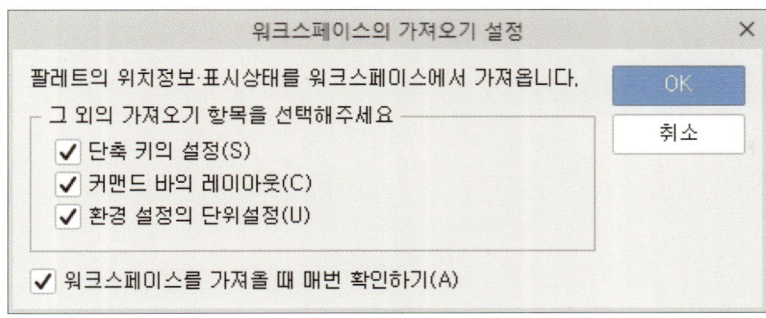

그림 12-8-15

새로운 워크스페이스를 불러올 때 [워크스페이스의 가져오기 설정] 창이 열립니다. 단축키 설정은 그대로 사용하고 다른 설정만 가져오고 싶다면 [단축키의 설정]을 체크 해제하면 됩니다.

⑦ **워크스페이스를 다시 가져오기** 현재 선택 중인 워크스페이스를 다시 불러옵니다.
⑧ **워크스페이스 프리셋 목록** 클릭하면 해당 워크스페이스를 불러옵니다.
⑨ **모든 팔레트 숨기기 Tab** Tab을 누르면 모든 팔레트를 숨깁니다.

그림 12-8-16

⑩ **타이틀 바 숨기기** Shift + Tab 실행할 때마다 [타이틀 바 비표시>메뉴 바 비표시>모두 표시]가 반복됩니다.

㉠ 모두 표시

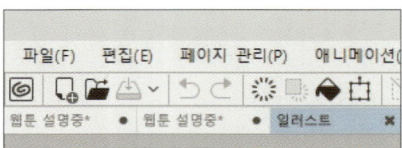

그림 12-8-17

㉡ 타이틀 바 비표시

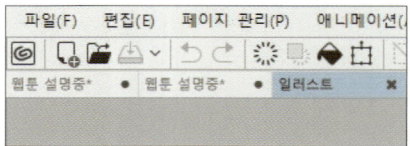

그림 12-8-18

㉢ 메뉴 바 비표시

그림 12-8-19

⑪ **캔버스 탭 항상 표시하기** 캔버스 탭 표시 여부를 설정합니다.

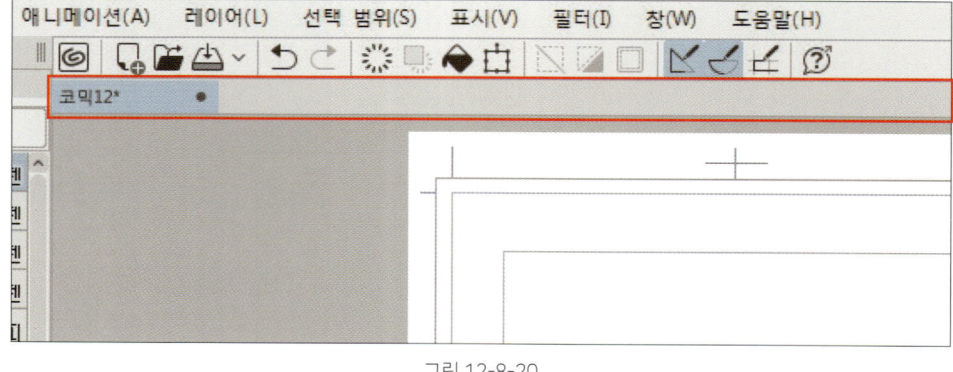

그림 12-8-20

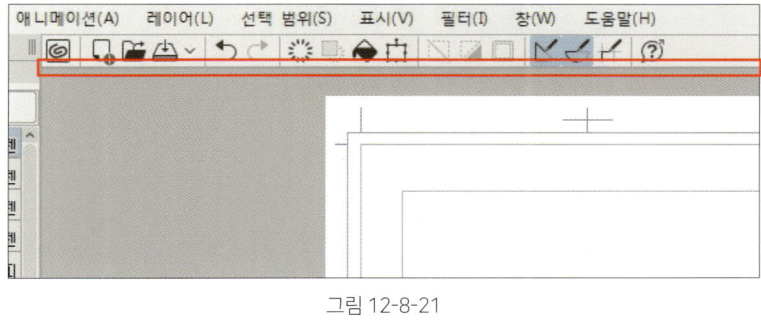

그림 12-8-21

⑫ **팔레트 폭**

ㄱ. 팔레트 폭의 폭 고정: 체크하면 팔레트의 폭을 고정합니다. 커서를 팔레트 경계에 올려놓아도 화살표가 표시되지 않습니다.

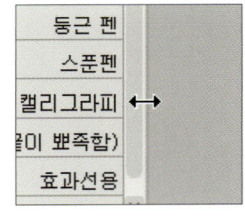 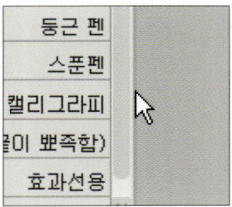

그림 12-8-22   그림 12-8-23

찾아보기

한글

가

가우시안 흐리기　112, 117
검출 방향　476
경계 효과　472
계조 반전　563
계조화　474
곡선화　363
공동작업　552
공통 설정　428
광원　217
교점까지　180
그라데이션 세트　336
기본 테두리　132
기준 위치　369

나

노드　333
노이즈　482

다

단위 곡선　351
단축키 설정　26
대칭자　387
도구 처리별 설정　426
도형　312
디더링　344

라

라인 추출　473
레이어 마스크　107, 565
레이어 폴더　66

레이어를 2페인으로 490
리본 175

변형(Distort) 608
보간 방법 291, 530
보정 316
복제 저장 498

마

먹칠 역치 475
메쉬 변형 530
모서리 둥글기 357
문자 일람 304
물감 양 168

사

색 보정 55
색 혼합 117
색조 보정 519
선 잡기 409
선 편집 413
선택 범위 런처 590
수식 키 426
스텝 수 443

바

반각 393
방사선 162
방사형 흐리기 113, 621
벡터 레이어 82
벡터 중심선 표시 603
변형 523

아

엣지 검출 처리 478
연속 곡선 317 353
윗주 397
유선 361
이동 흐리기 623
인접 픽셀 321

자

재단선 133
전각 393
접지 207
제어점 405
좌표 469
주위색 320
줄 바꾸기 270
집중선 371

차

참조 위치 326
체형 220
초해상화 510

카

캔버스 조작 25
캔버스 크기 20
클리핑 마스크 39

타

타일링 291
텍스처 176
텍스트 392
톤 479
통과 모드 243

특수자 297
틈 닫기 322

행간 391
흐리기 117

파

파일 오브젝트 578
퍼스자 298, 384
퍼스자 작성 569
펄린 노이즈 606
페이드 185
편평률 611
폐쇄 영역 325
포즈 스캐너 223
프레임 394
픽셀 수 고정 235

영어

dpi 234
HLS 435
HSV 435
LT 변환 478
XY 평면 299

하

합성 글꼴 388

CLIP STUDIO PAINT 가이드북
실전 예제를 통한 기본 기능 학습으로 웹툰 작가 필수 스킬 마스터

초판 1쇄 발행 | 2020년 12월 31일

지은이 | 김남도
펴낸이 | 김범준
기획/책임편집 | 이동원
교정교열 | 이혜원
편집디자인 | 정해욱
표지디자인 | 이승미

발행처 | 비제이퍼블릭
출판신고 | 2009년 05월 01일 제300-2009-38호
주소 | 서울시 중구 청계천로 100 시그니쳐타워 서관 10층 1011호
주문/문의 | 02-739-0739   **팩스** | 02-6442-0739
홈페이지 | http://bjpublic.co.kr   **이메일** | bjpublic@bjpublic.co.kr

가격 | 41,000원
ISBN | 979-11-6592-035-7
한국어판 © 2020 비제이퍼블릭

이 책은 저작권법에 따라 보호받는 저작물이므로 무단 전재와 무단 복제를 금지하며, 내용의 전부 또는 일부를 이용하려면 반드시 저작권자와 비제이퍼블릭의 서면 동의를 받아야 합니다.

잘못된 책은 구입하신 서점에서 교환해드립니다.

예제 파일 다운로드 | https://github.com/bjpublic/clipstudio